中国社会科学院文库
经济研究系列
The Selected Works of CASS
Economics

中国社会科学院创新工程学术出版资助项目

中国社会科学院文库 · **经济研究系列**
The Selected Works of CASS · **Economics**

环境经济学研究新进展

—— 中国绿色发展战略与政策研究

ADVANCES IN ENVIRONMENTAL ECONOMICS RESEARCH:
Discussions on China's Green Development Strategy and Policy

张友国 张 晓 李玉红 等著

中国社会科学出版社

图书在版编目（CIP）数据

环境经济学研究新进展：中国绿色发展战略与政策研究/
张友国等著 . —北京：中国社会科学出版社，2016.4
ISBN 978 - 7 - 5161 - 8012 - 9

Ⅰ.①环…　Ⅱ.①张…　Ⅲ.①绿色经济—经济发展战略—
研究—中国　Ⅳ.①F124.5

中国版本图书馆 CIP 数据核字（2016）第 074738 号

出 版 人	赵剑英
责任编辑	卢小生
责任校对	周晓东
责任印制	王　超

出　　版	中国社会科学出版社
社　　址	北京鼓楼西大街甲 158 号
邮　　编	100720
网　　址	http：//www.csspw.cn
发 行 部	010 - 84083685
门 市 部	010 - 84029450
经　　销	新华书店及其他书店

印　　刷	北京君升印刷有限公司
装　　订	廊坊市广阳区广增装订厂
版　　次	2016 年 4 月第 1 版
印　　次	2016 年 4 月第 1 次印刷

开　　本	710×1000　1/16
印　　张	20.5
插　　页	2
字　　数	351 千字
定　　价	78.00 元

《中国社会科学院文库》出版说明

　　《中国社会科学院文库》（全称为《中国社会科学院重点研究课题成果文库》）是中国社会科学院组织出版的系列学术丛书。组织出版《中国社会科学院文库》，是我院进一步加强课题成果管理和学术成果出版的规范化、制度化建设的重要举措。

　　建院以来，我院广大科研人员坚持以马克思主义为指导，在中国特色社会主义理论和实践的双重探索中做出了重要贡献，在推进马克思主义理论创新、为建设中国特色社会主义提供智力支持和各学科基础建设方面，推出了大量的研究成果，其中每年完成的专著类成果就有三四百种之多。从现在起，我们经过一定的鉴定、结项、评审程序，逐年从中选出一批通过各类别课题研究工作而完成的具有较高学术水平和一定代表性的著作，编入《中国社会科学院文库》集中出版。我们希望这能够从一个侧面展示我院整体科研状况和学术成就，同时为优秀学术成果的面世创造更好的条件。

　　《中国社会科学院文库》分设马克思主义研究、文学语言研究、历史考古研究、哲学宗教研究、经济研究、法学社会学研究、国际问题研究七个系列，选收范围包括专著、研究报告集、学术资料、古籍整理、译著、工具书等。

中国社会科学院科研局

2006 年 11 月

前　言

生态文明建设业已成为中国特色社会主义建设不可或缺的一个重要方面，兼顾经济与生态效益的绿色发展显然是生态文明建设的必由之路。本书作为中国社会科学院创新工程项目"绿色发展战略与政策研究"的阶段性研究成果以及院重点学科（技术经济学）建设的成果之一，综合应用定性与定量研究方法，对中国绿色低碳发展的战略、路径与政策方面的一些重大问题进行了深入思考。全书内容除导论外，共分为四篇。

第一篇绿色发展战略思考，包括第一章至第三章。第一章论述我国将应对气候变化列为国家战略的必要性及相关思路；第二章讨论我国能源发展战略中必须重视的不确定性和技术及路径锁定问题；第三章对我国节能目标的合理性和不足之处进行辩证分析。

第二篇绿色发展路径，包括第四章至第八章。第四章从经济发展和技术进步两大方面分析我国人均碳排放的减缓途径；第五章探讨农业生产方式对环境的影响，并以美国为例进行实证分析；第六章通过对中国贸易隐含碳的定量分析探讨低碳贸易发展路径；第七章在对中国对外贸易虚拟水的测算基础上分析节水贸易发展模式；第八章以云南普洱市的绿色发展实践为例，对绿色发展的实现路径做调研分析。

第三篇制定绿色发展政策应注意的几个基础性问题，包括第九章至第十一章。第九章论述制定绿色发展政策需要重视的环境价值评估方法；第十章强调需要将环境因素引入效率（生产率）评价并提出可操作的评价方法；第十一章对温室气体排放的计量方法和原则进行分析。

第四篇绿色发展政策回顾与评价，包括第十二章至第十五章。第十二章对中国环境政策进行系统回顾和展望，第十三章具体研究水价调整对工业用水效率的影响，第十四章评价碳排放强度约束的宏观效应和结构效应，第十五章评估不同征税标准下碳关税对中国经济和碳排放的潜在影响。

本书各章节的作者如下：导论：张友国；第一章：郑易生、张友国、李玉红、张晓；第二章：郑易生；第三章：郑玉歆；第四章：张友国；第五章：李玉红；第六章：张友国；第七章：张晓；第八章：张友国；第九章：张晓；第十章：李玉红；第十一章：李玉红、郑易生；第十二章：张友国；第十三章：李静、马潇璨；第十四章：张友国、郑玉歆；第十五章：张友国、郑世林、周黎安、石光。

目　　录

第一篇　绿色发展战略思考

第二篇　绿色发展路径

第三篇　制定绿色发展政策应注意的几个基础性问题

第四篇　绿色发展政策回顾与评价

导论 以绿色发展协调生态文明建设与经济建设

在党的十八大报告中，生态文明建设与经济建设、政治建设、文化建设和社会建设一样，成为中国特色社会主义建设"五位一体"总布局的一个重要方面。提出生态文明建设的目的在于建设美丽中国，实现中华民族的永续发展，这是关系人民福祉、关乎民族未来的长远大计。

一 生态文明建设的提出反映了马克思主义的生态环境观

人类与大自然的关系符合对立统一规律，生态文明建设符合马克思主义的生态环境观。

首先，人类本身就属于自然界，人类一刻也离不开自然界而生存。这个道理不难理解，人要维持自己的生命就要无时无刻不从自然界呼吸空气，定时从自然界获取食物来维持自己的新陈代谢。马克思在《1844年经济学哲学手稿》中指出，自然界，就它自身不是人的身体而言，是人的无机的身体。人靠自然界生活。这就是说，自然界是人为了不致死亡而必须与之处于持续不断的交互作用过程的、人的身体。所谓人的肉体生活和精神生活同自然界相联系，不外乎是说自然界同自身相联系，因为人是自然界的一部分。更进一步地，根据达尔文的进化论，整个人类产生的过程就是自然界的猿不断进化的过程。因此，恩格斯在《反杜林论》中指出：人本身是自然界的产物，是在自己所处的环境中生存并且和这个环境一起发展起来的。

其次，自然界是人类财富的重要源泉。在人类生产力不发达的古代，"靠天吃饭"正是人类生存的常态：风调雨顺的年份，人们就能吃饱穿暖；否则就要遭受饥荒之苦。人类财富的积累在很大程度上取决于自然界是否提供了适宜的条件。进入资本主义社会之后，人类的生产力得到了空前的发展。正如马克思和恩格斯在《共产党宣言》中所说的：资产阶级在它不到一百年的阶级统治中所创造的生产力，比过去一切世代创造的全部生产力还要多，还要大。然而，人类物质财富的创造仍然离不开自然界。正如马克思在《哥达纲领批判》中所指出的：劳动不是一切财富的源泉。自然界同劳动一样也是使用价值（而物质财富就是由使用价值构成的！）的源泉，劳动本身不过是一种自然力即人的劳动力的表现。马克思还在《1844年经济学哲学手稿》中指出：没有自然界，没有感性的外部世界，工人什么也不能创造。它是工人的劳动得以实现、工人的劳动在其中活动、工人的劳动从中生产出和借以生产出自己的产品的材料。

最后，在人类与自然界的联系中，人类具有能动性，能够主动支配自然界为自己服务，但自然界对人类有巨大的反作用力。恩格斯在《自然辩证法》中指出：动物仅仅利用外部自然界，简单地通过自身的存在于自然界中引起变化；而人则通过他所作出的改变来使自然界为自己的目的服务，来支配自然界。特别是人类进入资本主义时代之后，生产力的大发展在很大程度上改变了人类与大自然的关系，它提高了人类改造自然、驾驭自然的能力。例如，人类可以大兴水利设施来应对洪涝和旱灾、远距离调水，同时获得大量水电。但正如恩格斯在《自然辩证法》中所指出的那样：我们不要过分陶醉于我们人类对自然界的胜利。对于每一次这样的胜利，自然界都对我们进行报复。生产力的大发展使人类在大自然面前变得更自信、更主动的同时，也加剧了人类活动对大自然的破坏。人类活动导致的资源枯竭和环境污染所引起的灾难已经对人类的生存和发展构成严重威胁，人类经常要为之付出舒适、健康、传宗接代乃至生命的代价。例如，20世纪因环境恶化而引起的全球八大环境公害事件已经成为人类难以抹去的惨痛记忆。

由此可见，人类须臾也离不开自然界，必须以辩证唯物主义的态度对待自然界，认识自然规律并按自然规律开展各种活动。恩格斯已经在《自然辩证法》中向人类发出告诫：我们每走一步都要记住：我们统治自然界，决不像征服者统治异族人那样，决不是像站在自然界之外的人似的，相反地，我们连同我们的肉、血和头脑都是属于自然界和存在于自然之中的；我们对自然界的整个支配作用，就在于我们比其他一切生物强，能够认识和正确运用自然规律。特别是在人类生产力已经得到空前发展的今天，如果不高度重视对生态环境的保护，不按自然规律办事，人类活动极容易以不可持续的方式展开，并对生态环境造成严重的破坏。反过来，生态环境的不断退化将会使人类失去适宜的生存环境，导致各种灾害的产生乃至人类的灭绝。人类对自然环境的破坏就是对自己"无机的身体"的破坏。因此，生态文明建设的提出就是要求人类的活动能够顺应自然规律，这充分反映了马克思主义的生态环境观。同时，它也顺应了时代的要求，是实现人类全面发展的应有之义。

二　我党历来重视生态文明建设

我党历来重视生态文明建设。1955 年 10 月 11 日，毛泽东同志在扩大的中共七届六中全会上所作结论中，在谈到农业合作化的全面规划和加强领导问题时指出：农村全部的经济规划包括副业、手工业、多种经营、综合经营、短距离的开荒和移民、供销合作、信用合作、银行、技术推广站，等等，还有绿化荒山和村庄。我看特别是北方的荒山应当绿化，也完全可以绿化。北方的同志有这个勇气没有？南方的许多地方也还要绿化。南北各地在多少年以内，我们能够看到绿化就好。这件事情对农业、对工业、对各方面都有利。1958 年 8 月，毛泽东在中央政治局扩大会议上说："要使我们祖国的河山全部绿化起来，要达到园林化，到处都很美丽，自然面貌要改变过来"，"农村、城市统统要园林化，好像一个个花园一样，都是颐和园、中山公园"。

1982 年 11 月，邓小平为全军植树造林总结表彰先进大会题词：植树造林、绿化祖国、造福后代。1982 年 12 月 26 日，他在林业部关于开展全民义务植树运动情况的报告上批示：这件事，要坚持二十年，一年比一年好，一年比一年扎实。为了保证时效，应当有切实可行的检查和奖惩制度。1995 年 9 月，在《正确处理社会主义现代化建设的重大关系》中，江泽民指出：在现代化建设中，必须把实现可持续发展作为一个重大战略，把控制人口、节约资源、保护环境放到重要位置，使人口增长和社会生产力发展相适应，使经济建设与资源环境相协调，实现良性循环。2000 年，江泽民在《在新世纪把建设有中国特色社会主义事业继续推向前进》一文中进一步强调指出，要十分重视生态建设和环境保护，经过长期努力，使我国青山常在，绿水长流，资源永续利用。

党的十六大明确提出：当人类社会跨入 21 世纪的时候，我国进入全面建设小康社会、加快推进社会主义现代化的新的发展阶段。为适应全面建设小康社会的新形势，党的十六届三中全会进一步提出，要深化经济体制改革，并把"坚持以人为本，树立全面、协调、可持续的发展观"即科学发展观作为改革的重要指导思想和原则。可持续发展作为科学发展观的重要内涵和基本要求，就是要促进人与自然的和谐，实现经济发展和人口、资源、环境相协调，坚持走生产发展、生活富裕、生态良好的文明发展道路，保证一代接一代地永续发展。

党的十七大报告提出：我国近期内转变发展方式要取得重大进展，在优化结构、提高效益、降低消耗、保护环境的基础上，实现人均国内生产总值到 2020 年比 2000 年翻两番。建设生态文明，基本形成节约能源资源和保护生态环境的产业结构、增长方式、消费模式。循环经济形成较大规模，可再生能源比重显著上升。主要污染物排放得到有效控制，生态环境质量明显改善。

党的十八大报告进一步提出：建设生态文明，是关系人民福祉、关乎民族未来的长远大计。面对资源约束趋紧、环境污染严重、生态系统退化的严峻形势，必须树立尊重自然、顺应自然、保护自然的生态文明理念，把生态文明建设放在突出地位，融入经济建设、政治建设、文化建设、社会建设各方面和全过程，努力建设美丽中国，实现中华民族永续发展。

三 绿色发展使生态文明建设和经济建设并行不悖

（一）中国的经济发展面临日益紧缩的资源、环境约束

资源枯竭和环境退化成为人们普遍关注的安全问题似乎只是近几十年的事情。然而，从人类的发展历史来看，资源枯竭和环境退化引起的灾难其实一直都是人类生存和发展的严重威胁。从远一点看，曾经繁荣一时的古玛雅文明以及中国楼兰古国的消失都与当地生态环境的退化有关。从近一点看，因环境恶化而引起的全球八大环境公害事件已经成为人类难以抹去的惨痛记忆。近年来，全球气候变化问题更是引起社会各界无尽的争论。时至今日，可以说资源枯竭和环境退化已经不再只是一时一地的局部性问题，而是全球范围内关乎人类生存和发展的重大安全问题。

作为当今世界最大的发展中国家，中国正在努力实现中华民族的伟大复兴与和平发展，然而全球范围内的资源、环境安全问题却不期而至，这无疑加剧了中国复兴之路的曲折性和艰巨性。从全球范围来看，中国经济发展面临的资源环境约束之所以日益趋紧，主要是因为发达国家在完成其工业化、城市化过程中已经消耗了全球大量的资源，并将大量污染密集型产业转移到发展中国家，留给发展中国家来实现现代化的资源和环境容量已经非常有限。如果多数发展中国家继续沿袭发达国家过去实现工业化、城市化的老路来实现自身的现代化，那么剩下的这些资源显然是难以支撑下去的。甚至在发达国家实现其工业化和城市化过程中资源稀缺的信号也早就出现过。最著名的例子就是 1973 年爆发的石油危机。这次危机的标志就是石油价格的飙升。其直接影响就是使廉价石油时代一去不复返，并导致全球经济增长速度大幅下降。

中国举世瞩目的经济腾飞始于 1978 年的改革开放，可以说是在全球资源环境稀缺性业已显现的情况下开始的。从中国自身的情况来看，虽然我国的矿产资源种类比较齐全，资源总量也较大，但主要矿产储量占世界比例并不高。特别是从人均资源占有量来看，中国已发现的主要矿产资源的储量不是丰富，而是相当贫乏，对社会经济发展的保障程度十分有限。而今 30 多年过去了，中国和全球的经济规模早已今非昔比，要在更为庞大的经济规模基础上维持较快的经济增长，势必会使资源供应更加紧张。因此，中国的资源安全问题进入了一个前所未有的严峻时期。同时，环境安全问题也已经从各个方面全方位暴露出来。改革开放 30 多年来，"发达国家上百年工业化过程中分阶段出现的环境问题，在我国集中出现，并呈现出结构性、复合性、压缩性的特点"。

（二）粗放型经济发展方式难以为继

自改革开放以来，人口基数庞大的中国一直呈现出高速的经济增长态势，工业化和城市化也得以快速推进。改革开放之初，由于中国原有的资本积累本不多，而能吸引来的国外投资也十分有限，因此中国势必要不断加大对自然资源的开发强度来弥补经济增长所需的资本。这样的经济发展方式无疑是粗放型但又似乎具有一定的必然性，它所带来的高速经济增长对中国自然资源基础的严重削弱、对环境的严重损害也是不可避免的。如果说发达国家对全球资源的过度消耗和污染产业转移是我国资源环境安全问题产生的重要外部因素，粗放型经济发展方式则是我国资源、环境安全问题产生的内在根源。

一方面，粗放型经济发展方式加速了我国资源的耗损。由于资金匮乏，各地方政府为了发展经济，需要最大限度地吸纳经济增长所需的流动性要素特别是资本，往往会人为地压低当地的矿产、水、土地等各种不可流动或难以流动的资源的价格。同时，我国还需要加速城市化发展，相应的公用基础设施投资也必然要大量增加。这需要资源的大量供应才能完成。在经济欠发达的情况下，政府往往只好通过压低资源价格的政策来实现城市化的快速发展以提高人民的生活福利。否则，庞大的公共基础设施投资将成为政府的一个沉重负担。这些因素导致我国资源价格整体偏低，并使部分资源开发地区的资源效益难以转化为经济效益，难以摆脱以资源开发为特征的经济结构单一化趋势，使资源的过度开采进一步加剧，造成局部地区资源提前枯竭。

另一方面，粗放型经济发展方式还带来了严重的环境污染。由于资源密集型产业往往也是污染密集型产业，加之环保技术比较落后，因而伴随着经济增长，我国的环境污染也日趋严重。尽管我国制定了较为完善的环境保护政策，但仍然不能从根本上扭转中国的环境局势，其深层原因还是粗放型经济发展模式。追求 GDP 的冲动使不少地方政府不得不减少或消除对潜在投资者的"抑制机制"，仍然把 GDP 增长作为硬任务而忽视资源环境保护，如放宽、不严格执行，有时甚至撤销相关的环境标准和法规。同时，环境保护部门，尤其是地方环境保护部门所处的地位，权力和执行能力受到当前体制的严重困扰，无法很好地行使其职责。很多基层环保部门都存在人手不足、经费紧张、装备落后的问题，面对数量庞大且日益增多的环境管理对象，也难以发挥有效的监督、管理职能。许多企业也学会了忽视环境法规。

（三）绿色发展势在必行

令人担忧的是，我国至今并未摆脱以资本和物质投入为主的粗放型经济增长方式。近年来，我国的经济增长对资源环境的依赖性虽然有所下降，但总体来看，这种依赖性依然很高。在可以预见的时期内，要实现经济的进一步持续快速增长，中国需要消耗更多的各种资源并排放更多的污染物。随着经济规模的不断扩大，资源环境的约束性也将进一步趋紧。我国的经济增长已经面临资源环境难以支撑的风险。因此，我国迫切需要化解资源、环境安全问题，这既是 2020 年全面建成小康社会的内在要求，也是保障全面实现小康社会的必要条件。

尽管资源环境对经济社会发展造成的影响早已受到世人的广泛关注，但西方主流经济增长理论似乎对资源环境没有足够的认识。在资源环境稀缺性没有凸显之前，西方主流经济增长理论认为，资源环境具有无限供给的特征，因而未加重视。在以石油危机为代表的资源环境稀缺性暴露出来以后，西方主流经济增长理论又认为，人造资本及其带来的技术进步基本可以替代自然资源和环境的作用，仍然没有对资源环境的稀缺性予以足够的重视。不可否认，对于发达国家来说，也许西方主流经济增长理论所持的观点具有一定的合理性。但对于占世界人口和国家数目绝大多数的发展中国家而言，日益稀缺的资源环境恐怕难以支撑它们按工业化国家的老路来实现现代化，步入发达国家行列。

尤其是对于中国这样的发展中大国来说，这更是一个值得重视的问题。一方面，种种资源稀缺性凸显和严重环境污染事件的频发已表明，如果继续按当前的粗放型经济增长方式发展经济，也许中国还没来得及积累到足够的人造资本来替代未来经济增长所需的资源和环境容量，可资利用的资源就业已耗竭，可以依赖的环境容量也早已不堪重负而崩溃。这意味着我国的资源、环境安全形势已经极其严峻，到了必须解决的关口。另一方面，作为世界上人口最多的发展中国家，如果我国能够有效地化解资源、环境安全问题，这相当于全球约1/5人口的资源供给和生存环境得到了直接的保障。

通过绿色发展，我们可以使生态文明建设与经济建设并行不悖。绿色发展的实质就是将生态文明建设融入经济建设，作为经济建设的一个内在要求和约束，从而加快经济发展方式转变，使经济建设尽可能地符合自然规律，实现生态文明建设与经济建设的协调、统一。

首先，马克思主义的生态环境观要求人类尊重自然、顺应自然、保护自然，但不是要求人类在自然面前消极无为、"靠天吃饭"，而是要根据自然规律发挥人类的积极能动性，通过改造自然来为自己服务。当前我国仍处于社会主义初级阶段，我国所面临的主要矛盾仍然是人民日益增长的物质文化需求与生产力水平相对落后的矛盾，经济建设是解决这一根本矛盾的必然途径。因此，十八大报告仍然强调：以经济建设为中心是兴国之要，发展仍是解决我国所有问题的关键。经济建设必然要求人类通过自己的劳动与自然相结合，支配自然，发展生产力，创造物质财富，并最终实现全体人民的共同富裕。这是建设中国特色社会主义的必然要求，也是近期我国全面建成小康社会的必然要求。

其次，生态文明建设也需要经济建设为其提供必要的物质基础。例如，生态文明建设要求加快实施主体功能区战略，这需要大规模的基础设施投资和转移支付，从而推动各地区严格按照主体功能定位发展。又如，生态文明建设要加大自然生态系统和环境保护力度，其中涉及重大生态修复工程，如推进荒漠化、石漠化、水土流失综合治理；加快水利建设，增强城乡防洪抗旱排涝能力，以及加强防灾减灾体系建设，提高气象、地质、地震灾害防御能力。这些也都需要大量的人力、物力、财力的投入。如果没有经济建设取得的物质财富，这些生态环境保护措施都是难以实施的。

总之，通过绿色发展促进生态文明建设进而解决我国面临的资源、环境安全问题，不仅能够为我国的科学发展和全面建成小康社会提供基本的保障，还将为广大的发展中国家提供一个极富参考价值的发展模式，从而为人类的可持续发展做出巨大的贡献。因此，生态文明建设以及绿色发展的提出是我国应对国内外严峻资源、环境形势，全面建成小康社会的重大战略。

四 我国绿色发展面临的挑战

显然，使经济增长与资源、环境逐渐脱钩的绿色发展是当前我国的必然选择。但在追求绿色发展的同时，我们必须保证经济仍然能够平稳快速增长，保证居民就业和收入增长不受大的影响，并与我国的经济实力、技术水平、区域生产力格局等基本国情相适应，从而保证我国小康社会的实现。要实现上述多方面的目标，我国还面临如下困境：

（一）居民消费提振乏力，投资需求仍有刚性，最终需求优化基础不牢

党的十七大报告提出的"促进经济增长由主要依靠投资、出口拉动向依靠消费、投资、出口协调拉动转变"，不仅有利于我国优化最终需求模式，巩固经济增长基础，化解经济风险，也有利于促进我国经济增长与资源环境的脱钩。然而，我国当前优化需求模式的形势并不乐观。一方面，扩大居民消费的长效机制尚未形成。首先，由于多年来我国依靠资本投入实现经济增长，为了完成资本积累，包括劳动者工资在内的其他经济要素的价格都在一定程度上被扭曲。这使我国的居民收入增长速度偏低，特别

是我国农村居民收入增长更加缓慢，是制约我国消费增长的主要因素。其次，由于相应的社会保障和公共服务尚不健全，致使居民为养老、医疗、购房、失业以及子女未来的教育等所进行的预防性储蓄不断增加，抑制了居民消费的增长。另一方面，我国对投资仍存在刚性需求。虽然近年来我国的基础设施有了很大的改善，但仍不能满足经济社会发展的需求，还需大规模建设、投资。特别是在我国中西部一些地区，交通不便已经成为当地经济、社会发展的"瓶颈"。同时，我国的城市化水平还需要大幅度提高，这需要大规模城镇建设投资以适应城市化水平的提高。除交通和城镇建设外，农田水利、环保（如污水处理管网建设、污染监控体系建设等）、城市改造等基础建设也亟须大量投资。此外，我国还需要大规模投资实施机器设备的安装、改造和更新换代以促进技术进步，特别是提高资源节约和环境保护的水平。由于存在这些对投资的刚性需求，资本形成在我国最终需求中仍将占有相当大的比重。

（二）服务业短期内还难以大规模替代第二产业

我国的经济增长主要由第二产业带动，第二产业占 GDP 的份额远远高于世界平均水平及其他各类（按收入水平划分）国家的平均水平，而我国第三产业占 GDP 的份额则明显低于世界平均水平。党的十七大报告提出，经济增长"由主要依靠第二产业带动向依靠第一、第二、第三产业协同带动转变"显然有利于我国经济增长与资源消耗和环境污染脱钩。但要顺利完成上述经济发展方式转变，我国还面临如下两方面的挑战：一是我国正处在工业化和城市化快速发展时期，对第二产业仍有较大需求。前面已经提到，我国的基础设施建设和机器设备升级还需要大量投资，这需要第二产业提供的各类产品来支撑。二是促进第三产业快速增长的内外力量还不够强大。居民消费是第三产业快速成长的最主要拉动力量，而如前所述，我国居民消费提振乏力，因此，我国居民消费对第三产业的拉动作用有限且短期内难以快速提升。同时，由于我国第三产业的国际竞争力还不强，国外需求对我国第三产业的拉动作用很为有限且短期内也难以大幅提升。由此看来，第三产业短期内还难以大幅度替代第二产业在我国经济发展中发挥的重要作用，包括对经济增长的拉动、劳动力的吸纳等。这一点在我国中西部地区表现得更为明显。我国中西部许多地区也希望转变经济发展方式，并积极寻找和尝试产业结构的各种优化措施，但是，由于上述原因目前难以找到第二产业的有效替代产业，因而这些地区的经济发展转型之路更为艰辛。

（三）资源利用和环保技术欠发达，相关政策尚不健全

由于我国经济增长长期依赖资源和资本、劳动等基本生产要素投入，因而党的十七大把降低经济增长"由主要依靠增加物质资源消耗向主要依靠科技进步、劳动者素质提高、管理创新转变"作为转变经济发展方式的三大内涵之一。然而，我国的资源开发利用技术还不发达，这是我国经济增长与资源、环境脱钩所面临的重要困境之一。例如，在能源利用方面，先进技术的严重缺乏与落后工艺技术的大量并存，使中国的能源效率比国际先进水平约低 10 个百分点，高耗能产品单位能耗比国际先进水平高出 40% 左右。而且，我国当前的一些资源环境政策不利于促进资源环境技术水平的提升。首先，促进资源环境合理利用的价格机制不健全。一些资源性产品的价格不能充分反映资源稀缺程度和市场供求关系。还有一些资源性产品的前期开发成本、环境污染的治理成本和资源枯竭后的退出成本没有在价格中得到充分体现，企业开发利用资源的外部成本没有内部化。其次，对一些有利于提高资源环境效率的技术，当前的激励政策不完善。我国能源效率低、污染严重在某种程度上并不完全是因为我们不掌握技术，而是由于鼓励研发、生产和使用节能环保产品以及抑制高耗能、高排放产品的财政税收政策及其他市场机制还不完善，影响节能环保技术、设备、产品的研发和推广，使得大量高效清洁的能源技术得不到普遍采用。

五　促进绿色发展的总体思路

生态文明建设符合马克思主义的生态环境观，是我党长期坚持的一项建设方针。党的十八大将生态文明建设摆在更加重要的位置，这顺应了我国经济社会发展的要求，是应对当前严峻的生态环境形势的重大战略部署。生态文明建设要求我们必须按照自然规律来改造、利用和保护生态环境为人民提供更好的生存和发展条件，把生态建设和经济建设有机地结合起来。党的十八大进一步明确提出，要将生态文明建设"融入经济建设、政治建设、文化建设、社会建设各方面和全过程"。这不仅表明生态文明建设已经成为中国特色社会主义建设不可或缺的一部分，也为我国的生态文明建设指明了方向。而党的十八大所强调的"着力推进绿色发展、循环发展、低碳发展"，可视为对生态文明建设战略的具体化。针对我国绿色发展面临的

挑战，结合十八大提出的经济建设和生态文明建设的具体要求，我们特别提出如下应对思路：

（一）积极推动生产模式的绿色转型

首先，要提倡和鼓励循环经济发展，有意识地建立区域性的循环经济体系，特别要促进第二产业内循环经济体系的建立，从而推动我国第二产业的绿色转型。

其次，要适应社会需求，大力发展面向生产、面向民生的现代服务业，有效地促进制造业和服务业的融合，满足人民群众消费结构升级的需求，促进社会和谐发展。

最后，积极培育、发展战略性新兴产业，推进产业结构优化升级。特别是中西部一些地区应根据自身特点，有的放矢地发展相关战略性新兴产业，从而提升当地的产业结构和经济竞争力，缩小与东部区域的发展差异，并有效地缓解当地资源、环境安全问题。

（二）优化需求模式，从源头启动经济发展方式转型

首先，要进一步推进收入分配制度改革，积极提高居民收入特别是农村居民收入，建立健全公共服务和社会保障体系，从而逐步提高居民消费能力和生活水平，同时要积极培育绿色消费模式。

其次，在投资方面，要加强规划和管理，高度重视民生工程，从而确保基础设施建设投资的有效性，最大限度地降低基础设施建设所带来的资源、环境负面影响。

最后，要进一步提升对外开放水平。一方面，要鼓励高新技术、高附加值产品和高端服务出口，限制资源和污染密集型产品出口，从而逐步优化出口的产品结构，并努力使出口成为我国新兴产业和服务业发展乃至经济转型的重要驱动力，成为我国破解资源、环境安全问题的有利因素。另一方面，在资源环境稀缺性日益严峻的形势下，要制定更加完善的战略实施计划，审时度势，积极地从国际市场获得必要的资源。

（三）建立和完善有利于绿色发展的政策、体制和机制

首先，要加快建设国家创新体系，以科技创新支撑绿色发展。显然，无论是建立循环经济体系，大力发展现代服务业还是培育战略性新兴产业都离不开创新。因此，加快国家创新体系建设，以科技创新支撑绿色发展是化解我国资源、环境安全问题的根本途径和长久之策。

其次，要建立和完善有利于资源节约与环境保护的价格形成机制。充

分反映稀缺性和外部成本的资源环境价格有利于从根本上扭转当前资源环境的滥用局面。党的十八大报告也提出，要深化资源性产品价格和税费改革，建立反映市场供求和资源稀缺程度、体现生态价值和代际补偿的资源有偿使用制度和生态补偿制度。还要求积极开展节能量、碳排放权、排污权、水权交易试点。

最后，要建立、完善和坚决执行与资源环境保护相关的法律法规，建立全面带动资源环境保护的行政制度，并充分调动和发挥公众参与资源环境保护的积极性。

第一篇 绿色发展战略思考

本篇是关于绿色发展战略的思考，包括第一章至第三章的内容。

第一章论述我国将应对气候变化列为国家战略的必要性及相关思路。其必要性在于我国需要以应对气候变化为契机，重视和积极参与当前世界范围内可能兴起的能源技术革命，且我国当前的经济发展模式需要以此为抓手加以转型。为此，中国一是应向国际社会展示自己在应对气候变化问题上的理念与方式；二是当前必须为转向一个自主的、可持续的发展模式而努力；三是以气候变化问题促进社会各界在长期发展战略上达成共识。

第二章讨论我国能源发展战略中必须重视的不确定性和技术及路径锁定问题。不确定性主要来自我国所面对的多种潜在的能源技术革新方案，不同的方案可能会产生差别较大的影响。我国必须主动思索并探索一条长远、可持续发展的道路和模式，而不应一味地追随工业化国家的模式。在节能领域，我国必须破除诸如"市场技术锁定"、"寻租"行为以及"不作为"等能源技术革新方面的阻力，力促理性消费模式的形成，同时要尊重产业结构升级的规律，不能盲目追求"结构节能"，从而使节能政策与我国的经济发展、能力建设、环境保护相协调。

第三章对我国节能目标的合理性和不足之处进行辩证分析。把能源消耗强度作为对不同地区和部门的能源效率进行考核的指标，理论上存在明显缺陷，实践上存在明显弊端。过分追求能耗强度在短期的大幅度下降的"急刹车"式的做法，对能耗强度的长期下降不利，对中国的长远发展更不利。对各地区能源效率进行考核与管理必须改变按照能耗强度在不同地区进行分解的做法，而应在产品层次上和行业层次上以实物量能耗指标为依据进行。而为了真正有效缓解中国面对的资源环境压力，中国节能减排的举措应由生产领域向消费领域拓展。

第一章　我国应对气候变化的长期战略[*]

　　当前，在气候变化问题上，中国既是西方国家舆论中的"最大问题制造者"②，又是西方各国战略中争夺的"最大合作对象"②，因为中国二氧化碳排放增速屡屡超出国际能源机构的预期，并使中国提前成为世界第一大排放国，但中国巨大的市场容量又吸引着国际资本。同时，作为发展中国家，中国还是反抗和呼吁改变发达国家在气候问题上不公正做法的主要力量之一。③

　　中国正处于工业化阶段，但是已经不具备发达国家崛起时的资源与环境条件。我国还没有完成现代化目标就面临着国际上温室气体减排的压力，这无疑是一个前所未有的巨大挑战。这是一个双重的挑战：既实现发展，

　　＊　本章简写版曾发表于 2000 年 1 月 6 日《中国经济时报》。

　　①　中国的能源消费量和二氧化碳排放量急速增长、世界排放第一大国的身份、人均排放超过世界平均值的形势，成为西方舆论渲染和围剿的对象。本来，鉴于发达国家的历史责任，国际社会对"共同而有区别的责任"原则已经达成共识，这也是世界解决气候变化问题的希望与基础。但是，由于一些西方国家不想实实在在地承诺从技术与资金上帮助发展中国家的责任（这是后者承担责任的前提），更谈不上将减缓气候变化与真正改变自己的生产、生活方式、文化以及当前不公正的国际经济关系联系起来，所以，总是过多地强调现象层面的问题，甚至"以道德的名义"嫁祸于他国，特别是嫁祸于快速崛起的中国。全球应对气候变化的合作面临巨大失败的危险，在哥本哈根会议前就有迹象表明，一些西方国家不仅有哥本哈根谈判失败的思想准备，而且已经将中国预设为"替罪羊"。

　　②　在国际气候变化谈判中，美国政府则正在以另一种方式把中国推向前台：它力图将中国拉进自己的圈子——"世界两个最大排放国的合作"，甩开欧盟并以此"联合"方式影响国际议程。美国可以借此向国内外展示"推动中国减排"的功绩，又能与中国这一最大的新能源技术市场特殊合作。

　　③　因为尽管西方一些国家做了主导的推动工作，但其局限性是极力回避触动世界资源分配与使用的利益格局、机制、制度，甚至表示坚决不改变生活方式（美国）。与发展中国家不同，对于"缓解气候变化"的许多事情，发达国家"非不能也，是不为也"，而且他们无力拒绝种种将"拯救星球"变为利益博弈的行为。"三分天灾、七分人祸"，这才是气候变化问题的真正隐患。

同时又不能像西方发达国家那样长期消耗与其人口不成比例的资源与环境容量来实现增长。

为此，我们不仅必须捍卫发展的权利，还必须珍惜我们发展的权利。两者缺一不可。前者涉及在国际社会主张公平的发展权利；后者则涉及我国更基本层面上的战略，即无论世界金融危机还会怎样影响中国的经济社会发展，还是今后减缓气候变化的国际合作有怎样的不确定性，我国都需要将应对气候变化挑战与转向一个自主的、可持续的发展模式进一步结合起来，而不仅限于能源战略。

一　气候变化与我国经济发展的关系

第一，发达国家很有可能利用气候变化和能源技术革命限制中国的发展，再一次拉大与新兴发展中国家的经济发展差距，而发展方式锁定于发达国家模式是我国技术创新的巨大障碍。近十几年来，与温室气体"减排"实施不顺形成鲜明对比的是，发达国家对其能源技术的研发犹如军备竞赛。有关气候变暖的成因与后果的科学争论，并不妨碍一场货真价实的能源技术革命的兴起。

例如，面临全球油气资源将要枯竭的前景，跨国石油公司正在加快向综合性能源公司演化，积极发展可再生能源，开发新的能源技术和参与温室气体减排。一些欧洲国家已经取得相当多的新技术成果。

在美国，一个在金融危机中"被动"出台的然而顺应世界认识气候变化潮流的、同时着眼于在新能源时代推动经济增长、维持优势地位的格局已经开始形成。一旦"低碳能源或碳排放空间短缺阶段"来临，美国很可能凭借其特殊的政治影响力、金融地位与新能源技术优势的结合，形成新的世界霸权和长期获利的国际经济交易机制。① 在气候变化问题带来的新形势下，一些国家将落伍甚至继而沦为被掠夺与控制的对象。那些在国际合作中拥有过少自主选择空间、过少自由手段，特别是在自身发展战略上左右摇摆的国家，最容易错失发展时机，在应对气候变化所导致的资源"重

---

① 美国能源新政之前的小布什政府时期，政府支持的新能源研究与开发就有巨大的投入，而一直被认为保守的传统化石能源巨头，实际上已经从思想、技术、规划上进行并完成了转型。奥巴马的能源新政只是将这些潜能水到渠成地点燃起来，并为它在富有竞争力的市场基础上进一步扫清制度障碍，不断协调利益关系，这都是技术革命的前提条件。

新洗牌"过程中丧失自己原有的优势或发展势头。①

　　反观我国的技术进步与产业升级，一直没有突破某些锁定发展方式的因素。例如，由财税制度集中体现的中央与地方的经济关系问题、政府职能定位问题；又如，过度外向型经济格局对经济结构升级和提升创新能力的束缚作用，等等。我国之所以在提出生态文明的同时又在沿着西方高能耗高物耗的发展轨迹越陷越深，就是因为没有真正触动这些因素，甚至还有意无意地强化了这些因素。这大大削弱了我国的自主创新能力与协调能力，而在应对未来确定的和不确定的挑战中，这些能力是唯一可以永远依靠的实力。

　　第二，事实上，即使没有气候变化问题、没有承诺减排的压力，中国按现有模式的发展也很难持续下去。中国的环境问题不仅仅是气候变化，还有许多环境问题没有像气候变化那样受到国际关注，却与我国十几亿人口的生存息息相关。

　　以水污染为例，近几年来，我国饮用水源地已经被日益严重的水污染所困扰，频繁发生水源地污染事件，严重影响到居民的饮水安全。根据中国环境监测总站 2006 年 6 月发布的《113 个环境保护重点城市集中式饮用水源地水质月报》，有 16 个城市水质全部不达标，占重点城市的 14%；有 74 个饮用水源地不达标，占重点城市饮用水源地的 20.1%；有 5.27 亿吨水量不达标，占重点城市总取水量的 32.3%。根据我们课题组的研究，随着城镇化率的提高，2030 年我国城镇居民生活用水需求至少是当前的 2—3 倍。以目前水污染的规模和速度，在未来相当长的时期内，保障我国饮水安全会有很大的困难。

　　环境全面恶化不仅会激化社会矛盾，而且能源和资源的短缺还使经济持续发展面临前所未有的严峻考验。中国未来的情景，能否是今天的美国、德国抑或是日本？2005 年，中国人均能源消耗是 1.5 吨标准煤，如果未来有一天中国人均能耗达到了现在美国 9.8 吨标准煤的水平，那么中国需要消耗 130 亿吨标准煤，这个数字相当于 2005 年全世界能源消费总量，是我国 2008 年新能源（水电、核电与风电）规模的 57 倍。即使达到当前日本或德国的水平，中国也需要消耗超过 60 亿吨标准煤。未来的中国，绝对不

_____

　　①　"谁不能掌握能源，谁就不能掌握自己的未来。"（奥巴马）即谁失去对能源的自主，谁就不能掌握自己的未来。

能是今天的美国或是其他任何一个发达国家，而必须从中国的具体国情出发，探索出新的发展理念和发展战略。

第三，传统发展模式下的"外科手术型二氧化碳减排情景"可能产生更坏的结果。在我国，有人将气候变化问题当作纯粹的"外来干扰"，认为只要中国不被过早束缚在国际承诺减排之中，我们就可以成功地延续当前的发展势头，实现现代化目标，而一旦达到环境库兹涅茨曲线的拐点，一切问题都可以迎刃而解了。另一种观点则与之相反：不必在意过早承诺减排，因为这可以迫使我们直接采用最新技术，发挥后发的低成本优势，实现跨越式减排。

我们的研究表明，这两种思想各有其理论和支持力量，但缺乏对我国发展路径特殊性的关注。虽然二者相互冲突，但在现实中有可能碰撞、混合成为一种"两张皮"的情景：一方面，按现有模式实现经济增长；另一方面，普遍采用国外能源技术设备。这种类似"局部外科手术"的"低碳化"情景，很可能事倍功半，使得我国过分依赖并锁定于外国技术，在突出"低碳化"的过程中忽视社会平衡问题和温室气体之外的环境问题。

总之，我国气候对策面临的一个重要问题，不是中国未来要不要节能减排，而是"在新发展模式下的环境改善"还是"在目前发展模式下的节能减排"。选择前者，则无论气候变化如何不确定，中国都能较为自主地、协调地、可持续地发展，这是更长远的"无悔选择"；而选择后者，则在一些情况下我国的发展难以摆脱被动的局面。

不谋万世者，不足以谋一时。为了真正转变发展方式，我们不能靠一味模仿、追随发达国家的脚步来解决我们这个发展中大国特有的困难，不能"用造成问题的思维方式解决问题"。在学习发达国家经验的同时，寻机摆脱对传统发展路径的锁定应当成为我国的长期发展战略，这是我国应对气候变化问题考虑中需要的双重智慧。这并非拒绝工业化和物质投入，而是鼓励一种敢于从国情出发进行创造的精神品格、善于甄别利弊的求实态度，否则我国很难摆脱粗放增长的陷阱，也很难在充满不确定性的未来世界获得发展的自由，更难为人类做出一个生态文明的崛起大国所应有的贡献。

二 应对气候变化挑战的长期战略

（一）中国应向国际社会展示自己在应对气候变化问题上的理念与方式，在思想上做出自己相应的历史贡献

首先，让占世界人口20%的中国人都过上小康生活，这是中国发展的最终目标。一个"两型"和谐社会的出现本身就是对世界可持续发展最大的贡献。

其次，坚决与第三世界国家和关心世界命运的人一起，抵制与批评一些发达国家在气候变化问题上表现出来的自私和不公正的行为，推进一个更加公平的国际秩序的形成。占世界人口5%的美国正消耗着世界22%的能源，而其在世界事务尤其是气候变化问题上的表现令人失望。历史经验表明，要改变长期以来世界环境问题"局部好转、整体恶化"的趋势，实现一个普遍清洁的世界，要使全球气候变化问题得到和平的、稳定的、可持续的解决，没有世界范围内在资源使用与发展自由方面的深度公平是不可能的。如果那些长期占有和挥霍与其人口不成比例资源的国家继续无视这个问题，只能进一步失去其道德地位。我们要继续加强国际合作，并努力促进公平与环境问题的良性互动。

最后，倡导与实现可持续消费与生产方式，坚决反对奢侈消费。一是我国还有相当一部分人口处于较低的生活水平，未来能源消耗还会提高，我们要为其预留碳排放的空间；二是对于奢侈使用能源者，包括中国自己的新奢侈群体，要敢于采取明确的限制措施；三是对消费主义合理引导，在全世界树立反对模仿美国生活方式、倡导可持续消费的旗帜。

（二）做好过渡期的主动调整与准备工作，为转向一个自主的、可持续发展的模式而努力

在哥本哈根峰会上，中国向世界展现了温室气体减排的决心。然而，中国以煤为主的能源供给结构和处于工业化阶段的国情，决定了实现减排目标必须做出相当大的努力。未来10年，可以视为中国应对更高减排目标的过渡期，我们应当抓紧时间进行各相关领域的政策调整、制度建设，加强整个社会适应风险的真实能力。不能只求指标的完成而错失创新与转型的时机。在发展中，我国有多样的选择空间，从设备更新、技术类型、城市和乡村发展规划，到生活方式以及制度安排都存在着选择的可能性。要

注意避免为追求短期利益而忽视和放弃这些选择的机会，否则难免继续被锁定于既有的国际分工体系中。珍惜我们的发展权利，不仅可以为自主的低碳化转型创造条件，避免 2020 年后跌入上述"被动型"减缓情景之中，还要为中国转向一个自主的、可持续发展的道路奠定基础。下面举出几个前瞻性的调整工作。

（1）在结构调整中，将我国经济外向性程度调整到更为合理的水平。当前，我国过度依赖出口和外资拉动经济增长与解决就业，这对于一个大国来说相当被动，长期来看并不可取。向"满足内需"转变需要逐步进行，但更要坚定不移，使之更加符合中国整体的可持续发展要求，而不是满足个别部门和利益群体的短期利益。这需要调整和理顺国内一系列关系，包括产业结构、财税政策、进出口政策以及配套金融改革，等等。

（2）改善技术进步格局。经过 30 多年的经济发展，中国应当有能力在重大技术上实现自力更生，因此，一方面我们重视国际技术转让，另一方面更要建设和发挥自主创新能力。在技术选择方面，既要发展和掌握关键领域或行业"高、精、尖"科技，还要在普通消费品生产领域，选择一些吸引劳动力就业的环境友好型技术。中国的基本国情决定了技术进步的目标不能过于单一，要调动大、中、小企业共同参与，形成多元化、多层次、多形式的技术进步。防止出现三种不利情况：一是偏向外资的"求洋"思路，不利于国内企业良性竞争与成长。二是技术上"贪大"的"一条腿"发展格局，防止笼统的抓大放小。三是偏好自上而下的单一性、集中性决策，却限制地方性技术创新，遏制技术多样性，摒弃传统智慧。

（3）建立引导可持续消费方式的经济、文化和社会机制。可持续消费是指"提供服务及相关的产品以满足人类的基本需求，提高生活质量的同时使自然资源和有毒材料的使用量最小，使服务或产品的生命周期所产生的废物和污染物最少，从而不危及后代的需求"（联合国环境规划署）。中国的消费模式应当适合中国资源少、人口多的国情，更要符合中国还有广大的"未富裕"人口的国情。中国进一步的节能减排应当深入到对消费的引导。这包括对高耗能的消费，如大住房和大排量汽车，课以高额奢侈税；对城市规划提出严格的低能耗要求，如更多地依靠公共交通；等等。中国人应当发扬勤俭节约的传统美德，加强社会主义文化和道德建设，提倡"先富起来的人"富而不奢，带动其他人共同富裕，而不是在价值观和生活方式上紧紧追随西方消费主义和高消费模式。

上述三个调整内容既是关键也是难点，会触动习惯思维模式、某些群体的既得利益，甚至增加眼前所面临的困难和压力，绝非少数专家与管理部门可以单独胜任。促进新发展模式形成的历史使命，必然是涉及不止一代人的国家大事。全社会的积极参与以及公开透明的决策过程，对改进决策、提高创新水平、提升全体国民可持续发展理念具有难以估量的影响。

三 以气候变化促进社会各界在长期发展战略上达成共识

哥本哈根会议尘埃落定。人们更加清楚地看到了如下事实：

第一，面对气候变化问题可能带来的灾难，人类社会做了不少努力，但至今还没有做到以一个利益共同体的思维同舟共济。我们还需要为推进全球的合作继续努力。

第二，不是世界上的能源不足以维持人类生存，而是它不能维持今天人类追求的生存方式。相比发展中国家，发达国家具有几乎一切优越条件，但是，它们对发展中国家在气候合作中"免费搭车"的顾虑超过了对人类共同灾难的恐惧，对获取利益的渴望超过了承担责任的决心，不想将"共同而有区别的责任"落实到它们完全可以做到的减排行动。"非不能也，是不为也。"

第三，中国经济规模迅速扩大引起的环境影响已成为世界性话题。中国人均能源消耗只有美国的15%，但是，一些西方舆论不顾中国是一个发展中国家的事实，对中国施加了巨大的国际压力。这些人显然不是缺乏分析能力而是缺乏公正的勇气。渲染和指责中国环境的总量影响的同时又赞赏和想利用中国开放的巨大的市场总量，这种对中国的双重态度显示出西方国家真正关心的只是其自身利益，漠视的则是中国国民的幸福。这种自私、傲慢与偏见营造出来的压力，只能更加坚定我们寻求自主的可持续发展之路的决心。

哥本哈根峰会引起了国人空前的关注，它使我们强烈地感到中国与世界密不可分的关系。面对外部复杂的挑战，只有远见与自强，才能使中国人实现幸福而有尊严生活的夙愿，才能为全世界的共存共荣做出中国特有的历史性贡献。

第二章 不确定性、锁定与"节能优先"战略：方法论的探讨

一 应对转折之来临——对"节约优先"使命的再认识

（一）不确定性

在我国，对于"节能优先"的必要性很少有人公开否认。在表面上无人争辩的"当然如此"的环境中，"节能优先"很容易变成一种空洞的"政治正确性"，结果涉及实际行动就容易显得底气不足。对于"节能究竟必要到什么程度"，已有一定的共识，但还需要进一步建立共识。已有的共识是：（1）一般都认为，在我国，国际环境压力越来越大（气候问题尤甚），国内环境压力和能源资源压力也越来越大。中央已将减排与节能（而非GDP）当作"十一五"期间的限制性硬指标。（2）我国能源开源的潜力看来不足以缓解能源供给压力。但是，这个共识有弱点——地方与中央的差距很大（许多地方政府感觉不到宏观的压力），更重要的是，我们对于怎样认识这些压力带来的影响，特别是怎样应对未来的不确定性，没有予以足够的注意。

人类从来没有像今天这样认识到他/她生存于一个充满不确定性的世界里（在人类世界里不确定性似乎从来没有像现在这样凸显）。以能源为例，（1）即使人类对"气候变暖"及其对人类影响的真实性、科学性趋于共识，但在各国怎样适应和分担责任上充满变数。（2）我们面临众多替代化石燃料的能源，有些处于重大新能源技术革命之前夜。这包括：①新能源，如关于核聚变、可燃冰的潜力等；②低碳能源技术，如碳回收与储存，还有核能等；③可再生能源发展等。怎样估计它们的商业化突破的来到时间（这些技术商业化的时刻何时到来）？没人说得清楚。（3）即便是化石燃料，尽管有"石油见底"之说，一旦存在着从外部更便宜地获得能源的可

能，或油价波动，也难免诱使当事人心存侥幸，一些人会想：为什么自己要义无反顾地节约其使用量呢？等等。我们是"以不变应万变，节能不动摇"？还是"以变应变，随波逐流，随时调整"呢？无疑，我们必须要有在不确定性条件下决策的智慧，在变局中把握长期利益的明确思路。一个大国的决策很难定位于某一个"最佳策略"上，更现实的是在更一般意义上的重大原则上的共识。在能源战略制定方面，我们最关心的是两件事：（1）对我国最大的风险是什么？（2）对我国最可贵的战略机会是什么？

（二）我们最应注意防止的是一种怎样的情景

环境（包括气候变化国际压力）和资源压力（如能源安全性）可能给我们提出了一些硬性约束要求，这种对能源总量的硬性约束将是我们节能的一个前提。然而，在存在不确定性的背景下，我们很难有把握地说"节约多少能源"是必要的或最为合适的，尽管这样的估计有重要的意义。较为确定的是，无论是化石燃料能源供给的减少还是环境国际压力的来临，都会对我国经济和现存能源型系统产生重大影响和冲击，这是我国早晚也躲不过的事。可以说，问题不是你要不要建立节能型社会，而是你不得不走向它，区别是较为主动地还是被动地建立？问题不是你是否需要能源系统转型而是你不得不走向它，区别是顺利地转变还是在混乱中转型？对新能源系统的适应过程是迟一点还是早一点开始的问题。恐怕最重要的事是我国的应对方略是否及时和有远见？是否会丧失历史机遇？在该适应过程是否代价惨重？从这个思路出发，我们设想了四个情景：情景 A 是世界没有便宜的传统能源时，由于缺乏适应能力带来的后果。这个情景即BAU——没有节能优先的一般技术进步之情景。A1 是新价格体系下大量关闭企业，不得不"计划分配用能"。这会造成"拥能自重"，分封割据，社会冲突，经济一蹶不振乃至分裂，等等。A2 则是赶上易得的全新且廉价新能源，没有出现危机。情景 B 是立即经济减速，按某个合理的能源消耗目标改造生产与消费结构，或者强行总量控制，尽早进入低耗能社会。情景C 是从挖掘现实潜力入手，着眼于综合能力的培养，逐渐扩大与强化适应新价格体系的能源系统，尽可能平稳过渡，转向一个节能社会。

本章的逻辑是：反正早晚转向一个节能社会，区别是这个转变是主动还是被动。当到了被动的应急"节能"之时就轮不到我们这些人来说些什么了，需要我们的恰恰是今天提出"早做准备、过渡顺利"战略，以减少国家发展的风险，避免最坏的情景（A1）出现。我们向往情景 C，需要 C

发展模式。由于对于极可能来临的大转型，"有无准备"的差别关系到国家之存亡兴衰。所以，关键任务是我们能否及时调整能源—经济系统，真正的问题是我们有无和能否不断扩大这个调整能力。

（三）我们最不应丢失的战略机会是什么

如果说我们的问题或两难处境大都可归结为"不发达"，那么我们的大多数机会也来自这里。越来越多的人发现，在原有发展模式下摆脱环境与资源（能源）恶化之势是自欺欺人的。因为既然我国人口环境资源条件本来就比较严酷，又失去了先行发达国家廉价或尽情消耗全世界不可再生能源和环境空间的历史机遇，我们就不可能也不应沿着老工业化路径拼命赶超了。只要我们摆脱那种只知跟着前行者的"发展阶段"亦步亦趋的伪历史观，只要我们冷静地看待对自己迅速发展的喝彩声，只要我们摆脱来自工业化国家特别是美国生活方式的诱惑，就不难认识到一个朴实的真理：我们的生存与发展之希望的很大一部分，来自我们不发达的现实。这就是我们尚有相当选择余地的技术路线与设备，我们还没有美国化的消费方式，还没有完成城市化过程，等等。进化的历史充满路径依赖，也存在着"分岔口"的选择，而且有一些新选择机会（也许不是主动的）不属于或不是青睐于领先国家，而属于或青睐于后来者。

从历史角度看，这可能是我们真正意义上的"新型工业化"的机会。如果说"比较优势"，这也可以说是最大的、长远的、真正的"比较优势"，而不是什么"廉价劳动力"，更不是"低下的环境标准"。我们本来可以比西方国家以更低代价转向新的清洁的低碳的能源系统，我们可以更少历史负担地适应新时代，我们可能是某些新型能源市场最早最大的用户，至少在某些方面是如此。但是，这个历史机遇期是有限的，它是历史演进的一个重大分岔关口，机不可失，时不再来，一旦错过，就难以找回！因此，当前中国最关键的能源战略目标应是"能源系统及时转型"。

二　能否克服阻碍我们转型的力量？
——对"节约优先"面临挑战的再认识

确认了"节约优先"服从于"能源系统及时转型"的目标后，问题就是如何使之变得可行。归纳起来，节能，从生产侧看，有"经济结构节能"、提高技术效率和直接压缩生产消耗量三个途径；从消费侧看，有提高生活消费能源效率、改变生活方式和直接压缩生活消费需求量三个途径。我国实行节能与相关政策（包括转变增长方式等）已有几十年的历史，因此设计新政策不能离开总结经验，即认真考察在上述各节能途径中的政策在实践中曾遇到过怎样的问题？正面临着哪些障碍？为简化起见，下面着重考察三个途径：第一，技术更新，提高消费率；第二，改变消费（生活）方式；第三，结构节能。从能源系统转型能力角度，我们集中考虑如下问题：是什么阻碍着我们转向一个节能社会？形形色色的"惰性"从何而来？

（一）是什么阻碍新技术更新

中国的节能政策可以说是以技术更新为主导的，为此，我国有关部门已经从价格、管理、其他激励政策等方面做了多年努力，明显地提高了我国能源技术效率。但是，长期存在（的）"缺乏动力"的问题没有解决。笔者认为，这源于三个方面的问题。

1. 市场的技术锁定

许多自下而上的模型是按"无悔技术"（即技术与经济上都可行）选择及其成本加总而成的，但是，其宏观经济的结论常被事后证明是不切实际的、过于乐观的。尽管有实证研究表明，的确有不少环境（或节能）和经济效益"双赢"的公司。这是为什么呢？我们可以一般地归咎于政策环境不好，存在一些未计入的社会成本等，但是，从系统角度看，我们应特别注意"技术锁定"问题。"技术锁定"是指企业或行业拒绝更换或改进现有技术——即使在现行市场价格下经济合算的节能型技术更新也缺乏动力，宁愿采用现有技术。也就是说，它已无力摆脱现有技术系统而存在，致使整个技术系统惰性极大。造成锁定的是这个技术系统内部各环节的互联互需，以及技术与有关机构之间的互动互助，已经形成了一个技术—机构的复杂系统——任何一个环节都不是独立的单元，而是在互相依存、互相加强中共同生存、共同进化。一旦被锁定，即这个技术—机构的复杂系统一旦形成，就很难被轻易更换，让位于新的取代技术——往往是后来者优于现有技术。有些西方学者将许多年来清洁能源技术扩散迟缓，以致不能减缓温室气体排放趋势的原因明确地归咎于"碳锁定"——工业化国家已深陷入现有的石油能源技术—经济系统（如大型电力系统和小型汽车交通系统），从生产到生活、从公司到政府机构，等等，全都配了套。

显然，我国也有市场技术锁定问题，而且有更加严重、更加复杂的特点。我国在更新技术和设备时，却有一些企业或部门一味贪图近期效益而不注意节能效率上的先进性或与新一代技术的衔接性、"可学习性"和相容性。结果大量引进、重复引进一些比我国一般水平先进，但即将被母国淘汰的设备与技术——而一旦引进这样的生产能力，不仅要使用数十年，而且从原料供给到一系列配套工程将形成巨大的系统。如果它是高耗能技术，而且难以与将来的新技术系统联结，就可能是一种对今后发展很不利的技术锁定，致使新型技术难以被接受，即使它们（在新价格结构下）有更好的环境—经济效益。对我们的挑战是，能否克服饥不择食，让企业拒绝某些大有来头的可能锁定我们的"夕阳的先进技术"（特别是有强大经济政治影响力的跨国公司）。我们要预防的，与其说是跨国公司的自私谋略，不如说是国内既得利益集团以一己之私劫持国家利益的可能。

市场技术锁定不仅是缩小了微观"无悔选择的空间"，而且也是影响宏观经济战略的重要因素：从节能角度看，能源价格无疑偏低。但是，为什么说了很长时间没有改变？从宏观经济角度看，经济增长（GDP），特别是一些出口产品，以及汽车等"高附加值产业"工业系统的增长在一定程度上正是靠低价能源等资源支撑着的。因而实际上一直是被政策保护的（这又与生活消费品中燃料价格偏低互动，形成较低承受力的现实）。除了节能和环保部门，社会较强势部门并不关心这种不考虑多耗能源的社会成本（环境与因回采率低下而破坏资源等）。这种无视社会成本的市场价格没有反映能源等资源的价值或稀缺性，只反映了资本在各生产要素中目前的主导地位，特别是某些耗能产业的显赫地位。现有的看似"自然"的市场力量推动 GDP 增长的背面就是以巨大的社会成本隐性补贴某些工业。目前调整提高能源价格（包括税收）举棋不定，正是由于其推动力不足以改变多年来低价支撑的工业发展格局（及其形成的世界范围的利益格局）。这是阻碍我们摆脱"现行市场价格体系锁定的格局"的根源。这类问题更多地与"市场失败问题"相联系。

2. "直接寻租"的博弈还没有结束

在自然资源缺乏保护〔要么由于缺乏明确的权利界定或缺乏实现能力（产权或使用权、收益权等），要么由于缺乏有效的监督〕的背景下，"抢占公共资源"成为远比提高效率优先的战略选择。即如果某些投资或开发利用资源方式是对公共或不明资源的无偿占有，则对资源的利用越多，投资者就越能多占有公共资源（参见笔者的《联合生产模型》一文）。于是形成这样一种博弈格局：谁占有、使用的资源越多，谁就是竞争的赢家，也就是说，"浪费者受益"。这表现在粗暴地开发能源和矿藏时，明知故犯的低水平重复生产与建设。对于资源，这类行为产生了一种"超市场需求"，即制度促使的对资源的多余需求。与此相关的经济现象还有：在国家买单的项目中，大大夸大需求量（调水工程的水资源、治污工程的规模等），地方政府之间 GDP 增长的竞争导致过分以投资和出口拉动的经济政策（而不是以消费引导经济）。这是一种比上述市场失败情况更加粗暴的浪费行为。而 GDP 政绩观、没有消除经济私利的政府行为及对其"寻租"的行为，正是阻碍我们摆脱这种格局的力量。这类问题都与政府没有转向真正的公共管理和公共财政的状态有关，都与半市场经济状态有关，我们也可称为"前市场问题"。

3. 制约我们节能技术更新的因素与我国发展极不平衡有关

二元经济社会的国情使我国有两个工业部门：一个主要是在较大城市和较先进的工业部门即第一工业部门；另一个主要是在农村地区，技术经济上相当落后但承担一定社会功能的"劣小工业"即第二工业部门。多年来，第一工业部门的设备不断大型化和提高效率。然而，在一定程度上，由于这一进步伴随着落后设备悄然向第二工业部门转移而在最终效果上打了折扣。

与其空洞地用库兹涅茨曲线来争论"我们究竟处于发展阶段的哪一点"，不如具体找一找我们的问题和切实的入手点——在我们周围，"本来可以做但又没有做起来"的事情还少吗？

（二）控制消费需求的障碍是什么

我国最有消费力的群体正在不假思索地全面模仿发达国家的生活。不少人抽象地承认后者的生活方式不应是中国方向，但行为上亦步亦趋地汇入那个不计后果的难归之潮流。生活方式是决定经济需求与供给系统组成的最终决定因素。一旦进入，由于路径依赖，拉回很难。我们不能被西方生活方式之梦牵进此路。这是又一个要摆脱的即将进入并被锁定的错误分岔。但需要分解成几个部分，不宜笼统地说。第一种情况是非理性浪费。对此，克服浪费的潜力。首先是政府搞排场的恶习，对公家使用公共资源缺少有效监管，然后是社会上攀比炫耀心态。第二种情况是消费主义的统治性影响，尤其是发达国家消费方式对我国新中等收入群体（更不用说高收入层）消费行为持续的、几乎无止境的引导、教育与刺激。第三种情况是中国十几亿人的消费水平不是需要压抑，而是需要发展，包括城市化对下层及农民的影响。需要特别注意的是，中国的居民消费是原则上不应压缩的部分，但由于增加量很大，要有专门方针防止低水平重复。

以难易程度看，克服非理性浪费较易，克服消费主义最难，是我们面临的最大挑战。这里，我们要挑战和要摆脱的是有几百年历史的市场消费观念，在一个人类正在试图计量并减少自己的"生态足迹"的时代，我们不能承认消费是不容讨论和改变的"个人权利"这样的老观念了，正如现在已经不能放任没有社会责任的企业一样。然而，当前一个最具体的挑战是，即使我国能够顺利实现新宏观经济取向——依靠消费拉动经济，也与我们节约观念有巨大的差距或冲突。投资与出口驱动型增长转向"消费型增长"无疑是一个重大的进步。

这可以日本20世纪50年代末开始的"国民收入倍增计划"的成功为佐证。然而，这也是对"节约节能"政策的新挑战，这一即将来临的转变必将消费侧节能问题上升到更重要的地位并提到日程上来。这就是要及时鼓励新的生活方式，尽早制定消费引导政策，以免进入消费主义轨道而难以自拔。这是一个重要的历史关口。

节能总是从争议小（"双赢""无悔"等）的途径入手的，在发现确实不能解决问题时才转向更吃力的选择。一般来说，优先顺序是开源（尤其是可用公共资源的情况）最优先，提高能源使用效率次之，转变消费方式再次之，而减少生活活动量恐怕是无可奈何的选择了。对于那些资金足、技术创新力强、消费者权利强大的国家，力量用在抢占、开源和技术效率上，支持后两种途径的力量是很小的。对于中国，尽管存在能耗的合理上升空间，恐怕也不得不正视消费引导与控制的选择。这就是弱国不得不忍耐的命运。

我们用什么力量将正进入消费主义的人们拉回来呢？严格地说，消费主义不是简单地"浪费"，而是一种生活—生产的锁定格局。对消费主义者及其行为，节能不如说是减能。只有非理性的浪费，才是通常所说的"浪费"。

（三）"结构节能"

所谓"结构节能"是一个含混的说法。有人将它视为人为调整经济结构的结果，有的指调整投资—消费结构，有的指调整第一、第二、第三产业结构，有的指调整工业结构（特别是压低高耗能产业政策），等等。也有人提到它，是将它视为经济增长中自然导致经济结构变化所派生的减少能源消耗。人们对结构节能的理解在完全按计划安排和完全随经济自发走向的产业结构变化之间。

"结构节能"的数量难以忽视。不论认为"结构节能"是来自政府计划还是市场力量，不论是从某种预测性还是回归性经济模型估计，"结构节能"的影响都是可观的。例如，世界银行认为，中国 20 世纪 80 年代减缓环境污染势头的力量中 70% 要归于经济结构的变化；国务院发展中心也认为，对能源强度（也是同期）增势减缓势头的力量中 70% 要归于经济结构的变化。近年来，沈利生等估计 2005—2010 年由改变国民经济消费与投资导致的经济结构变化对节能的贡献在 50% 以上。显然，"结构节能"的潜力不可忽视。

但是，"结构节能"的可观测性差。这首先表现在人们对其确切含义有不同理解，特别是很难将"节能效果"明确归结于某个原因，不同的推测之差异主要是由于不同的假设。例如，沈利生的估计：他表示的是这样的假设：（1）GDP 增长 8.5%；（2）在新的消费—投资比下各行业原来的份额不变。这样，我们往往不易分离政策干预和市场力的贡献，它与政策之间的相关性更难观测。

"结构节能"作为政策，其"可控性"极小。经济结构（投资—消费结构，第一、第二、第三产业结构），对一个大国来说，能否任意调整呢？我们只能说，即使政策起了作用，也是在一个较长期的结构演化过程中的因势利导。形成与改变结构的主要力量，来自经济更基本的层面：制度、资源人口禀赋、国际环境、发展水平。经济战略（如调整工业结构的政策特别是压低高耗能产业的政策）在很大程度上也是它们的产物。

我们不可能把一个大国的经济结构归因于其中某一个因素的单独影响，更不能忽视经济结构的变化是这些因素互动与结合的有机过程。投入产出表所反映的只是经济大厦的一个容易用数量描述的层面或视角，而且常是静态的。它揭示了经济部门之间的联系，但它不能模拟结构调整过程，告诉我们其变动的成本以及是否可行。我国的一些经验说明，"结构节能"与结构政策的相关性远比期望的小。例如，相当长时期内多次压高耗能高污染行业（关闭"劣小企业"）但成效不理想。"反弹"说明还存在对它们的经济需求：你在这里在此时将它取缔了，它会以另一种面貌在别处重生。如果连这样有限的且是大力的结构调整都面临如此结果，那么更深层面的结构调整就更不容乐观。

对于这种"有心栽花花不开，无心插柳柳成荫"的现象，我们应承认，经济结构远不是政策可以完全控制的东西。经济发展过程的阶段性或波动性导致的能耗强度的下降（增加）不应当用来充当"节能"效果以说明政绩（或失败）。总之，节能政策应尽力去影响结构变化，但是，不应否认，它不足以影响结构变化，更不要说控制了。当然，我们也不能说经济结构锁定在世界分工格局是只能适应，不可反抗、不可有所作为的，而是不要将"结构节能"与其他节能政策混同起来。

三　在不确定性下的坚定政策——节能新观点

前面已经说明"节能"是推动能源系统及时转型，而对其最大的挑战是能否克服技术、消费，经济结构上路径依赖（锁定格局）的影响。我们还说明，制订一个坚定的节能方针的困难首先是各方面的不确定性，其次是节能工作的分散性质。节能方针的新思路应当针对这些问题来提出。简单地说，新战略可称为"不确定性下的摆脱锁定战略"，因为有一些锁定状态是可以减缓的、可以避免的。下面几个观点就是这个战略需要强调的。

（一）中国的"节能政策"应更多地转移到"能力发展"上

一方面，政治、经济的变化很快，经验表明，我们过去30多年来的对我国经济与能源消费的预测是相当不准确的。考虑到世界在经济和环境上的变化并成为一体互相影响；而技术发展，特别是对重大技术突破的前景难以预测，人类已经越来越多地在承认不确定性前提下进行决策。另一方面，对一个大国，节能优先这样的大政策需要一定的稳定性和坚定性。既不能僵化又不能软化——怎么办呢？使此问题更加复杂的是，凡是重要的举措大都是效果滞后的，而立竿见影的举措又大都缺乏可持续的效果。此乃人尽皆知，可惜许多决策者和研究者都有喜新厌旧、急功近利的毛病。

最有长期价值的是"能力"。我们当然要有结果性目标，如节约了多少化石能源，减少了多少污染排放量等。但是，如果将所有力量都放在达标（不管是自己定的还是国际协议）上，而不用相当力量考虑其后续性影响和全局影响，则我们可能总是被动的。不错，我们历来有强势的技术更新来淘汰落后工程且收到了成效，但这是不够的。我们强调的能力，不是光指加强现在的竞争力（成本效益水平），而且包括扩大现有生产与消费方式并使其未来持续改进的相容能力。这里特别强调认识机遇期与调整自身利益格局的能力。在一个全球已经开始适应"后石油能源时代"的国际竞争中，中国是最大的新（或低碳）能源系统的市场，对中国来说，这本身就是一种巨大的战略资源。对此最大的历史机遇，谁都想早早抓住——因为抓住是福，抓不住是祸，而最应珍惜它的应当是我们自己！和其他"天赐"的资源一样，对于有能力的东道主来说，它就是自己进步的资源；对于没有能力的东道主来说，它就只是人家的资源，对自己来说则什么也不是，甚至是"资源诅咒"。

（二）"节约"应成为国家和全社会的共同意志

尽管"节能优先"实际上只是因势利导，尽管它非常需要机会主义的灵活性，但它又是对一个理想目标的坚定追求——建立一个可以在未来持续发展的节能社会。在确定需要选择怎样的目标，如节能总量（包括环境污染排放量）、GDP 能耗、技术单耗等，或在怎样的范围和用怎样的方式实现这些目标之前，先要树立节能理念。需要国家以历史的眼光，不被短期经济增长而左右。在追求 GDP 的路线中，以转型为基点的节能战略是没有出路的。由于节能同时涉及性质不相同的问题（前市场问题、市场问题、后市场问题），需要各类方法（从经济制度改革到技术创新环境培养，到促进社会观念转变），需要不同的社会力量。节能需要全社会的合力，如果只是停留于政府颁布政策——各地执行上，不构成一个深刻的社会运动网络，一个持续的制度改革—技术创新—观念转变的过程，不仅难以成功，还可能中途夭折。显然，这其中没有一个环节不需要国家的意志与全民共识。国家—社会意志的最主要表现应是它有权力也有能力摆平阻碍我国摆脱或不滑入生产与消费锁定局面的强大阻力，特别是有办法调整既有的利益格局；还应表现在促进财政制度、税收政策、金融体制、地方发展战略、对外经济政策全面的不断的调整——直至釜底抽薪，将制度中鼓励浪费的成分完全消除。虽然在现有发展模式下的节能是极其有限的，但这只是开始，只要开始摆脱对大量低效使用化石燃料的原能源系统的过度依赖，更大的潜力就能挖掘出来。

（三）节能须有系统观

其一，与环境政策进一步协调的方向。节能重要，但不应成为封闭的政策体系，即成为一个绝对独立的目标。它必须协调好那些与之有互补性的政策的关系。这是指清洁（如低碳）能源政策、环境政策、节约水与矿物资源的政策。在发达国家，能源政策与环境政策关系越来越紧密，甚至在一定意义上有环境主导化趋势。从我国国情考虑，我国目前没必要这样做。但是，新节能政策应加强与环境政策的联系、沟通、配合，否则会互相掣肘，浪费社会与行政资源。

在一些发达国家，能源节约与环境政策紧紧联系在一起，甚至在一定程度上是以环境要求为主导的。这是因为，环境直接影响生活质量，或国际关系，或国际协定，许多环境标准自然成了硬指标，即成为目标——它是目的而不是手段。对于我国来说，将来也存在着来自国际环境的硬性要求（它不会是能效要求，而可能是环境要求，如排放总量或接近它的能源消耗总量）。

其二，节能政策应符合一般均衡性原则。政策均衡性原则是指注重其总效果，为最终和全局目标负责的原则。例如，对技术进步二元化趋向，就应考虑进入整体节能评估中。对那些不易监测的，被转移出大城市、大企业的低劣技术的影响，以及砍掉这些"劣小企业"的社会成本，也都纳入总政策的考虑中。不再重复"城市报喜，乡村报忧"之类的故事。树立在政策设计中的一般均衡性原则以取代盲目鼓励"局部（地方或部门最大化"的原则，树立"机会成本"概念以取代项目评估中的"有无原则"。

其三，节能政策应保护多样化——"反锁定战略"的一个原则。创新是建立节约型社会的灵魂，是应对巨大不确定性和摆脱某些锁定格局的唯一出路。因而"保护多样化"应成为保护创造精神与扩大新设备新方式发展空间的重要的政策目标内容。要改变一味求大的思想，对具有地方性、分散性的技术与设计应予以保护，要压制垄断力量——它往往是锁定之源。

其四，将拆除各种节能的障碍作为政府的最主要任务之一。不是过度地从本部门最易操作出发来制定政策与标准，而是以帮助节能创新企业拆除各种障碍为主旨。我们以"技术锁定格局"作为政策的主要关注点。原因是：（1）它针对的问题特别需要解决，是为害多年的老问题。它的关注点不是"要不要技术更新"，而是"障碍在哪里"。（2）现实性。我们的关注点不是笼统地要增加投入，也不是一味地鼓吹高不可攀的技术，而是那些经过努力可以成功的"可行区间"。（3）其原则是力求实现可行区间中的最高点——选择该范围内最有前途的技术。（4）它有可能摆脱在关于发展阶段论争论中的困境，在两难中寻求突破点——既不陷入"现实主义"的老路，又不悬在无从入手的新发展道路。从理论上说，这是破解"发展阶段论"带来的困惑之"实招"。我试图说明，与其空谈"转变增长方式"，不如从这里做起。

四 几点建议

其一，节能要求宏观政策的调整。如原则上不保护低能效工业，绝不以任何形式补贴 GDP 增长，支持较高能源税。我国在"限产下马"上的工作要达到一个新水平。这当然是一个权衡，是一件有代价的事——短期内有成本而产出不明显的事，无论从宏观还是从微观上看，是不能完全回避的。从这个意义上说，单位 GDP 能耗不宜用作主要的硬指标。因为它一方面鼓励节能，另一方面鼓励增加 GDP，自相矛盾。对具有以 GDP 的增加来降低能源强度条件的地方与行业，这是负向引导。对控制能源消耗总量及与之正相关的环境质量恶化都不对路。

其二，进行技术评估新的改革。首先是坚决做第三方评估而不失"内部人评估"；其次是创立考虑不确定性与技术锁定问题的新原则和新标准。

企图准确区分节能效果的出身和成色（来自宏观经济变化影响，还是一般设备更新，还是改变了原有低效技术路线）未免呆笨和不现实，但是，对此的关注与区别对待绝对必要。这本身是一个可能费力不讨好的事，而且怎样做需要深入研究，如怎样引导企业在适用技术与能效先进技术之间做出较原先更有利于后者的选择？怎样改变企业的无悔区间？至少，我们绝不要给那些能耗指标虽好但可能推迟我们选择更好技术的"先进大公司"（有些是跨国）以最高评语。当然，这种"评估技术采用的机会成本"的工作较难——只有尊重市场又不迷信市场的思路才有希望探索成功。但是，"以能力为重心"的节能政策是新一代政策，能不难吗？

其三，建立权威性沟通部门关系的机构，如经济—能源—环境联系沟通委员会。

其四，建立广泛的社会参与制度。

第三章 节能减排须减少盲目性：能源消耗强度指标的若干思考[*]

中国正处于经济快速增长的工业化阶段。面对全球气候变暖及巨大的资源环境的压力，近几年来，中国加大了对节能减排的规制力度。"十一五"规划之后，能源消耗强度的大幅度下降又继续在"十二五"规划中被作为约束性指标。在世界主要国家中，中国对节能减排的态度是积极的。然而，也应该清醒地看到，尽管中国在节能减排上做出了巨大的努力，而且取得了显著成绩，但不论在认识上还是在实践上都存在不少值得思考和改进的地方。正视这些问题，加深对节能减排目标及其规律性的认识，将有利于我国节能减排的健康开展和可持续发展战略的实现。

一 能耗强度作为效率指标存在明显缺陷

中国使用能耗强度（单位 GDP 的能源消耗）作为节能的指标。显然，能耗强度在这里是作为能源效率指标使用的。节能减排的基本途径是提高能源效率。人们希望用较小的能源消耗实现 GDP 增长，显然是合乎逻辑的。况且，能源消费强度也确实可在一定程度上反映了一个经济体能源消耗的宏观效率，并在国内外被广为使用。但是，我们深入考察便可发现，能源消耗强度作为能源效率的度量存在着明显缺陷。能耗强度并不能很好地反映全社会能源的节约程度，因而，简单地将其作为节能考核指标，将其下降作为节能率使用存在明显的弊端。

（一）能源消耗强度不适合作为节能考核指标

能源消耗强度反映的只是经济活动对当期能源消耗的依赖程度，并不

---

* 本章简写版曾发表于《学习与实践》2011 年第 9 期，并被《新华文摘》全文转载。

适合作为节能考核指标。考察一下能源消耗强度的定义表达式，很容易看到这一点。能源消耗强度定义表达式是当期能源消耗与当期 GDP 之比。显然，该指标中的投入与产出之间不具有一致性。因为，当期能源消耗并非代表全部能源投入，当期 GDP 也不等于当期能源消耗的全部产出。因而，能源消耗强度不能全面反映能源消耗的效率。准确地讲，能源消耗强度反映的只是经济活动对当期能源消耗的依赖程度。

能源消耗强度之所以容易被当作效率指标来使用，主要是因为，人们往往忽视经济活动的产出流相对其投入流存在着滞后、当期投入和当期产出并非完全对应。以下两个基本事实有必要引起人们的注意。

1. 当期能源消耗不仅是当期 GDP 的来源而且也是未来 GDP 的来源

对于当期能源消耗来讲，其不但对当期 GDP 做出贡献，而且还会对未来 GDP 做出贡献。这样，当期 GDP 仅反映了当期能源消耗的部分贡献，当期能源消耗对未来 GDP 的贡献没有被包括在内。

比如，基础设施建设和其他固定资产投资所消耗的能源除对当期 GDP 做出贡献外，还通过凝结在固定资产中在以后相当长的时期内持续对未来 GDP 做出贡献。忽视当期能源消耗对未来 GDP 的贡献是对产出具有时滞性缺乏认识的表现。

显然，用当期能源消耗与当期 GDP 之比所反映的能源效率是不全面的。能源消耗强度无法反映当期能源消耗对未来 GDP 贡献的局限会使人们高估生产当期单位 GDP 的能源消耗。一般来说，对于越是具有长期效益的经济活动或对于那些经济增长主要靠能源密集的投资活动拉动的发展中的经济体，其单位 GDP 的实际能耗就会越被高估。

对于处在原始积累阶段的我国，投资率较高是阶段性特征。[①] 而原始积累是一个能源密集的过程，因此，能源强度较高属正常现象。目前，中国经济发展的主要问题不是投资率高，而是投资的有效性较低，由于管理不善，存在着相当严重的投资结构不合理（过度与不足并存）、决策失误较多、工程质量不高、经济效益较差等问题。比如，我国城市规划水平较低，城市建设追求华而不实、喜欢做表面文章、搞大拆大建；同时，诸如城市的环保设施、公共交通、地下工程等公共设施以及水利设施等发展明显滞

---

① 在中国，普遍把经济增长主要靠投资拉动作为经济增长质量不高或增长不可持续的依据。这是一种对经济增长的阶段性规律缺乏认识的表现。

后；大量的建筑物质量不高、节能差、寿命短①；我国生产能力淘汰过快；表面看来，GDP增长很快，但积累起来的财富却相当有限。毫无疑问，改变这些是提高我国能源效率、减少浪费的最重要的方面。②

改变这种状况的前提之一是要求我们有更多的长远观点。应该在一个更长的时间跨度里考察当期投资和当期能源消耗的效益。能源消耗强度指标的这一局限的直接弊端是使人们容易过度注重短期效益而忽视能源消耗的长期效益。实际上，处于原始积累阶段的中国，当期能源消耗中为当期服务的只有一小部分，当期能源消耗的大部分是为以后的长期提供服务。目前，中国采取的硬性规定大幅度降低当期能源消耗强度的做法，很容易造成对投资的长期效果及其有效性的忽视，客观上，在助长短期行为，为降低建设标准（包括节能标准、环保标准）、偷工减料制造机会。其结果不但不利于我国投资有效性较低、结构不合理问题的解决，而且很可能会加剧这一态势。表面上看，当期的能耗强度暂时降下来了，但从长远上、总体上看会耗费更多的能源。为此，我们的后代要被迫付出更多的代价包括能耗的代价。实际上，只要想一想，伦敦150多年前建的排水系统现在仍然很好地发挥作用，而我国大多数城市经常会因大雨而交通瘫痪。这个道理就很清楚了。

2. 当期GDP中不仅有当期能源消耗的贡献，也有以往能源消耗的贡献

与前面讲的当期GDP不能反映当期能源消耗全部产出的情况类似，当期能源消耗并不能反映当期GDP的全部能源消耗。实际上，当期GDP的创造不仅要依靠当期能源消耗，而且还要依靠过去能源消耗。过去的能源消耗是通过凝结在基础设施和其他固定资产中对当期GDP做出贡献的。因而，实际投入到当期生产过程中的能源不仅包括当期能源消耗，还应该包括凝结在固定资产中的累积能源消耗。当然，二者（当期能源消耗和累积能源消耗）投入到生产过程中的方式不同，如何核算与当期GDP相对应的能源投入的服务流是相当复杂的问题，在此不做赘述。

发展中国家与发达国家的一个根本差别在于发展中国家是资本存量小国，而发达国家是资本存量大国。这意味着，和发展中国家相比，发达国

---

① 我国建筑物的寿命平均只有25—30年，而发达国家建筑物的平均寿命，英国为132年，法国为85年，美国为80年。参见 http：//news. sina. com. cn/c/2010－04－05/231820011742. shtml。

② 对减小我国金融风险的意义同样不能忽视。

家的 GDP 中来自凝结在资本存量中的能源和其他资源消耗的贡献要大得多。而且，不仅仅是在发达国家所拥有的巨大的资本存量中，实际上，它们拥有的所有现代文明，包括科技优势、较高的教育水平、良好的环境等中都凝结着大量过去的能源消耗。发达国家目前较低的能耗强度是建立在历史上大量能源消耗的基础上的。所以，使用忽视过去能源消耗的贡献，只反映当期能源消耗的能耗强度指标来考察创造当期 GDP 的能源效率，必定使发达国家的能源效率被高估而发展中国家的能源效率被低估。显然，能耗强度不能正确反映所处不同发展阶段国家之间能源效率的差别。

在中国，常常把能耗强度比主要发达国家能耗强度高多少倍①当作中国能源效率低、中国经济在过度消耗能源的依据，并据此过高估计中国节能的潜力。这种判断显然是片面的，存在很大的盲目性。

（二）能源消耗强度的区域比较缺乏合理性

不同地区和不同经济体的能源消耗强度之间缺乏可比性，做简单的比较，缺乏合理性。从空间维度上对不同地区的能耗强度所定义的投入产出关系进行跨地区分析，很容易发现，能耗强度指标无法正确反映不同地区之间的能耗与产出的联系。实际上，每个地区的能源消耗不仅是本地区 GDP 的来源，而且也是其他地区 GDP 的来源。某个地区的能源消耗强度指标既无法反映这个地区的能源消耗对其他地区 GDP 的贡献，也无法反映其他地区的能耗对该地区 GDP 的贡献。所以，简单地用这样一个指标去考核某地区的能源效率和不同地区的能源消耗水平是片面的，缺乏合理性。毫无疑问，用此指标进行调控不利于资源在全国范围内进行合理配置。实际上，经济活动的复杂性也使我们无法准确地判断各个地区能源强度的合理数值应该是多少。这种调控存在很大的盲目性。

在我国不同地区之间，能耗强度存在着巨大的差距，但绝不意味着不同地区在能源效率上存在的差距同样巨大。能耗强度在地区之间的差距，与发展水平和技术上的差距有关，但主要还是产业结构的不同决定的。一个地区的产业结构偏重一些还是偏轻一些以及能源密集与否是资源在全国范围内进行配置的结果，与地区的区位特点、资源禀赋以及全国的产业布局密切相关。所以，不同地区的能源消耗强度不具有可比性。

在经济全球化的今天，被喻为"世界工厂"的中国，其大量产品销往

---

① 中国能源消耗强度 2006 年是美国的 4.3 倍，是日本的 9.0 倍（根据国际能源署数据）。

国外，同时也有大量进口。在全球产业链条中，中国总体上处于末端。这造成中国的出口中高耗能、低附加价值产品居多，而进口中低耗能产品、高附加价值产品居多，凝结在出口中的能源消耗远大于凝结在进口中的能源消耗，致使中国能源消耗中相当部分最终为海外消费者所消费。显然，中国对外贸易的迅速发展有着扩大中国能耗强度与发达国家之间差距的效果。这种国际分工格局及其带来的能耗强度的差距在相当程度上与生产要素价格、投资环境、比较优势和跨国公司在全球优化资源配置的努力有关。不能简单据此得出中国能源效率低的结论。

为了消除国家之间价值量不可比的因素，人们在进行国际比较时常常使用购买力平价（PPP）的方法对各国的 GDP 进行调整。由于 PPP 方法仅对可贸易产品部分意义较大，对其他部分的调整显得较为随意，因而只能作为极粗略的参考。当我们使用购买力平价方法进行能耗强度计算时，便可看到，各国之间存在的差距会大大缩小。由表 3 - 1 可以看到，按常规GDP 计算，美国的能耗强度为 0.21，中国为 0.90。按 PPP 方法，以美国为基准转换后，美国的能耗强度为 0.21，中国为 0.22，可以看出，两国没有多大差别。用这样一个结果来说明中美能源效率的差距，其合理性同样令人心存疑惑。这进一步说明用价值量的能耗强度作为评价能源效率指标或节能指标所具有的不可比拟的缺陷。

表 3 - 1　　　　　　　中国、日本和美国主要能源指标（2006 年）

	中国	美国	日本
人均初次能源供给（toe/capita）	1.43	7.43	4.13
单位 GDP 初次能源供给（toe/thousand US $ in 2000 price）	0.90	0.21	0.10
单位 GDP（PPP）初次能源供给（toe/thousand US $ PPP in 2000 price）	0.22	0.21	0.15

注：PPP 表示购买力平价；toe 表示吨标准油当量。

资料来源：国际能源署网站（http://www.iea.org/stats/index.asp）。

（三）考核能源效率或节能效果的合理办法

考核能源效率或节能效果宜使用实物量能耗指标在产品层次上或行业层次上进行。如前面分析的，能源消耗强度反映的只是经济活动对当期能源消耗的依赖程度，不能全面反映能源消耗的效率，同时，在不同地区、不同部门之间缺乏可比性，显然，能源消耗强度不适合用来作为跨地区、跨部门的节能考核指标。

严格地讲，当作为能源效率度量时，能源消耗强度仅在具有同质性或可替代的产品之间才具有可比意义。具有不同性能、用途的不同质产品，其能源消费强度常常各不相同，其差异主要是由于不同产品具有的物理特征或技术性质不同造成的，不是主观能够改变的。这些用途不同、不可替代的产品，如果都是必不可少的，那么，我们很难说生产能源消耗强度低的产品就一定比生产能源消耗强度高的产品的能源效率高。如果用能耗强度去考核不同的产品，不分青红皂白，只要是能耗强度高的产品都要把能耗降下来，或不问市场需求盲目压制高耗能产品的生产，显然是不符合经济规律的。

实际上，跨地区跨部门之间复杂的投入产出关系使人们很难准确地给出具体地区或部门能耗强度的相对合理数值。因此，对能耗强度指标在地区、部门间很难进行合理的分解。考核能源效率及对能源消耗进行管理的合理方法是在产品层次上或行业层次上使用实物量能耗指标进行。显然，这需要一系列完善的行业标准和产品能耗标准以及良好的能源核算基础。应大力推进能源审计制度，加紧制定和完善耗能设备国家标准，完善企业节能计量、台账和统计制度。为此，科学化、规范化、精细化管理是必要的。没有这些，简单地依靠能源消费强度以及对其层层分解，节能减排将难以取得有效合理的效果。

二　不宜过度追求能耗强度短期内大幅下降

尽管能耗强度作为能源效率指标存在明显缺陷，但将其作为对能源总量进行适当控制的指标还是具有一定意义的。当在特定范围把能耗强度作为能耗总量控制指标使用、进行趋势管理时，我们应该看到，能耗强度的变动有其自身的规律，并非越低越好，不宜过度追求能耗强度短期内大幅度下降。

（一）能耗强度并不存在短期内大幅度单调下降的确定规律

从历史资料可以看到，多数国家在实现工业化进程中，随着经济发展，其能源消耗强度的长期变动曲线呈现出先升后降的倒 U 形，而少数国家则呈倒 W 形，即出现两个或两个以上的峰值（如韩国）。

多数发达国家能源消耗强度曲线呈倒 U 形是容易理解的。工业化是资本原始积累和城市化过程。在工业化初始阶段，由于大规模基础设施建设以及相应的高耗能产业发展，会出现能源消耗增长比经济增长更快的现象，导致能源消耗强度升高。随着工业化的发展和资本的不断积累以及基础设施的不断完善，到一定阶段，高耗能产业在国民经济中的比重会逐步降低，而高技术和服务业的比重会逐步提高，同时伴随着技术进步、能源使用效率改善，能源需求的增长自然会慢下来并低于经济增长的速度，导致能源强度下降。

当经济发展到更高的水平时，加工业比重进一步下降，信息化程度越来越高，能源强度会进一步下降。在这里，产业结构高级化是能源消耗强度出现较迅速或大幅度下降的主要原因。而产业结构高级化是经济发展、人民收入水平提高以及与之相伴随的需求结构改变（高附加价值产品的比重提高）的结果。没有人民收入水平大幅度提高的前提，实现结构转型则是无水之源。

值得注意的是，多数发达国家的能源消耗强度呈现的这种由单调上升到单调下降的倒 U 形变动是针对长期趋势而言的，其短期趋势则不存在这样的规律。资料表明，各国能源消耗强度不论是上升还是下降都是在频繁的波动中进行的，能耗强度的短期趋势规律是"模糊的"、不确定的。也就是说，在年度之间或某个短时段内，一般并不存在严格的单调上升和单调下降规律。即使在工业化中后期，能源消费强度处于明显的下降趋势中，经济活动的不确定性也常常会带来能源消耗强度波动或阶段性上升，一般来说，均属正常现象。

比如，从总体上看，我国自 20 世纪 70 年代后期以来能耗强度处于以较大幅度下降阶段。然而，在 2001—2005 年能耗强度出现了明显的回升。这个时期，我国西部大开发战略全面展开、房改引发的房地产业的大发展、城市化进程加快、加入世界贸易组织带来的外贸激增、基础设施建设规模迅速加大，推动了重化工业的快速发展。考虑到这些因素，不能简单地认为这个时期能耗强度没有延续下降趋势、出现阶段性上升是不正常的。

不难理解，一个经济体的能源消耗强度不是外生决定的，而是内生于所处的发展阶段和当前经济运行状况的，其变动趋势要服从经济增长的需要及客观经济规律。为了克服市场失效、实现节能减排所进行的能耗总量控制，显然不能超越按经济规律办事这样一个基本准则。特别是在短期内不留任何余地地设定一个宏观的能耗水平并要求经济活动必须严格服从，似乎并不妥当。"十一五"期间，为了完成规划的节能目标，一些地方不惜拉闸限电影响到正常的生产和生活的做法极具典型性。因而，从宏观上看，我们应尽量避免制定具有约束性的短期节能目标，而在制定长期节能减排目标时，应对短期波动给予充分考虑。

"十一五"期间，能源消耗强度下降的任务基本完成。如果能源消耗强度在"十二五"期间仍将继续大幅度下降，这意味着中国的能源消耗强度将经历连续十年的单调大幅度下降。我们不能讲绝对没有这个可能，但是，我们有必要为能源消费强度可能发生的波动做好准备。种种因素显示，"十二五"期间，能耗强度存在较大变数。如果一定要熨平可能的波动，采取更为严厉的行政措施，意味着我们将为此付出重大代价。这是需要认真权衡的。

（二）过分追求能源消耗强度在短期内大幅度下降不利于我国的长期发展

处于资本原始积累阶段的我国和发达国家相比，最根本的差距表现在人均资本存量上。我国人均资本存量只有美国的十几分之一。我国地区之间、城乡之间也还存在很大差距。我国要完成原始资本积累的任务尚有相当长的路要走。大规模的投资是不可避免的，而固定资产投资特别是基础设施建设一般都是能源密集的。

实际上，资本原始积累过程中消耗的能源被我们当代人享用的只是其中一小部分，其大部分都是要留给后人享用的，为未来的 GDP 做贡献。而眼下较高的能源消耗强度则是未来较低的能源消耗强度的必要前提。其实，这就是一个"前人栽树，后人乘凉"的简单道理。

这里涉及降低能源消耗强度的路径选择问题。有一点是肯定的，那就是，当我们完成了资本积累的任务、富裕起来、产业结构发展到高级阶段之后，能源消费强度自然就会降下来。而且由于我们具有后发优势，能源消费强度肯定比处于同样发展阶段时的发达国家还要低。对于低能耗强度的实现，至少可以有以下两种选择。

一种选择是，能耗强度暂时下降得慢一些，相应的资本积累快一点（我国的高储蓄率为此提供了条件），在投资有效性较高的前提下，原始积累的任务则会较快地完成。这意味着能耗强度最终会较快达到发达国家的水平实现能耗强度的大幅度下降。

　　另一种选择是，要求能源消费强度在短期出现较大幅度下降，那么，这无疑会影响到我国资本积累的速度，这将延缓我国能耗强度的进一步下降，即延缓最终达到发达国家能源强度水平的时间。我国工业化进程也会因此被拉长。

　　从全球资源供给的长期走势看，能源和原材料趋紧，其价格趋涨在相当长的时期内不会改变。应该看到，在资本积累的道路上的任何拖延，都会加大我们工业化的成本。到 20 世纪末，已有近 50 亿人口的发展中国家陆续进入工业化阶段。在大多数发展中国家尚未走上经济增长快速路的阶段以及发达国家暂时尚未完全走出经济危机、能源和原材料价格相对较低的情况下，在保证投资有效性的前提下，努力保持住我国资本积累呈高速进行的势头，使能源密集、资源密集的基础设施建设适当超前，无疑对我国的长远发展是有利的。我国正处于劳动力最为丰富时期的尾声阶段，因而，从享受快要成为历史的人口红利的角度，这样做也是必要的。机不可失，时不再来。我们常说要抓住机遇，应该把这一重要的机遇包括在内。

　　总之，我国的原始积累远未完成，从抓住机遇角度，以及从长远更快地完成原始积累、实现工业化、实现能耗强度下降的角度，不应过度追求能耗强度在短期的大幅度下降。其实，如果人们到印度去看一看其基础设施与中国的差距，就不会简单地羡慕其较低的能耗强度了。

　　（三）从温室气体减排角度看，也不应过度追求能耗强度短期内的大幅度下降

　　按照《京都议定书》的规定，发展中国家暂不承担温室气体减排的义务。这样的规定实际上是考虑到了发达国家的实际情况以及上面我们讲的一些道理。美国参议院的提案也没有要求中国立即开始承担减排义务。说明美国人也是明白这样的道理的。

　　显然，我们应该利用这段时间，抓住机遇，把那些耗能高又可以提前做的事情先做了，并积极为以后的低能耗做准备。因为节能技术的采用、低能耗的实现都需要前期投入，包括能源投入。能源强度暂时高是为了以后低，暂时下降得慢是为了长远的快。采取急刹车的方法、作茧自缚是不明智的。

　　从长远看，人类的能源问题根本上说要靠新能源的发展来解决。靠节约并不能解决根本问题，因为传统的煤炭和石油早晚有用完的一天，而且已经是非常现实的问题。说到底，对能源进行强制性节约的根本意义在于

要通过节能努力使得剩下的传统能源能够使用足够长的时间，以保证人类有较充裕的时间顺利完成由传统能源系统向新能源系统的转变。

显然，我们讲的节能一般是指对化石能源的节约。可以设想，如果我们的能源都是绿色的而且是可持续的，那么，节能的意义大概就只剩下降低生产成本了。这样的问题市场机制是可以解决的。这时的节能对温室气体减排也就没有什么意义了。所以，随着新能源、可再生能源或绿色能源在能源消耗中的比重不断提高，政府对能耗总量控制的力度无疑会不断放松，能耗指标（包括能耗强度指标）受关注程度必然也会随之不断下降。

世界能源系统正处于由传统能源为主向非化石能源为主转变的初级阶段。当前，全球新能源技术的发展只能算初见成效。但按照现在的发展趋势，世界普遍对新能源在20—30年内实现大幅度增长持比较乐观的态度。在一份联合国的预测报告中，"最具雄心的构想"是到2050年可再生能源占能源消费的比重将达到3/4。① 综观全球，人们在节能上的行动并没有表现出像其所宣称的那样积极，或许与这种对新能源前景所持的乐观态度有关。从长远看，随着新能源的发展，节能和温室气体减排的压力会随之下降。

（四）不应盲目追寻发达国家传统的实现低能耗强度之路

在中国，由于人们常常缺乏分析就把能源消耗强度和能源效率等同起来，并简单地把降低能源消耗强度与节能等同了起来，因而，向能源强度低的发达国家看齐似乎成了顺理成章的事。显然，这里存在着误解和误判。

1. 发达国家传统发展之路难以为继

诚然，发达国家的能源消耗强度远低于发展中国家。但从节约资源角度看，发达国家的生活方式远没有发展中国家那样绿色。美国国家地理协会自2008年开始对14个国家进行绿色消费调查，并发布《全球消费绿色指数报告》。② 在2008—2010年连续三年的报告中，中国消费方式的绿色指数都是排名第三（2008年印度和巴西并列第一，2010年印度排名第一），而美国都是排在最后一位，尽管美国的能源消费强度远远低于这些国家。所以，能源消费强度低并不等同于能源消费的有效、合理。这一调查也从

---

① 参见《2050年可再生能源将成为世界能源主角》，中国科学院国家科学图书馆《科学研究动态监测快报——气候变化科学专辑》2011年第11期，第9页。

② 《美国国家地理学会公布绿色指数排行中国列第三》，http：//news. sina. com. cn/w/2010 - 06 - 06/141920421744. shtml。

一个侧面说明中国的消费方式还远没有实现美国化，中国在消费方式上尚有很大的选择空间。

发达国家的能耗强度远低于发展中国家的主要原因是发达国家已经完成了能源密集的原始积累的任务，伴随着技术进步和收入水平的提高，实现了产业高级化。发达国家较低的能耗强度的背后确实有较高的能源生产率的一面，但并不比发展中国家高多少。如按照实物量计算，我国主要工业产品的单位产品能耗比国际先进水平充其量高出 10%—25%，而我国的能源消耗强度却是美国的 4.3 倍、日本的 9.0 倍（2006 年）。这意味着，我们还必须同时看到发达国家较低能耗强度背后的另一面，那就是发达国家拥有长期以来依靠大量资源（包括能源）消耗而积累起来的巨额资产以及相应的高收入。高收入使发达国家得以有比发展中国家高得多的购买力去消费附加价值高（能耗强度低）产品。消费主义使发达国家奢侈性、炫耀性、攀比性和浪费性消费盛行。而发展中国家由于收入低，只能消费满足基本需求、低附加价值（能耗强度高）产品。这是发展中国家和发达国家之间能耗强度存在巨大差距的重要因素。

人类在发展过程中已经越来越认识到，在地球有限的资源面前，发达国家的生产方式和消费方式及其派生的发展之路是不可持续的。对此，至今尚没有更好的经济制度能够替代之。而拥有巨大人口基数的发展中国家仍正沿着发达国家的老路迅速追赶，致使地球的资源和环境容量无法承受。这是当前全球资源环境问题变得日趋尖锐的根本症结所在，也是发达国家与发展中国家之间最主要的利益冲突所在。当今世界很不太平，军事冲突不断，其背后都有深刻的资源背景。中国作为世界上最大的发展中国家，没有足够的资源以及相应的战略保障，中国的工业化将难以顺利实现。

2. 中国的节能减排仍在沿袭发达国家的老路

节能减排是中国转变发展方式努力的一部分。然而，只要对中国上下正在为实现"节能减排"目标所做的努力稍加分析，便可以看到这些努力基本上还是沿着向发达国家看齐这样一条道路在走。一方面，我们的"节能减排"工作主要把努力放在生产领域，放在淘汰落后产能、"上大压小"、提高技术准入门槛、提高能源效率以及抑制高耗能产业发展等方面；另一方面，在消费领域则不假思索地全面模仿发达国家的生活方式。在中国，人们虽然也承认发达国家的消费方式、生活方式不应是中国的方向，但行为上仍亦步亦趋地汇入这个潮流，高耗能的生活方式大行其道，在奢华方面甚至比发达国家有过之而无不及。只是我们的总体收入水平远低于发达国家，消费规模相对较小而已。

从中国所追求的节能目标来看，中国将会按照发达国家的方式使中国的能耗强度达到发达国家的水平。而且作为发展中国家，中国的能耗强度肯定会比处于同样发展水平的发达国家还要低。但这并不能改变这是一条能源高消费、高浪费的发展之路。因而，这样一条在发达国家后面追赶的道路并无法避免重蹈美国和其他发达国家遭遇能源困境的覆辙。

实际上，我们已经有了这方面的教训。中国汽车业的发展是最典型的例子。因为居住的逆城市化，美国每个家庭几乎都必须有车。在利益集团的控制下，为了给汽车发展铺平道路，美国公共交通比第二次世界大战前大大衰落。美国成了一个被石油高度绑架的国家，因而美国频频为了石油而发动战争。这条道路已走到尽头。其实，我们与美国情况不同。我们完全可以走另一条道路，美国走过的弯路我们完全可以避免。然而，为了追求短期快速增长，一方面，在生产领域大搞节能减排；另一方面，中国不顾石油短缺、油价高涨，大力鼓励汽车消费，大搞一厢情愿的"以市场换技术"，压制民族品牌，大力引进外资，搞井喷式的增长。中国在短短的几年内汽车产量跃居世界第一，结果一方面使中国迅速陷入过度依赖石油以及城市交通拥堵的困境；另一方面中国汽车市场基本为外资主导，中国汽车企业大多是外国汽车的组装车间。可以说，中国汽车业的发展实在存在着太多的盲目性。

3. 消费模式应成为节能减排更重要的领域

在经济全球化条件下，如何削弱发达国家消费方式对我国中高收入群体消费行为的持续、无止境的引导所产生的影响是我们应对严峻的能源环境形势、建设节约型社会的最大挑战。因而，为了可持续发展，必须改变一手硬一手软的状况，把消费领域的节能作为"节能减排"的一个重要内容，并采取更有力措施。

对于中国，尽管存在能耗的合理上升空间，但将消费简单地归于个人权利而放任自流是不可取的。加强需求侧管理，对消费予以适当的引导和控制是绝对必要的。大力提倡节能低碳的消费行为，对于正当的消费予以鼓励，对于非理性消费应予以抑制，对于浪费现象应坚决斗争。特别要大力抑制政府搞特权、讲排场的恶习，克服对公权力使用公共资源缺少有效监管的顽症；要鼓励物质生活简朴、精神生活充实的生活方式，制定消费引导政策，谨防陷入消费主义轨道而难以自拔。

三 结语

从以上讨论可以看到，能耗强度仅是一个反映经济活动对当期能源消耗依赖程度的指标，不能全面反映能源消耗效率，而且不同地区、不同国家之间缺乏可比性。因而，把能耗强度作为对不同地区和部门的能源效率进行考核的指标，理论上存在明显缺陷，实践上存在明显弊端。

因此，对各地区能源效率及对能源消耗进行考核与管理必须改变按能耗强度在不同地区进行分解的做法，而应在产品层次上和行业层次上以实物量能耗指标为依据进行。只有这样，才有可能使我国宝贵的能源得到有效、合理的使用，使节能减排有序、健康地开展。

要实行在产品层次上和行业层次上以实物量能耗指标进行能源管理，除了需要一系列完善的行业标准和产品标准，还必须改变传统的粗放型管理模式，实行科学、规范、精细化管理。我国转变发展方式的关键就在于改变长期以来形成的粗放型管理方式。管理方式不转变，不合理的结构便难以转变，总量调控的结果会使结构矛盾更加突出。

为了更好地实现我国节能减排的目标，必须加深对能耗强度的内涵与变动规律的理解。由于能耗强度短期趋势的不确定性，应避免制定具有约束性的短期能源消耗目标，在制定长期节能减排目标时，应对短期波动给予充分考虑。过分追求能耗强度在短期内的大幅度下降的"急刹车"式的做法存在种种弊端，对能耗强度的长期下降不利，对中国的长远发展不利。

为了真正有效缓解中国面对的资源环境压力，中国"节能减排"应多一些战略思考。从落实科学发展观、实现可持续发展的角度来看，中国的节能减排举措应由生产领域向消费领域大大拓展。在节能减排长效机制的建立上，在更广泛地建设资源节约和环境友好型社会的广义节能减排领域应有更扎实的努力。在全球化背景下，中国应发挥社会主义制度的优势，在创新发展模式上，形成物质生活简朴、精神生活充实的生活方式与消费模式，有更积极的探索。

第二篇 绿色发展路径

本篇讨论绿色发展路径，内容包括第四章至第八章。

第四章从经济发展和技术进步两大方面分析我国人均碳排放的减缓途径。分析结果表明，1980—2012年，中国的人均碳排放量有较大幅度上升，并呈现出阶段性特征。中国人均碳排放的增长主要是劳动生产率（人均产出）的不断提高带来的。同时，由于中国自改革开放以来一直致力于提高自身的技术水平，这大大改善了中国的能源效率，并有效地减缓了人均碳排放。综合来看，未来二三十年内，全面建成小康社会要求中国既不能牺牲经济发展，又要增强减缓碳排放和适应全球气候变化的能力。因此，"节能优先，效率为本"的能源战略方针意义十分重大。同时，调整产业结构和能源结构来减缓碳排放的潜力也需要进一步挖掘。

第五章探讨农业生产方式对环境的影响，并以美国为例进行实证分析。本章研究表明，农业生产方式通过两个渠道对生态环境产生影响：一是生产工具或者说生产技术；二是生产关系。新的技术工具，提高了人类改造自然环境的能力，扩大了农业生产的规模和强度，最终扩大了农业生产的空间范围，加剧了农业对环境的影响。既有的生产关系，决定了农户行为。发展中国家沿袭了旧殖民体系下土地所有制的极度不平等，人口贫困和环境恶化之间形成恶性循环。在发达国家，商业化农业占主导，割裂了农场主发挥环境代管作用的途径；农业生产者为了获取最大利润，不断提高农业产量，使得农业成为一个高投入高产出、人工操纵程度越来越高的高风险系统。

第六章通过对中国贸易隐含碳的定量分析探讨低碳贸易发展路径。本章采用最新可获得的数据，基于（进口）非竞争型投入产出表估算了1987—2011年中国贸易隐含碳及其部门分布和国别（地区）流向，并通过结构分解，分析了六大因素对其变化的影响。结果表明，2005年以来，中国已经成为碳的净输出国。贸易隐含碳的迅速增加主要是由贸易规模的增长带来的，不断降低的部门能源强度则是抑制其增加的主要因素，而进出口产品结构、投入结构、能源结构及碳排放系数的变化对其影响较小。不过，控制中国的出口隐含碳并不意味着中国要盲目地控制出口规模，可取的思路应是转变出口增长模式，逐渐优化中国的出口产品结构，并通过出口产品结构变化来控制出口隐含碳的增加。

第七章在对中国对外贸易虚拟水的测算基础上分析节水贸易发展模式。本章利用投入产出分析方法，针对中国日益增长的贸易量，分析其中的虚拟水资源流出、流入量，从而科学地评价我国对外贸易规模的水资源代价。通过模型估计，在1995年、2002年和2005年这三个时点，中国贸易的直接和总的虚拟水净出口（出口－进口）量呈现逐渐增长趋势，特别是总虚拟水净出口量几乎呈现成倍增加的趋势，这一增长态势超过了同期净出口额占当年GDP份额的增长。其中，2005年中国贸易直接虚拟水净进口80亿立方米，总虚拟水净出口433亿立方米，通过贸易隐含出口了大量的宝贵水资源。对于像中国这样一个"贫水"国家，外贸出口政策应充分考虑自身的水资源约束，以及世界资源的战略利用，以有利于国家资源的可持续利用和可持续发展。

第八章以云南普洱市的绿色发展实践为例，对绿色发展实现路径做调研分析。总结普洱市的绿色发展措施，可以得到如下三点经验和启示，作为其他地区绿色发展的借鉴：其一，领导班子解放思想，大胆探索，在国家和云南省的发展战略中找准了自身的战略定位。其二，注重通过科技进步和制度创新来支撑绿色发展。其三，坚持改革开放，借助外力促进本地绿色经济发展。

第四章　中国人均碳排放的变化及减缓
途径：经济发展与技术变迁

一　引言

对于大多数发展中国家来说，追求现代化是应有的发展权利，而在追求现代化过程中人均碳排放的持续增加是难以避免的。毕竟，当前的经济发展还难以摆脱能源消耗，而化石能源仍然是相对廉价的能源。尽管技术进步会改变经济发展对化石能源的依赖程度，但总的来说，随着经济发展而来的化石能源消耗一般都会或多或少地增长，相应的碳排放也将随着增加。因而，对于发展中国家来说，碳排放的适度增加是维持人民基本生活需要和实现经济发展的合理需求。

作为最大的发展中国家，中国也有上述碳排放需求。不过，中国对气候变化问题给予了高度重视，采取了一系列应对气候变化的政策和措施，为减缓气候变化做出了积极的贡献，[①] 并且还将"为保护全球气候做出新贡献"。[②] 由于与能源消费相关的碳是人类活动所产生的温室气体中最主要的成分，[③] 因而，识别碳排放变化的驱动因素不仅有利于正确认识中国的碳排放变化，而且对中国未来减缓碳的排放也具有重大决策意义。

综合相关文献来看，碳排放的驱动因素是多样的，不同研究者对不同

[①] 《中国应对气候变化国家方案》，国家发展和改革委员会组织编制，2007 年 6 月印。

[②] 《高举中国特色社会主义伟大旗帜　为夺取全面建设小康社会新胜利而奋斗——在中国共产党第十七次全国代表大会上的报告》和 2007 年 6 月国务院出台的《中国应对气候变化国家方案》。

[③] 根据《中华人民共和国气候变化初始国家信息通报》，中国二氧化碳排放量在温室气体排放总量中所占的比重由 1994 年的 76% 上升到 2004 年的 83%。

地区的研究得到了不同的结论。不过，大多数文献都表明，碳排放量的变化主要与经济增长有关，如 Kaya 和 Öznçag（2005）分析了中亚五国1992—2001 年碳排放的驱动因素，认为这些国家碳排放的下降主要是苏联解体后这些国家的经济萎缩带来的。林恩等（Lynn et al.，1996）对 9 个 OECD 国家的实证分析发现，交通活动是这些国家碳排放增加的主要原因。

还有很多文献则强调了技术因素对减缓碳排放的积极影响。如霍弗特等（Hoffert et al.，1998）认为，在经济继续增长的情形下，即使生产率不断提高，要稳定碳排放也需要通过创新找到成本有效且无碳排放的能源技术以满足额外的一次能源需求。假定能源强度不变，则到 2050 年时约需要40 太瓦的无碳排放能源。因而，未来需要对这些技术创新领域进行大量投资。Liaskas 等（2000）对欧盟国家工业碳排放的研究也表明，在不影响经济增长速度的条件下，通过技术进步，未来碳排放的减少也是有可能的。

此外，也有一些学者估计了人口变化的碳排放效应。他们的结果表明，人口的碳排放效应有限。例如，Birdsall（1992）通过分析认为，人口增长速度下降会有利于碳排放量的减缓，不过影响不大。未来 35 年内，可能的人口增长率下降只能够减少 10% 与化石能源相关的碳排放量。又如，Shi（2003）研究认为，人口每增长 1 个百分点，碳排放量将平均增长 1.28 个百分点。

近年来，对中国碳排放驱动因素的研究文献也迅速增加。其中一些重点探讨了碳排放与某一特别因素的关系，如徐玉高等（1999）对经济增长与碳排放关系的估计，张雷（2006）对一次能源消费结构变化与地区碳排放关系的分析。而多数研究（张雷，2006；Wang 等，2005；Wu 等，2005；徐国泉等，2006；Wu 等，2006；Liu 等，2007；Fan 等，2007；Zhang 等，2009；Zhang，2009）则分析了多种因素对碳排放的影响。

从方法论角度看，有关碳排放驱动因素的研究方法中，由 Ehrlich 和 Holdren 于 20 世纪 70 年代初提出来的 IPAT 恒等式（IPAT identity）在分析环境退化的研究中是使用频率非常高的一种方法（York et al.，2003）。该恒等式将环境影响（I）定义为人口（P）、富裕程度（A，如人均 GDP）与技术水平（T，如单位 GDP 污染排放强度）的乘积。在实际应用中，IPAT 恒等式被不断完善和拓展，如 Dietz 和 Rosa（1994）将其拓展为随机模型 STIRPAT，Waggoner 和 Ausubel（2002）将 T 分解为单位 GDP 消费比重和消费的污染排放强度而将 IPAT 恒等式拓展为 ImPACT 恒等式。而 Kaya

（1990）拓展 IPAT 恒等式得到的 Kaya 恒等式（Kaya identity）在温室气体排放研究中得到了广泛应用（如 Hoffert 等，1998；Liaskas 等，2000；Raupach 等，2007）。

最常见的实证分析是关于碳排放影响因素的分解分析。这类分析突破了许多采用经济计量方法的研究（如徐玉高等，1999），只能识别碳排放及其驱动因素之间统计关系的局限，能够精确地得到不同因素对碳排放变化的贡献。而目前关于碳排放分解的方法，根据 Hoekstra 和 van den Bergh（2003）的研究，可归纳为基于产业加总数据的指数分解方法（IDA）和基于投入产出表的结构分解方法（SDA）。由于指数分解方法所要求的数据容易获得，因而其应用频率更高。不过，结构分解方法有其独特的优势：它能够将产业之间的相互影响考虑进来，因而也有不少研究（如 Zhang，2009；张友国，2010）采用了这种方法。

总的来看，国内外关于碳排放驱动因素的研究文献主要分析各种因素对碳排放总量的影响，涉及人均碳排放的分解研究还很缺乏。而从发展权的角度看，人均碳排放是更公平的指标，因而对其驱动因素的研究需要加强。另外，以往的研究一般都只考虑生产能耗的碳排放而很少考虑生活能耗的碳排放。这限制对某些驱动因素的分析，如城市化对碳排放的影响。而这些正是本章试图解决的问题。

二　方法与数据

（一）人均碳排放及其影响因素的关系模型

本章提出的人均碳排放分析模型也是通过对 IPAT 恒等式的拓展得到的。本章将人均碳排放的来源分为生产能耗碳排放和生活能耗碳排放两大类。因为能源消费既包括生产部门的消费也包括生活消费，因而与能源消耗相关的全部碳排放量既有来自生产部门的也来自生活消费部门的。考虑到数据的可获得性，生产部门被划分为农、林、牧、渔、水利业；工业；建筑业；交通运输和邮电通信业；商业、饮食、物资供销和仓储业；其他行业六类产业部门。人口按两种方法划分：一是划分为就业人口和非就业人口；二是划分为城镇人口和农村人口。终端能源则被分解成清洁能源（水电和核电）和非清洁能源两大类，后者又被进一步划分为煤炭、焦化产品、石油、天然气、热力和火电六类。

这样，与能源消耗相关的碳排放可表述如下（具体推导过程见附录）：

$$C = C_I + C_L = \sum_{ij} PWGS_iI_iR_iM_{ij}H_{ij} + \sum_{lj} PU_lA_lR_lM_{lj}H_{lj} \qquad (4-1)$$

其中，C 表示与能源消耗相关的全部碳排放量；C_I 表示生产部门能源消费产生的碳排放量；C_L 表示生活部门能源消费产生的碳排放量。

式（4-1）第二个等号右边第一项是对生产部门碳排放的驱动因素分解。其中，P 表示总人口；W 表示就业人口比例，即就业人口与总人口的比例；G 表示劳动生产率，即 GDP 与就业人口的比值；S_i 表示部门 i 的 GDP 在全国 GDP 中的比重，用以表示产业结构；I_i 表示部门 i 的能源强度，即其总能耗与 GDP 的比重；R_i 表示部门 i 所消耗的非清洁能源占其总能耗的比重，它衡量生产部门的总体能源消费结构；M_{ij} 表示部门 i 所消耗的第 j 种非清洁能源占其所消耗的非清洁能源的比重，它衡量生产部门的非清洁能源（消费）结构；H_{ij} 表示部门 i 所消耗的第 j 种非清洁能源的碳排放系数。

式（4-1）第二个等号右边第二项是对生活部门碳排放的驱动因素分解。其中，U_l 表示第 l 类人群（按城乡人口分）占总人口的比例，用以衡量城乡人口结构；A_l 表示第 l 类人群的人均生活能源消费量；R_l 表示第 l 类人群所消耗的非清洁能源占其总能耗的比重，它衡量生活部门的总体能源消费结构；M_{lj} 表示第 l 类人群所消耗的第 j 种非清洁能源占其所消耗的非清洁能源的比重，它衡量生活部门的非清洁能源（消费）结构；H_{lj} 表示第 l 类人群所消耗的第 j 种非清洁能源的碳排放系数。

将式（4-1）两边同时除以人口数，可得人均碳排放的表达式如下：

$$c = c_I + c_L = \sum_{ij} c_{ij} + \sum_{lj} c_{lj} = \sum_{ij} WGS_iI_iR_iM_{ij}H_{ij} + \sum_{lj} U_lA_lR_lM_{lj}H_{lj}$$

$$(4-2)$$

其中，$c = C/P$、$c_I = C_I/P$、$c_L = C_L/P$、$c_{ij} = \sum_{ij} C_{ij}/P$、$c_{lj} = \sum_{lj} C_{lj}/P$ 分别表示人均碳排放总量、生产部门人均碳排放量、生活部门人均碳排放量、产业部门 i 耗费 j 类能源产生碳排放的人均量、人群 l 耗费 j 类能源产生碳排放的人均量。

式（4-2）表明，人均碳排放也可以分解为生产部门人均碳排放和生活部门人均碳排放（见图 4-1）。而人均碳排放变化的驱动因素主要有经济发展因素和技术因素两类。其中，驱动生产部门人均碳排放变化的经济发展因素是就业人口比重、劳动生产率和产业结构，而驱动生活部门人均碳排放变化的经济发展因素则是城乡人口结构（或可称为城市化率）和人均生活能耗。因而，驱动生产人均碳排放变化和驱动生活部门人均碳排放变化的经济发展因素有着显著差异，将两者加以区分，能更准确地识别不同经济发展因素对人均碳排放的影响。

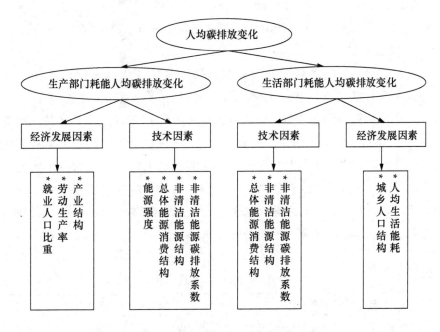

图4-1　人均碳排放的驱动因素分解

另外，驱动生产部门人均碳排放变化和驱动生活部门人均碳排放变化的技术因素则基本相似。两者的差别在于前者的驱动因素包括能源强度，而后者没有。而总体能源消费结构、非清洁能源结构和非清洁能源碳排放系数则是两者共同的技术驱动因素。[①]

---

①　需要说明的是，技术演进可以直接改变能源强度和非清洁能源（主要是热力和火电）的碳排放系数，这两个因素从不同角度衡量了能源技术变化，因而可以把它们归为技术因素。而本章之所以将总体能源消费结构和化石能源结构也都归为技术因素，是因为技术可被理解为产品生产或服务提供过程中资本、劳动、能源、原材料以及信息等要素的组合方式。事实上，对于技术的理解还可以更广泛。Nanduri（1998）进一步指出，社会组织、制度、文化以及其他除人口和富裕程度等能够影响人类活动对环境产生效应的因素都可视为技术。

（二）分解方法

为了更加精确地估算各种因素对中国人均碳排放变化的影响，本章采用 Ang（2004）推荐的对数均值 Divisia 指数（Log – Mean Divisia Index, LMDI）方法对式（4 – 2）进行增量分解得：

$$\Delta c_{tot} = c^T - c^0 = (c_I^T - c_I^0) + (c_L^T - c_L^0)$$

$$= (\Delta c_{Iemp} + \Delta c_{Iact} + \Delta c_{Istr} + \Delta c_{Iint} + \Delta c_{Iren} + \Delta c_{Imix} + \Delta c_{Iemf}) + (\Delta c_{Lurb} + \Delta c_{Laff} +$$

$$\Delta c_{Lren} + \Delta c_{Lmix} + \Delta c_{Lemf}) \tag{4 – 3}$$

式（4 – 3）反映了各驱动因素对人均碳排放变化的影响。其中，c^T、c^0 分别表示时期 T 和时期 0 的人均碳排放量，Δc_{tot} 表示它们的差别。式（4 – 3）中分解得到的各变量的含义及表达式如表 4 – 1 所示（具体技术细节见 Ang，2004）。其中，总体能源消费结构、非清洁能源结构、非清洁能源的碳排放系数对生产部门人均碳排放变化和驱动生活部门人均碳排放变化的影响可以分别加总，这样就得到了它们各自对人均碳排放变化的总的影响。通过式（4 – 3）可以精确地估算出历史上碳排放的驱动因素及其贡献，并据此来识别未来减缓碳排放的关键途径。

表 4 – 1　　　　　　　　　人均碳排放变化的增量分解

源于生产部门的碳排放		源于生活部门的碳排放	
驱动因素	因素影响的表达式	驱动因素	因素影响的表达式
就业率	$\Delta c_{Iemp} = \sum_{ij} w_{ij} \ln(W^T/W^0)$	城市化率	$\Delta c_{Lurb} = \sum_{lj} w_{lj} \ln(U_l^T/U_l^0)$
劳动生产率	$\Delta c_{Iact} = \sum_{ij} w_{ij} \ln(G^T/G^0)$	人均生活能源消费	$\Delta c_{Laff} = \sum_{lj} w_{lj} \ln(A_l^T/A_l^0)$
产业结构	$\Delta c_{Istr} = \sum_{ij} w_{ij} \ln(S_i^T/S_i^0)$		
能源强度	$\Delta c_{Iint} = \sum_{ij} w_{ij} \ln(I_i^T/I_i^0)$		
总体能源消费结构	$\Delta c_{Iren} = \sum_{ij} w_{ij} \ln(R_i^T/R_i^0)$	总体能源消费结构	$\Delta c_{Lren} = \sum_{lj} w_{lj} \ln(R_l^T/R_l^0)$
非清洁能源结构	$\Delta c_{Imix} = \sum_{ij} w_{ij} \ln(M_{ij}^T/M_{ij}^0)$	非清洁能源结构	$\Delta c_{Lmix} = \sum_{lj} w_{lj} \ln(M_{lj}^T/M_{lj}^0)$
非清洁能源碳排放系数	$\Delta c_{Iemf} = \sum_{ij} w_{ij} \ln(H_{ij}^T/H_{ij}^0)$	非清洁能源碳排放系数	$\Delta c_{Lemf} = \sum_{lj} w_{lj} \ln(H_{lj}^T/H_{lj}^0)$

注：表中 $w_{ij} = (c_{ij}^T - c_{ij}^0)/(\ln c_{ij}^T - \ln c_{ij}^0)$，$w_{lj} = (c_{lj}^T - c_{lj}^0)/(\ln c_{lj}^T - \ln c_{lj}^0)$。

（三）数据

根据式（4-3）核算各种驱动因素对中国人均碳排放变化的影响需要获得历年人口数、就业人口数、城镇和乡村人口比重、GDP（按1978年不变价格计算）和各产业部门的GDP（按1978年不变价格计算）、能源消费及其构成，可以直接从历年《中国统计年鉴》和历年《中国能源统计年鉴》获得，或经过简单处理得到。用于估计各产业部门和居民消耗各种能源所产生的碳排放量的具体估计方法及相关的碳排放系数则主要来自IPCC（1996）。

三　中国人均碳排放变化的实证分析

图4-2显示了1980—2012年中国人均碳排放的变化历程，大致可以划分为三个阶段。第一阶段（1980—1996年）是持续增加阶段。中国的人均碳排放共增加了333千克碳，年均增长4.18%。第二阶段（1997—2002年）是稳定阶段，人均碳排放呈现出舒展的V形变化趋势。其中，1997—1999年是一个特别时期，人均碳排放呈现逐年下降趋势，与整个研究阶段中人均碳排放的增长趋势截然相反。而2000—2002年人均碳排放又开始缓慢增长。与1996年相比，2002年人均碳排放水平仅增加了8千克碳，总变化幅度不到2%。第三阶段（2003—2012年）是快速上升阶段。与2002年相比，2012年人均碳排放水平增加了1005千克碳，年均增长9.1%。这一阶段内中国人均碳排放的增加幅度超过前22年的总增加幅度。

图4-2还显示了中国人均碳排放的部门来源。很明显，人均碳排放主要来自生产部门能源消耗所产生的碳排放，而其中又以工业部门贡献最大。1980—2012年中国人均碳排放中来自工业部门的碳排放所占份额从59%上升到70%。这意味着工业部门碳排放主导了中国人均碳排放变化。这一时期，其他生产部门合计所占份额只在15%—20%的范围内波动。而生活部门碳排放在人均碳排放中的份额则从22%下降到11%。此外，20世纪80年代中后期以来生活部门的碳排放主要来自城镇居民直接消耗能源产生的碳排放（2012年其份额为59%）。

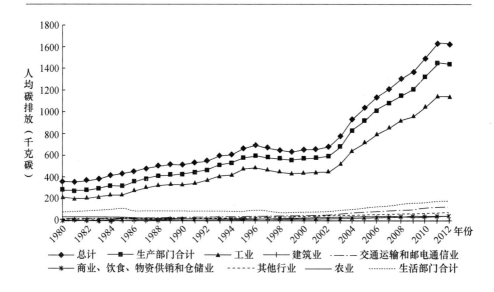

图 4 - 2　1980—2012 年与能源相关的人均碳排放及其构成

表 4 - 2 显示了各驱动因素对中国人均碳排放变化的影响。1980—2012 年，所有的经济发展因素，包括劳动生产率、就业率、产业结构、城市化以及人均生活能源消费等因素的变化都导致中国人均碳排放增加；技术因素中，能源强度、总体能源消费结构以及非清洁能源结构的变化对人均碳排放产生了抑制作用，但非清洁能源碳排放系数的变化却导致人均碳排放的增加。

（一）经济发展的影响

无论是从整个研究阶段还是从各分阶段来看，劳动生产率都是导致人均碳排放增加的最主要因素。20 世纪 80 年代以来，大量农村富余劳动力向第二产业和第三产业转移以及劳动力不断从国有企业向其他企业流动提高了劳动力配置效率（刘树成，2007），因而中国的劳动生产率也不断上升，而且增长速度总体上呈现不断加大的发展趋势（见图 4 - 3）。1980—2012 年劳动生产率持续上升带来的人均碳排放增量相当于实际人均碳排放增量的 1.3 倍左右。分阶段来看，劳动生产率导致人均碳排放在 1980—1996 年每年增加 30 千克碳；1997—2002 年，每年增加 42 千克碳；2003—2012 年，每年增加 89 千克碳。由此可见，劳动生产率对人均碳排放的影响在不断上升。

表4-2　　　　　　　　中国人均碳排放量变化的因素分解　　　　　　　单位：千克碳

时期（年）	合计	经济发展					技术变化			
		劳动生产率	就业率	产业结构	城市化	人均生活能源消费	能源强度	总体能源消费结构	非清洁能源结构	非清洁能源碳排放系数
1980—1996	333.12	474.99	112.30	46.81	10.67	11.97	-324.69	-3.91	2.45	2.52
1996—2002	-14.32	261.90	7.38	11.24	7.95	-12.38	-266.22	-17.33	-8.95	2.10
2002—2003	96.49	62.09	0.12	3.79	1.04	7.80	12.40	7.11	1.22	0.90
2003—2004	157.09	70.08	0.95	2.80	0.95	8.68	76.31	-1.22	-1.66	0.21
2004—2005	104.51	85.36	-0.65	2.30	0.96	9.63	6.64	-0.79	0.57	0.49
2005—2006	96.56	102.97	-0.82	3.78	0.74	8.80	-20.16	0.55	-1.12	1.82
2006—2007	79.18	118.99	-0.63	3.06	0.87	5.00	-46.11	-2.26	-0.70	0.96
2007—2008	94.82	97.70	-2.07	0.51	1.66	20.97	-17.34	0.94	1.53	-9.08
2008—2009	59.26	99.58	-1.63	-6.89	1.01	7.91	-40.80	0.50	1.27	-1.69
2009—2010	127.32	127.40	-1.45	5.54	1.09	8.38	5.17	-1.41	-9.55	-7.85
2010—2011	135.75	120.80	-0.92	5.79	0.80	13.74	-3.06	-1.24	-0.38	0.21
2011—2012	54.21	102.42	-1.83	-0.51	0.74	11.02	-54.63	-0.31	-4.39	1.70
2002—2012	1005.19	902.62	-6.76	21.74	9.12	99.28	-19.55	5.45	1.82	-8.54
1980—2012	1323.99	1639.51	112.92	79.79	27.74	98.87	-610.46	-15.79	-4.68	-3.92

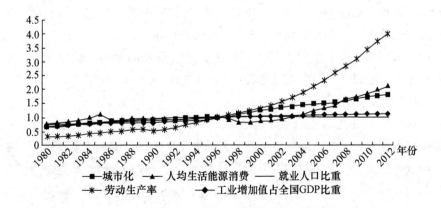

图4-3　经济发展因素的变化

注：图中各指标的取值都经过了标准化处理，即令它们1996年的取值为1，其余各年按其实际值与1996年实际值的相对水平取值。图4-4中的指标也采取了这种标准化处理。

在整个研究阶段中，就业率是导致人均碳排放增加的第二大因素。中国的就业率在 20 世纪 80 年代有明显上升，进入 90 年代后，其变化则趋于平稳（见图 4-3）。正因为如此，1980—1996 年就业率使人均碳排放年均增加约 7 千克碳；1997—2002 年，保持相对稳定的就业率仅使人均碳排放年均增长约 1 千克碳；2003—2012 年就业率甚至导致人均碳排放略有下降。这意味着在整个研究阶段（1980—2012 年）就业率对人均碳排放的放大作用主要发生在第一阶段，随后其影响显著下降，甚至带来人均碳排放的减缓效应。

1980—2012 年，产业结构变化带来的人均碳排放变化增量相当于人均碳排放总增量的 6%。产业结构变化之所以导致人均碳排放增加主要是因为中国仍处于工业化过程中，工业增加值占全国 GDP 的比重总体上呈现小幅上升的变化趋势（见图 4-3）。而工业的能源密集程度较高（居第二位），同时能源密集程度最高的交通运输和邮电通信业的增加值占全国 GDP 的比重比较稳定（维持在 5% 左右），因而工业增加值比重的上升导致人均碳排放的增加。当然，相对于就业率和劳动生产率而言，产业结构变化对人均碳排放的影响要小得多。

在整个研究时期内，中国社会变迁的另一大特征就是城市化水平的迅速上升。这一时期，中国城镇人口比重从 19.39% 上升至 53.73%。而城镇人均生活能耗要高于乡村人口，例如，1980 年城镇人口人均生活能耗是乡村人口人均生活能耗的 3.6 倍，2012 年前者是后者的 1.5 倍。因而随着城镇人口比重上升，中国人均碳排放也有所增加。同时，随着生活水平提高，无论是城镇人口还是农村人口，其日常生活所需要消耗的能源总体上也会有所上升（见图 4-3），而这也使中国人均碳排放有所增加。

（二）技术变化的影响

1980—2012 年，技术变化对中国人均碳排放的有效抑制主要体现在能源强度的影响上。20 世纪 80 年代以来，中国生产部门能源强度整体上不断下降（见图 4-4）。按 1978 年价格计算，生产部门万元增加值的能耗从 1980 年的 11.85 吨标准煤下降到 2012 年的 3.36 吨标准煤，下降了 72% 以上。生产部门能源强度的下降所减少的人均碳排放相当于碳排放实际增量的 48%。这意味着中国自改革开放以来通过不断努力而提高的技术水平为减缓碳排放做出了巨大的贡献。而许多研究（如 Ma 和 Stern，2008）表明，中国 80 年代以来能源强度的下降主要归结于各产业部门的技术进步。不过，由于重化工业的急剧扩张，2002—2005 年中国能源强度有所上升。这一反常变化导致人均碳排放在这一时期有所增加。

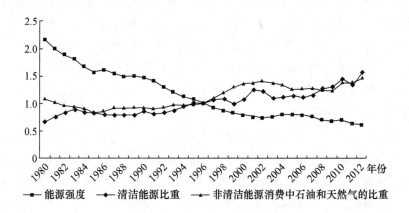

图4-4　技术因素的变化

在整个研究期内，中国总体能源消费结构变化大致表现为非清洁能源比重的下降，或清洁能源比重的上升（见图4-4），这对人均碳排放产生了抑制作用。不过，总体能源消费结构变化对人均碳排放的影响还十分有限，1980—2012 年这种变化所减少的人均碳排放不到 1980 年人均碳排放水平的 5%。这是因为清洁能源比重的上升幅度还很小，仅从 1980 年的4.00% 上升到 2012 年的 9.38%。

非清洁能源结构变化总体上也有利于减缓人均碳排放。这主要是碳排放系数较小的石油和天然气在非清洁能源中的比重总体上有所上升。不过，非清洁能源结构变化的这一影响也很小。这是因为石油和天然气在非清洁能源中的比重一直在 30% 以上，其变化幅度有限。更深层的原因则在于中国所拥有的能源矿产中，只有煤炭比较丰富。

此外，非清洁能源碳排放系数变化使人均碳排放略有下降，这主要是热力和火电的碳排放系数下降所带来的。

（三）人均碳排放变化的两个特殊阶段

如前所述，1980 年以来中国人均碳排放变化有两个特殊阶段：一是1996—1999 年人均碳排放下降；二是 2002—2007 年人均碳排放快速上升。这两个阶段人均碳排放的变化都明显偏离了"平均"趋势。那么，其原因是什么呢？

1996—1999 年中国人均碳排放下降主要归功于能源效率提高。这一时期，能源强度下降较快（见图 4 - 4），因此而减少的人均碳排放也较多。人均生活能源消费量在这几年也有明显下降，使这一时期的人均碳排放也因此而减少。清洁能源的比重先升（1996—1998 年）后降（1999 年），总体上还是减少了人均碳排放。煤炭比重在这几年的持续下降（见图 4 - 4）也使人均碳排放有所下降。而这些因素带来的人均碳排放下降幅度超过其他因素的影响，从而使中国的人均碳排放在 1996—1999 年呈现明显的下降趋势。

2002—2012 年人均碳排放快速上升的原因有如下四个方面：首先，是因为这一时期中国劳动生产率增速加快（见图 4 - 3）。无论是其所引起的人均碳排放年均增量还是总增长量都明显高于其以前的影响。其次，2002—2005 年中国能源效率令人意外地恶化，能源强度竟然呈现上升的趋势，这与 20 世纪 80 年代以来中国能源强度一直下降的变化趋势大相径庭（见图 4 - 4）。能源强度的上升导致由此产生的人均碳排放不仅没有下降，反而大幅度上升。尤其是 2003—2004 年，能源强度对人年均碳排放的影响甚至超过了劳动生产率，从而成为导致人均碳排放增加的最主要因素。再次，人均生活能源消费在这一时期也明显上升。最后，产业结构变化带来的人均碳排放增加也明显高于其他时期。

四　未来中国减缓人均碳排放的潜力及途径

人口规模是碳排放的主要因素之一。在人均富裕程度和技术水平保持稳定的情况下，每增加一个人就意味着需要提供额外的能源供其消耗，碳排放自然会增加。因而一个人口规模庞大的国家，满足其人口基本生存需要的碳排放需求无疑应当高于人口相对较少的国家。因此，人均碳排放是衡量一个国家的碳排放水平更合理或更公平的指标。在碳排放权分配标准中如果忽略人口因素，则这样的分配标准是不公平的。

实证分析的结果表明，20 世纪 80 年代以来，五个经济发展因素都导致中国人均碳排放呈现不断增加的趋势，其中最主要的驱动因素是劳动生产率。四个技术变动因素中，除非清洁能源碳排放系数变化外，其他因素都使人均碳排放下降。尤其是能源效率（GDP 能源强度）的改善为中国人均碳排放减缓做出了巨大的贡献。那么，未来这些因素将如何影响中国的人均碳排放变化？哪些因素的变化有望为中国减缓人均碳排放做出贡献？应当采取怎样的策略或措施来促进这些因素朝着有利于中国减缓人均碳排放的方向变化？

从经济因素变化的影响来看，未来劳动生产率的不断提高仍将是导致中国人均碳排放快速上升的主要驱动因素。劳动生产率提高意味着每一个劳动者创造了更多的 GDP，在经济增长方式以及技术水平没有发生实质性变化的情形下，GDP 的快速增长意味着更多的能源消耗，这必然会导致相关碳排放的增加。尽管存在所谓"环境库兹涅茨曲线假说"（EKC），即经济增长在达到一定水平后将促进污染排放减少。但事实上，如果经济增长模式没有发生变化（如产业结构变化），技术水平没有改善，环境规制没有得到强化，我们很难想象有什么机制会使经济增长自动导致上述结果的发生。

党的十七大报告明确提出，要在"转变发展方式取得重大进展，在优化结构、提高效益、降低消耗、保护环境的基础上，实现人均国内生产总值到 2020 年比 2000 年翻两番"。按 1978 年价格计算，要实现这一目标，2020 年前中国的人均 GDP 仍必须保持较快的增长速度。这意味着人均 GDP 仍将是未来中国人均碳排放增长的主要驱动因素，通过降低人均 GDP 增长来减缓人均碳排放显然是不现实的，也是不合情理的。

就业率是世界各国普遍关注的一项宏观经济目标。对一个国家而言，就业率上升意味着更多的人口实现了就业，这就需要配备更多的生产资料，从而需要制造更多的生产资料。而且要产生良好的经济效益就应该尽量减少生产资料的闲置，使生产资料尽可能充分地发挥作用。因而在其他条件不变时，这将不可避免地增加生产部门的能源消费，并导致碳排放增加。

对于仍处于社会主义初级阶段的中国来说，保持并不断提高现有就业率更具有现实意义。"社会就业更加充分"是党的十七大报告提出的"实现全面建设小康社会奋斗目标的新要求"，更是"加快发展社会事业，全面改善人民生活"的一项重要内容。因此，未来中国致力于提高就业率以改善人民生活而带来的人均碳排放增加也是合理的、难以避免的。这是保障中国人民基本发展权利的需要。

产业结构变化之所以会影响人均碳排放主要在于不同产业具有不同的能源密集程度，即单位产品增加值所消耗的能源数量差异。正如上文所提到的，产业结构变化通常意味着经济增长模式的变化。因而一个国家的产业结构发生变化时，其单位 GDP 能耗（即能源强度）一般也会发生变化，在其他条件稳定的情况下，这将导致生产部门人均碳排放变化。

由于目前中国的产业结构偏重工业，尤其是重工业，因而不利于人均碳排放的减缓。但随着中央政府对投资规模的宏观调控和鼓励第三产业发展的政策措施不断出台，以及党的十七大报告对"加快转变经济发展方式，推动产业结构优化升级"目标的进一步明确，因此，未来产业结构的变动蕴藏着巨大的碳排放减缓潜力。不过，由于中国目前需要解决二元化经济结构问题，城市化进程仍将继续保持一定的发展势头，而城市化进程需要相应的工业品维持。所以，未来一二十年内工业的比重大幅度下降的可能性也不大。可能的情况是，工业在中国经济体系中的比重稳定在目前的水平上。因此，长期内产业结构变化有可能大大减缓中国人均碳排放，但短期内产业结构变化直接带来的人均碳排放变动可能不会太大。

城乡人口结构之所以影响人均碳排放是因为城镇人口人均生活能耗明显高于乡村人口人均生活能耗。因此，在其他条件不变时，城乡人口结构的变化必然会改变人均能耗，进而影响生活部门人均碳排放。正如上面提到的，未来中国仍需要解决二元化经济结构问题。"城镇人口比重明显增加"也是党的十七大报告提出的"实现全面建设小康社会奋斗目标的新要求"。因此，城乡人口结构仍将朝着增加人均碳排放的方向变化。不过，从改革开放以来城乡人口结构变化对人均碳排放的影响力来看，其未来的影响力也应该有限。

中国的人均生活能耗似乎不太可能降下来。一是上面提到的，中国的城市化水平还将显著提高，这会引起人均生活能耗的增加。二是人们的生活水平在不断提高，包括人均住房面积的提高、电器普及率和使用率的提高、汽车普及率和使用率的提高，等等。这些都无疑会增加人均生活能耗及相关的人均碳排放。不过，我们仍然可以期待人们的消费模式会朝着有利于环境保护的方向发展，如少消费高耗能产品、尽量减少开汽车、少开空调等，从而降低人均能耗增加对人均碳排放的影响。

另外，从技术因素来看，提高能源效率仍将是直接影响中国未来人均碳排放减缓的主要因素。20 世纪 80 年代以来，中国的能源强度虽然发生了显著下降，但是，中国主要能耗产品的单位产值能源消耗仍然比世界先进水平平均高出 40% 左右。例如，与日本比较，2000 年吨钢可比能耗高 26%，比水泥综合能耗高 52%，比火力发电供电煤耗高 25%（《气候变化国家评估报告》编写委员会，2007年）。而且中国的能源效率不仅低于世界发达国家水平，甚至低于不少发展中国家的水平。不过，中国仍可以充分发挥后发优势，引进和吸收世界先进节能环保技术和管理方法，从而能够比较快地提高技术水平，促进能源效率提高。且随着中国政府将节能减排作为约束性目标纳入发展规划，相应的政策措施也将大大促进节能技术的改善。

就中国的能源消费结构而言，由于中国自身的能源储备中煤炭占据绝对优势地位，而世界石油市场充满了不确定性，各国围绕石油展开的竞争极其激烈，因而未来一二十年内，中国的能源消费结构中煤炭将仍然是主要能源品种。但随着可再生能源和新能源开发力度的加大，2050年清洁能源在一次能源构成中的比重将超过30%（《气候变化国家评估报告》编写委员会，2007年）。果真如此，清洁能源比重的上升不仅将直接为中国减缓人均碳排放做出贡献，而且将十分有利于中国提高能源效率，从而也会间地接为减缓人均碳排放做出贡献。

总的来看，改善能源效率是未来中国减缓人均碳排放的主要途径。未来中国能源效率提高的可能性很大，但要大幅度提高中国的能源效率，除依靠节能技术和管理水平提高能源效率以外，还必须立足于调整产业结构和改善能源结构。这也决定了中国改善能源效率减缓人均碳排放任务的长期性和艰巨性。

五　结论

1980—2012年，中国的人均碳排放量有较大幅度上升，并呈现出阶段性特征。中国人均碳排放的增长主要是劳动生产率的不断提高带来的。对于正处于社会主义初级阶段的中国来说，保持适度的劳动生产率增长是实现既定发展目标的客观需要。因而由此产生的人均碳排放也是难以避免的。而值得肯定的是，由于中国自改革开放以来一直致力于提高自身的技术水平，这大大改善了中国的能源效率，并有效地减缓了人均碳排放。

不过，近几年，一方面由于中国的劳动生产率增长较快甚至加速增长，就业率不断提高，同时产业结构仍偏重于重化工业；另一方面中国能源效率的改善则呈现停滞甚至略有恶化状态，能源结构和非清洁能源碳排放系数等其他技术因素的变化幅度也非常小，因而中国的人均碳排放增长明显。

综合来看，未来二三十年内，因为中国要全面建设小康社会，仍需要一定的发展速度，因而降低劳动生产率的增长速度不大现实，也不符合中国的国情。未来中国既不能牺牲经济发展，又要增强减缓碳排放和适应全球气候变化的能力。因此，"节能优先，效率为本"的能源战略方针意义十分重大。同时，调整产业结构和能源结构来减缓碳排放的潜力也需要进一步挖掘。

附　录

假定生产部门碳排放量合计为 $\sum C_i$，生活部门不同人群碳排放量合计为 $\sum C_l$，则有：

$$C = C_I + C_L \tag{A1}$$

其中，C 表示与能源消耗相关的全部碳排放量；C_I 表示生产部门能源消费产生的碳排放量；C_L 表示生活部门能源消费产生的碳排放量。

依据 IPAT 恒等式，生产能耗的碳排放量可分解为：

$$C_I = PAT \tag{A2}$$

分别用人均 GDP 和单位 GDP 的碳排放量表征富裕程度和技术水平，并将生产能耗的碳排放量分解到不同的产业部门，令产业部门 i 的碳排放量为 C_i，得到：

$$C_I = \sum C_i = P \frac{Q}{P} \frac{\sum C_i}{Q} \tag{A3}$$

其中，Q 表示按 1978 年价格计算的 GDP。我们将产业部门划分为六类：农、林、牧、渔、水利业；工业；建筑业；交通运输和邮电通信业；商业、饮食、物资供销和仓储业；其他行业。接下来，我们进一步将人口 P 划分为就业人口 P_w 和非就业人口，得到：

$$C_I = P \frac{P_w}{P} \frac{Q}{P_w} \frac{\sum C_i}{Q} = P \frac{P_w}{P} \frac{Q}{P_w} \sum_i \frac{Q_i}{Q} \frac{C_i}{Q_i} \tag{A4}$$

其中，Q_i 表示按 1978 年价格计算的产业部门 i 的 GDP。引入产业部门的能源强度将技术进一步分解，得到：

$$C_I = P \frac{P_w}{P} \frac{Q}{P_w} \sum_i \frac{Q_i}{Q} \frac{E_i}{Q_i} \frac{C_i}{E_i} \tag{A5}$$

其中，E_i 表示产业部门 i 的终端能源消费总量。由于技术不仅包括效率因素，也包括不同投入之间的替代关系，因而我们将终端能源继续分解成清洁能源（水电和核电）和非清洁能源 F_i。这样就得到了：

$$C_I = P\frac{P_w}{P}\frac{Q}{P_w}\sum_i \frac{Q_i}{Q}\frac{E_i}{Q_i}\frac{F_i}{E_i}\frac{C_i}{F_i} \tag{A6}$$

将非清洁能源划分为五类（煤炭、焦化产品、石油、天然气、热力与火电），令第 j 类能源的碳排放量为 C_{ij}，则得到：

$$C_I = \sum_{ij} C_{ij} = P\frac{P_w}{P}\frac{Q}{P_w}\sum_{ij}\frac{Q_i}{Q}\frac{E_i}{Q_i}\frac{F_i}{E_i}\frac{F_{ij}}{F_i}\frac{C_{ij}}{F_{ij}} \tag{A7}$$

于是，可得：

$$C_I = \sum_{ij} P\frac{P_w}{P}\frac{Q}{P_w}\frac{Q_i}{Q}\frac{E_i}{Q_i}\frac{F_i}{E_i}\frac{F_{ij}}{F_i}\frac{C_{ij}}{F_{ij}} \tag{A8}$$

令 $W = P_w/P$、$G = Q/P_w$、$S_i = Q_i/Q$、$I_i = E_i/Q_i$、$R_i = F_i/E_i$、$M_{ij} = F_{ij}/F_i$、$H_{ij} = C_{ij}/F_{ij}$，我们将中国生产能耗碳排放的驱动因素分解如下：

$$C_I = \sum_{ij} PWGS_iI_iR_iM_{ij}H_{ij} \tag{A9}$$

如果我们把总人口划分为城镇人口和农村人口，并用人均生活能源消费表示富裕程度，则生活能耗碳排放量可按 IPAT 恒等式分解为：

$$C_L = \sum C_l = P\sum \frac{P_l}{P}\frac{C_l}{P_l} \tag{A10}$$

其中，C_l 表示人群 l 的总消费支出。接下来，与生产能耗碳排放量的分解类似，我们依次引入城乡人口结构、人均生活能源消费量、不同层次的能源结构、能源转换效率等因素可得下式：

$$C_L = P\sum_{lj} \frac{P_l}{P}\frac{E_l}{P_l}\frac{F_l}{E_l}\frac{F_{lj}}{F_l}\frac{C_{lj}}{F_{lj}} \tag{A11}$$

令 $U_l = P_l/P$、$A_l = E_l/P_l$、$R_l = F_l/E_l$、$M_{lj} = F_{lj}/F_i$、$H_{lj} = C_{lj}/F_{lj}$，我们将生活能耗碳排放的驱动因素分解如下：

$$C_L = \sum_{lj} PU_lA_lR_lM_{lj}H_{lj} \tag{A12}$$

合并式（A9）和式（A12），即将生产能耗碳排放和生活能耗碳排放的分解式相加，便得到了全部碳排放的因素分解式：

$$C = C_I + C_L = \sum_{ij} PWGS_iI_iR_iM_{ij}H_{ij} + \sum_{lj} PU_lA_lR_lM_{lj}H_{lj} \tag{A13}$$

参考文献

［1］刘树成：《继续延长本轮经济周期的适度高位运行——分析中国经济周期波动的良性大变形》，《经济学动态》2007 年第 8 期。

［2］《气候变化国家评估报告》编写委员会：《气候变化国家评估报告》，科学出版社2007 年版。

［3］王中英、王礼茂：《中国经济增长对碳排放的影响分析》，《安全与环境学报》2006年第 6 卷第 5 期。

［4］徐国泉、刘则渊、姜照华：《中国碳排放的因素分解模型及实证分析：1995—2004》，《中国人口·资源与环境》2006 年第 16 卷第 6 期。

［5］徐玉高、郭元、吴宗鑫：《经济发展，碳排放和经济演化》，《环境科学进展》1999年第 7 卷第 2 期。

［6］宣能啸：《我国能源效率问题分析》，《煤炭经济研究》2004 年第 9 期。

［7］张雷：《经济发展对碳排放的影响》，《地理学报》2003 年第 58 卷第 4 期。

［8］张雷：《中国一次能源消费的碳排放区域格局变化》，《地理研究》2006 年第 25 卷第 1 期。

［9］张瑞、丁日佳、尹岚岚：《中国产业结构变动对能源强度的影响》，《统计与决策》（理论版）2007 年第 5 期。

［10］张友国：《经济发展方式变化对中国碳排放强度的影响》，《经济研究》2010 年第4 期。

［11］Ang, B. W. , "Decomposition Analysis for Policymaking in Energy: Which Is the Preferred Method?". *Energy Policy*, No. 32 (2004), pp. 1131 – 1139.

［12］Birdsall, N. , "Another Look at Population and Global Warming", Population, Health and Nutrition Policy Research Working Paper, 1992, WPS 1020, World Bank, Washington D. C. .

［13］Dietz, T. , Rosa, E. A. , "Rethinking the Environmental Impacts of Population, Affluence and Technology". *Human Ecology Review*, No. 1 (1994), pp. 277 – 300.

［14］Fan, Y. , Liu, L. – C. , Wu, G. , Wei, Y. – M. , "Changes in Carbon Intensity in China: Empirical Findings from 1980 – 2003". *Ecological Economics*, No. 62 (2007), pp. 683 – 691.

［15］Hoekstra, R. , van den Bergh, J. C. J. M. , 2003, Comparing Structural and Index Decomposition Analysis. *Energy Economics* 25, pp. 39 – 64.

［16］Hoffert, Martin I. et al. , "Energy Implications of Future Stabilization of Atmospheric CO_2 Content". *Nature*, Vol. 395 (October, 1998), pp. 881 – 884.

［17］IPCC, Revised 1996 IPCC Guidelines for National Greenhouse Gas Inventories: Workbook

(Volume 2) . IPCC 1996; http：//www. ipcc - nggip. iges. or. jp/public/gl/invs5a. html.

[18] Karakaya Etem and Mustafa Özçag, "Driving Forces of CO_2 Emissions In Central Asia: A Decomposition Analysis of Air Pollution from Fossil Fuel Combustion". *Arid Ecosystems Journal*, Vol. 11, No. 26 - 27 (August 2005), pp. 49 - 57.

[19] Kaya, Y. , Impact of Carbon Dioxide Emission Control on GNP Growth: Interpretation of Proposed Scenarios. Paper Presented at the IPCC Energy and Industry Subgroup, Response Strategies Working Group, 1990, Paris, France.

[20] Liaskas, K. , Mavrotas, G. , Mandaraka, M. , Diakoulaki, D. , "Decomposition of industrial CO_2 emissions: The case of European Union". *Energy Economics*, No. 22 (2000), pp. 383 - 394.

[21] Liu, L. - C. I. , Y. Fan, G. Wu, Y. - M. Wei, "Using LMDI Method to Analyze the Change of China's Industrial CO_2 Emissions from Final Fuel Use: An Empirical Analysis". *Energy Policy*, No. 35 (2007), pp. 5892 - 5900.

[22] Lynn, S. , Lee, S. , Nancy, K. , "CO_2 Emissions from Passenger Transport". *Energy Policy*, No. 24 (1996), pp. 17 - 30.

[23] Ma Chunbo, David I. Stern, 2008, China's Changing Energy Intensity Trend: A decomposition Analysis. *Energy Economics* 30, pp. 1037 - 1053.

[24] Nanduri, M. , An Assessment of Energy Intensity Indicators and Their Role as Policy - Making Tools, Concordia University School of Resource and Environmental Management Report, 1998, No. 2, 232.

[25] Raupach, Michael R. , Gregg Marland, Philippe Ciais, Corinne Le Quéré, Josep G. Canadell, Gernot Klepper and Christopher B. Field, "Global and Regional Drivers of Accelerating CO_2 Emissions". *Proceedings of the National Academy of Science*, 2007, http：//www. pnas. org/cgi/content/abstract/0700609104v1.

[26] Shi, A. , "The Impact of Population Pressure on Global Carbon Dioxide Emissions, 1975 - 1996: Evidence from Pooled Cross - Country Data". *Ecological Economics*, No. 44 (2003), pp. 29 - 42.

[27] Waggoner, P. E. , Ausubel, J. H. , "A Framework for Sustainability Science: A Renovated IPAT Identity". *Proceedings of the National Academy of Sciences*, Vol. 99, No. 12 (2002), pp. 7860 - 7865.

[28] Wang, C. , Chen, J. , Zou, J. , "Decomposition of Energy - Related CO_2 Emissions in China: 1957 - 2000". *Energy*, No. 30 (2005), pp. 73 - 83.

[29] Wu, L. , Kaneko, S. , Matsuoka, S. , "Driving Forces Behind the Stagnancy of China's Energy - Related CO_2 Emissions, Intensity Change and Scale Change". *Energy Policy*, No. 33 (2005), pp. 319 - 335.

［30］ Wu, L. , Kaneko, S. , Matsuoka, S. , "Dynamics of Energy – Related CO_2 Emissions in China During 1980 to 2002: The Relative Importance of Energy Supply – Side and Demand – Side Effects". *Energy Policy*, No. 34（2006）, pp. 3549 – 3572.

［31］ York, R. , E. Rosa, T. Dietz, "STIRPAT, IPAT and ImPACT: Analytical Tools for Unpacking the Driving Forces of Environmental Impacts". *Ecological Economics*, No. 46（2003）, pp. 351 – 365.

［32］ Zhang, M. , Mu, H. , Ning, Y. , Song, Y. , Decomposition of Energy – Related CO_2 Emission over 1991 – 2006 in China. *Ecological Economics*, 2009, 68, pp. 2122 – 2128.

［33］ Zhang, Y. , Structural Decomposition Analysis of Sources of Decarbonizing Economic Development in China: 1992 – 2006. *Ecological Economics*, 2009, 68, pp. 2399 – 2405.

第五章 农业生产方式与环境影响

一 引言

农业的环境影响，主要体现在清除、破坏原有的生态系统，比如林地、草地和湿地，等等；打破原有自然的物质循环，成为按照人类需要而进行投入和产出的人为开放系统。从历史上看，农业生产的环境影响从一个曾经是长期、缓慢的过程逐渐呈现出加速恶化的趋势。

本章提出，农业生产方式决定了其环境影响，前者主要由生产工具和生产关系构成。产业革命之后，农业机械化极大地扩展了农业生产的空间范围和强度，客观上加剧了对生态环境的影响。无论是新旧殖民体系，还是土地占有的不平等，都能导致部分发展中国家环境恶化与贫穷的恶性循环。随着发达国家土地的集中、农村人口的减少，农户的居住地点和生产地点的分离，传统的农户环境代管机制逐渐失效。以利润最大化为目的的农场，为了在国内外竞争中获得优势，不断提高农业产量，使得农业成为一个高投入高产出、人工操纵程度越来越高的高风险系统。

本章以美国农业环境影响为例，试图说明农业生产方式决定了农业的环境影响。自1492年哥伦布发现新大陆，欧洲移民到北美大陆，美国农业生产历史不到500年，相比欧亚大陆的农业生产历史相当短暂。然而，它恰恰与近代的产业革命和资本主义的快速发展相同步，考察这段历史，可以清晰地看出农业生产对环境影响的成因和过程。尤其是美国南部平原地区，仅仅经过50年的农业生产，就在20世纪30年代形成了长达10年、遍及40万平方公里土地的尘暴。它是人类改造自然成败的缩影。

二　生产方式决定农业的环境影响

对农业生产所造成的环境影响，有各种不同的观点试图解释其原因和解决方法。主流经济学认为，同其他外部性问题一样，农业产生环境问题的原因在于无法清晰地界定环境资源的产权，从而缺乏价格和市场，导致市场失灵（Lichtenberg，2002）。然而，对于很多外部性问题，明晰产权本身就是一个无法成立的前提假设，农业的外部性尤其如此。部分环境史学家则把原因归咎于资本主义生产方式，资本家就像掠夺劳动一样过分开采自然资源（Worster，2004），但不能否认，社会主义国家如苏联，对西伯利亚的开发也造成了严重的生态问题（Ponting，2007），因此单纯社会制度本身也无法完全解释环境影响成因。

从表面上看，环境影响伴随着人类社会经济发展而凸显，环境是发展的一个副产品，但是，发展的含义太宽泛，很难概括人类社会的本质。从本质上看，造成环境影响的主体是人类，而人类不仅具有生物属性，还具有社会性，后者是人类区别于其他生物的主要特征。不但人类的绝对数量对环境产生影响，人类的社会属性也是重要的影响因素。人类的社会属性，在于人类的生产方式，生产方式分为生产力和生产关系。人类从事农业的生产方式直接决定了其环境影响。

决定生产力的主要因素是生产工具或者说技术。刀耕火种与化石燃料驱动的农业机械，改造自然的强度和广度有天壤之别。狩猎和采集农业阶段，尽管人类在主观上不一定是要保护环境，但是客观上，受制于改造环境的工具的限制，对环境的影响是非常有限的。历经多次产业革命之后，机械和能源的使用，大大提高了人类改造自然的能力。那些原本看来自然条件恶劣、人类所不能到达的地方，现在可以用机械和能源轻而易举地实现。人类对自然资源的开采、对环境的影响程度，伴随着产业革命的进行而不断扩展和加深。1750—1850 年，最先实现产业革命的英国乡村，树林被砍伐殆尽。1790 年之前，英格兰东部大部分树林已经被清除，而到 18 世纪末，英格兰西南部的树林已经寥寥无几。据政府委员会报告，当时英格兰和威尔士的树林面积不超过 200 万英亩（合 1200 万亩）（Finberg，1989）。当 20 世纪中期巴西开始工业化的时候，也是亚马逊原始森林开始大规模减少的时候。尽管人的主观意愿并不是破坏环境，然而客观上对生态环境的影响越来越大。

另外，生产关系对自然环境的影响是巨大的。在旧殖民体系下，欧洲国家依靠航海技术和武力征服，占领欧亚大陆以外的地区并建立殖民统治，将土地集中到殖民者手中，形成了一套有利于殖民国家的农业体系。加勒比海国家、南美洲以及非洲的若干殖民地，大部分良田用于种植经济作物，如咖啡、糖和棉花，输入到殖民国，而不是维持本国人的基本粮食需求（Ponting，2007）。即使在第二次世界大战之后，由于大部分发展中国家依然保持了旧有的土地所有制，肥沃土地被控制在少数大农场主手中，以经济作物为主，而贫穷的大多数人为了维持生计，开垦那些不适于农业的土地，或者毁林、围湖造田。热带雨林地区的发展中国家，如巴西、印度尼西亚等国家，农民砍伐原始森林开垦农田，维持生计，但最终导致水土流失，形成环境恶化与贫穷加深的恶性循环（López and Niklitscheck，1991）。

在发达国家，农业生产关系对环境的影响以另外的形式表现出来。

其一，代管机制失效。代管机制指的是影响环境的经济活动主体，共同承担起保护环境的责任，其发挥作用的机理在于经济活动主体承担了经济活动造成的外部性，因此活动主体有动机保护环境，减少环境污染。在产业革命和城市兴起初期，乡村作为优美的田园休闲地点与喧嚣和肮脏的城市相对比。乡村是绅士、淑女们重要的社交场合，他们在田园风光中享受散步、狩猎、钓鱼等乐趣。人既是环境质量的提供者，也是其消费者，这种对环境质量的需求与供给的一致性，是代管机制发挥作用的重要条件。然而，随着城市经济地位的提高和环境质量的改善，越来越多的人将社交生活转移到城市，土地所有者的居住地与土地相分离，所有者缺乏动机保护环境，而承租者、经理人、合伙人以及农业工人则追求短期经济利益最大化，缺乏照顾环境的责任感，而且后者一般收入较低，对环境质量的需求要低于收入较高的土地所有者。

其二，农户追求提高农业产量与环境容量有限性的矛盾。理论上说，当外部性无法内部化的时候，具有正外部性的商品会供给不足，而负外部性的商品则过分供给。所以，会产生污染的农产品产量也会超过社会最优。现实中，由于农产品市场类似完全竞争市场，农户是农产品价格的接受者而不是制定者，农户不可能为形成垄断而控制产量。相反，对于很多个体农户而言，其目标函数是收入最高而不是利润最多，一旦有劳动力富余便努力提高产量。雪上加霜的是，如果政府对化肥、农药等农用物资提供补贴，那么很有可能刺激农户增加化肥、农药等物质的投入。另外，农户为了提高产量，往往对不确定性的新技术抱有支持态度，如转基因作物，而新技术对环境的影响通常都是负面的或具有潜在的负外部性。

三　农业的环境影响概述

在地球 40 亿年的生命中，人类出现的时间是二三百万年，距今 4000—6000 年出现了铜器，而在此之前以石器作为工具。农业的历史可以追溯到距今一万年左右的新石器时代。在第一次产业革命之前，农业生产以人力为主，辅以简单的畜力，生产工具主要由铁制成。农业对环境最大的影响莫过于土壤退化和水土流失。农业生产离不开土壤与水，早期的灌溉农业都分布在河流附近，如两河流域、尼罗河流域和黄河流域。由于农业种植需要不断地翻动土地表层，松动的土壤容易受到流水和风力的侵蚀，微小的颗粒被外力搬运到其他地方，从而改变了土壤的结构。河流也因此加高河床，形成淤堵，比如中国黄土高原的水土流失与黄河的形成。在产业革命之前这段时期，农业对生态环境的影响是相当缓慢的。

从 18 世纪中期开始的产业革命距今不到 300 年时间，随着冶金工业的发展，以及煤、石油和天然气等化石燃料的使用，人类迅速进入了机械动力时代，人力和畜力在农业中的重要性迅速降低。农业中机械力的使用，对环境的影响、对资源的依赖，迅速超过了历史上任何一个时期。机械力大大扩展了人类从事农业生产的空间范围，而原有的处女地、山地、湿地和热带森林在这段时间内迅速减少。

20 世纪以来，农业对环境影响增强的另一支力量是化学品的应用，它改变了传统农业原有的营养循环，成为现代农业的重要特征之一。以肥料为例，人类使用肥料的历史，大致分为三个阶段。

第一阶段，本地有机肥。在历史上的绝大部分时间内，农业投入依赖本地的有机废弃物。人、农业与自然是一个局部的封闭循环。动物和人的排泄物作为有机肥料施用于农业生产，这在中国、日本等东亚国家非常普遍。在中国古代缺乏排水设施的城镇中，有专门的人在清晨收集泔水、废弃物等，用于就近的农业生产。

第二阶段，外地有机肥。远洋运输的发展，使得有机肥的跨国和跨洋流通成为可能。19 世纪，比较富裕的国家，如英国，从秘鲁和智利进口了大量的海鸟粪便，补充本国日渐下降的土壤肥力（McNeill，2000）。

第三阶段，化学肥料出现并占主导，改变了以往农业依靠有机物作为肥料的历史。1842 年，英国人洛伊斯（Lawes）发现了磷矿石和硫酸反应，产生浓度较高的磷肥。1909 年，德国人哈伯（Haber）通过氨氮合成从空气中分离出氮元素，从而制造出农作物必需的氮肥。1940 年，世界化肥使用量为 400 万吨，1965 年增加到 4000 万吨，1990 年接近 1.5 亿吨（McNeill，2000）。

化学肥料的普及和大量使用，结合机械力的采用，一方面提高了农业产量，"多养活 20 亿人口，否则人类需要增加 30% 的耕地"（McNeill，2000）；另一方面，结合其他化学品的使用，如杀虫剂、激素、抗生素，等等，在相对较短的时间内影响并改变着农业与生态环境系统的关系。

首先，农业变成一个高耗能产业。现代农业不但依赖太阳能进行光合作用，而且更需要能源驱动机械、制造化肥、长途运输、储存和保鲜食物。

其次，农业生产对水体和土壤形成了污染。尽管估计值或多或少有所不同，但是，通常认为，有一半以上的化肥流失到水体当中（McNeill，2000），造成河流、湖泊和近海的富营养化，以及地下水硝酸盐浓度的提高。对于土壤而言，长期施用化肥会导致土壤板结，破坏土壤中生物的微循环，而地力的下降，导致对化肥的依赖性越来越强。杀虫剂的使用，如DDT，直接破坏了自然界的生态链条，并危及人类健康。当前，农业中使用的激素、抗生素对人体健康的危害已经得到证实，而在转基因技术对生态环境和人体的长期影响还没有得到证实之前，已经大规模地投入生产。

再次，农业对地下水资源的消耗速度超过了其自然更新速度。农业从一个靠天吃饭的经济活动，逐渐摆脱了对某些自然条件的限制，开采地下水进行灌溉就是其中一例，使得原来不适合农业生产的极度干旱地区，也能够进行生产。但是，地下水又被称为化石水，通常形成于漫长的地质年代，即使有更新，其速度也远远低于地表水的更新速度。

最后，农作物品种越来越单一，生态系统脆弱，对农药的依赖性加强。化肥结合机械力的采用，对农作物品种产生一个筛选机制：那些比较适应化肥特征、适合机械力操作的农作物品种获得大面积推广，即形成了农业单作化。单作与化肥和机械力的使用相互加强。从生态系统的稳定性来看，多样化系统比较稳定，而单一作物最不稳定，对病虫害的抵抗力最低，因此对杀虫剂的依赖性很强，从而催生了更多的环境和健康问题。

四　美国土地政策与农场特点

1607 年，欧洲人在北美大陆东海岸詹姆斯城（Jamestown）建立第一个定居点，自此以后的 400 多年，逐渐形成了美国现在的版图，成为世界上农业资源最为丰富的国家。美国东西两岸分别濒临大西洋和太平洋，南部濒临加勒比海。美国东部降水量丰富，西经 100° 以东年均降水量为 50—150 厘米，以西年均降水量在 7.5—50 厘米（Merchant，2002）。

对美国土地政策影响较大的是 1862 年的《宅地法》，该法案首次规定，以居住和种植为目的的美国公民（或准公民）可以免费获得密西西比河以西 160 英亩（约合 960 亩）的联邦土地。① 申请人不仅包括一家之主，而且将权利扩展到 21 岁以上的未婚男女。后来修订的《宅地法》（1909，1916）将干旱地区的耕地面积扩大到 320 英亩，牧场面积为 640 英亩。

《宅地法》实施之前，美国联邦政府将密西西比河以东的土地以出售的方式进行了私有化。1785 年法令规定，美国公民可以每英亩 1 美元的价格购买至少 640 英亩土地。这限制了穷人购买土地的能力。后来最小购买面积分别下降到 320 英亩和 160 英亩，到 1820 年，减少到 80 英亩。

从版图上看，美国的西进运动是一个土地私有化过程，这个过程使得欧洲移民以及后来获得人身自由的非洲后裔能够获得维持生计的土地。在西进运动结束的 1890 年，美国农业人口 2500 万，占全国人口的 42.3%，456.5 万个农场，面积为 37.4 亿亩，平均每个农场面积 821.6 亩。其中，耕地 13.2 亿亩（见表 5-1），占农场总面积的 35.3%。这时，可以说美国是一个农业占主导的国家。

1890 年以后，美国农业生产表现出以下特点：

第一，农场总面积不断扩大，在 20 世纪 50 年代达到顶峰，接近 70 亿亩，其中，耕地面积在 20 世纪三四十年代达到 30 亿亩的高峰，而牧场面积在 20 世纪 60 年代接近 30 亿亩的最高点。

---

① 须居住 5 年以上，并且对原有土地进行耕作。

表5-1　　　　　　　　　　美国农场数量、面积和构成

年份	农场面积 （亿亩）	农场个数 （万个）	农场平均面积 （亩）	耕地面积 （亿亩）	牧场面积 （亿亩）
1880	32.1	400.9	803.6	10.0	
1890	37.4	456.5	821.6	13.2	
1900	50.4	574.0	881.6	17.0	
1910	52.9	636.6	833.6	18.7	
1920	57.5	645.4	893.6	20.9	
1925	55.4	637.2	869.6	30.3	13.1
1930	59.4	629.5	941.5	31.3	16.2
1935	63.2	681.2	929.5	30.8	18.7
1940	63.9	610.2	1049.5	31.8	23.6
1945	68.5	585.9	1169.4	27.0	28.8
1950	69.7	538.8	1295.4	28.7	25.0
1954	69.5	478.2	1451.3	27.6	27.6
1959	67.4	371.1	1817.1	26.9	28.0
1964	66.6	315.8	2110.9	26.0	29.4
1969	63.8	273.0	2338.8	27.5	23.4
1974	61.0	231.4	2640.0	26.4	
1978	62.7	243.6	2572.7	27.2	
1982	61.6	240.7	2560.7	26.7	
1987	59.9	221.3	2704.6	26.6	
1992	58.7	210.8	2782.6	26.1	
1997	57.3	219.1	2614.7	26.7	
2002	56.4	213.5	2638.7	26.0	
2007	55.2	220.5	2506.7	24.4	30.3

　　资料来源：U. S. Dept. of Commerce, Bureau of the Census, Historical Statistics of the United States, Colonial Times to 1970, Kraus International Publications, 1989, U. S. 1997, 2007 Census Report, Volume 1, U. S. Summary and State Reports. U. S. Census Bureau, Statistical Abstract of United States, 2011。

第二，农场数量逐渐减少，平均面积扩大，土地集中趋势明显。《宅地法》实施之前，土地作为私有财产进行买卖，富有的欧洲移民可以购买足够多的土地。《宅地法》的实施保证了中下层收入者获得一定数量的土地。《宅地法》实施以后，土地投机商依然有机会①购买土地。经历一百多年时间，现在美国农场数量是高峰时期的 1/3，农场平均规模增长了两倍多。从结构上看，农场主要集中在少数人手中，2007 年的农业普查数据显示，超过 3000 英亩的农场数量只占 14.6%，但农场面积占 79.0%，播种面积占78.9%（见表 5 - 3）。

表 5 - 3　　　　　　　　　　　　美国农场的规模结构

农场规模 （亩）	农场数量 （个）		农场面积 （百万亩）		农作物播种面积 （百万亩）		2007 年 百分比分布		
	1997 年	2007 年	1997 年	2007 年	1997 年	2007 年	农场 数量	农场 面积	播种 面积
全部	2216	2205	5728.8	5532.6	1913.4	1857.6	100.0	100.0	100.0
60 以下	205	233	5.4	6.6	1.8	1.8	10.6	0.1	0.1
60—300	531	620	84.0	95.4	25.8	25.8	28.1	1.7	1.4
300—420	154	154	54.0	53.4	16.2	15.0	7.0	1.0	0.8
420—600	200	192	99.0	94.8	31.2	27.0	8.7	1.7	1.5
600—840	187	175	130.2	121.8	42.0	34.4	7.9	2.2	1.9
840—1080	153	139	144.6	132.0	50.4	39.6	6.3	2.4	2.1
1080—1320	100	88	118.8	103.8	43.2	33.6	4.0	1.9	1.8
1320—1560	79	68	112.8	97.8	45.0	34.2	3.1	1.8	1.9
1560—3000	249	213	535.2	455.4	240.6	182.4	9.6	8.2	9.8
3000—6000	179	150	747.6	624.6	399.0	309.6	6.8	11.3	16.7
6000—12000	103	93	844.2	765.6	455.4	418.8	4.2	13.8	22.6
12000 以上	74	80	2853.6	2981.4	564.6	735.0	3.6	53.9	39.6

资料来源：U. S. Bureau of the Census, Statistical Abstract of U. S., 2012。

第三，美国农业人口数量及比重下降明显。两个指标可以说明这个趋势，第一个是在乡村地区生活的人口。第二次世界大战结束之前，美国农

---

① 雇佣人申请土地，6 个月之后以 1.25 美元每英亩的价格转让。政府公务人员不乏受贿、捏造文件等情况（Merchant, 2002）。

业人口的绝对数量基本上稳定在 3000 万左右，相对比重一直在降低，从 19 世纪晚期的 45% 下降到 20 世纪 60 年代的 10% 以下（见图 5－1）。第二个是从事农业的就业人口。2000 年以后，美国农业就业人数占全部就业人数的比重一直在 2% 以下，2009 年，从事农业的人数为 210 万人，占全国的 1.5%。

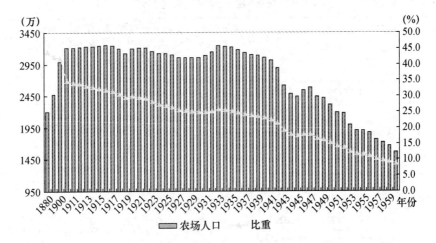

图 5－1 美国农场人口及所占全国人口比重

注：农场人口包括所有居住在乡村地区的人口。

资料来源：U. S. Dept. of Commerce, Bureau of the Census, Historical Statistics of the United States, Colonial Times to 1970, Kraus International Publications, 1989。

第四，伴随着农场平均规模的扩大和农业人口的减少，美国农场的机械化程度越来越高。1847 年，美国人迪尔（Deere）制造出钢犁，比原有的木犁和铁犁更加有力，其他如收割机、自动打包机以及联合收割机的使用，几乎削减了一半的劳动成本；尤其对小麦而言，新机械的使用将手工劳动时间减少到原有的 5%，劳动成本削减到原有的 20%。机械化水平的提高也增加了农业生产的投资规模。1820 年，一个农场主购置机器的花费大约 100 美元，尽管农用机械的价格水平自 1880 年后急剧下降，到 1900 年，购置机器的花费提高到 750 美元（Hays，1995）。进入 20 世纪，随着石油的大量使用，美国机械化程度更加普及，1910 年，美国农场拖拉机和联合收割机的数量仅有 1000 台左右，到第二次世界大战结束的 1945 年，分别增加到 235.4 万台和 37.5 万台，1970 年分别达到了 479 万台和 85 万台（见

表 5 - 4）。农场平均拥有农业机械的数量增长更快，1910 年，每万个农场拥有拖拉机的数量不到 2 台，相当于 1970 年每个农场拥有的数量。19 世纪末以来，美国的工业化过程也就是工业产品不断应用于农业的过程，农业成为美国工业制成品的重要市场。

表 5 - 4　　　　　　　　　20 世纪美国农业机械种类与数量

年份	拖拉机（千台）	卡车（千辆）	小汽车（千辆）	联合收割机（千台）	玉米收割机（千辆）	干草打包机（千辆）	牧草收割机（千辆）
1910	1		50	1			
1920	246	139	2146	4	10		
1930	920	900	4135	61	50		
1940	1567	1047	4144	190	110		
1945	2354	1490	4148	375	168	42	20
1950	3394	2207	4100	714	456	196	81
1955	4345	2675	4140	980	688	448	202
1960	4685	2825	3629	1042	792	680	291
1965	4783	3023	3587	910	690	751	316
1970	4790	3185		850	620	795	331

资料来源：U. S. Dept. of Commerce, Bureau of the Census, Historical Statistics of the United States, Colonial Times to 1970, Kraus International Publications, 1989。

五　美国农业的环境影响

在哥伦布发现美洲新大陆之前，北美有 400 万—700 万印第安人（Merchant, 2002），主要以采集、狩猎和捕鱼为生。距今 2500 年前，在西南局部地区有人定居和开垦，种植玉米、南瓜和豆子。尽管学术界就印第安人是否有保护环境的主观意愿存有争议，但是客观上，印第安人的农业生产基本保持了北美地区的原有生态环境。

从殖民时代到美国内战期间，蓄奴制度保证了美国农场能够使用极为廉价的劳动力。美国东部地区种植烟草和棉花，与欧洲和新英格兰交换。由于土地肥沃，面积广大，早期的种植园在地力耗竭之后会开垦新的土地。

以烟草为例，烟草对氮的吸收是普通农作物的 9 倍（Ponting，2004），一般在 3—4 年之后，土壤地力就会衰竭。长时间种植单一作物，土壤中的氮肥和钾肥减少，产生出抑制烟草生长的微生物。由于种植造成了表层土壤松动，很多遗弃的烟草种植园都出现了土壤退化，比如巨大的壕沟。棉花种植同样出现了地力衰竭问题（Merchant，2002）。

美国内战之后，工业发展很快，伴随着农业机械化程度的提高和农业生产空间的扩大，美国农业产量和劳动生产率增长很快，但同时加剧了对环境的影响，这在 20 世纪 30 年代南部平原地区的尘暴当中得到了集中的体现。南部平原地处美国 50 毫米降水线以西，属于干旱的草原地区，包括 5 个州（得克萨斯、俄克拉荷马、新墨西哥、科罗拉多和堪萨斯）共 40 万平方公里土地。在 19 世纪中期以前，大平原还是一片处女地。在 19 世纪下半叶的西进过程中，随着铁路的开通，新机械的采用，越来越多的移民在大平原安家落户，经营牧场，开垦农田。

大平原地区的气候规律，大约 20 年一大旱，三四年一小旱（Worster，2004），在降水量丰沛的年份，农业收成很好；但是，干旱年份会持续几年。在几次周期之后，大平原的农场面积越来越大。1929 年，美国和欧洲小麦丰收，谷贱伤农，小麦价格最低降到了每蒲耳式 175 美分，是好行情的 1/3。为了维持相同的收入，大平原农民的选择是在草原上开垦更多的农田，每天接近 30 万亩（Egan，2006）。1850 年，5 个州农场面积仅占美国农场总面积的 4.0%，到 1930 年，这个数字为 26.8%（见表 5-5）。在 1880—1930 年的 50 年内，美国农场新增了 27 亿亩，5 个州贡献了其中的 45.3%；同期，新墨西哥州和科罗拉多州的农场面积分别扩张了 47 倍和 23 倍。

20 世纪 30 年代是美国有史以来最干旱的时期，而大平原是其中受灾最严重的地区。1930 年，美国东部大旱；1931 年，干旱中心转移到大平原，持续了将近 10 年，直到 1941 年降水量开始增多。1932 年，气象局报告了若干次小型尘暴，1933 年 4 月 179 次，11 月发生较大的一次波及佐治亚州和纽约州。1934 年 5 月形势急转直下，高空强气流裹挟大量尘土从蒙大拿和怀俄明一直向东，3.5 亿吨尘土吹向中部和东南部城市，如波士顿、纽约、华盛顿和亚特兰大，其中，1200 万磅落在芝加哥，甚至落在东海岸以外 300 英里的大西洋（Worster，2004）。1935 年春季发生多次风暴，据估计，仅这一年，南部平原被尘暴吹走的表层土约有 8.5 亿吨，相当于 500

万英亩（约合3000万亩），土地彻底丧失农业功能，1亿英亩（约合6亿亩）土地的地力可能被永久削弱（Egan，2006）。如果把尘暴定义为能见度在一英里之内，那么，1932—1941年共发生了379次尘暴（见表5-6）。

表5-5　　　　　　　　　　南部平原地区农场面积　　　　　　单位：万亩、%

年份	堪萨斯	俄克拉荷马	得克萨斯	科罗拉多	新墨西哥	占美国农场总面积比重
1850			6898		175	4.0
1860	1067		15206		849	7.0
1870	3394		11038	192	500	6.2
1880	12850		21775	699	379	11.1
1890	18128	964	30844	2759	473	14.2
1900	24998	13793	75484	5685	3079	24.4
1910	26031	17315	67461	8119	6762	23.8
1920	27255	19171	68413	14677	14646	25.1
1925	26237	18521	65804	14500	16710	25.6
1930	28186	20275	74824	17326	18493	26.8
1935	28806	21201	82558	17987	20638	27.1
1940	28904	20882	82610	18916	23316	27.3
1945	29153	21697	84803	21731	29765	27.3
1950	29167	21604	87233	22772	28513	27.2
1954	30014	21378	87488	23031	29671	27.6
1959	30092	21481	85931	23272	27776	28.0
1964	30163	21646	85024	22955	28588	28.3
1969	29634	21605	85540	22018	28075	29.3

资料来源：U. S. Dept. of Commerce, Bureau of the Census, Historical Statistics of the United States, Colonial Times to 1970, Kraus International Publications, 1989。

表5-6　　　　　　　　　　20世纪30年代美国尘暴次数

年份	1932	1933	1934	1935	1936	1937	1938	1939	1940	1941
尘暴次数	14	38	22	40	68	72	61	30	17	17

资料来源：Worster, Donald, Dust Bowl: the Southern Plains in the 1930s, Oxford University Press, 2004, p. 15。

尘暴的发生，引发了政策制定者对于既有农业生产方式的反思，也是美国较大规模补贴农业的开始。罗斯福新政时期，对土地滥用采取了一系列保育措施，包括永久保留部分公地；向私人赎买贫瘠的土地作为公地；在社区成立草根性质的土地规划委员会，以指导当地居民如何合理使用土地，限制农业的商业化程度（Worster，2004）。然而，这些措施的成果有限，国家赎买的土地不足原计划的15%[①]，土地规划委员会不久就解散。1940年旱情缓解之后，南部平原5个州的农场面积并没有减少，反而有所增加，1954年的面积比1930年增长了20.4%，在全国农场面积中的比重增加了0.8个百分点。

当然，尘暴之后，美国在土壤保持和农业管理方面，总结了很多经验，比如土地休耕制度，政府向那些造成环境问题的闲置土地支付补贴。美国现在每年大约开支100亿美元的农业补贴，保护环境是其中的重要目标。但是，问题并没有完全解决。20世纪30年代以后，尘暴每隔20年左右就光顾一次，比如，20世纪50年代末、20世纪70年代中期、21世纪初期，但是其危害程度已经大大降低，这不得不归功于现代科技和化石能源的应用。现在，南部平原的农场使用电动机，可以汲取深达180米的地下水灌溉农田，某种程度上暂时缓解了尘暴。但是，问题并没有得到根本解决，而是转换为一种更加隐蔽的形式。南部平原的地下水源Ogallala，是美国最大的地下水体，形成于1.5万年之前，提供了全国30%的灌溉用水。当前的汲取速度是自然更新速度的8倍，以这个速度开采，最多维持100年（Egan，2006）。

在透支自然资源以外，美国农业的另外一个环境威胁是大规模施用化学合成品。美国现代环境保护运动的导火索并不是工业污染，而是农业污染。1962年，卡逊女士发表了《寂静的春天》一书，系统地描述了农药（DDT）对害虫以外的非目标群体，如鸟类、鱼类以及人类的毒害，使得人们从环境角度对化学品有了新的认识。当前，农业污染是美国国内水污染的主要污染源，畜禽废弃物排放、化肥流失，是造成水体富营养化的主要来源。

美国农业对环境另一个潜在的威胁是转基因农作物的不确定性。与欧洲和日本的保守态度不同，美国对待转基因农作物持有乐观的态度，国内转基因农作物的比重越来越高，如2010年转基因玉米、棉花和大豆种植面积比例分别达到了86%、93%和93%。由于转基因农作物对生态环境的长

[①]　原计划赎买7500万英亩，实际赎买了1130万英亩（Egan，2006）。

期影响还属未知数，美国对转基因作物的种植、加工以及出口，通过影响世界其他国家农业生产，最终加剧了对全球生态环境影响的不确定性。

六　美国农业生产方式与环境影响

美国作为世界上农业历史较短、资源较为丰富、人口压力较小的国家，用半个世纪的时间就制造出世界三大环境自然灾难之一的尘暴（Worster，2004），集中体现出其农业生产方式对环境的巨大影响，是农业活动影响环境的一个极度缩影。美国农业生产方式对其环境的影响是决定性的。

首先，农业机械化程度不断提高。机械的使用和普及，扩大了农业生产的空间范围，那些原本不适宜农业的地区相继被开发。比如南部平原的干旱草地，在钢犁发明之前，难以被开垦；地下水灌溉技术，使得原来的干旱、半干旱地区成为农田。机械化是工厂式畜禽养殖的重要条件，以肉鸡养殖为例，养殖场建在不见阳光的人工环境中，从孵蛋、筛选小鸡、切喙、喂养、宰杀，都是采用机械化流水线。这种养殖模式的肉鸡产量是散养模式不能比拟的，然而，动物粪便的回收利用则成为新的环境难题。

人类对自然的改造，越来越突破原有的自然条件限制，创造出适宜人类某种需要的人工环境，而人工环境往往不可持续。农业机械化使得农业的生产成本越来越高，尤其对能源的依赖性越来越高。2007 年，农业对化石能源的支出为 129 亿美元，相当于当年农业营业盈余 595 亿美元的 21.7%。

在适应机械化生产过程中，现代农业形成了某些新的特征，比如单作化，在大面积土地上种植同一种农作物、施用同样的化肥和农药、采用相同的田间管理方法，提供统一的储藏和运输条件，等等，这都是专业化生产的优势，是农户获得最大私人收益的最优行为。然而，根据生态学规律，单一作物的生态系统很不稳定，病虫害抵抗力低，客观上依赖更多的化学合成品，从而对环境的影响更大。

其次，农业是一个为交换而生产的产业。家庭农场曾经被认为是独立的、对市场依赖小的经济单位，它使得美国移民既摆脱了欧洲农民上千年的封建制度等级压迫，又摆脱了欧洲资本主义过程中农民被迫转换为工人阶级的命运。然而，美国内战之后，美国农业已经呈现出资本主义生产关系（Kulikoff，1992）。第一，土地越来越集中在以商业化生产为目的的大农

场，现在，美国有 200 多万个农场，其中商业化农场的数量只有总数的
12.4%，但其产出价值占总量的绝大部分，2009 年达到 83.0%，农场平均
规模是居住型农场的 10 倍以上（见表 5 - 7）。第二，美国农产品市场从本
地扩展到地区、全国以及国际市场，现在，美国是世界上重要的粮食主产
国和出口国。2010 年，美国的玉米和大豆产量分别占世界的 38.8% 和
34.6%，出口量分别占世界的 53.2% 和 44.1%（见表 5 - 8）；小麦和大米
的出口量分别占本国产量的 57.7% 和 47.1%。第三，农场消费自产农产品
的绝对数量和相对数量都出现减少趋势。2002 年，农产品的家庭消费及占
销售收入的比重分别为 3 亿美元和 0.15%；1982 年，相对应的数字分别为
11 亿美元和 0.77%。

表 5 - 7　　　　　　　　　美国农场经营类型

农场类型	单位	2000 年（比重,%）	2009 年（比重,%）
全部农场			
数量	千	2166	2192（100）
产出价值	百万美元	177286	278051（100）
农场面积	百万英亩	995	913（100）
平均每个农场面积	英亩	459	417
商业型农场[1]			
数量	千	178（8.2）	271（12.4）
产出价值	百万美元	121202（68.4）	230717（83.0）
农场面积	百万英亩	392（39.4）	443（48.5）
平均每个农场面积	英亩	2205	1635
中间型农场[2]			
数量	千	668（30.8）	577（26.3）
产出价值	百万美元	41813（23.6）	30830（11.1）
农场面积	百万英亩	392（39.4）	270（29.6）
平均每个农场面积	英亩	587	469
居住型农场[3]			
数量	千	1320（60.9）	1344（61.3）
产出价值	百万美元	14272（8.1）	16521（5.9）
农场面积	百万英亩	211（21.2）	200（21.9）
平均每个农场面积	英亩	160	149

注：1. 包括销售收入超过 25 万美元的农场。2. 农场主认为农业收入是其主要收入。3. 以退休
或者居住为目的的农场。

资料来源：U. S. Bureau of the Census, Statistical Abstract of U. S. , 2012。

表 5 - 8　　　　　　　　　美国和世界部分农产品产量

商品名称	单位	美国		世界		美国占世界比重（%）	
		2000 年	2010 年	2000 年	2010 年	2000 年	2010 年
产量							
小麦	百万吨	60.6	60.1	583.1	648.1	10.4	9.3
玉米[1]	百万吨	251.9	316.2	591.4	815.3	42.6	38.8
大豆	百万吨	75.1	90.6	175.8	262.0	42.7	34.6
大米	百万吨	5.9	7.6	399.4	451.6	1.5	1.7
出口量							
小麦	百万吨	28.9	34.7	101.5	124.7	28.5	27.8
玉米	百万吨	49.3	48.3	76.9	90.6	64.2	53.2
大豆	百万吨	27.1	42.2	53.7	95.6	50.5	44.1
大米	百万吨	2.6	3.6	24.1	31.4	10.7	11.3

注：1：食用。

资料来源：U. S. Bureau of the Census, Statistical Abstract of U. S., 2012。

　　为了交换而生产，农场经营者以获取最大的私人收益为目的，农业生产某种程度上已经与工商业活动无本质区别，追求利润的最大化。在市场竞争中，农业的市场组织结构决定了农户只能以提高自身产量来达到提高利润的目的。然而，农业与工商业生产不同的是，农业与自然环境具有紧密的联系，农业为实现利润最大化而形成的生产特征，要么粗放式地开垦土地，要么集约式地增加机械、化肥或者农药投入，极大地改造了周边的环境。尘暴是典型的一例。在农产品价格下降、影响农民收入的情况下，农民的反应是扩大土地投入，开垦更贫瘠的土地，以获得更多的产量来维持或者增加收入，结果是原有生态系统崩溃，人类也尝尽灾难性后果。

　　美国农业商业化特征，导致另外一个环境风险是环境代管机制的失效。这种代管机制适用于家庭农场或者以退休和休闲为目的的农场，对于公司制、合伙制或者其他居住和工作分离的农场来说，代管机制发挥不了作用。2007 年，美国农场共有 328.2 万人，其中，111.8 万人一直在农场工作，占总数的 34.1%，而 2002 年这一数字为 44.3%。

七 结论

农业生产方式通过两个渠道对生态环境产生影响：一是生产工具或者说生产技术；二是生产关系。新的技术和先进的生产工具，加强了人类改造自然环境的能力，扩大了农业生产的规模和强度，最终扩大了农业生产的空间范围和生产强度。新殖民体系下的既有生产关系，使得发展中国家的贫困人口与环境保护相互对立，形成恶性循环；而发达国家农业生产的商品化特征决定了农户以利润最大化为目的，要么粗放式地开垦土地，要么集约式地增加机械、化肥或者农药投入，极大地改造了周边的环境。以交换为目的的资本主义农业生产，使得农业越来越接近工业生产，为了追求高产出而不断增加投入，深刻改变了原有的生态系统；大农场占主导地位的农业结构，使得传统意义上的代管机制失效。

美国作为世界上农业历史较短、资源较为丰富、人口压力较小的国家，用半个世纪的时间就制造出世界三大环境自然灾难之一的尘暴，集中体现出其农业生产方式对环境的巨大影响，是农业活动影响环境的一个极度缩影。尽管当前尘暴的威胁减弱，但是，环境风险并没有消除，南部平原对地下水的过度开采，增加了未来农业发展不可持续的风险。当前，美国农业高度机械化与商业化，使得现代农业形成的某些新特征加重了对环境的负面影响。与机械化密切联系的单作化，客观上依赖更多的化学合成品，使得农业系统更加脆弱。

参考文献

[1] Lichtenberg, Eric, Agriculture and the Environment. *Handbook of Agricultural Economics*, Volume 2, in B. Gardner and G. Rausser (eds.), 2002, *Elsevier Science*, 1249 – 1313.

[2] Worster, Donald, *Dust Bowl: The Southern Plains in the 1930s.* Oxford University Press, 2004.

[3] Egan, Timothy, The Worst Hard Time: The Untold Story of Those Who Survived the Great American Dust Bowl, A Mariner Book, 2006.

[4] López, R. and M. Niklitscheck, Dual Economic Growth in Poor Tropical Areas. *Journal of Development Economics*, 1991, 36, pp. 189 – 211.

[5] Merchant, Carolyn, *The Columbia Guide to American Environmental History.* Columbia University Press, 2002.

［6］ McNeill, J. R. , *Something New under the Sun, an Environmental History of the Twentieth – Century World*. W. W. Norton & Company, 2000.

［7］ Ponting, Clive, *A New Green History of the World: The Environment and the Collapse of Great Civilizations*, rev. ed. , Penguin Books, 2007.

［8］ Hays, Samuel, *The Response to Industrialism: 1885 – 1914*, second edition, The University of Chicago Press, 1995.

［9］ Kulikoff, Allan, *The Agrarian Origins of American Capitalism*. University Press of Virginia, 1992.

［10］ H. P. R. Finberg, *The Agrarian History of England and Wales*. Volume 6, 1750 – 1850, Cambridge University Press, 1989.

第六章　贸易对中国碳排放的影响（1987—2011 年）[*]

一　引言

当前，气候变化已经成为社会各界普遍关注的环境问题。威科夫和鲁普（1994）指出，随着《京都议定书》的签署，有温室气体减排任务的国家可能通过增加从无减排义务国家的商品进口，并减少本国生产而完成自己的减排任务，因而贸易的增加可能造成碳泄漏（Carbon Leakage），并导致全球温室气体排放的不断增加。这一问题引起了不少研究者的关注。20世纪 90 年代中期以来，有关贸易隐含碳（Carbon Embodied in Trade）的实证分析文献也迅速增加，如威科夫和鲁普（1994）、艾哈迈德和威科夫（2003）对多个国家贸易隐含碳的研究，马沙杜（2001）对巴西贸易隐含碳的估计，Rhee 和 Chung（2006）对韩日双边贸易隐含碳的分析。

在以往有关贸易隐含碳的研究中，投入产出模型是最主要的分析工具，因为它能够有效地将碳排放与包括出口在内的最终需求结合起来，并能充分刻画经济系统中产业之间的相互关联性。同时，大部分研究都是基于单区域投入产出模型而不是多区域投入产出模型展开的，这可能是因为，大部分研究者的分析都是针对单个区域的贸易隐含碳展开的，而单区域模型更适用于刻画贸易对单个特定地区碳排放的影响，多区域模型则更适合刻画贸易对多个地区碳排放的影响。因此，本章也采用单区域投入产出模型来研究中国的贸易隐含碳。

---

[*] 本章简写版曾发表于《经济学》（季刊）2010 年第 4 期。此处延长了研究时期，补充了新数据。

　　由于近年来中国的经济发展十分迅速，随之而来的能源消耗和二氧化碳排放量也急剧上升。而同时，中国的经济增长模式又具有十分明显的外向型特征，这已使中国成为公认的"世界工厂"。因而近年来对中国的贸易隐含碳进行实证分析的文献也迅速增加。其中大部分文献[①]的结果都表明，中国已经成为一个"碳净输出国"，即出口隐含碳（Carbon Embodied in Exports）明显大于进口隐含碳（Carbon Embodied in Imports）或进口节碳量（Carbon Avoided by Imports）。

　　无论是假定进口品与国产品的生产具有相同的技术，还是采用对各国碳排放强度的估计数据，艾哈迈德和威科夫（2003）的估算都表明，1997年中国的出口隐含碳要明显高于进口隐含碳。Wang和Watson（2007）发现，2004年中国净出口的二氧化碳为1109百万吨（MT）。根据Pan等（2008）的估算，2002年中国净出口的二氧化碳为623MT。姚愉芳等（2008）估计，2005年中国的出口隐含碳比进口节碳量多出664MT二氧化碳。齐晔等（2008）的保守估计和乐观估计都表明，1997—2006年中国是一个碳净输出国。而最近，Yan和Yang（2010）的估计表明，1997—2007年中国的出口隐含碳相当于当年中国碳排放量的10.03%—26.54%，而进口隐含碳则只有4.04%（1997）和9.05%（2007）。Lin和Sun（2010）的估计也表明，2005年中国的出口隐含碳为3357MT二氧化碳，明显大于进口节碳量2333MT二氧化碳。

　　已有文献还表明，与主要贸易伙伴进行的双边贸易中，中国也是一个碳净输出国。Shui和Harriss（2006）的估计表明，中国经由出口向美国输出的二氧化碳从1997年的213MT攀升至2003年的497MT，而美国向中国输出的二氧化碳则很少。Li和Hewitt（2008）发现，2004年中英贸易中，中国的出口隐含碳为186MT二氧化碳，而英国的出口隐含碳只有2.3MT二氧化碳。王文中和程永明（2006）以及Liu等（2010）发现，在中日双边贸易中，中国的出口隐含碳也远远高于日本。

　　值得指出的是，目前大多数有关中国贸易隐含碳估计的研究都是基于（进口）竞争型投入产出表，即区分了中间投入和最终需求中的国产品和进口品的投入产出表（见表6–1）来估计中国的贸易隐含碳的。这意味着大

---

　　① 从已有文献来看，似乎仅韦伯（Weber et al.，2008）估计的结果表明，1987—2005年中国的出口隐含碳明显低于进口节碳量。

部分实证研究都忽略了中间投入中进口对其结果的影响。不过，也有少数研究者如韦伯等（2008）、姚愉芳等（2008）以及 Lin 和 Sun（2010）采用了（进口）非竞争型投入产出表对中国贸易隐含碳进行估计。

表 6 – 1　　　　（进口）非竞争型经济—能源—环境投入产出简表

	中间使用	最终使用			进口	总产出
		国内需求	出口	合计		
国产品中间投入	$A_d X$	Y_{dd}	Y_{ed}	Y_d		X
进口品中间投入	$A_m X$	Y_{dm}	Y_{em}	Y_m	X_m	
增加值	V					
总投入	X					
能源消费	FEX					
碳排放	CFEX					

与韦伯等（2008）、姚愉芳等（2008）以及 Lin 和 Sun（2010）类似，本章对中国贸易隐含碳的估计也是基于（进口）非竞争型投入产出表展开的。然而，与韦伯等（2008）以及 Lin 和 Sun（2010）不同的是，本章区分了不同贸易方式下进口品的用途，而他们似乎没有做这样的处理。与姚愉芳等（2008）以及 Lin 和 Sun（2010）不同的是，本章的研究时期为1987—2007 年，而他们只估计了 2005 年中国的贸易隐含碳。

还需要指出的是，在上述文献中，仅 Yan 和 Yang（2010）对中国贸易隐含碳的变化进行结构分解。不过，Yan 和 Yang（2010）仅采用1997 年的中国投入产出表和相关的消费者价格指数来估计 1997—2007 年中国各部门的碳排放乘数及相应的贸易隐含碳，而没有充分利用其余年份（包括 2002年、2005 年以及 2007 年）的投入产出表，因而他们仅区分了贸易规模、贸易结构以及各部门碳排放乘数三种因素的变化对中国贸易隐含碳的影响，而不能进一步将碳排放乘数细分为能源强度、能源结构以及中间投入产出技术等重要政策变量。而识别这些因素的影响对于理解中国贸易隐含碳的变化及形成相关的政策具有重要参考价值。为此，本章在国家统计局公布的投入产出表基础上编制了 1987—2010 年中国的可比价（进口）非竞争型投入产出表，利用这些表对贸易的碳排放影响进行了估计，并对其变化进行了结构分解（Structural Decomposition Analysis，SDA）。

二　研究方法与数据

在有关贸易的环境影响研究中，投入产出模型是主流分析工具。受数据的限制，大部分研究都是基于单区域投入产出模型展开的，当然，也有部分研究者编制了多区域投入产出模型来估算贸易隐含碳（如彼得斯和赫特维布，2006）。单区域投入产出模型一般假定进口品也按本地区的技术生产，因而这种模型更适合估算进口国通过进口所节约的本地区的碳排放量（进口节碳量）。而采用多区域投入产出模型时，进口品的碳排放影响根据原产地的技术估算，此时估算的是进口品原产地为生产这些产品所产生的碳排放（进口隐含碳）。因此，采用这两类模型所计算的进口的碳排放影响具有不同的含义。总的来说，多区域投入产出模型更能准确地估算出贸易对全球或多个地区的碳排放所产生的影响，而单区域投入产出模型则更适合评价贸易对单个地区的碳排放所产生的影响。因而，与大多数同类研究类似，本章的研究也是基于单区域投入产出模型展开的。

（一）贸易隐含碳的测度模型

投入产出模型的核心是投入产出系数矩阵 A，它的每一列代表了一个经济部门的投入产出"技术"。在（进口）非竞争型投入产出模型（见表 6-1）中，A 被拆分成两部分 A_d 和 A_m，分别用来表示部门间产品投入要求中的国产品和进口品技术系数，即 $A = A_d + A_m$。假定整个经济系统包括 n 个部门，每个部门终端消耗的能源可划分为 g 种，能源消耗与产出成比例（科普兰等，2004），则国产品的最终需求与生产部门碳排放总量 Q 之间的关系可表述为：

$$Q = Q(C, F, E, L, Y_d) = CFELY_d \qquad (6-1)$$

其中，C 表示 $1 \times g$ 阶行向量，其元素 c_k 表示第 k 种能源的碳排放系数；F 表示 $g \times n$ 阶能源结构矩阵，其元素 f_{rj} 表示部门 j 消耗的第 r 种能源占部门 j 消耗的能源总量的比重；E 表示 $n \times n$ 阶对角矩阵，其对角元素 e_{ii} 表示部门 i 的直接产出能源强度；$L = (I - A_d)^{-1}$，就是列昂惕夫逆矩阵，它反映了各个部门最终使用对其他部门产品的完全消耗情况；Y_d 表示国产品最终需求向量。Y_d 可以进一步拆分为：

$$Y_d = Y_{dd} + Y_{ed} \qquad (6-2)$$

其中，Y_{dd} 表示国产品的国内需求向量，包括消费和固定资本形成；Y_{ed}

表示出口向量。

本章将出口引起的碳排放定义为出口隐含碳。根据式（6-1），出口隐含碳可表述为：

$$Q_e = Q_e(C, F, E, L, Y_{ed}) = CFELY_{ed} \tag{6-3}$$

令 S_e 表示 $n \times 1$ 阶出口的产品结构矩阵，其元素 s_{ej} 表示来自行业 j 的国产品价值在最终需求中的比重；y_{ed} 表示国产品出口总量，则出口隐含碳的估计式可进一步表示为：

$$Q_e = Q_e(C, F, E, L, S_e, y_{ed}) = CFELS_e y_{ed} \tag{6-4}$$

由于进口产品的间接消耗发生在国外，而各国的产业结构和技术水平有差别，这意味着进口产品与国内产品的碳密集程度是存在差异的。但受数据限制，一般的研究都普遍假设进口产品是进口国的技术生产的，显然，这与实际情况有差异。不过，如果把进口环境影响理解为节约本国的能源消耗和减少本国的污染排放，则这样的处理方式也是合理的。因而，令中国进口品总量为 x_m，进口的产品结构向量为 S_m，就可得到进口节碳量（因进口而节约的碳排放）。

$$Q_m = Q_m(C, F, E, L, S_m, x_m) = CFELS_m x_m \tag{6-5}$$

式（6-5）反映了中国以外的世界其他国家为生产这些产品所付出的环境代价。

在上述基础上，本章定义净贸易隐含碳为出口隐含碳和进口节碳量的差，即：

$$Q_n = Q_e - Q_m \tag{6-6}$$

此外，根据上述方法，还可以估算各个部门的贸易隐含碳以及中国同特定国家（地区）的双边贸易隐含碳。

（二）贸易隐含碳变化的结构分解

令第 t 期的出口隐含碳为 $Q_{e,t}$，第 $t-1$ 期的碳排放总量为 $Q_{e,t-1}$，两个时期出口隐含碳的变化为 $\Delta Q_e = Q_{e,t} - Q_{e,t-1}$，则可根据式（6-4）对 ΔQ_e 进行增量分解如下：

$$\Delta Q_e = Q_e(\Delta C) + Q_e(\Delta F) + Q_e(\Delta E) + Q_e(\Delta L) + Q_e(\Delta S_e) + Q_e(\Delta y_{ed}) \tag{6-7}$$

同理，可根据式（6-5）对两个时期进口节碳量的变化 ΔQ_m 进行增量分解如下：

$$\Delta Q_m = Q_m(\Delta C) + Q_m(\Delta F) + Q_m(\Delta E) + Q_m(\Delta L) + Q_m(\Delta S_m) + Q_m(\Delta x_m)$$
$$(6-8)$$

其中，Δ 表示相应因素的变化。利用式（6-7）和式（6-8）便可识别各种因素变化对出口隐含碳和进口隐含碳变化的影响。需要指出的是，式（6-7）和式（6-8）的具体形式并不是唯一的。迪岑巴赫和洛斯（1998）证明，如果一个变量的变化由 n 个因素决定，那么，从不同的因素开始分解将得到不同的分解方程，这意味着该变量的变化分解形式共有 $n!$ 个。他们认为，用上述 $n!$ 个分解方程中每个因素的变化对应变量影响的平均值来衡量该因素的变化对应变量的影响是合理的（关于此方法的详细描述见迪岑巴赫和洛斯，1998）。本章按他们的方法计算了各因素对应变量的上述所有可能影响值，并取它们的均值来衡量各因素对应变量的影响。

（三）数据处理

1. 可比价投入产出表序列

本章关于可比价投入产出表的数据处理与张友国（2009）、Zhang（2009）以及 Zhang（2010）类似，主要包括以下三个方面：

（1）将国家统计局编制的 1987—2007 年投入产出表①转变为可比价格投入产出表。考虑到经济数据与能源数据的匹配性，本章通过部门合并，先将这些投入产出表转化为 26 个部门的投入产出表序列。② 然后，本章采用双重平减方法（United Nations，1999）将这些表转化为以 2002 年价格为基准核算的可比价投入产出表。所用到的价格指数主要是历年《中国统计年鉴》中的各种价格指数和中国海关总署编制的《中国对外贸易指数》。

（2）将上述可比价投入产出表转化为（进口）非竞争型投入产出表。因为在国家统计局历年公布的投入产出表中，中间使用和最终使用实际上都是国内产品和进口产品的合成品。因而为了避免夸大各种最终使用的环境影响，需要使用区分了国内产品和进口产品的（进口）非竞争型投入产

---

① 由于 2000 年的投入产出表只有 17 个部门，故本章未予采用。

② 需要指出的是，国家统计局公布的 1987—1995 年投入产出表中最终需求部分没有出口和进口列，只有净出口列。本章根据李强和薛天栋（1998）编制的可比价投入产出表，估计了出口与总产出的比例，并用这些比值估计了 1987—1995 年农业和第二产业各部门的出口和进口。同时，根据历年《中国统计年鉴》中《中国国际收支平衡表》中有关服务贸易数据和世界贸易组织公布的中国服务贸易数据估计了各种服务的出口和进口。

出表。不过，本章没有像韦伯等（2008）那样直接按比例将进口从中间投入和最终需求中分离出来，而是采取如下方法：首先，本章分离出口中的进口品价值，即没有进入国内生产循环的、以保税仓库进出境货物和保税仓储转口贸易方式出口的货物价值。其次，将加工贸易进口设备、外商投资企业作为投资进口的设备、物品以及出口加工区进口设备的价值主要归入固定资本形成。最后，将扣除了上述保税进口产品价值和设备类进口产品价值的其余进口产品价值，采取按比例拆分的方法分摊到中间使用和最终使用中（不包括出口）。此外，本章将保税方式下进口的货物价值从进口中扣除，以免夸大进口对中国碳排放影响。具体方法参见张友国（2009）。

（3）估计了各部门的碳排放数据。这一估计是根据历年《中国能源统计年鉴》公布的各行业所消耗的能源数据展开的，所涉及的能源共有 19 种。估计过程中所采用的各种燃料平均热值数据来自《中国能源统计年鉴》（2008）；碳排放系数主要来自 IPCC（1996）和胡秀莲等（2001）。

2. 最近几年部门贸易额和贸易碳排放乘数的估计

2008 年、2009 年及 2011 年分部门的进、出口额按如下方法估计：

（1）采用加权平均法，利用《中国对外贸易指数》中农业和工业各部门的月度数量指数，得到分部门的年度进、出口数量指数。然后，根据 2010 年可比价投入产出表中各部门的进、出口额估计得到各年分部门的进、出口额。[①]

（2）对于服务业各部门，由于缺乏相应的贸易价格和数量指数，故采用其相应的 GDP 平减指数作为贸易价格指数的代理变量；然后，根据中国商务部发布的 2011 年《中国服务贸易统计》估计服务业各部门的贸易额，GDP 平减指数利用 2012 年《中国统计年鉴》公布的第三产业各部门当年价 GDP 和 GDP 指数估计得到。各年建筑业的当年价贸易额有直接统计，可结合 GDP 平减指数直接估计出其可比价进、出口额。本章划分的其他服务业没有直接统计，我们利用《中国服务贸易统计》中的运输服务业贸易额和其相应的 GDP 平减指数估计出历年的贸易数量指数，作为交通运输、仓储及邮政业的贸易数量指数；同时利用其中的服务业总进、出口额估计出相

---

① 因为 2009 年及 2011 年都与 2010 年紧邻，故选择 2010 年分部门的贸易额作为估计的基础较为合理，同时为了统一口径，2008 年分部门的贸易额也采用 2010 年分部门的贸易额与相应的贸易数量指数推算得到。

应的贸易数量指数，作为批发零售及住宿和餐饮业、非物质生产部门的贸易数量指数。

此外，为了测算 2008 年、2009 年及 2011 年的贸易隐含碳，我们还需要知道这些年各部门的碳排放乘数。由于这些年无对应的投入产出表，我们先根据 2007 年和 2010 年的可比价投入产出表计算得到各部门碳排放乘数的短期变化趋势；然后据此估计出这些年的部门碳排放乘数。这样，就可以用这些乘数和上面估计得到的部门贸易额来推算这几年的贸易隐含碳。

三　实证分析

本章报告了 1987—2011 年中国总的贸易隐含碳、分部门的贸易隐含碳、贸易隐含碳的主要国别（地区）流向、六种因素对贸易隐含碳变化的影响，并与已有研究进行比较。如无特别说明，本章所有数据均为笔者估计，相应的图表则根据笔者估计的数据绘制。

（一）贸易隐含碳及其变化的总体趋势

表 6 - 2 显示了 1987—2011 年主要年份中国的贸易额和贸易隐含碳，图 6 - 1 展示了历年贸易与总需求的比值以及贸易隐含碳与生产部门碳排放总量的比值。伴随着出口的快速增长，1987—2011 年中国的出口隐含碳呈现持续快速增长的态势。根据出口隐含碳的增长速度，我们大致可以区分如下三个阶段：（1）1987—2002 年出口隐含碳增加了 140 百万吨碳当量（MTC），年均增长率为 7.9%，处于长期快速稳定增长阶段。（2）2002—2005 年出口隐含碳又增加了 216MTC，年均增长率高达 27.0%，处于短期高速增长阶段。（3）2005—2011 年出口隐含碳虽然增加了 128MTC，但年均增长率也只有 4.5%，处于缓慢增长阶段。其中，受国际金融危机的影响，2007—2009 年中国的出口隐含碳还经历了短暂的下降过程。

表 6 - 2　　　　　　　历年中国的贸易量和贸易隐含碳

年份	出口（10 亿元）	进口（10 亿元）	出口隐含碳（MTC）	进口节碳量（MTC）	净贸易隐含碳（MTC）
1987	422	417	66	104	- 38
1990	580	428	97	103	- 6

续表

年份	出口 （10 亿元）	进口 （10 亿元）	出口隐含碳 （MTC）	进口节碳量 （MTC）	净贸易隐含碳 （MTC）
1992	763	770	119	149	-30
1995	1035	1399	156	256	-99
1997	1407	1442	169	222	-53
2002	3056	2538	206	208	-2
2005	6521	4613	422	340	82
2007	8805	4856	478	278	200
2008	8867	5124	451	288	163
2009	8016	5075	388	300	88
2010	10603	6473	491	340	151
2011	11402	7163	550	376	174

　　注：表中结果据式（6 - 4）和式（6 - 5）计算。贸易量按第二部分的方法以 2002 年价格计算。第 2 列和第 3 列括号内数字为贸易量与总需求的比值；第 4—5 列括号内数字为各类隐含碳与生产部门碳排放总量的比值。

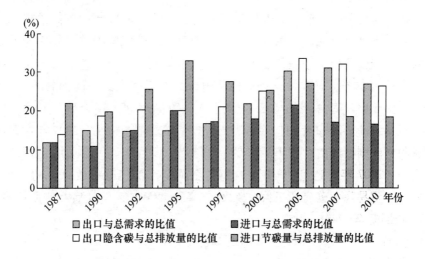

图 6 - 1　贸易与总需求的比值及贸易隐含碳与碳排放总量的比值

　　从出口隐含碳在全国生产部门碳排放总量中的比重来看，1987—2002年随着出口隐含碳的持续增加，这一比重也不断上升，从 1987 年的 14% 上升到 2002 年的 25%。2002—2005 年，这一比重达到历史最高点 34%。此后，出口隐含碳在碳排放总量中的比重逐渐回落，不过，2011 年时仍占 25%。由此可见，无论是出口对中国碳排放的绝对影响力还是相对影响力都不可忽视。

在出口隐含碳不断增加的同时，中国的进口节碳量总体上也随着进口的增加而有较大幅度的增加，这意味着进口使中国节约了大量的碳排放。其中，1987—2002 年进口节碳量增加了 104MTC，年均增加 4.7%，也处于稳定增长阶段。2002—2005 年进口节碳量的增长速度也明显上升，年均增加 17.8%。不过，2005—2007 年进口节碳量却下降了 62MTC，年均下降 9.51%。此后，进口节碳量呈回升态势，2007—2011 年增加了 98MTC，年均增长 7.8%。

与此同时，进口隐含碳与全国生产部门碳排放总量的比值先从 1987 年的 22% 上升至 1995 年的历史最高点 33%。此后，这一比值有所下降，1997—2005 年维持在 25%—28%。2005 年以后，进口隐含碳与碳排放总量的比值再次出现明显下降，2010 年降至 18% 左右。由此可见，进口对中国碳排放的绝对影响一直在增加，但相对影响却有所下降。

将出口隐含碳与进口节碳量比较可知，1987—2002 年中国的出口隐含碳一直低于进口节碳量，净贸易隐含碳为负值。这意味着这几年中国的贸易隐含碳处于某种"逆差"状态，或者说中国通过贸易总体上节约了碳排放。1995 年这一"逆差"达到峰值 99MTC，接近生产部门碳排放的 13%。不过，由于出口隐含碳的增长快于进口节碳量，1995 年以后，上述"逆差"逐渐缩小。2002 年出口隐含碳与进口节碳量基本持平。2005 年中国的贸易隐含碳则已经由"逆差"变为"顺差"。而且这一"顺差"值增长十分迅速，2007 年时达到 200MTC，超过全国生产部门碳排放总量的 13%。此后，净贸易隐含碳有所下降，2009 年降至 88MTC，但随后又有所回升，2011 年回升至 174MTC。

（二）贸易隐含碳的部门分布及其变化

表 6 - 3 显示了 1987—2011 年三次产业的出口隐含碳（见附录 B）。从三次产业的出口隐含碳来看，在整个研究期内，第二产业的出口隐含碳始终远远超过第一产业和第三产业的出口隐含碳。1987 年第二产业的出口隐含碳为 57MTC，约占当年出口隐含碳的 86%；2011 年达到 504MTC，其份额也进一步上升至 92%。第三产业的出口隐含碳在 1987—2005 年也呈现不

断增加的态势——从 6MTC 增加至 44MTC，其后（除 2009 年外）基本维持在 44MTC—50MTC。不过，其份额变化较小，维持在 10% 左右。相对而言，第一产业（农业）的出口隐含碳始终很小，目前其份额只有 0.4% 左右。

表 6-3　　　　　　1987—2011 年分部门的出口隐含碳 （MTC）

年份	1987	1990	1992	1995	1997	2002	2005	2007	2008	2009	2010	2011
第一产业	3	4	3	2	2	2	2	2	2	2	2	2
第二产业合计	57	86	105	144	148	176	376	430	400	351	442	504
制造业合计	52	80	101	136	142	170	369	424	393	345	434	495
电力、热力行业	0	0	0	1	1	1	0	0	0	0	0	0
建筑业	0	0	0	1	0	1	1	3	4	3	5	4
第三产业合计	6	8	11	10	19	28	44	46	49	36	48	44
总计	66	97	119	156	169	206	422	478	451	388	491	550

注：表中结果据式（6-4）计算。

在整个研究期内，第二产业的出口隐含碳主要由制造业的出口隐含碳构成。1987—2011 年制造业的出口隐含碳从 52MTC 增加至 495MTC。其在第二产业出口隐含碳中的份额先从 1987 年的 91% 上升至 2002 年的 97%，其后一直维持在 98% 左右。不过，受国际金融危机的影响，2007—2009 年制造业的出口隐含碳有所下降，而后又逐步回升。相对制造业的出口隐含碳而言，电力、热力的生产和供应业以及建筑业的出口隐含碳几乎可以忽略，而且它们合计在第二产业出口隐含碳中所占的份额则也从 1987 年的 9% 下降至 2007 年的 1% 左右。

图 6-2 反映了各部门出口隐含碳的变化幅度。制造业内，通信设备、计算机及其他电子设备制造业的出口隐含碳从 1987 年的不到 2MTC 增加至 2011 年的 74MTC，增加了 72MTC，是所有 26 个细分部门中出口隐含碳增幅最大的。化学工业的出口隐含碳从 1987 年的 8MTC 左右增加至 2011 年的 74MTC 左右，增幅位居第二。电气、机械及器材制造业的出口隐含碳也增加了 60MTC，增幅居第三位。且 2011 年上述三个部门的出口隐含碳在 26 个细分部门中也已依次位居前三，它们的出口隐含碳合计约占总出口隐含碳的 38%。整个研究期间，出口隐含碳增幅较大的部门还有金属冶炼及

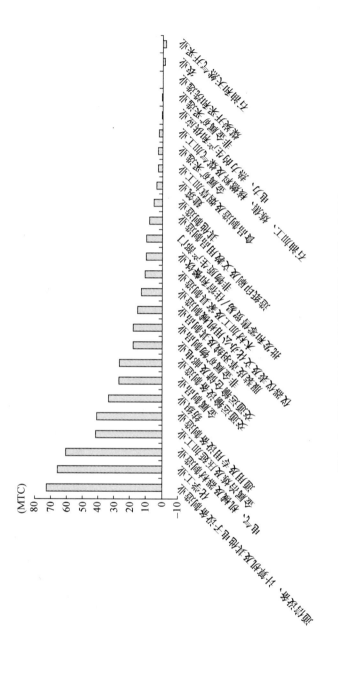

图 6 - 2　1987—2011 年分部门出口隐含碳的变化幅度

压延加工业（42MTC）、通用及专用设备制造业（40MTC）、纺织业（33MTC）、金属制品业（26MTC）和交通运输设备制造业（26MTC）。

在整个研究期内，进口节碳量的部门构成与出口隐含碳非常类似，也主要来自第二产业的进口节碳量，而其中又以制造业的进口节碳量为主（见表6-4）。制造业中的化学工业，金属冶炼及压延加工业，通用及专用设备制造业，交通运输设备制造业，电气、机械及器材制造业以及通信设备、计算机及其他电子设备制造业的进口节碳量在整个研究期内一直位居26个细分部门进口节碳量的前列，且有不同程度的增加（见附录C）。这与出口隐含碳的部门构成也比较类似。

表6-4　　　　　1987—2011 年分部门的进口节碳量（MTC）

年份	1987	1990	1992	1995	1997	2002	2005	2007	2008	2009	2010	2011
第一产业	1	1	1	3	2	3	5	5	6	6	7	8
第二产业合计	103	102	139	244	216	197	310	254	263	275	312	342
采掘业合计	1	2	3	7	9	14	35	35	32	36	41	45
制造业合计	101	99	136	237	206	182	292	217	229	237	269	296
电力、热力行业	0	0	0	0	0	0	0	0	0	0	0	0
建筑业	0	0	0	1	1	1	1	1	2	2	2	1
第三产业合计	0	1	9	8	5	8	25	19	19	18	21	26
总计	104	103	149	256	222	208	340	278	288	300	340	376

注：表中结果据式（6-5）计算。

不过，制造业的进口节碳量与制造业的出口隐含碳在变化上略有不同。如前所述，制造业的出口隐含碳在整个研究期内持续增加，但在2007—2009 年有所下降；而制造业的进口节碳量在经历了1987—2005 年的持续增加后，在2005—2007 年出现较明显的下降，并直接导致第二产业的进口节碳量乃至进口节碳总量在此期间显著下降。而且，1987—2002 年制造业的进口节碳量一直高于制造业的出口隐含碳，但自2005 年起却低于后者。这可以作为中国的贸易隐含碳在前一时期一直为"逆差"而在后一时期变为"顺差"的一个初步解释。

（三）中国贸易隐含碳的主要国别（地区）流向

为了更全面地反映中国的贸易隐含碳，本章还按第二部分介绍的方法

估算了 2002—2007 年中国与主要贸易伙伴国（地区）的货物贸易对中国碳
排放的影响①，以揭示中国贸易隐含碳的主要国别（地区）流向。本章主
要根据历年《中国统计年鉴》公布的"我国同各国（地区）海关货物进出
口总额"，选择这几年中国海关进出口总额居前十位的国家（地区）。总的
来看，2002—2007 年中国主要出口国（地区）与进口国（地区）具有较大
的重合性，其中大部分与中国同属亚太地区或比邻（见表 6 - 5）。在这几
年中，中国向前十位出口国（地区）出口的货物额占总出口货物额的份额
依次为 74%、70% 和 64%，呈逐年递减的趋势。中国从前十位进口国（地
区）进口的货物额占总进口货物额的份额依次为 70%、63% 和 60%，也呈
逐年递减的趋势。这意味着中国的货物出口目的国（地区）和进口国（地
区）都有所分散。这是中国实施贸易多元化战略的结果，有利于降低中国
的贸易风险。

　　表 6 - 5 显示了 2002—2007 年中国与主要贸易伙伴国（地区）的货物
贸易隐含碳。这一期间，美国始终是中国出口货物隐含碳的最大接收者。
中国出口到美国的货物的隐含碳在这一期间的年均增长率为 24%，其在中
国出口含碳总量中所占的份额也从 14.22% 升至 17.67%。其他比较重要的
接收者还有中国香港、日本、韩国、德国、荷兰和英国。而中国出口到俄
罗斯和印度的货物隐含碳则是增长速度最快的，2007 年时它们已经超过了
中国出口到新加坡、中国台湾和马来西亚的货物隐含碳。2002—2007 年中
国出口到上述 11 个主要贸易伙伴国（地区）的货物隐含碳从 111.74MTC
持续增加至 273.73MTC，而它们的合计占中国出口隐含碳的份额也从
54.24% 上升至 57.31%。

表 6 - 5　　　　　　　　2002—2007 年中国与主要贸易伙伴国（地区）的
货物贸易隐含碳（MTC）

出口地	向主要出口国（地区）出口货物产生的碳排放（MTC）		
	2002 年	2005 年	2007 年
美国	29.29（14.22%）	60.58（14.36%）	84.39（17.67%）
中国香港	26.61（12.92%）	42.16（9.99%）	47.04（9.85%）

---

　　①　由于缺少中国与不同国家的服务贸易额数据，因而未能估算分国别和地区的服务贸易隐含
碳。

续表

出口地	向主要出口国（地区）出口货物产生的碳排放（MTC）		
	2002 年	2005 年	2007 年
日本	23.26（11.29%）	34.89（8.27%）	35.98（7.53%）
韩国	8.13（3.95%）	17.10（4.05%）	23.08（4.83%）
德国	4.99（2.42%）	11.23（2.66%）	15.72（3.29%）
荷兰	3.84（1.86%）	9.10（2.16%）	11.97（2.51%）
英国	3.94（1.91%）	7.66（1.82%）	12.69（2.66%）
新加坡	3.20（1.55%）	6.15（1.46%）	8.85（1.85%）
中国台湾	3.45（1.68%）	7.64（1.81%）	8.53（1.79%）
马来西亚	1.97（0.96%）	3.98（0.94%）	5.47（1.14%）
俄罗斯	1.37（0.66%）	4.70（1.11%）	10.59（2.22%）
印度	1.69（0.82%）	4.46（1.06%）	9.42（1.97%）
合计	111.74（54.24%）	209.65（49.69%）	273.73（57.31%）

进口地	从主要进口国（地区）进口货物所节约的碳排放（MTC）		
	2002 年	2005 年	2007 年
日本	32.46（15.63%）	45.56（13.42%）	41.08（14.77%）
中国台湾	24.29（11.70%）	33.63（9.90%）	26.72（9.61%）
韩国	18.72（9.01%）	35.37（10.42%）	26.77（9.63%）
美国	15.08（7.26%）	21.47（6.32%）	20.36（7.32%）
德国	8.94（4.30%）	12.87（3.79%）	15.51（5.58%）
马来西亚	4.56（2.19%）	6.15（1.81%）	5.83（2.10%）
俄罗斯	6.70（3.22%）	8.86（2.61%）	5.13（1.85%）
澳大利亚	4.73（2.28%）	9.08（2.67%）	7.72（2.78%）
中国香港	5.64（2.71%）	5.29（1.56%）	5.04（1.81%）
新加坡	4.37（2.10%）	6.09（1.79%）	4.13（1.49%）
泰国	3.48（1.67%）	5.20（1.53%）	5.26（1.89%）
菲律宾	1.27（0.61%）	3.43（1.01%）	5.21（1.87%）
合计	130.24（62.68%）	193.00（56.83%）	168.76（60.70%）

注：表中结果据式（6-4）和式（6-5）计算。括号中为中国与主要伙伴国的双边贸易中货物出口隐含碳（进口节碳量）占当年总出口隐含碳（进口节碳量）的份额。它们占总货物出口隐含碳（进口节碳量）即第一产业和第二产业合计的出口隐含碳（进口节碳量）的份额要更高。例如，2002—2005 年中国向主要出口国（地区）出口货物产生的碳排放占总货物出口隐含碳的份额依次为62.91%、55.44%和63.44%；而从主要进口国（地区）进口货物所节约的碳排放占总货物进口节碳量的份额依次为65.14%、61.31%和65.08%。

另外，2002—2007 年中国从 11 个主要进口国（地区）进口的货物节碳量从 130.24MTC 增加至 168.76MTC，但其占中国总进口节碳量的份额却略有下降，从 62.68% 下降至 60.70%。在这些国家（地区）中，日本一直是中国进口货物的主要来源地，相应的进口货物节碳量也一直位居第一，在中国总进口隐含碳中的份额稳定在 14% 左右。中国从中国台湾、韩国、美国和德国进口货物的节碳量也在总进口节碳量中占据比较显著的份额，2007 年它们的份额都在 5.5% 以上。中国从余下的几个主要贸易伙伴国（地区）进口货物的节碳量在总进口隐含碳中占据的份额相对较小。其中，从马来西亚、俄罗斯、中国香港和新加坡进口货物的节碳量所占的份额有所下降，而从澳大利亚、泰国、菲律宾进口货物的节碳量所占的份额有所上升。

（四）贸易隐含碳变化的结构分解

为了进一步理解中国贸易隐含碳的变化，本章分别根据式（6－7）和式（6－8）对中国的出口隐含碳和进口节碳量的变化进行了结构分解。需要说明的是，通过结构分解得到的特定因素对贸易隐含碳的影响应当理解为，当其他因素不变时该因素的变化对贸易隐含碳的影响。此外，出于可靠性的考虑，本部分的结构分解仅涵盖公布了投入产出表的年份，其跨度为 1987—2010 年。

1. 出口隐含碳变化的结构分解

表 6－6 显示了各种因素对出口隐含碳变化的影响。在整个研究阶段及分阶段中，出口隐含碳的大幅度增加主要是由出口总量的迅猛增长（见表 6－2）带来的。按 2002 年价格，1987 年中国的出口总量为 4225 亿元，2010 年时达到 106028 亿元，增长了 24 倍。出口总量的增长使出口隐含碳在此期间增加了 760.56MTC，相当于 1987 年出口隐含碳的 11 倍。

表 6－6   **出口隐含碳变化的结构分解 （MTC）**

时期（年）	影响因素						合计
	出口总量	出口产品结构	投入结构	能源强度	能源结构	碳排放系数	
1987—1990	25.71	8.56	8.77	－13.22	0.65	0.25	30.72
1990—1992	29.77	3.18	3.09	－14.56	－0.03	0.10	21.54
1992—1995	41.89	3.25	－2.75	－3.93	－0.57	－0.12	37.78
1995—1997	50.71	－3.59	－6.19	－28.04	0.00	－0.17	12.71

续表

时期（年）	影响因素						合计
	出口总量	出口产品结构	投入结构	能源强度	能源结构	碳排放系数	
1997—2002	155. 29	− 8. 88	− 13. 08	− 94. 97	− 1. 74	0. 31	36. 92
2002—2005	230. 16	3. 80	1. 36	− 21. 00	1. 43	0. 25	216. 01
2005—2007	136. 43	22. 88	− 2. 75	− 101. 50	0. 12	0. 38	55. 57
2007—2010	90. 58	− 38. 01	− 5. 92	− 22. 93	− 5. 02	− 5. 15	13. 55
1987—2010	760. 56	− 8. 81	− 17. 46	− 300. 16	− 5. 16	− 4. 14	424. 82

注：分阶段的分解结果是根据式（6 - 7）估计得到的。整个研究时期的分解结果由各分阶段的结果累加得到。当然，整个研究时期的分解结果也可以根据式（6 - 7）估计得到，但结果会有差异，而本书也未采取这种方法。

　　而出口总量的迅速增长是中国长期实施的以出口为导向的贸易和经济发展战略的必然结果。改革开放初期，中国的经济建设面临着资金匮乏、技术落后的困难局面，国内消费能力也很有限。为了解决这些困难，中国充分实施了利用国际国内两个市场的战略，并出台了一系列鼓励出口创汇的政策措施。在全球化的大背景下，中国主要依靠本国大量廉价的劳动力和自然资源积极参与国际分工，从而逐渐成长为名副其实的"世界工厂"。这种以出口为导向、劳动密集型产品出口为主的贸易发展战略与日本和"亚洲四小龙"[①] 在经济腾飞时期的贸易和经济发展战略颇为类似。

　　尤其是加入世界贸易组织（2001 年年底）以后，中国的出口环境得到了很大的改善，出口潜能迅速释放。因而加入世界贸易组织初期（2002—2005 年）中国出口加速增长。这就是中国出口隐含碳的增加幅度和增加速度在此期间骤然上升的根本原因。不过，随着大部分出口潜能的迅速释放，进一步释放出口潜能的难度也势必增加，于是 2005—2007 年出口的速度有所回落，而出口隐含碳的增速也相应大幅放缓。由此可见，加入世界贸易组织这一变革对中国出口隐含碳所产生的冲击似乎也符合"边际效益"递减的规律。此外，受国际金融危机的影响，2007—2010 年出口增速进一步放缓，出口总量变化对出口隐含碳的影响也相应下降。

　　出口产品结构的变化使出口隐含碳在整个研究时期有所下降。1987—

————————

① 韩国、新加坡、中国香港和中国台湾。

2010 年出口产品中有 13 个部门的产品份额有所上升，份额上升最突出的是以通信设备、计算机及其他电子设备和电气、机械及器材为代表的机械制造产品。不过，一些能源密集型部门（如化学工业、非金属矿物制品业以及金属冶炼及压延加工业）的产品份额总体上也有所增加。余下的 13 个部门的产品份额则有不同程度的下降，其中传统的劳动密集型产品（主要包括农产品、食品制造及烟草以及服装皮革羽绒及其制品）及资源密集型产品（各类矿产品尤其是石油和天然气以及石油加工、炼焦、核燃料及煤气加工品）的份额下降比较明显（见图 6－3）。综上，上述出口结构变化使中国的出口隐含碳约减少了 9MTC。不过，分阶段来看，仅在 1995—1997年、1997—2002 年及 2007—2010 年这三个分阶段中，出口结构的变化有利于减少出口隐含碳。其中，2007—2010 年出口结构变化对出口隐含碳的抑制作用最为突出，这可能与这一时期中国严格控制"两高一资"产品出口的贸易政策有关。

投入结构的变化使出口隐含碳在整个研究时期有所下降。在整个研究期内，中间投入中农产品的份额下降最为显著，石油加工、炼焦、核燃料及煤气加工业、石油和天然气开采业产品的份额也有较明显的下降，而各类机械产品、化学工业品的份额则明显上升。这样的投入结构变化主要反映了中国从农业经济向工业经济的转变，并最终使中国的出口隐含碳减少了 17MTC。而分阶段来看，在 1987—1990 年、1990—1992 年以及 2002—2005 年三个分阶段中，投入结构的变化导致出口隐含碳有所增加。

生产部门能源强度的显著下降（见图 6－4）是抑制出口隐含碳增加的最重要的因素。它导致出口隐含碳在整个研究期内下降了 300MTC，相当于出口规模增长所产生的影响的 39%。这意味着中国长期致力于提高能源利用效率的努力已经为减少碳排放做出了积极贡献。分阶段来看，生产部门能源强度的变化并不总是十分有效地抵消了出口规模增长所产生的影响。例如，1992—1995 年以及 2002—2005 年其影响都不到后者的 1/10。值得注意的是，2005—2007 年生产部门能源强度的变化使出口隐含碳减少了102MTC，相当于出口增长所产生的影响的 74%，无论是绝对量还是相对量都远远超过其他阶段。但是，2007—2010 年能源强度的下降速度有所减缓，其对出口隐含碳的抑制作用也明显下降。这说明 2006 年以来中国大力实施的节能减排政策在初始阶段发挥了十分积极的作用，但其效果在不断弱化。

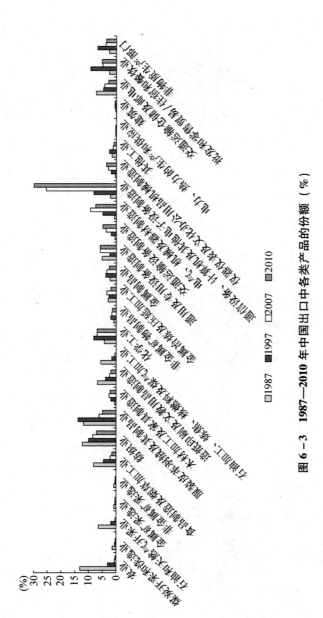

图 6 - 3　1987—2010 年中国出口中各类产品的份额（%）

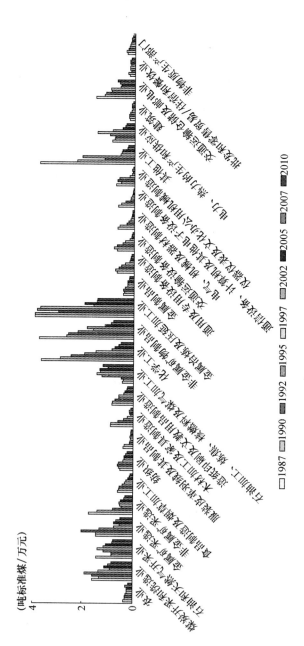

图 6 - 4 1987—2010 年各部门的能源强度

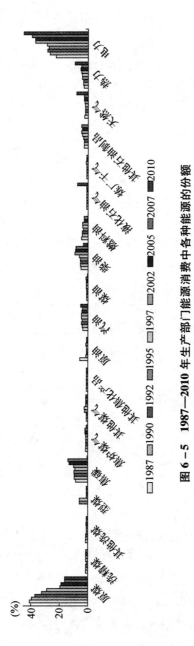

图 6 - 5　1987—2010 年生产部门能源消费中各种能源的份额

　　生产部门能源结构的变化总体上也有利于减少出口隐含碳，只不过其影响甚微，只有5MTC。在整个研究期内，生产部门终端能源消费结构的变化主要表现为电力对原煤的替代（见图6－5），原煤的份额从1987年的40.12%下降至2007年的15.82%，绝对降幅为24.30%；电力的份额则相应从22.53%上升至39.04%。此外，焦炭、柴油的份额有较明显的增加，而原油和燃料油的份额有较明显下降。不过这些能源的碳排放系数（参见IPCC，1996）相互比较接近，因而能源结构变化对出口隐含碳的影响比较有限。

　　碳排放系数的变化使出口隐含碳在整个研究期内下降了4MTC。而碳排放系数之所以会发生变化主要是因为电力和热力两种能源的碳排放系数会变化[①]，因为发电和发热的能源在结构上发生了变化。在1987—2007年，发电和发热所消耗的能源中原煤始终占据绝大部分份额，且其份额持续上升，而碳排放系数较低的燃料油和不会产生碳排放的水电、风电和核电的份额则相应持续下降。这样的能源结构变化导致电力和热力的碳排放系数上升（见表6－7），并进而引起出口隐含碳的增加。不过，在2007—2010年，发电和发热的碳排放系数明显下降，这引起了出口隐含碳的下降。由于最后一个阶段碳排放系数的影响明显超过此前各阶段的影响，因而在整个研究时期内碳排放系数有利于减少出口隐含碳。

表6－7　　　　　　　　　　　　　发电和发热的碳排放系数　　　　　　　　　单位：%

年份	1987	1990	1992	1995	1997	2002	2005	2007	2010
发热	0.684	0.705	0.717	0.719	0.719	0.714	0.714	0.722	0.676
发电	0.720	0.729	0.729	0.727	0.724	0.735	0.730	0.730	0.718

　　2. 进口节碳量变化的结构分解

　　对进口节碳量变化进行分解得到的结果（见表6－8）与出口隐含碳变化的分解结果非常类似。在整个研究期内进口总量的增长（见表6－2）也是进口隐含碳变化的最主要影响因素，而能源强度的变化是抑制进口节碳量增加的主要因素。投入结构、能源结构以及碳排放系数的变化对进口节碳量的影响与它们对出口隐含碳的影响也颇为类似。不过，进口产品结构

---

　　① 根据本章的假定，其他终端消费能源的碳排放系数不随时间变化。

变化的影响与出口产品结构变化的影响正好相反。因而下面仅就进口总量和进口产品结构变化对进口节碳量的影响予以分析。

表 6 – 8 进口节碳量变化的结构分解 （MTC）

时期（年）	影响因素						合计
	进口总量	进口产品结构	投入结构	能源强度	能源结构	碳排放系数	
1987—1990	2.55	-4.07	12.83	-12.90	0.63	0.31	-0.65
1990—1992	74.43	-0.87	-5.75	-22.60	0.06	0.12	45.38
1992—1995	118.99	-1.15	-8.91	-0.49	-1.46	-0.18	106.79
1995—1997	7.27	4.22	-9.09	-36.11	0.31	-0.24	-33.64
1997—2002	129.52	-6.33	-15.01	-120.93	-1.85	0.33	-14.27
2002—2005	162.65	-29.60	9.20	-12.04	1.41	0.22	131.84
2005—2007	15.89	-5.43	-1.92	-70.13	-0.16	0.25	-61.50
2007—2010	88.89	1.31	-5.87	-15.41	-3.58	-3.16	62.18
1987—2010	600.20	-41.94	-24.53	-290.62	-4.64	-2.35	236.13

注：分阶段的分解结果是根据式（6 – 8）估计得到的。整个研究时期的分解结果由各分阶段的结果累加得到。当然整个研究时期的分解结果也可以根据式（6 – 8）估计得到，但结果会有差异，而本章也未采取这种方法。

进口总量的不断增长是因为自改革开放以来，中国不仅重视国际国内两个市场，同时也坚持利用国际国内两种资源来发展经济。因而随着中国经济的发展，中国的进口及相应的进口节碳量也有较大幅度的增加。同时，具有"大进（口）大出（口）"特征的加工贸易是中国的主要贸易方式之一，在这种贸易方式下，出口的快速增长也会引发进口的相应增长。按2002 年价格计算，1987 年中国的进口总量为4174 亿元，2010 年达到64734亿元，增加了约14 倍。而最终进口总量的增长使进口隐含碳在整个研究期内增加了600MTC，相当于1987 年进口节碳量的6 倍。

不过，进口总量的增长幅度明显小于出口总量，因而进口总量的增长对进口节碳量的影响也明显低于出口总量增长对出口隐含碳的影响。尤其是在1987—1990 年、1995—1997 年以及2005—2007 年三个分阶段中，进口总量的增长幅度很小，分别只有2.5%、3.1% 和5.3%，因而它对进口节碳量的影响也非常有限。于是，在其他因素尤其是能源强度变化的综合影响下，进口节碳量在这些阶段中有所下降。1997—2002 年，虽然进口总量的增长及其对进口节碳量的影响比较显著，但大部分其他因素尤其是能源强度的变化所减少的进口节碳量超过了进口总量增长的影响，因而进口节碳量在这一阶段中也有所下降。

进口产品结构的变化总体上使进口节碳量下降了 42MTC，这一影响与出口产品结构的变化对出口隐含碳的影响在方向上是一致的。在整个研究期内，进口产品中通信设备、计算机及其他电子设备份额的增长最为突出（见图 6 - 5），而出口产品中通信设备、计算机及其他电子设备份额的增长也是最大的。这一点充分体现了"大进大出"的加工贸易特征，同时也说明中国对这类技术密集型进口品还有较大的依赖性。此外，非物质生产部门提供的服务、仪器仪表及文化办公用机械以及石油和天然气在进口中的份额也有较明显的上升。而同属机械产品的通用、专用设备则是进口中份额下降最多的产品，这似乎表明上述技术含量更高的通信设备、计算机及其他电子设备对这些技术含量相对较低的机械产品产生了较大的替代作用。份额下降比较明显的进口品还有服装皮革羽绒及其制品、金属冶炼及压延加工业以及交通运输设备。上述进口产品结构的变化最终导致进口节碳量在整个研究期内有所下降。不过，在 1995—1997 年以及 2007—2010 年这两个分阶段中，进口产品结构的变化导致进口节碳量有所增加。

（五）与已有研究的比较

本章与以往类似的研究在数据处理方面有一些重要差异：（1）本章采用（进口）非竞争型投入产出表，而以往文献除韦伯等（2008）、姚愉芳等（2008）以及 Lin 和 Sun（2010）外，均采用（进口）竞争型投入产出表，即考虑扣除中间投入中的进口品。（2）本章用各种价格指数将历年的投入产出表调整到 2002 年价格下的投入产出表，而除齐晔等（2008）对碳耗系数做了价格调整外，其他研究都是基于现价的投入产出表进行估计的。（3）此外以往研究在数据处理方面与本章的差异还包括部门划分详细程度、贸易数据处理方式、碳排放数据的估计等。而这些数据处理的不同也使本章的估计结果与以往研究明显不同。表 6 - 9 显示了已有文献的方法和结果。

在基于（进口）竞争型投入产出表进行估算的文献中，艾哈迈德和威科夫（2003）分别用两种方法估计了 1997 年中国的贸易隐含碳：（1）进口隐含碳按进口品产地的排放系数估计；（2）假定进口品按中国的技术生

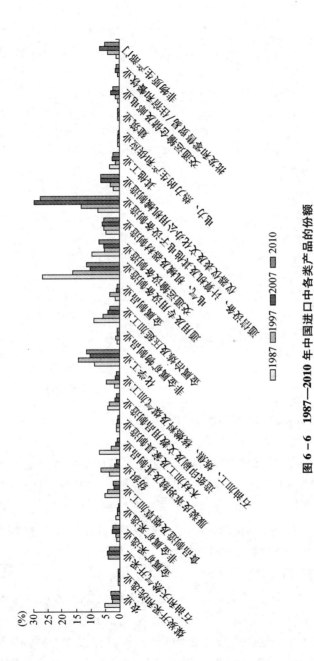

图 6 - 6　1987—2010 年中国进口中各类产品的份额

表 6 – 9　　　　　　　　　　　　与已有研究的比较

文献	方法 投入产出表 （价格）	结果	
		出口隐含碳（MTCO$_2$）	进口隐含碳（MTCO$_2$）
艾哈迈德和威科夫 （2003）	竞争型表（现价）	463（1997[a]）；533（1997[b]）	102（1997[a]）；486（1997[b]）
韦伯等（2008）	非竞争型表 （1990 年价和现价）	230（1987）；360（1990）； 420（1992）；570（1995）； 580（1997）；760（2002）； 1670（2005）	390（1987）；420（1990）； 560（1992）；710（1995）； 700（1997）；1170（2002）； 2200（2005）
姚愉芳等（2008）	非竞争型表（现价）	1460（2005）	796（2005）
Pan 等（2008）	竞争型表（现价）	880（2002）	257（2002）
Yan 和 Yang（2010）	竞争型表（现价）	314（1997）；1725（2007）	137（1997）；587（2007）
Lin 和 Sun（2010）	非竞争型表（现价）	3357（2005）	2333（2005）
本章	非竞争型表 （2002 年价）	243（1987）；356（1990）； 435（1992）；573（1995）； 620（1997）；755（2002）； 1547（2005）；1751（2007）	382（1987）；379（1990）； 546（1992）；937（1995）； 814（1997）；762（2002）； 1245（2005）；1020（2007）

注：括号内为年份。本章结果系根据表 6 – 2 中结果折算而来。根据碳元素的原子量（12）和氧元素的原子量（16），碳当量折合二氧化碳的系数为 44/12。

产。他们按两种方法估计的出口隐含碳和进口节碳量（隐含碳）都明显低于本章基于（进口）非竞争型投入产出表估计的结果。Pan 等（2008）估计的 2002 年中国的出口隐含碳明显高于本章估算的结果。不过，他们根据进口品产地的能源强度进行调整后估计的进口隐含碳则远低于本章的结果。此外，齐晔等（2008）估计的 1997 年、2002 年和 2005 年中国的净贸易隐含碳占中国碳排放总量比例的上限（假定进口品按日本技术生产）分别为 12.11%、14.16% 和 24.38%，下限（假定进口品按中国技术生产）分别为 2.54%、1.02% 和 7.00%；而本章估计的结果分别为 – 6.58%、– 0.21% 和 6.56%。这些比例与本章的结果也存在很大差异，甚至符号相反。Yan 和 Yang（2010）估计的 1997 年及 2007 年的出口隐含碳明显低于本章的估计，他们估计的进口隐含碳（相对差异）更远低于本章的估计。

　　韦伯等（2008）、姚愉芳等（2008）以及 Lin 和 Sun（2010）也是基于（进口）非竞争型投入产出表进行估算的。其中韦伯等（2008）采用的 1987 年、1990 年和 1995 年的投入产出表是用 1990 年的价格计算的，其余年份的则是用现价计算的；姚愉芳等（2008）以及 Lin 和 Sun（2010）采用的投入产出表都是用现价计算的；而本章则是用 2002 年价格计算的。韦伯等（2008）估计的 1987 年、1995 年和 1997 年中国的出口隐含碳均略低于本章估计的结果，但 1990 年、1992 年、2002 年和 2005 年的出口隐含碳略高于本章的结果。不过，他们估计的出口隐含碳与本章的结果总体上比较接近。而他们估计的 1995 年和 1997 年的进口节碳量明显低于本章的结果，但 1987 年、1990 年、1992 年、2002 年和 2005 年的进口节碳量则高于本章的结果。姚愉芳等（2008）估计的 2005 年中国的出口隐含碳和进口节碳量都分别明显低于本章的结果，更低于韦伯等（2008）的结果。而 Lin 和 Sun（2010）估计的 2005 年中国的出口隐含碳和进口节碳量则几乎都相当于本章估计的两倍，也远远超过韦伯等（2008）和姚愉芳等（2008）的估计。

四　结论与讨论

　　本章基于（进口）非竞争型投入—产出模型估算了 1987—2007 年中国的贸易隐含碳，分析了中国贸易隐含碳的部门分布状况和国别（地区）流向，并通过结构分解考察了进出口规模、进出口结构、投入结构、部门能源强度、能源结构及碳排放系数（发电和发热的能源结构）六种因素对贸易隐含碳变化的影响。由于本章的方法与以往的研究不同，因而本章估计的中国的贸易隐含碳与以往的结果也有显著差异。尽管本章的估计仍是初步的，不过笔者相信本章的结果还是客观地反映了现实情况。

　　（一）贸易隐含碳对中国的碳排放产生了巨大影响

　　与贸易隐含碳密切相关的一个现实问题是全球碳排放权的分配问题。本章结果显示，近年来中国的出口隐含碳增长迅速且数额巨大，2005—2007 年已经占全国生产部门碳排放总量的 1/3 左右，此后这一比值虽然有所下降，但在 2011 年时仍高达 1/4。这表明出口是导致中国碳排放增加的一个重要因素，同时也意味着中国的碳排放中有相当部分通过贸易而被其他国家消费了。由此可见，在全球碳排放权的分配中，贸易也确实是一个需要重视的公平因素，至少对中国是如此。

正是考虑到贸易与碳排放权公平分配的关系，如何对一个国家的碳排放量进行核算引起了人们的争论。目前有两种相互对立的碳排放核算原则——生产核算原则和消费核算原则。生产核算原则是指一个国家全部的二氧化碳排放量按各生产过程中实际产生二氧化碳的排放量进行核算。消费者核算原则是指根据最终使用的（包括进口的）各种产品或服务进行二氧化碳排放量的核算（蒙克斯高和佩得森，2001）。

显然，按生产核算原则下的碳排放量与按消费核算原则下的碳排放量存在差别，而这一差别就是净贸易隐含碳的值。从中国的情况来看，加入世界贸易组织以前中国的净贸易隐含碳基本为负值，这说明消费核算原则下中国的碳排放量略高于生产核算原则下的碳排放量。而从 2005 年开始中国的净贸易隐含碳则一直为正值，且增长迅速。这意味着近年来消费核算原则下中国的碳排放量已经低于生产核算原则下的碳排放量，且两者的差距迅速扩大，目前已相当可观。

而且本章假定进口品按中国的技术生产，这很有可能高估这些进口品的碳排放影响。也就是说，本章估计的中国的净贸易隐含碳偏低。因为中国进口品中的大部分来自发达国家（地区），而这些国家（地区）生产同量同类产品所需耗费的能源及产生的碳排放远远低于中国。例如，日本就是中国进口品的最大提供者，而其能源效率则是全球最先进的。因而，如果条件允许，值得在后续研究中进一步采用多国投入产出模型估算中国的进口隐含碳。

（二）贸易隐含碳的构成反映了中国的贸易增长模式和贸易格局

本章的结果表明，中国贸易隐含碳的快速增加与中国改革开放以来逐渐形成的外向型经济增长模式密切相关。在这种模式下，出口增长的速度远远超过消费和固定资本形成等国内需求，由此带来的出口隐含碳及其在生产部门碳排放总量中的份额也迅速增加。另外，随着对外开放的深入，中国更深地融入了全球分工体系。廉价而丰富的劳动力和自然资源是中国参与国际分工的主要优势，这使加工贸易逐渐成为中国的主要贸易方式。而这种贸易方式使中国对进口的需求也随着出口的大幅增长而增长，并引起了中国进口节碳量的大幅度增加。

同时，这种贸易模式也使劳动密集型和资源密集型的制造业产品成为中国具有优势的出口产品。因而制造业产品在中国的出口中一直占据绝大部分份额，且其份额不断扩张。而制造业的出口隐含碳在总出口隐含碳中的份额也远远超过其他产品和服务合计的份额，并逐年增加。同样，以制造业产品为主的出口结构使中国对制造业进口品的需求也远胜于其他进口品和服务。于是，制造业进口品的节碳量也主导着中国的总进口节碳量。

从 2002—2007 年中国贸易隐含碳的国别（地区）流向来看，中国与主要贸易伙伴国的货物贸易对中国的出口隐含碳和进口节碳量产生了重大影响。除德国、荷兰、英国外，中国的主要贸易伙伴都属亚太地区或与中国比邻（俄罗斯）。这在一定程度上说明，除经济规模和比较优势外，是否与中国在地缘上接近也是决定一个国家能否成为中国主要贸易伙伴国的十分重要的因素。因而地缘关系既是中国贸易格局的重要影响因素，也是决定中国贸易隐含碳流向的重要因素。

当然，中国的贸易增长模式和贸易格局与国际产业转移和跨国公司的外包经营战略也有着重要关系。例如，20 世纪六七十年代开始，日本大力推进亚洲地区发展的"雁阵模式"，先将其劳动密集型产业转向"亚洲四小龙"。而后，随着中国的改革开放，这些劳动密集型性产业又进一步转移到更有劳动力优势的中国沿海地区。中国从这些国家（地区）进口关键的零部件进行加工组装而后主要出口到这些国家（地区）及美国等其他发达国家（地区）。正是这样的国际分工链使中国的贸易隐含碳呈现上述部门分布和国别（地区）流向特征。

（三）控制贸易隐含碳乃至碳排放总量须转变贸易和经济增长模式

本章结构分解的结果表明，中国贸易隐含碳的迅速增长主要由中国贸易规模的快速增长引起，但这并不意味着中国要盲目地控制出口规模的增长来减少出口隐含碳。出口为中国的经济发展和中国融入世界经济体系做出了巨大的贡献。从目前和将来看，出口仍是中国经济增长的重要驱动力，也是中国扩大国际政治经济影响的重要途径。当前扩大内需的发展战略也不是要压制出口，而是促进消费、投资与出口协同带动经济增长。

另外，通过扩大进口规模来平衡出口隐含碳或减缓本国的碳排放也面临着巨大的挑战：一是中国难以找到另一个拥有大量廉价且素质较高的劳动力、完整的工业体系和地缘优势的国家来提供经济发展所需的大量制造品；二是全球石油及其他矿产资源非常有限，且国际市场上围绕这些资源的争夺十分激烈；三是前文所述碳排放核算的消费者责任原则一旦成立，这样做会对中国产生不利影响。

因此，仅从贸易本身来看，控制中国出口隐含碳的可取的思路应是转变出口增长模式，逐渐优化中国的出口产品结构，并通过出口产品结构变化控制出口隐含碳的增加。在整个研究期内，由于中国在目前的国际分工体系中还只能处于比较低端的加工环节，虽然出口结构的变化导致中国的出口隐含碳有所下降，但这一影响极其微弱。而且，分阶段来看，仅在1995—1997 年、1997—2002 年及2007—2010 年三个分阶段中，出口结构的变化有利于减少出口隐含碳。不过值得注意的是，2007—2010 年出口结构变化对出口隐含碳的抑制作用比较突出，这可能与这一时期中国严格控制"两高一资"产品出口的贸易政策有关。因此，今后应当继续鼓励出口附加价值率高而能源强度较低的产品或服务，如通信设备、计算机及其他电子设备、批发和零售贸易/住宿和餐饮以及其他服务等（见图6－3），而对能源强度高的产品，如化学工业产品、金属矿物制品以及非金属矿物制品等则应通过适当的经济、法律和行政手段加以限制。

生产部门能源强度的大幅度下降是整个研究期内抑制中国贸易隐含碳增加的最重要因素。这意味着中国长期致力于改善能源效率的努力为保护全球气候做出了巨大的贡献。中国已经将节能减排确定为国家"十一五"规划的约束指标，并将进一步把降低GDP 碳排放强度作为未来发展规划的约束指标，这十分有利于降低中国的碳排放强度。

受本国能源资源禀赋的约束，在整个研究期内中国的能源结构以煤炭和电力为主，而电力又主要是通过燃煤发电产生，因而能源结构和碳排放系数的变化对中国出口隐含碳的影响一直都很小。不过，这也意味着中国通过改变能源结构减少出口隐含碳的潜力也十分巨大。考虑到这一点，中国鼓励生产和消费清洁能源是十分有意义的。同时，这也有助于为中国培育新的经济增长点。

然而，作为一个发展中国家，中国完全通过自己的技术创新来改善能源效率并不容易。而作为中国主要贸易伙伴国的一些发达国家，如美国、日本、韩国、德国、荷兰等拥有世界上最先进的节能技术和清洁生产技术，这些国家应向中国出口其清洁生产技术或提供技术援助。这将有助于中国改善自身的能源效率并减少碳排放，同时也有助于这些国家减少同中国的贸易逆差（Shui and Harriss，2006）。这将是中国和发达国家之间的一个重要合作领域。

附录 A　分部门贸易额（2002 年价格计算）

表 A‐1　　　　　　　　　分部门出口额　　　　　　单位：亿元

年份	1987	1990	1992	1995	1997	2002
农业	552	663	487	376	397	465
煤炭开采和洗选业	60	88	116	123	74	152
石油和天然气开采业	264	329	212	256	241	117
金属矿采选业	26	19	17	17	7	18
非金属矿采选业	40	56	47	56	65	146
食品制造及烟草加工业	342	426	540	524	648	889
纺织业	515	653	983	1155	1383	2706
服装皮革羽绒及其制品业	494	678	1456	1956	1928	2758
木材加工及家具制造业	18	15	129	236	260	665
造纸印刷及文教用品制造业	283	449	542	668	542	975
石油加工、炼焦、核燃料及煤气加工业	235	325	189	353	220	253
化学工业	184	436	518	663	1141	2136
非金属矿物制品业	41	151	242	250	269	417
金属冶炼及压延加工业	122	162	157	343	389	456
金属制品业	95	147	240	302	540	1054
通用及专用设备制造业	221	119	326	590	340	1278
交通运输设备制造业	16	32	88	160	243	630
电气、机械及器材制造业	31	87	212	390	693	1988
通信设备、计算机及其他电子设备制造业	86	179	278	565	1130	4858
仪器仪表及文化办公用机械制造业	3	58	17	17	249	1451
其他工业	65	141	32	25	348	427
电力、热力的生产和供应业	0	1	1	40	43	51
建筑业	0	0	0	70	24	105
交通运输仓储及邮电业	306	461	541	552	657	1581
批发和零售贸易、住宿和餐饮业	118	4	77	146	1293	2888

续表

年份	1987	1990	1992	1995	1997	2002
非物质生产部门	108	120	188	516	943	2099
合计	4225	5798	7634	10351	14068	30562

年份	2005	2007	2008	2009	2010	2011
农业	497	461	409	421	477	521
煤炭开采和洗选业	158	115	115	63	60	52
石油和天然气开采业	42	60	55	78	62	61
金属矿采选业	53	32	8	11	34	318
非金属矿采选业	205	98	136	89	112	125
食品制造及烟草加工业	1471	1699	1655	1609	1794	2028
纺织业	4942	7406	6651	6302	7561	7782
服装皮革羽绒及其制品业	4461	5366	5540	4567	5387	5409
木材加工及家具制造业	1528	2200	2382	2051	2395	2579
造纸印刷及文教用品制造业	1883	2162	2062	1888	2143	2456
石油加工、炼焦、核燃料及煤气加工业	501	331	283	273	335	324
化学工业	4369	6075	6478	5962	7746	9188
非金属矿物制品业	870	1392	1433	1266	1624	1882
金属冶炼及压延加工业	1324	3013	2179	1341	2168	2622
金属制品业	2547	2906	2826	2093	2829	3541
通用及专用设备制造业	3177	5241	5873	4829	6485	8061
交通运输设备制造业	1777	3395	4102	3694	5293	6226
电气、机械及器材制造业	4811	8281	6809	5925	8037	9628
通信设备、计算机及其他电子设备制造业	15733	22336	22683	23875	32639	33621
仪器仪表及文化办公用机械制造业	3526	2618	3420	3216	3954	4459
其他工业	592	1033	1047	946	1232	1491
电力、热力的生产和供应业	51	58	57	60	66	68
建筑业	185	329	506	459	799	593
交通运输仓储及邮电业	3099	3799	4089	2538	2993	3310
批发和零售贸易、住宿和餐饮业	5100	4299	4424	3714	5852	4312
非物质生产部门	2310	3350	3448	2895	3951	3361
合计	65210	88053	88668	80163	106028	114017

表 A - 2   分部门进口额   单位：亿元

年份	1987	1990	1992	1995	1997	2002
农业	207	239	212	529	354	646
煤炭开采和洗选业	6	5	7	16	7	28
石油和天然气开采业	0	29	110	257	545	1051
金属矿采选业	27	46	49	122	146	334
非金属矿采选业	38	46	49	60	85	171
食品制造及烟草加工业	194	154	192	527	534	508
纺织业	137	137	445	892	879	1162
服装皮革羽绒及其制品业	286	324	170	249	368	421
木材加工及家具制造业	33	42	71	299	111	190
造纸印刷及文教用品制造业	158	169	192	155	460	553
石油加工、炼焦、核燃料及煤气加工业	61	86	179	697	613	500
化学工业	349	413	749	1376	2023	3311
非金属矿物制品业	25	24	72	162	129	191
金属冶炼及压延加工业	363	220	378	778	768	1664
金属制品业	48	72	120	231	423	521
通用及专用设备制造业	1114	975	1787	3434	2323	2937
交通运输设备制造业	389	360	941	811	715	787
电气、机械及器材制造业	185	222	327	657	751	1560
通信设备、计算机及其他电子设备制造业	300	300	584	1341	1882	5216
仪器仪表及文化办公用机械制造业	83	123	90	199	402	1510
其他工业	124	191	104	41	141	130
电力、热力的生产和供应业	14	23	47	4	0	11
建筑业	0	0	0	75	50	80
交通运输仓储及邮电业	5	14	324	311	125	405
批发和零售贸易、住宿和餐饮业	0	0	483	29	43	4
非物质生产部门	31	61	13	736	538	1492
合计	4174	4277	7697	13987	14417	25380

续表

年份	2005	2007	2008	2009	2010	2011
农业	1234	1134	1294	1364	1537	2041
煤炭开采和洗选业	72	85	113	61	222	382
石油和天然气开采业	417	1924	1936	1669	1845	2232
金属矿采选业	733	935	1191	1155	1279	1397
非金属矿采选业	260	301	207	203	145	221
食品制造及烟草加工业	715	705	842	999	1094	1420
纺织业	1208	1375	650	697	634	687
服装皮革羽绒及其制品业	487	534	426	393	323	409
木材加工及家具制造业	206	217	187	166	203	302
造纸印刷及文教用品制造业	797	651	533	544	595	645
石油加工、炼焦、核燃料及煤气加工业	2112	690	536	496	482	567
化学工业	4674	4630	4863	4951	5650	7313
非金属矿物制品业	219	263	254	287	280	412
金属冶炼及压延加工业	1744	1993	1782	1662	2168	2122
金属制品业	632	686	350	384	340	415
通用及专用设备制造业	3896	4222	4831	5802	5151	7317
交通运输设备制造业	1253	2032	2469	2942	3047	4578
电气、机械及器材制造业	2593	3896	2698	2901	2728	3463
通信设备、计算机及其他电子设备制造业	13075	14669	14315	14673	13642	17823
仪器仪表及文化办公用机械制造业	3711	4293	2922	3238	3033	4114
其他工业	624	136	1073	1338	1216	1445
电力、热力的生产和供应业	20	21	16	10	20	19
建筑业	116	135	178	214	285	280
交通运输仓储及邮电业	2062	824	1275	1303	1204	1384
批发和零售贸易、住宿和餐饮业	975	5	474	496	474	567
非物质生产部门	2297	2805	3149	3291	3149	3179
合计	46132	49160	48564	51239	50746	64734

附录 B　分部门出口隐含碳

表 B - 1　　　　　　　　　　　分部门出口隐含碳　　　　　　　　单位：MTC

年份	1987	1990	1992	1995	1997	2002
第一产业	3.33	3.64	2.64	2.14	2.03	1.90
第二产业	56.82	85.75	105.18	143.93	147.69	175.72
采掘业	5.01	5.35	4.40	6.37	4.77	3.94
制造业	51.81	80.39	100.77	136.10	141.89	170.47
第三产业	6.16	7.64	10.76	10.28	19.35	28.37
农业	3.33	3.64	2.64	2.14	2.03	1.90
煤炭开采和洗选业	0.99	1.34	2.06	2.45	1.20	1.54
石油和天然气开采业	2.77	2.58	1.21	2.89	2.75	1.08
金属矿采选业	0.48	0.38	0.44	0.35	0.11	0.15
非金属矿采选业	0.77	1.04	0.70	0.67	0.71	1.16
食品制造及烟草加工业	4.00	4.37	5.66	4.63	4.89	4.74
纺织业	7.35	9.95	15.12	17.30	13.23	19.13
服装皮革羽绒及其制品业	5.18	7.21	14.25	17.56	12.64	14.04
木材加工及家具制造业	0.46	0.35	2.42	3.19	2.51	3.49
造纸印刷及文教用品制造业	4.84	7.75	8.08	9.51	6.74	7.19
石油加工、炼焦、核燃料及煤气加工业	1.61	1.85	1.72	5.20	3.40	3.59
化学工业	7.88	16.52	16.52	19.28	24.59	25.65
非金属矿物制品业	1.68	4.97	7.50	7.16	6.03	7.98
金属冶炼及压延加工业	5.48	7.77	6.00	15.94	17.21	9.27
金属制品业	1.89	3.17	5.15	7.11	11.48	11.33
通用及专用设备制造业	5.62	3.32	6.92	11.59	5.33	9.99
交通运输设备制造业	0.41	0.89	1.74	2.75	3.69	4.67
电气、机械及器材制造业	0.95	2.62	4.60	7.56	12.36	16.45
通信设备、计算机及其他电子设备制造业	1.67	3.53	4.09	6.32	10.78	21.61
仪器仪表及文化办公用机械制造业	0.07	1.28	0.29	0.31	2.93	8.13
其他制造业	2.73	4.82	0.71	0.69	4.10	3.22
电力、热力的生产和供应业	0.01	0.01	0.01	0.51	0.73	0.50
建筑业	0.00	0.00	0.00	0.95	0.30	0.81
交通运输仓储及邮电业	4.67	6.80	8.91	6.19	6.80	10.91
批发和零售贸易、住宿和餐饮业	0.76	0.02	0.55	0.86	7.32	10.47

续表

年份	1987	1990	1992	1995	1997	2002
非物质生产部门	0.73	0.82	1.30	3.24	5.23	6.99
合计	66.31	97.03	118.58	156.35	169.07	205.99
年份	2005	2007	2008	2009	2010	2011
第一产业	2.02	1.92	1.59	1.63	1.71	1.86
第二产业	376.16	429.54	399.86	351.01	441.88	503.97
采掘业	5.06	2.95	2.87	2.20	2.38	5.15
制造业	369.24	423.56	392.95	345.10	433.88	494.54
第三产业	43.83	46.11	49.20	35.51	47.55	43.98
农业	2.02	1.92	1.59	1.63	1.71	1.86
煤炭开采和洗选业	2.24	1.37	1.37	0.75	0.72	0.63
石油和天然气开采业	0.43	0.59	0.53	0.76	0.60	0.59
金属矿采选业	0.64	0.37	0.08	0.11	0.33	3.11
非金属矿采选业	1.75	0.63	0.88	0.58	0.73	0.82
食品制造及烟草加工业	6.46	6.66	6.06	5.88	6.09	6.89
纺织业	34.87	44.35	37.33	35.37	39.60	40.75
服装皮革羽绒及其制品业	19.91	23.40	22.61	18.64	20.47	20.55
木材加工及家具制造业	8.61	9.54	10.29	8.86	10.30	11.09
造纸印刷及文教用品制造业	13.61	12.48	11.41	10.45	11.35	13.01
石油加工、炼焦、核燃料及煤气加工业	7.63	3.73	3.34	3.23	4.14	4.01
化学工业	49.29	56.09	55.88	51.42	62.10	73.66
非金属矿物制品业	12.42	15.44	15.39	13.59	16.88	19.56
金属冶炼及压延加工业	33.23	58.88	40.82	25.12	38.85	46.99
金属制品业	29.38	24.57	23.27	17.24	22.66	28.37
通用及专用设备制造业	25.84	31.10	34.22	28.13	37.08	46.09
交通运输设备制造业	12.12	17.16	19.22	17.31	22.85	26.88
电气、机械及器材制造业	31.26	40.87	38.50	33.50	51.22	61.37
通信设备、计算机及其他电子设备制造业	61.67	63.02	57.02	60.02	72.02	74.19
仪器仪表及文化办公用机械制造业	18.26	10.28	11.74	11.05	11.64	13.12
其他制造业	4.69	5.99	5.85	5.29	6.63	8.02
电力、热力的生产和供应业	0.43	0.40	0.37	0.39	0.41	0.42
建筑业	1.43	2.63	3.67	3.33	5.21	3.87
交通运输仓储及邮电业	19.99	23.27	26.47	16.43	20.42	22.58
批发和零售贸易、住宿和餐饮业	15.25	12.69	12.09	10.15	14.72	10.85
非物质生产部门	8.60	10.15	10.64	8.93	12.40	10.55
合计	422.01	477.58	450.64	388.15	491.13	549.82

附录 C　分部门进口节碳量

表 C-1　　　　　　　　　分部门进口节碳量　　　　　　　　单位：MTC

年份	1987	1990	1992	1995	1997	2002
第一产业	1.25	1.32	1.15	3.01	1.81	2.64
第二产业	102.59	101.52	138.82	244.35	215.67	197.31
采掘业	1.32	2.11	2.75	6.53	9.42	14.22
制造业	101.11	99.18	135.60	236.78	205.62	182.36
第三产业	0.28	0.63	8.88	8.28	4.52	7.78
农业	1.25	1.32	1.15	3.01	1.81	2.64
煤炭开采和洗选业	0.10	0.08	0.12	0.31	0.11	0.28
石油和天然气开采业	0.00	0.23	0.63	2.91	6.21	9.75
金属矿采选业	0.49	0.94	1.27	2.59	2.17	2.84
非金属矿采选业	0.73	0.85	0.73	0.71	0.93	1.36
食品制造及烟草加工业	2.27	1.58	2.01	4.66	4.03	2.71
纺织业	1.95	2.10	6.85	13.36	8.41	8.22
服装皮革羽绒及其制品业	3.00	3.44	1.66	2.23	2.41	2.14
木材加工及家具制造业	0.86	0.95	1.33	4.04	1.07	1.00
造纸印刷及文教用品制造业	2.70	2.92	2.87	2.21	5.72	4.08
石油加工、炼焦、核燃料及煤气加工业	0.42	0.49	1.63	10.27	9.47	7.07
化学工业	14.93	15.65	23.91	40.03	43.61	39.76
非金属矿物制品业	1.01	0.80	2.24	4.62	2.89	3.66
金属冶炼及压延加工业	16.34	10.54	14.44	36.12	33.99	33.80
金属制品业	0.96	1.54	2.58	5.43	9.00	5.60
通用及专用设备制造业	28.35	27.31	37.90	67.38	36.43	22.95
交通运输设备制造业	9.81	9.91	18.56	13.96	10.84	5.83
电气、机械及器材制造业	5.70	6.72	7.12	12.73	13.40	12.91
通信设备、计算机及其他电子设备制造业	5.82	5.94	8.58	15.01	17.96	23.20
仪器仪表及文化办公用机械制造业	1.77	2.75	1.60	3.58	4.74	8.46
其他制造业	5.24	6.55	2.30	1.14	1.66	0.98
电力、热力的生产和供应业	0.16	0.24	0.47	0.04	0.00	0.10
建筑业	0.00	0.00	0.00	1.00	0.62	0.62
交通运输仓储及邮电业	0.07	0.21	5.33	3.48	1.29	2.80
批发和零售贸易、住宿和餐饮业	0.00	0.00	3.46	0.17	0.25	0.01

续表

年份	1987	1990	1992	1995	1997	2002
非物质生产部门	0.21	0.42	0.09	4.62	2.98	4.97
合计	104.12	103.47	148.85	255.64	222.00	207.73
年份	2005	2007	2008	2009	2010	2011
第一产业	5.01	5.41	5.70	6.42	7.31	7.79
第二产业	309.79	253.91	262.82	275.45	312.09	342.11
采掘业	16.38	35.34	31.66	36.39	41.31	45.14
制造业	292.34	217.04	229.38	236.66	268.84	295.83
第三产业	24.77	18.75	19.42	18.32	20.85	25.77
农业	5.01	5.41	5.70	6.42	7.31	7.79
煤炭开采和洗选业	1.03	1.35	0.73	2.65	4.55	4.96
石油和天然气开采业	4.24	18.90	16.29	18.02	21.65	23.54
金属矿采选业	8.89	13.77	13.35	14.79	13.65	14.94
非金属矿采选业	2.22	1.32	1.29	0.92	1.45	1.70
食品制造及烟草加工业	3.14	3.30	3.92	4.29	4.82	6.99
纺织业	8.52	3.89	4.18	3.80	3.60	3.37
服装皮革羽绒及其制品业	2.17	1.86	1.72	1.41	1.55	1.92
木材加工及家具制造业	1.16	0.81	0.72	0.88	1.30	1.74
造纸印刷及文教用品制造业	5.76	3.08	3.14	3.43	3.42	4.02
石油加工、炼焦、核燃料及煤气加工业	32.18	6.05	5.60	5.44	7.00	7.50
化学工业	52.73	44.90	45.71	52.17	58.63	65.12
非金属矿物制品业	3.13	2.82	3.18	3.11	4.29	5.13
金属冶炼及压延加工业	43.78	34.82	32.47	42.38	38.04	38.16
金属制品业	7.29	2.96	3.25	2.88	3.32	3.58
通用及专用设备制造业	31.68	28.67	34.43	30.57	41.83	48.31
交通运输设备制造业	8.55	12.48	14.88	15.40	19.76	22.74
电气、机械及器材制造业	16.85	13.32	14.32	13.46	22.07	24.09
通信设备、计算机及其他电子设备制造业	51.25	40.39	41.40	38.49	39.33	40.53
仪器仪表及文化办公用机械制造业	19.21	11.47	12.71	11.91	12.11	14.12
其他制造业	4.94	6.23	7.76	7.05	7.77	8.52
电力、热力的生产和供应业	0.17	0.11	0.07	0.13	0.12	0.15
建筑业	0.89	1.42	1.71	2.27	1.82	0.98
交通运输仓储及邮电业	13.30	7.81	7.98	7.38	9.44	12.15
批发和零售贸易、住宿和餐饮业	2.91	1.40	1.46	1.40	1.43	1.47
非物质生产部门	8.55	9.54	9.97	9.54	9.98	12.15
合计	339.57	278.07	287.94	300.19	340.25	375.66

参考文献

[1] 胡秀莲、姜克隽等：《中国温室气体减排技术选择及对策评价》，中国环境科学出版社 2001 年版。

[2] 李强、薛天栋：《中国经济发展部门分析：兼新编可比价投入产出序列表》，中国统计出版社 1998 年版。

[3] 齐晔、李惠民、徐明：《中国进出口贸易中的隐含碳估算》，《中国人口·资源与环境》2008 年第 3 期。

[4] 王文中、程永明：《地球暖化与温室气体的排放——中日贸易中的 CO_2 排放问题》，《生态经济》2006 年第 7 期。

[5] 姚愉芳、齐舒畅、刘琪：《中国进出口贸易与经济、就业、能源关系及对策研究》，《数量经济技术经济研究》2008 年第 10 期。

[6] 张友国：《中国贸易增长的能源环境代价》，《数量经济技术经济研究》2009 年第 1 期。

[7] Ahmed, N. and A. Wyckoff, Carbon Dioxide Emissions Embodied in International Trade, OECD DSTI/DOC (2003) 15, 2003.

[8] Copeland, Brian R. , M. S. Taylor, "Trade, Growth, and the Environment", *Journal of Economic Literature*, 2004, XLII, 7 – 71.

[9] Dietzenbacher Eric, Bart Los, "Structural Decomposition Techniques: Sense and Sensitivity", *Economic System Research*, 1998, 10 (4), pp. 307 – 323.

[10] Grossman Gene, Alan Kruger, "Environmental Impacts of a North American Free Trade Agreement" . In Garber, Peter M. (ed.), *The Mexico – U. S. Free Trade Agreement*, Cambridge and London, MIT Press, 1993, pp. 13 – 56.

[11] IPCC, *Revised 1996 IPCC Guidelines for National Greenhouse Gas Inventories: Workbook* (Volume 2), 1996, http: //www. ipcc – nggip. iges. or. jp/public/gl/invs5a. html.

[12] Li You, C. N. Hewitt, "The Effect of Trade Between China and the UK on National and Global Carbon Dioxide Emissions", *Energy Policy*, 2008, 36 (6), pp. 1907 – 1914.

[13] Lin, B. , C. Sun, "Evaluating Carbon Dioxide Emissions in International Trade of China", *Energy Policy*, 2010, 38 (3), pp. 1389 – 1397.

[14] Liu, X. , M. Ishikawa, C. Wang, Y. Dong, W. Liu, "Analyses of CO_2 Emissions Embodied in Japan – China Trade", *Energy Policy*, 2010, 38 (1), pp. 613 – 621.

[15] Machado, Giovani, Roberto Schaeffer, and Ernst Worrel, "Energy and Carbon Embodied in the International trade of Brazil: an Input – Output Approach", *Ecological Economics*, 2001, 39 (3), pp. 409 – 424.

[16] Munksgaard, J. and K. A. Pedersen, "CO_2 Accounts for Open Economies: Producer or

Consumer Responsibility?", *Energy Policy*, 2001, 29, pp. 327 – 334.

[17] Pan, J., Phillips, J., Chen, Yi, "China's Balance of Emissions Embodied in Trade: Approaches to Measurement and Allocating International Responsibility", *Oxford Review of Economic Policy*, 2008, 24 (2), pp. 354 – 376.

[18] Peters, Glen P., Hertwich, E. G., "Pollution Embodied in Trade: the Norwegian Case", *Global Environmental Change*, 2006, 16 (4), pp. 379 – 387.

[19] Rhee, H. C., Chung, H. S., "Change in CO_2 Emission and Its Transmissions between Korea and Japan Using International Input – Output Analysis", *Ecological Economics*, 2006, 58 (4), pp. 788 – 800.

[20] Seibel, Steffen, Decomposition Analysis of Carbon Dioxide Emission Changes in Germany – Conceptual Framework and Empirical Results, European Commission Working Papers and Studies, 2003.

[21] Shui, B., Harriss, R. C., "The Role of CO_2 Embodiment in US – China Trade", *Energy Policy*, 2006, 34, pp. 4063 – 4068.

[22] United Nations, Handbook of Input – Output Table Compilation and Analysis, Studies in Methods Series F, No. 74, Handbook of National Accounting, United Nations, 1999.

[23] Wang, T. and Watson, J., Who Owns China's Carbon Emissions, Tyndall Briefing Note No. 23, October, 2007.

[24] Weber, C. L., Peters, G. P., Guan, D., Hubacek, K., "The Contribution of Chinese Exports to Climate Change", *Energy Policy*, 2008, 36, pp. 3572 – 3577.

[25] Wyckoff, A. W. and J. M. Roop, 1994, "The Embodiment of Carbon inImports of Manufactured Products: Implications for International Agreements on Greenhouse Gas Emissions, *Energy Policy*, 1994, 22, pp. 187 – 194.

[26] Yan, Y., L. Yang, "China's Foreign Trade and Climate Change: A Case Study of CO_2 Emissions", *Energy Policy*, 2010, 38 (1), pp. 350 – 356.

[27] Zhang, Y., "Structural Decomposition Analysis of Sources of Decarbonizing Economic Development in China: 1992 – 2006", *Ecological Economics*, 2009, 68 (8 – 9), pp. 2399 – 2405.

[28] Zhang, Y., "Supply Side Structural Effect on Carbon Emissions in China", *Energy Economics*, 2010, 32 (1), pp. 186 – 193.

第七章 中国对外贸易的虚拟水资源含量及政策含义[*]

一 引言

水作为自然资源，与石油、天然气以及煤等一样参与生产过程；不仅如此，水作为维持生命的要素，支撑着地球上所有生物的生存。尽管在一般意义上，水在自然界总存量多于其他自然资源，然而在有些地方有些时候，仍然存在少水（缺水）、低质水（水污染）等问题。缺水和水污染问题已经而且今后将继续成为困扰中国发展的重大问题。

如果我们不仅仅视水为一般的自然资源，而是视其为人类社会以及所有生物赖以生存的重要支撑资源和国家发展的战略资源，那么，对于水资源的研究，就应该涉及政治学、社会学、人类学、经济学、环境科学、气象学等不同学科，从而形成对水资源的交叉研究和跨学科的深刻认识。

改革开放30多年来，中国的对外贸易一直是中国经济增长的重要"引擎"和支柱。表7-1和图7-1显示出30年来中国进、出口贸易占GDP份额的态势。数据表明，30年来，中国对外贸易占GDP的份额呈现不断增长的趋势；进入21世纪，中国对外贸易占GDP的份额更呈现快速增长趋势，贸易出口额占GDP比重为20%—40%。

表7-1 改革开放以来中国进、出口贸易占 GDP 份额的变化

年份	贸易出口额（亿元）	贸易进口额（亿元）	GDP（亿元）	出口/GDP（%）	进口/GDP（%）
1978	167.6	187.4	3645.2	4.60	5.14

* 本章内容完成于 2009 年。

续表

年份	贸易出口额 （亿元）	贸易进口额 （亿元）	GDP （亿元）	出口/GDP （%）	进口/GDP （%）
1980	271.2	298.8	4545.6	5.97	6.57
1985	808.9	1257.8	9016.0	8.97	13.95
1990	2985.8	2574.3	18667.8	15.99	13.79
1991	3827.1	3398.7	21781.5	17.57	15.60
1992	4676.3	4443.3	26923.5	17.37	16.50
1993	5284.8	5986.2	35333.9	14.96	16.94
1994	10421.8	9960.1	48197.9	21.62	20.67
1995	12451.8	11048.1	60793.7	20.48	18.17
1996	12576.4	11557.4	71176.6	17.67	16.24
1997	15160.7	11806.5	78973.0	19.20	14.95
1998	15223.6	11626.1	84402.3	18.04	13.77
1999	16159.8	13736.4	89677.1	18.02	15.32
2000	20634.4	18638.8	99214.6	20.80	18.79
2001	22024.4	20159.2	109655.2	20.09	18.38
2002	26947.9	24430.3	120332.7	22.39	20.30
2003	36287.9	34195.6	135822.8	26.72	25.18
2004	49103.3	46435.8	159878.3	30.71	29.04
2005	62648.1	54273.7	183217.4	34.19	29.62
2006	77594.6	63376.9	211923.5	36.61	29.91
2007	93455.6	73284.6	249529.9	37.45	29.37

资料来源：《中国统计年鉴》（2008），www.stats.gov.cn/tjsj/ndsj。

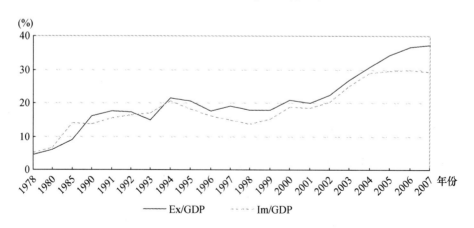

图7-1　改革开放以来中国进、出口贸易占 GDP 份额变化趋势

资料来源：根据表7-1制作。

这样的贸易规模，特别是出口规模，无疑增加了国内的就业和国民收入，带来了经济上的巨大收益。然而，也应该注意到，伴随着出口贸易的还有资源消耗和环境污染。贸易对资源环境的影响，越来越成为研究者和决策者关注的问题对象。Kando 等（1998）分析讨论了二氧化碳排放对日本进出口的影响，Hayami 等（2002）则集中讨论了二氧化碳减排技术对日（本）加（拿大）两国贸易的影响，Ackerman 等（2007）讨论了日（本）美（国）之间贸易隐含二氧化碳问题，Shui 和 Harriss（2006）讨论了中（国）美（国）贸易隐含二氧化碳的作用，而 Muradian 等（2002）、齐晔等（2008）、张友国（2009）、Machado 等（2001）、Sánchez – Chóliz 和 Duarte（2004）以及 Peters 和 Hertwich（2006）则分别给出了部分发达国家（工业化国家）以及中国、巴西、挪威、西班牙等国的贸易影响环境的案例分析。还有学者分析讨论了粮食贸易对区域或全球水资源安全以及粮食安全的影响（Hoekstra and Hung，2002；马涛、陈家宽，2006；Velázquez，2007；Novo et al.，2009），以及贸易隐含水资源问题（赵旭等，2009；朱启荣等，2009）。

在国民经济体系中，农产品生产是消耗水资源的大户；工业产品的生产过程也要消耗水资源，因此，出口产品结构和数量也决定了隐含在其中的水资源出口量。本章试图对近年来中国对外贸易中隐含的水资源量进行数量分析，以此作为深入理解伴随着出口贸易的隐含水资源输出的变动情况，从而进一步认识我国对外贸易规模所付出的水资源代价。

在方法上，本章利用投入产出模型，估计隐含在进出口商品与服务中的总虚拟水量，即不仅估计了隐含在农产品中的虚拟水量，而且估计了非农产品及服务产品的虚拟水含量。此外，还估计了通过中间使用（投入）转移隐含在产品及服务中的总虚拟水量。

二　人类社会的水危机及"水足迹"与"虚拟水"概念

当今，对于全球至少 1/3 的地区而言，是水而不是土地，已经成为制约生产力发展的主要因素。自农业"绿色革命"开始，全球的粮食增长超过了人口增长。然而，伴随着全球粮食生产量比一代人以前增长一倍的现实，从河流及地下抽取的水量增长了两倍以上。地下水实际上是不可再生的资源：雨水每年仅能补充全世界地下水储量的 1‰。在一些较为干旱的国家，如埃及、墨西哥、巴基斯坦、澳大利亚以及中亚地区，从自然环境中取得水量的90%以上用于灌溉。① 而他们的人均水资源消耗量比有些欧洲国家高几倍，例如，巴基斯坦人均取水量是爱尔兰的5倍，埃及是英国的5倍，墨西哥是丹麦的5倍。可以这样说，农业"绿色革命"所取得的粮食产量成倍增长的成绩，很可能随着河流干涸、地下水耗尽、土地盐碱板结而丧失殆尽（皮尔斯，2009）。

　　人类社会因争夺水资源而引发冲突也已经成为事实。20世纪60年代，以色列与其阿拉伯邻国发生了战争。之后一个简单的事实是，战后，以色列的用水量远远大于其降水量。这是由于其对约旦河西岸的占领，使其可以控制西部地下含水层；其对戈兰高地的占领，使其可以控制约旦河，几乎整个约旦河流域都被以色列控制了。实质上，以色列打响了人类社会第一场现代水资源战争（皮尔斯，2009）。

　　长期以来，我国是"贫水"国家，尤其是我国北方地区，随着全球气候变化的影响进一步加剧，干旱化、荒漠化等生态环境问题连同缺水已经成为影响区域工农业生产和当地人民群众生存的重要因素。表7-2给出了我国近年来水资源总量的变化量，表7-3列出了我国南北方水资源利用的结构情况。数据显示，1999—2007年，除1999年和2002年外，在其余年份，我国的水资源总量均少于多年平均值（见表7-2）。数据进一步显示，我国北方地区工业和生活用水量均少于南方地区（见表7-3）。据估计（刘昌明、陈志恺，2001），我国人均水资源量为2220立方米，北方为747立方米，南方为3481立方米；而世界平均值为6981立方米（Guan and Hubacek，2007）。据此可以得出，我国人均水资源量仅为世界平均量的31.8%；而在北方地区，这一数字仅为10.7%，不到11%，我国北方地区水资源的匮乏程度已经十分严峻。

表7-2　　　　　　　中国水资源总量变化（1999—2007年）

年份	水资源总量（亿立方米）	与多年平均值①相比变化②	
		绝对量（亿立方米）	百分比（%）
1999	28196	+71.6	+0.25

---

① 在我国缺水的北方地区，水资源的75%—90%被用于农业，参见表7-3。

续表

年份	水资源总量（亿立方米）	与多年平均值①相比变化②	
		绝对量（亿立方米）	百分比（%）
2000	27701	− 423.4	− 1.51
2001	26868	− 1256.4	− 4.46
2002	28255	+ 130.6	+ 0.46
2003	27460	− 664.4	− 2.36
2004	24130	− 3994.4	− 14.2
2005	28053.1	− 71.3	− 0.25
2006	25255	− 2869.4	− 10.2
2007	25330	− 2794.4	− 9.9

注：①水资源总量的多年平均值为28124.4亿立方米（中国自然资源丛书编撰委员会，1995年）。

②标识符号：增＋，减－。

资料来源：《中国水资源公报》（1999—2007），www. mwr. gov. cn。

表 7 − 3　　　　　　　　　　中国南北方水资源利用结构变化　　　　　　单位：%

年份	区域	农业	工业	生活
1980[a]	南方	80.1	12.1	7.8
	北方	86.7	8.5	4.8
1993[a]	南方	68.1	22.0	9.9
	北方	79.3	12.4	8.3
1997[a]	南方	63.1	25.6	11.3
	北方	78.7	13.9	7.4
2000	南方	62.4	25.5	12.0
	北方	76.3	15.1	8.6
2001	南方	61.3	26.2	12.6
	北方	77.4	13.9	8.7
2002	南方	59.4	27.5	13.2
	北方	78.0	13.0	9.0
2003	南方	56.5	28.8	13.2
	北方	74.7	13.7	10.1
2004	南方	55.8	29.5	13.3
	北方	75.8	12.9	9.8
2005	南方	54.8	30.3	13.7
	北方	74.6	13.4	9.9

注：[a]数据来源于刘昌明、陈志恺（2001）。

资料来源：笔者根据历年《中国水资源公报》计算。

如何衡量人类社会对水资源的需求和消耗程度？地球上不同地区人均水资源的占有情况到底怎样？仿照20世纪90年代"生态足迹"①的概念，有学者于2002年提出了"水足迹"（water footprint）的概念（Hoekstra and Hung，2002；Hoekstra and Chapagain，2007）。水足迹是指个人或社区在生产产品和服务过程中使用和消耗的水资源量。已经有学者计算了棉花（Chapagain et al.，2006）、咖啡和茶叶（Chapagain and Hoekstra，2007）的水足迹；还有学者计算了年度我国全国和各省市人均水足迹（王新华等，2005）。实际上，水足迹与20世纪90年代阿兰提出的"虚拟水"（virtual water）概念都是要揭示隐含在产品和服务中的水资源量。英国学者阿兰（1993，1994，1998）提出的虚拟水是指内含在某种产品中所使用和消耗的水。阿兰（1996，2002，2003）还因其具有多年研究中东地区水问题和水资源冲突的背景，而提出了出口虚拟水或虚拟水贸易，以此作为解决区域性水资源匮乏和水资源争端的途径之一。

水足迹和虚拟水的概念以及虚拟水贸易的贸易模式，对于进一步加深人类对于水资源功能的认识、深刻揭示水资源对于人类社会生产和生活的影响产生了深远的影响。

据估计（皮尔斯，2009），每年全球虚拟水贸易接近1万亿立方米（9867亿立方米），其中，2/3存于农作物中，1/4存于肉奶制品中，1/10存于工业制品中。表7-4给出了世界虚拟水进出口居前5位的国家。数据显示，美国是最大的虚拟水出口国，日本是最大的虚拟水进口国。

表7-4　　　　世界虚拟水进出口前5位的国家（1995—1999年）

名次	国家	净进口量（10亿立方米/年）	国家	净出口量（10亿立方米/年）
1	日本	59	美国	152
2	荷兰	30	加拿大	55
3	韩国	23	泰国	47
4	中国	20	阿根廷	45
5	印度尼西亚	20	印度	32

资料来源：Hoekstra and Hung，2005年。

---

① "生态足迹"是一个标识人类社会可持续发展的指标（Rees，1992，1996；Rees and Wackernagel，1994）。它是指个人或社区（可以是村庄、城市、国家）平均拥有的"生物生产性空间"，其衡量为面积单位"公顷"。总生态足迹由可耕地面积、草原面积、林地面积、建设用地面积、生产性海洋面积和吸纳人类排放的二氧化碳的森林面积六部分组成（Hoekstra，2009）。

在国际贸易中，看不见的水正以巨大的、令人震惊的数量进行着国家之间的转移。作为一种稀缺的、生命基本支撑资源和战略资源，面对水资源的这种流动，我们应该密切关注并加强监控。

在方法上，本章利用投入产出模型，估计隐含在进出口商品与服务中的总虚拟水量。不仅估计了隐含在农产品中的虚拟水量，还估计了非农产品及服务产品的虚拟水含量。此外，还估计了通过中间使用（投入）转移隐含在产品及服务中的虚拟水含量。

三　分析模型和数据处理

（一）模型方法

本章试图估计隐含在我国对外贸易额中的水资源量。实际上，之前已经有一些研究对此进行了基本估计。但是，在目前文献中所见的一些工作仅限于对实物型农产品的虚拟水估计和计算，如刘幸菡和吴国蔚（2005）、A. Y. Hoekstra 和 P. Q. Hung（2005）、马涛和陈家宽（2006）、Velázquez（2007）、Novo 等（2009）、Chapagain 和 Orr（2009）等的研究。事实上，非农产品，如工业产品和服务产品，在其生产过程中也使用或消耗大量的水资源。项学敏等（2006）对石油产品虚拟水含量进行了计算，结果表明，我国每进口 1 吨石油制成品，至少相当于进口 5 吨以上水资源。

特别地，在生产产品和服务过程中，除"直接"使用和消耗水资源外，还有"间接"用水，即通过国民经济各部门之间的中间材料和设备的投入，也形成了水资源的转移。Kondo（2005）提出了"总用水"概念，它是指直接用水与间接用水之和。

本章不仅要估计隐含在农产品中的虚拟水量，要估计非农产品及服务产品的虚拟水含量，还要估计通过中间使用（投入）转移隐含在产品及服务中的虚拟水含量。投入产出模型为此类研究提供了较为合适的分析框架和方法。

对于标准的投入产出模型如式（7-1）所示，我们进一步定义了各部门的直接用水向量 $\omega(n \times 1)$，表示单位价值产出（x）的用水量。这一思路源于米勒和布莱尔（Miller and Blair，1985）。

$$x = (I - A)^{-1} f \tag{7-1}$$

然后，我们定义各部门用水乘数 $[w(n \times 1)]$ 如式（7-2）所示，表示各部门总用水（直接＋间接）强度。

$$w' = \omega'(I-A)^{-1} \tag{7-2}$$

式（7-2）中，令列昂惕夫逆矩阵为 $L=(I-A)^{-1}(n \times n)$，向量 w 不仅包括各部门自身的直接用水量，也包括因其他部门的中间投入而间接使用的用水量。向量 ω 以实物单位表示：立方米或亿立方米。ω' 为 ω 的转置向量 $(1 \times n)$。

我们定义式（7-3）和式（7-4），用来计算各部门虚拟水的直接出口量（$DVWE$）和进口量（$DVWI$）。

$$DVWE' = \omega'\hat{\varepsilon} \tag{7-3}$$

$$DVWI' = \omega'\hat{\lambda} \tag{7-4}$$

式（7-3）和式（7-4）中，$\hat{\varepsilon}$ 和 $\hat{\lambda}$ 分别表示各部门出口量和进口量的对角矩阵（$n \times n$）。

假定各部门用水量与产出量的比例保持不变，由式（7-1）和式（7-2），我们可以进一步定义各部门总用水量（W）如式（7-5）所示（Miller and Blair，1985）。

$$W' = \omega'Lf = \omega'L(f^{do}+f^{ex}) \tag{7-5}$$

式（7-5）中，f^{do} 和 f^{ex} 分别表示国内最终需求和出口向量。

则隐含在各部门出口额中的总虚拟水量（$TVWE$）及各部门进口额中的总虚拟水量（$TVWI$）如式（7-6）和式（7-7）所示。

$$TVWE' = \omega'L\hat{\varepsilon} \tag{7-6}$$

$$TVWI' = \omega'L\hat{\lambda} \tag{7-7}$$

最后，进出口全部净直接虚拟水量（$NDVW$）和全部净总虚拟水量（$NTVW$）如式（7-8）和式（7-9）所示。

$$NDVW = \sum DVWE - \sum DVWI \tag{7-8}$$

$$NTVW = \sum TVWE - \sum TVWI \tag{7-9}$$

（二）数据

1. 中国 17 个部门投入产出表

本章在实证分析中关注三个时间点（1995 年、2002 年和 2005 年），使用了三年的中国投入产出表，部门数是 17 个，部门名称见表 7-5。表 7-5 还列出了 2002 年各部门单位增加值的直接用水量（部门用水定额）。使用 17 个部门的投入产出表，因其部门划分过粗，将一部分部门合并为一个较大的部门，而无法深入分析一些影响进出口贸易和用水量的特殊部门的情况，如"造纸"部门被合并至"其他制造业"，发电（特别是用水大户火力发电）部门被合并至"电力及蒸汽、热水生产和供应业"等。此类问题可以通过今后使用部门划分更细的投入产出表来解决。

表7-5   投入产出表部门清单

部门	2002 年直接用水量[a]（立方米/10^4 元增加值）
农业	2246.588
采掘业	45.943
食品制造业	53.343
纺织、缝纫及皮革产品制造业	35.133
其他制造业	61.514
电力及蒸汽、热水生产和供应业	1470.990
炼焦、煤气、煤制品及石油加工业	545.378
化学工业	308.840
建筑材料及其他非金属矿物制品业	47.528
金属产品制造业	292.319
机械设备制造业	14.895
建筑业	8.643
运输邮电业	112.820
商业饮食业	297.694
公用事业及居民服务业	188.550
金融保险业	16.691
其他服务业	44.768

注：[a] 部门直接用水量也被称为"部门用水定额"（intensity quota）。
资料来源：国家统计局，http://www.stats.gov.cn。

2. 部门用水定额估计

我们仅有2002年各部门实际用水数据（中国投入产出学会，2005），以此为基础，计算了各部门总产出用水定额。其余年份的工业部门用水数据用污水排放数据估计，表7-6列出了2005年部门工业污水排放状况。农业部门用水量来源于各年度《中国水资源公报》，服务部门用水定额根据2002年数据调整估算。

表 7 - 6   部门工业污水排放[a]（2005 年）

部门	污水排放量（10^4 吨）
农业	—[b]
采掘业	116741
食品制造业	86234
纺织、缝纫及皮革产品制造业	199755
其他制造业	501436
电力及蒸汽、热水生产和供应业	274063
炼焦、煤气、煤制品及石油加工业	68122
化学工业	436024
建筑材料及其他非金属矿物制品业	48248
金属产品制造业	224725
机械设备制造业	85723
建筑业	118708
运输邮电业	—
商业饮食业	—
公用事业及居民服务业	—
金融保险业	—
其他服务业	—

注：[a] 笔者根据 40 个部门数据整合处理为 17 个部门数据。[b] 缺乏数据，下同。

资料来源：《中国统计年鉴》（1996，2003，2006），http：//www.stats.gov.cn。

3. 中国进出口贸易数据

中国进出口贸易数据来源于《中国对外统计年鉴》和《中国贸易外经统计年鉴》。原数据按进出口商品分为 22 类，笔者经整理、合并后得到 17 个部门分部门进出口贸易数据如表 7 - 7 所示。

表 7 - 7   中国进出口贸易额   单位：亿元

部门	1995 年[a]		2002 年		2005 年	
	出口	进口	出口	进口	出口	进口
农业	2509225.56	93119.04	2390397.60	102634.80	2818763.97	175302.38
采掘业	2147557.86	222820.56	1796936.70	392329.80	2872829.19	1209094.92

续表

部门	1995 年[a]		2002 年		2005 年	
	出口	进口	出口	进口	出口	进口
食品制造业	1544778.36	74827.8	2289418.20	74493.00	3592879.62	100757.91
纺织、缝纫及皮革产品制造业	9405854.46	2807705.34	12470955.90	2718994.50	16372750.79	3162815.37
其他制造业	821442.96	313445.34	1113256.50	547109.70	1671925.97	1033792.54
电力及蒸汽、热水生产和供应业	—					
炼焦、煤气、煤制品及石油加工业	—					
化学工业	1346900.4	2964843.72	2056834.50	6110909.10	4569330.26	12301475.89
建筑材料及其他非金属矿物制品业	540423	240280.38	705200.40	538832.70	1034611.71	873235.22
金属产品制造业	1197244.8	2946552.48	1619808.90	4955439.90	4502158.32	9562990.58
机械设备制造业	5275359.9	14394374.46	14023721.10	28637592.30	28340824.49	53175601.38
建筑业	—	—	—	—	—	—
运输邮电业	—					
商业饮食业	880473.78	206192.16	1624775.10	179610.90	3024375.64	656155.17
公用事业及居民服务业	—		—	—	—	—
金融保险业	—		—	—	—	—
其他服务业	—		—	—	—	—
总额	12576.43	11557.43	26947.87	24430.27	62648.09	54273.68

注：[a]1996 年数据。

资料来源：《中国对外统计年鉴》（1998，2004）和《中国贸易外经统计年鉴》（2006）。

四 估计结果讨论

我们利用模型估计的1995年、2002年和2005年中国通过对外贸易转移的水资源量如表7－8所示。估计结果表明，中国作为一个"贫水"国家，水资源严重匮乏，然而，通过对外贸易，中国向世界输出了大量的虚拟水，其直接净流量每年达几十亿立方米，其总净流量每年达几百亿立方米（见表7－8）。这样的贸易进出口模式，显然，在水资源方面并不具有比较优势。

表7－8　　　　　　　中国对外贸易虚拟水含量估计　　　　单位：亿立方米

	1995 年	2002 年	2005 年
DVWE（中国→世界）	193.89	188.75	282.14
DVWI（世界→中国）	130.90	137.52	201.76
贸易隐含净直接虚拟水量（中国→世界）	62.98	51.22	80.38
TVWE（中国→世界）	780.26	987.35	1847.60
TVWI（世界→中国）	666.72	761.86	1413.93
贸易隐含净总虚拟水量（中国→世界）	113.55	225.49	433.67

资料来源：笔者估计。

据 Hoekstra 和 Hung（2005）报告，在仅包括粮食贸易虚拟水、不包括工业和总虚拟水的前提下，美国和日本同样作为"富水"国家，美国是全球最大的虚拟水输出国，日本是最大的虚拟水输入国。这表明，日本在有效地利用国际水资源方面取得了长期的战略性收益。这一点值得中国借鉴。

中国对外贸易（直接和总）虚拟水含量变动趋势如图7－2所示。结果显示，1995—2005年，不论净直接量（不含部门间的间接转移量），还是净总量（包括部门间的间接转移量），都呈现逐渐增加趋势。特别是总虚拟水净出口量，10年增长了74%，超过了净进出口额占当年GDP份额的同期增长（49%），呈现较大的增长态势。这一强劲增长趋势表明，我国近年来的贸易出口是建立在大量内含水资源的基础之上的，并且这一内含水资源量由于对外贸易的结构、规模等因素，还在不断增长。

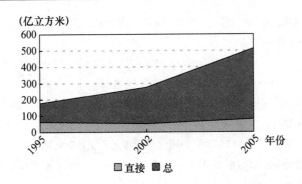

图7-2　中国对外贸易（直接和总）虚拟水含量变动趋势

　　如本章第二部分所述，我国人均水资源量不到世界平均值的32%，北方地区甚至不到11%。以这样的水资源禀赋，中国应该考虑更有效地充分地利用世界水资源，而不是有形地或无形地出口水资源。在自由贸易框架下，无论是以看得见的形式还是以看不见的形式，中国开发、消费和出口水资源，成本都较高。因而，除在国内坚决地实行节约水资源的政策之外，中国的对外贸易政策也需要充分考虑水资源的约束。在中国对外贸易模式改革方面，应该本着充分利用双边、多边资源（包括水资源）优势互补的国际贸易基本原则，调整既往的贸易结构和规模，以有利于中国和世界的可持续发展。

参考文献

[1] 刘昌明、陈志恺主编：《中国水资源现状评价和供需发展趋势分析》，中国水利水电出版社2001年版。

[2] 马涛、陈家宽：《虚拟水贸易在解决中国和全球水危机中的作用》，《生态经济》2006年第11期。

[3] ［英］弗雷德·皮尔斯：《当江河枯竭的时候：21世纪全球水危机》，张新明译，郑刚、刘世平校译，知识产权出版社2009年版。

[4] 刘幸菡、吴国蔚：《虚拟水贸易在我国农产品贸易中的实证研究》，《国际贸易问题》2005年第9期。

[5] 齐晔、李惠民、徐明：《中国进出口贸易中的隐含碳估算》，《中国人口·资源与环境》2008年第3期。

[6] 王新华、徐中民、龙爱华：《中国2000年水足迹的初步计算分析》，《冰川冻土》2005年第10期。

［7］ 项学敏、周笑白、周集体:《工业产品虚拟水含量计算方法研究》,《大连理工大学学报》2006 年第 2 期。

［8］ 张友国:《中国对外贸易中的环境成本评估与对策研究》,中国社会科学院重点课题（编号: 0700000470）研究报告, 2009 年 3 月。

［9］ 赵旭、杨志峰、陈彬:《基于投入产出分析技术的中国虚拟水贸易及消费研究》,《自然资源学报》2009 年第 24 卷第 2 期。

［10］ 中国投入产出学会:《2002 年中国水资源投入产出表》, 2005 年。

［11］ 中国自然资源丛书编撰委员会:《中国自然资源丛书》（水资源卷）, 中国环境科学出版社 1995 年版。

［12］ 朱启荣、高敬峰:《中国对外贸易虚拟水问题研究——基于投入产出的分析》,《中国软科学》2009 年第 5 期。

［13］ Allan, J. A., 1993, Fortunately there are substitutes for water otherwise our hydro – political futures would be impossible. ODA, Priorities for Water Resource Allocation and Management. ODA, London, pp. 13 – 26.

［14］ Allan, J. A., 1994, Overall perspectives on countries and regions. In Rogers, P. and P. Lydon (eds.), *Water in the Arab World*: *Perspectives and Prognoses*. Harvard University Press, Cambridge, Massachusetts, pp. 65 – 100.

［15］ Allan, J. A., 1996, *Water, Peace and the Middle East*: *Negotiating resources in the Jordan Basin.* Tauris Academic Publication.

［16］ Allan, J. A., 1998, Virtual water: Strategic resource global solutions to regional deficits. Groundwater, pp. 545 – 546.

［17］ Allan, J. A., 2002, The Middle East water question: Hydropolitics and the global economy. I. B. Tauris Publication.

［18］ Allan, J. A., 2003, Virtual water eliminates water was A case study from the Middle East. In Hoekstra, A. Y. (eds.), Virtual Water Trade – Proceedings of the international expert meeting on virtual water trade. Research Report Series 12, IHE, Delft, pp. 137 – 145.

［19］ Ackerman, F., M. Ishikawa and M. Suga, 2007, The carbon content of Japan – US trade. *Energy Policy*35, pp. 4455 – 4462.

［20］ Chapagain, A. K., A. Y. Hoekstra, 2007, The water footprint of coffee and tea consumption in the Netherlands. *Ecological Economics* 64 (1), pp. 109 – 118.

［21］ Chapagain, A. K., A. Y. Hoekstra, H. H. G. Savenije, R. Gautam, 2006, The water footprint of cotton consumption: An assessment of the impact worldwide consumption of cotton products on the water resource in the cotton producing countries. *Ecological Economics* 60 (1), pp. 186 – 203.

[22] Chapagain, A. K. , S. Orr, 2009, An improved water footprint methodology linking global consumption to local water resources: A case of Spanish tomatoes. *Journal of Environmental Management* 90, pp. 1219 – 1228.

[23] Guan, D. , Klaus Hubacek, 2008, A new and integrated hydro – economic accounting and analytical framework for water resource: A case study for North China. *Journal of Environmental Management* 88, pp. 1300 – 1313.

[24] Hayami, Hitoshi and M. Nakamura, 2002, CO_2 emission of an alternative technology and bilateral trade between Japan and Canada: Relocating production and an implication for joint implementation. KEO Discussion Paper No. 075. Keio Economic Observatory (KEO). Keio University.

[25] Hoekstra, A. Y. , 2009, Humam appropriation of natural capital: A comparison of ecological footprint and water footprint analysis. *Ecological Economics* 68, pp. 1963 – 1974.

[26] Hoekstra, A. Y. and A. K. Chapagain, 2007, Water footprints of nations: Water use by people as a function of their consumption pattern. *Water Resource Management* 21 (1), pp. 35 – 48.

[27] Hoekstra, A. Y. and P. Q. Hung, 2002, Virtual water trade: A quantification of virtual water flow between nations in relation to international crop trade. *Research Report Series* 11, UNESCO – IHE, Delft.

[28] Hoekstra, A. Y. and P. Q. Hung, 2005, Globalisation of water resource: International virtual water flows in relation to crop trade. Global Environmental Change 15, pp. 45 – 56.

[29] Kondo, Y. , Y. Moriguchia, H. Shimizu, 1998, CO_2 emission in Japan: Influences of imports and exports. *Applied Energy* 59 (2 – 3), pp. 163 – 174.

[30] Kondo, Kumiko, 2005, Economic analysis of water resources in Japan: Using factor decomposition analysis based on input – output table. *Environmental Economics and Policy Studies*, 7, pp. 109 – 129.

[31] Machado, G. , R. Schaeffer and E. Worrell, 2001, Energy and carbon embodied in the international trade of Brazil: An input – output approach. *Ecological Economics* 39, pp. 409 – 424.

[32] Miller, R. and P. Blair, 1985, *Input – Output Analysis: Foundations and Extension.* Prentice Hall, Englewood Cliffs, USA.

[33] Muradian, R. , M. O' Conner and J. Martinez – Alier, 2002, Embodied pollution in trade: Estimating the "environment load displacement" of industrialized countries. *Ecological Economics* 41 (1), pp. 51 – 67.

[34] Novo, P. , A. Garrido and C. Valera – Ortega, 2009, Are virtual water "flow" in Spanish grain trade consistent with relative water scarcity? *Ecological Economics* 68

(2009), pp. 1454 – 1464.

[35] Peters, G. P. , E. G. Hertwich, 2006, Pollution embodied in trade: The Norgwegian case. *Global Environmental Change* 16, pp. 379 – 387.

[36] Rees, W. E. , 1992, Ecological footprint and appropriated carry capacity: What urban economics leaves out. *Environment and Urbanization* 4 (2), pp. 121 – 130.

[37] Rees, W. E. , 1996, Revisiting carry capacity: Area – based indicators of sustainability. *Population and Environment* 17 (3), pp. 195 – 215.

[38] Rees, W. E. , M. Wackernagel, 1994, Ecological footprint and appropriated carry capacity: Measuring the natural capital requirements of the human economy. In Jansson, A. M. , M. Hammer, C. Folke and R. Costanza (eds.) Investing in Natural Capital: The Ecological Economics Approach to Sustainability. ISEE/Island Press, Washington D. C. , pp. 362 – 390.

[39] Sánchez – Chóliz, J. , R. Duarte, 2004, CO_2 emissions embodied in international trade: Evidence for Spain. *Energy Policy* 32 (18), pp. 1999 – 2005.

[40] Shui, B. and R. C. Harriss, 2006, The role of CO_2 embodiment in US – China trade. *Energy Policy* 34, pp. 4063 – 4068.

[41] Velázquez, Esther, 2007, Water trade in Andalusia. Virtual water: An alternative way to manage water use. *Ecological Economics* 63, pp. 201 – 208.

第八章 云南普洱市的绿色发展路径考察

　　绿色发展是我国协调生态文明建设与经济建设的重要战略。我国西部地区自然资源丰富，经济发展仍然对资源密集型产业具有较大的依赖性，但西部不少地区仍处于国内乃至世界产业链的低端，资源优势难以转化为经济优势。同时，西部地区的生态系统又极其脆弱，难以承载粗放型的资源密集型产业发展。因此，西部地区亟须通过产业结构调整实现绿色跨越式发展，将生态文明建设融入经济建设，并缩小与东部地区的发展差距。本章通过对云南普洱市的绿色发展实践进行调查，希望总结出一些对我国特别是西部地区绿色发展有益的经验和启示。

一　普洱市绿色发展的优劣势分析

　　普洱市位于云南省西南部，总面积约 4.5 万平方公里，是云南省国土面积最大的市级行政区。普洱市因其山川秀美、气候宜人而成为最适宜人类居住的地区之一和生物多样性最为丰富的地区之一，被联合国环境署称为"世界的天堂，天堂的世界"。

　　普洱得天独厚的地形地貌和气候条件孕育了其丰富的绿色资源，这是普洱市绿色发展的最大优势。普洱全市森林覆盖率达到 67%，林业用地面积占国土面积的 70.5%。其海拔低于 1400 米的地区面积 2.32 万平方公里，占全市面积的 52%，适宜茶叶、咖啡、甘蔗、橡胶、水果、南药、香料、冬早瓜菜及其他热带、亚热带植物生长。这些优越的自然条件使普洱成为世界茶树资源最重要的宝库，被称为世界茶源、中国茶城、普洱茶都。其咖啡种植面积也占全国一半以上，是全国咖啡产量最大、品质最优的地区。普洱是全国少数适合橡胶树这种具有战略意义的树种生长的地区之一，其天然橡胶生产量居云南省第二位。普洱还是名副其实的南药天然宝库，为天然药物、保健品、食品等开发提供了丰富的资源。由于澜沧江、李仙江（属红河）和南卡江（属怒江）三大河流由北向南贯穿普洱地区，加之该地区降水丰富（年降雨量 1600 毫米），因而普洱是全国水电富能地区之一，是云南西电东送的主要基地。丰富的自然资源和特殊的历史文化、民族风情，还为普洱提供了丰富的旅游资源。

除此之外，普洱也具备一定的经济实力。表 8 - 1 反映了普洱的经济发展状况。新中国成立以来，普洱市的经济得到了较大的发展。特别是改革开放以来，普洱的经济发展迅速，GDP 年均增速将近 15%，人均 GDP 年均增速也接近 14%，经济总量一举跨上 100 亿元、200 亿元和 500 亿元三个台阶，综合实力显著增强。从产业结构来看，新中国成立初期，普洱是一个典型的以农业为主的地区，农业产值在国内生产总值中所占的比重超过 2/3。改革开放初期，普洱的主导产业仍然是农业，不过，其第二产业有了较大的发展，比重从新中国成立初期的 1% 左右上升至 19.6%。改革开放以来，普洱的产业结构主要表现为农业比重的大幅度下降和第二、第三产业比重的大幅度上升。普洱地区经济总量和产业结构的变化反映了该地区的工业化程度不断上升的历史进程。

表 8 - 1　　　　　　　　　普洱市的 GDP 及其构成

年份	GDP（亿元）	人均 GDP（元）	三次产业比重		
			第一产业	第二产业	第三产业
1952	1.04	103	67.3	1.0	31.7
1978	2.71	145	59.0	19.6	21.4
1985	7.28	350	54.1	20.1	25.8
1990	16.10	732	46.4	17.1	36.5
1995	31.66	1344	43.7	25.2	31.1
2000	53.67	2161	36.5	27.1	36.4
2009	202.09	7821	31.7	31.7	36.6
2014	514.41	25798	27.8	34.9	37.3

资料来源：普洱市发改委，历年《普洱市国民经济和社会发展统计公报》。

普洱绿色发展面临的挑战主要有以下四个方面：

其一，与西部绿色发展密切相关的一些国家层面的体制、机制尚待理顺。在我国现行的矿产资源管理体制下，西部地区的矿产资源主要由国有大型企业开采，资源所在地从中获得的利、税都很少，而且还要付出巨大的生态环境代价。资源开发对当地的产业结构升级也难以产生积极影响，甚至阻碍了其产业结构的优化。西部地区是我国大江、大河的发源地，全国的生态环境安全屏障。但是，我国目前也没有建立健全生态补偿机制，不利于调动西部地区生态建设和环境保护的积极性。此外，我国也未建立起有利于西部融资和提高公共服务水平的金融体制与财政分配体制。作为西部城市的普洱也面临同样的问题。

其二，普洱市近年来经济增长较快，但普洱市的经济总量仍然发展不足，全省16个州市中排第6位，特别是人均生产总值只有全省平均水平的0.62，自身尚不具备充足的财力来支撑本地绿色产业链的延长、升级（包括绿色产业所需的技术研发、教育、基础设施等方面的投入），还需要上级财政及其他资金支持。

其三，人才储备不足。目前普洱全市15岁以上人口平均受教育年限不到7.19年，不足初中毕业水平；25—59岁主要劳动年龄人口平均受教育年限不到7.3年。劳动年龄内人口中小学、初中文化人口占80.64%，高中文化程度的人口占6.7%，大学专科以上文化程度的人口只占5.5%（董菊芬，2012）。这样的人才储备状况极不适应普洱市产业结构升级及绿色发展的需要。

其四，特色产业缺少龙头企业引领，产业链短、产品附加值低。普洱市虽然确立了六大特色产业，但这些产业缺乏本地龙头企业的引领，使得这些产业产生了企业数目多、规模小，企业间恶性竞争严重等问题。同时，目前这些特色产业的产业链较短，仍以出售原料和初加工为主，精加工产品尚未形成规模，整个产业链亟须延长、升级，产业整体效益亟待提升。

二　推进绿色发展的基本做法

新中国成立以来，特别是改革开放以来，普洱历届领导都把生态环境建设、绿色产业发展摆在重要位置。进入"十二五"以来，普洱市正式确立了"生态立市、绿色发展"的战略。2012年3月19日，普洱市委、市政府召开普洱建设国家绿色经济实验示范区动员大会，标志着普洱国家绿色经济试验示范区建设正式启动。通过对普洱的调研、考察，可以从如下几方面对普洱的绿色发展特色进行归纳。

（一）将绿色发展理念融入产业结构优化升级过程

2004 年普洱撤地设市以来，认真贯彻党的十七届五中全会精神，积极稳妥地推进当地产业结构的优化升级，产业发展由过去单一的传统产业朝现在多元化的传统产业、优势特色产业、战略新兴产业协调发展的方向转变。作为我国西部欠发达地区，普洱市政府在承接东部地区产业转移的过程中，坚持选择符合国家产业政策、有利于普洱产业结构优化升级和长远发展的项目加以引进。这一做法有效地避免了西部一些地区的招商引资普遍存在的盲目性。由于西部不少地区资金匮乏，因而在引进外来企业时，一方面过于注重企业的资金规模，而不太注意引进的企业对本地产业结构升级是否有积极影响；另一方面则仅仅依靠地方提供的优惠政策，而忽视了本地资源禀赋和产业基础是否能与引进的企业形成良性互动。这导致一些地区的工业园区引入的企业往往不具备产业关联性，同时一些外来企业也仅考虑地方优惠政策，一旦其他地区有更好的优惠政策便立即转移。

同时，普洱市坚持引入实力强、知名度高的国内外企业，来培育和做大、做强本地的优势特色产业，包括茶、林、桑、胶、生物药、鱼牧、旅游等有利于绿色发展的产业。例如，引进金州集团建设普洱国家公园、改造提升墨江北回归线标志园和茶马古道公园，推进文化旅游养生产业发展；引进天士力集团转化普洱茶重大研发成果，打造"帝泊洱"品牌，规划建设天士力健康养生谷项目，带动茶产业发展；引进雀巢、星巴克等世界知名企业，规划建设具有全球影响力的生态咖啡基地和国家级咖啡检验机构，打造中国的咖啡之都；引进康恩贝集团引领现代生物药业发展，打造全国最大的铁皮石斛产业化基地；引进华能集团、北京大唐发展本地的水电产业。

（二）以科技创新推动特色产业发展

普洱市在经济转型升级的过程中，始终坚持以科技进步和创新支撑本地特色优势产业的发展。以普洱做强茶产业的经验为例。

其一，普洱市大力实施了茶园良种化工程，推广种植云抗 10 号、长叶白毫、矮丰、云梅、云瑰、雪芽 100 号、短芽白毫等无性系茶树新品种，引进佛香 1—5 号等新品种，提高了茶园良种率。

其二，大力推进茶园生态化。先是通过监管和认证工作，全面推进无公害茶园建设（2003—2007 年）；在上述基础上，按绿色生态茶园或有机

茶园标准，重点对 83.9 万亩现代茶园逐步予以改造和转换；然后将全市
143 万亩现代茶园全部改造成生物多样性立体生态茶园。

其三，鼓励茶园设施化。针对普洱山地茶园占绝大多数的特点，鼓励
企业使用推广移动式节水灌溉设备；引进和研制修剪机等茶叶机械，在全
市范围内进行机剪试验示范，取得科学数据，制定技术标准，并在全市推
广，实现茶叶提质增效，农民收入增加，产业增值。

其四，引进知名企业推动茶叶加工业由传统生产向精深加工转变。普洱
通过引入天力士集团，研制出以帝泊洱为代表的精深加工茶品。该产品具有
科学叶组配方、现代生物发酵、数字化萃取、标准化生产等特点。通过一系
列创新，茶产业已经成为普洱的五大支柱产业之一、茶农增收创收的重要产
业，实现了由"文化普洱"向"科学普洱"的新跨越。类似地，科技创新对
普洱咖啡产业、生物药业以及烤烟业的发展也提供了很好的支撑作用。

（三）发挥地区产业优势，积极扩大对外开放程度和提高对外开放水平

咖啡是普洱六大骨干特色产业之一。与茶产业的发展类似，普洱咖啡
产业的发展不仅注重组织和科技创新，还积极走向国际市场，借助外企做
大做强。普洱的咖啡均匀饱满、色泽鲜亮、味醇厚、香气高、果酸味浓。
为了更好地扩大国际知名度，普洱的咖啡企业积极参与国际市场评级活动，
并获得了一系列荣誉。例如，国际咖啡组织将普洱咖啡评为一类产品；伦
敦国际咖啡市场将其评为"优质产品，香醇第一"；美国特种咖啡协会将其
评为世界顶级咖啡之一。与此同时，普洱自 1989 年与雀巢公司签订咖啡商
品豆的购销合同开始，经过 20 多年的发展，又与星巴克咖啡公司签订了战
略合作框架协议。2010 年，爱伲集团与国际咖啡巨头星巴克在美国签订合
作备忘录，共同组建合资公司。新合资公司将融合星巴克专业的咖啡生产
经验和爱伲集团已有的咖啡种植模式，实施普洱咖啡精深加工建设项目，
促进普洱乃至全国咖啡产业的发展。2011 年，普洱市政府再次与雀巢咖啡
公司关于进一步发展普洱市咖啡产业及文化展开合作。而且，普洱市还积
极邀请雀巢、星巴克等咖啡公司的专家为本市开办的咖啡技术骨干培训班
授课。在对外开放的过程中，普洱咖啡的国际品牌地位得到了进一步提升，
提高了咖啡产业出口创汇能力，推动了咖啡产业的快速发展。

（四）推行农民专业合作社，提高特色产业抗风险能力、市场竞争力和
可持续发展能力

农民专业合作社是农村家庭承包经营基础上同类农产品的生产经营者

或者同类农业生产经营服务的提供者，自愿联合、民主管理的互助性经济组织。这样的组织能将单个农户团结起来，共同应对外在的风险和市场竞争，也有利于相关技术和知识的普及，为普洱一些特色产业的发展提供了有力保障。例如，茶产业虽然是普洱的特色优势产业，但存在农村茶树资源分散和茶叶企业多、小、散、弱等问题。为此，普洱市出台了一系列措施，大力组建村级农民茶叶专业合作社，加强农村茶园技术推广、质量监控和科学管理，形成了组织化程度高的"公司＋基地＋农户"的基本经营模式，实现了合作社与企业和市场的直接对接，形成了有效的质量监管和保障体系，增强了普洱茶农乃至整个茶产业控风险能力、市场竞争力和可持续发展能力。又比如，咖啡是普洱市继茶叶之后农民收入的主要来源，为了解决在咖啡产业发展过程中农民咖啡资源分散和管理滞后的问题，普洱市也积极组建了农民咖啡专业合作社，创新了咖啡产业运行机制，加强了农村咖啡园科学管理，推广了咖啡新技术的应用，转变了农村咖啡产业发展方式。普洱的生物药业也成立了类似的组织。

（五）大力推进生态建设和环境保护，在市政建设规划中融入宜居理念

普洱市委、市政府历来重视生态环境保护工作，将"生态立市、绿色发展"作为最大的发展战略。在其生态经济得到蓬勃发展的同时，生态环境也得到了有效保护。"十一五"期间，全市累计治理水土流失面积516平方公里，营林造林260万亩，实施天然林保护工程1273万亩，退耕还林170万亩，全市森林覆盖面积已经达到67%，中心城区绿化覆盖率达到56.1%，绿地率达53.8%。在此期间，普洱市还实施省级重点减排项目65个，全面完成省政府下达的污染减排和淘汰落后产能任务，单位生产总值能耗累计下降13.1%。2008年以来，普洱市共组织实施了11个环境综合治理整治示范项目，累计投入各级环保部门资金703万元、地方财政配套资金335.6万元，整合其他项目资金近千万元。特别值得指出的是，普洱还对广大农村地区，特别是中心城区饮用水源地周边的农村，进行了环境连片综合整治，使农村的生活垃圾和生活污水得到了有效处理，增强了村民的环保意识。

与此同时，普洱在中心城区的建设中，通过内、中、外、绕城环线的规划建设，将城市框架拉大到860平方公里；把行政中心、酒店建在山坡上，把学校建在山谷中；将原来规划在城区的工业园区调整到城西较偏远的山区、半山区建设，并把城区内"小、散、乱"的工业企业搬迁集中到

工业园区，既为城市发展拓展了空间，又净化了城市环境。同样，县城和特色城镇建设也是进山、进沟、进谷。总的来看，普洱的城镇建设正向山水田园一幅画、乡镇村落一体化转变，充分体现了宜居理念。

三　普洱市绿色发展的经验和启示

通过绿色发展，普洱的经济结构得到了进一步优化。到 2011 年，普洱摆脱了以农业为主的产业结构，基本形成了以第二产业为主，三次产业鼎足而立的产业格局。普洱的生态环境质量也得到了进一步改善。根据 2011年监测的结果，普洱中心城区空气优良率保持在 100%，全年空气优级天数达到 311 天，同比增加 58 天；辖区内地表水及主要饮用水水源地水质继续保持稳定，水质综合达标率 100%。普洱市还先后荣获"CCTV 最值得向世界推介的中国名城""中国十佳绿色城市""中国最佳休闲小城""中国魅力城市"以及"EMBA 最具投资价值城市"等一系列荣誉称号。

从党的十八大提出的发展要求来看，生态文明建设已经正式与经济、政治、社会、文化建设一起构成中国特色社会主义"五位一体"的总体建设布局。我国将进一步落实科学发展观，大力推进绿色发展。总结普洱市的绿色发展措施，我们可以得到如下三个方面的经验和启示，作为其他地区绿色发展的借鉴。

其一，领导班子解放思想，大胆探索，在国家和云南省的发展战略中找准了自身的战略定位。历届普洱市委、市政府都能清醒地认识到普洱地区优越的自然环境条件是当地得天独厚的优势，他们具有重视生态环境保护和发展绿色产业的传统。20 世纪 90 年代以来，普洱市的领导班子一直在带领全市人民致力于探索一条优化经济结构、提高经济效益和生产技术以及改善生态环境的发展道路，实际上已经朝绿色发展方向努力。进入 21 世纪后，在国家开始实施西部大开发以及云南省委、省政府提出把云南建成"绿色经济强省、民族文化大省、中国通向南亚东南亚国际大通道"背景下，普洱市委、市政府清楚地认识到自身所具有的森林资源、热区生物资源、水能资源和丰富多彩的民族文化资源优势，从而按云南省委、省政府的统一部署，将绿色经济上升到全局发展的战略高度，并着力培育绿色经济产业。2011 年，普洱市委、市政府更进一步，从全国、全世界的战略高度确立了普洱市"生态立市、绿色发展"的思路和战略。由于普洱所具备的独特资源优势和产业优势，在国家"十二五"规划提出实施新一轮西部大开发和云南省建设面向西南开放桥头堡的新形势下，普洱大胆提出建设"特色生物产业基地、国际性旅游度假休闲养生基地、清洁能源基地、现代林产业基地"的绿色发展战略定位，得到了国家认可。国务院也已经批准普洱市建设国家绿色经济试验示范区。这无疑会大大促进普洱的绿色发展。

其二，注重通过科技进步和制度创新来支撑绿色发展。为了夯实绿色发展基础，普洱市特别重视通过科技进步（包括引进优良品种、推广科学种植技术和引进精深加工技术）来严格控制和有效提高普洱绿色农产品质量，提高产品附加值、知名度和市场竞争力。与此同时，普洱市重视通过组织农民专业合作社来提高相关产业的抗风险能力、市场竞争力和可持续发展能力，理顺了绿色经济发展的内在利益关系，建立了健康、有效的绿色经济微观运行机制。

其三，坚持改革开放、借助外力促进本地绿色经济发展。由于普洱市本身经济和技术基础较为薄弱，特别是绿色产业的发展缺乏相关配套技术的支撑。为此，普洱市在绿色发展过程中一方面坚持走向国际市场树立优势特色资源产品（如茶叶和咖啡豆）的国际品牌，另一方面则积极引进国内外知名企业以推动特色资源产品的精深加工业发展，从而拓展当地的绿色产业链，提高产品附加值，实现产业结构优化升级。这一战略举措取得了良好的效果。

参考文献

董菊芬：《普洱市发展绿色经济问题探究》，《中共云南省委党校学报》2012 年第 5 期。

第三篇　制定绿色发展政策应注意的几个基础性问题

　　本篇讨论了制定绿色发展政策应注意的几个基础性问题，包括第九章至第十一章的内容。

　　第九章论述制定绿色发展政策需要重视的环境价值评估方法。为了摆脱粗放型经济发展方式并实现绿色发展，政策制定者需要充分地了解、评价保护生态环境与经济发展的得失，以便做出权衡和政策选择。了解和应用本章所论述的环境价值评估方法，有助于政策制定者及决策者在做出保护与发展的选择时能够更科学地评估如下问题：（1）生态环境效益与保护投入成本的比较；（2）保护策略（或项目）对全社会及贫困群体的影响；（3）生态环境效益在不同利益相关群体之间如何通过补偿分摊保护成本。

　　第十章强调需要将环境因素引入效率（生产率）评价并重点梳理了距离函数理论和方向性距离函数处理非合意产出的方法。生产率是产出与投入的比值，传统意义上的投入和产出，是具有价格信号的稀缺资源，并不考虑外部性问题，因此，以往的生产率研究中环境污染等非合意产出经常被忽略。随着工业化的进行，污染物排放接近甚至超过了环境的容忍程度，环境污染影响甚至威胁到人们正常的生产和生活，洁净的空气和水成为稀缺的产品，但是，由于排污行为的外部性，很难为环境质量进行定价。本章所论述的方法有助于解决上述效率评价问题并为政策制定提供参考依据。

　　第十一章介绍国际通行的温室气体排放计算方法，同时回顾了已有的中国温室气体排放量的研究，最后，对这些方法在实践中应注意的问题，如二氧化碳排放因子的确定、中国社会经济活动水平的确定以及其他排放源进行了分析。

第九章 环境价值评价：生态
环境效益的评估

一 引言

保护环境以及具有全球或区域意义的、生物多样性丰富的生态系统，与此同时保持公平发展的持续性，特别是人民的福利水平不降低，这是一个社会摆脱传统发展模式（仅有 GDP 数量增长）的新发展目标。怎样实现这类"双赢"的目标，需要充分地了解、评价保护与发展的得失，以便做出权衡和政策选择。这是环境经济学研究的一个重要领域。

政策制定者及决策者在做出保护与发展的选择时，经常会面对如下问题：（1）生态环境效益与保护投入成本的比较；（2）保护策略（或项目）对全社会及贫困群体的影响；（3）生态环境效益在不同利益相关群体之间如何通过补偿分摊保护成本。应对这些问题，首先要进行环境政策的效益评价，即生态环境质量变动的经济价值评价。

本章讨论环境价值评价的经济理论依据——福利经济学、环境价值评价的方法与适用范围以及几个案例。首先，引入与环境价值评价相关的几个基本概念和关键问题。其次，回顾消费者福利理论，并讨论经济学家如何运用这一理论形成标准实证方法，去度量类似商品价格变动的环境质量变动的福利影响。在讨论面对世界的不确定性时，定义福利度量的一般性问题，继而分析个人支付意愿与接受意愿的概念关系；接着讨论关于偏好、可估计、个人支付意愿或接受意愿的估计值。最后，由于大部分非市场价值评价涉及的是特定品（如环境指标的某一水平）变动的福利影响的测度，而现实世界不存在环境物品及服务的交换市场，不能用观察消费者行为的方式直接估计需求函数，其替代方案是，以另外假定的市场信息推断个人价值选择。因此,在讨论环境价值评价的各种方法时,大部分内容涉及的是如何利用间接信息,传递、揭示环境价值,也即形成生态环境政策效益的估计值。

二　环境价值评价的要点

(一) 非市场价值评价

非市场价值是相对于市场价值而言的一类价值概念。非市场价值与市场价值的最大差别,在于实现交易的市场条件不同。市场价值是资产在充分发育、公开的市场上应当实现的价值,是得到公开市场支持 (评估所用的计价要素来源于市场、评估结果得到市场认可) 的一种估计值。而非市场价值是资产在非公开市场条件下实现的公平价值。它的交易条件无须满足公开市场的要求或得到公开市场的支持,在评估过程中所用的计价要素,主要不是来自公开市场。它不强调资产的最佳使用状态或资产在市场上可以实现的价值,而是强调资产在特定条件下所能发挥的效用或可能带来的效益。这里所指的公平价值,并不是指公开市场条件下的公平,而是对特定的买卖双方而言的公平。由于特定买方、卖方的偏好、财务实力的不同,他们为商品或服务所愿意支付的价格或说是对该商品、服务价值的偏好可能与其他人不同。所以,非市场价值也可说是在特定经济行为中,特定的买方或卖方对由于获得商品或服务所能带来的利益的估计或判断。

在目前的市场经济框架下,评价环境、生态资源及其服务价值,即将其货币化,困难在于现存的市场体系中并不存在基于交换原则的、可观察的生态环境市场价格。举例来讲,人们可能对于城市景观中被保护树木的货币价值很感兴趣,而这种价值与农村地区当地居民可以直接利用这些树木的价值还有所不同。同样,大规模的生物多样性保护一般可以防止对生态资源的过度使用 (包括在保护区域内采矿、砍伐等)。相对于出售开采的矿石、砍伐的木材所获得的收益,怎样评估保护生物多样性的货币价值?要回答这样的问题,首先要涉及人们对于环境生态资源的偏好选择的概念框架。如果使用家庭行为一般模型框架,需要定义其中的价值概念,这一概念源于新古典经济学的福利理论。

新古典福利理论的一般表达是,当生产某一物品有污染排放时,通过征收排放税 (排放税等于污染的边际损失) 可以达到帕累托最优产出。但是，社会最优税率取决于个人偏好结构，因而，为了了解人们对排放税实际征收的偏好选择，需要考察人们的个人行为，以此作为计算适当排放税率的基础。更一般性的，许多非市场价值也需要估计行为函数。行为函数可以充分揭示人们的选择行为，以便计算在不同环境条件下边际货币价值或离散变动价值。

由于货币价值在全部讨论中具有重要作用，所以环境价值评价的出发点是定义货币价值的含义。这里，价值概念是个人化的、基于消费者至高无上的权利，因而，人们的偏好决定选择结果（如消费水平、对环境的要求、人体健康等）会传递出有关价值的信息。当然，任何外界影响因素都可以使选择结果发生变化。价格可以间接地引发消费水平的变化，政策可以直接影响环境质量的变化，因而影响人们的个人福利水平。任何政策的实施都将导致直接或间接结果，要对其进行货币评价，需要做的工作包括：（1）定义政策执行的基准线及目标线；（2）计算达到目标线的个人支付意愿（Willingness To Pay，WTP）或放弃目标线的接受意愿（Willingness To Accept，WTA）。这些工作有两个要点：第一，这里的货币评价是针对某些特定事物的。比如，我们无法定义一个人对于一般意义的"洁净饮用水"的货币评价，但是，我们可以定义，相对于当前条件的减少致癌物污染的健康影响价值。第二，与收入水平相当的 WTP 及 WTA 与起点线和目标线的偏好密切相关。举例来说，如果一种商品降低价格，这一降价会拓展影响至一个人的消费所得，因而可以潜在地增加福利。这里，起点即原价格，目标点即新价格。WTP 是这个人放弃新价格（低价）而愿意付出的金钱数量，对他/她而言，放弃新价格意味着可以获得更高的福利水平。WTA 是这个人对于价格降低而需要的补偿，这一补偿与获得更大福利是等价的。由于 WTP 与 WTA 可以将偏好的信息转化为等值货币量，因而是环境价值评价中重要的观念，而"偏好"一直被认为是个人内在的、无法量化的。个人偏好函数中元素的替代选择是确定 WTP 与 WTA 的关键。还以上述商品价格降低为例，如果有大量且并不昂贵的商品作为新的廉价商品的替代品，若对于这个人而言，此商品具有相对唯一性，则降价就使得评价降低。在对环境物品进行货币化评价时，建立市场物品与环境物品之间的替代性是至关重要的。在度量个人对于环境变量变动的 WTP 与 WTA（经常与"福利度量"或"福利影响"相关）时，大量工作是进行非市场价值评价（Phaneuf and Requate，2010）。

（二）支付意愿与接受意愿

1. 支付意愿

当消费者个人市场价格购买一种物品时，所支付的价格就直接揭示了其最大支付意愿的下限数额，即消费者对一种物品的支付意愿至少等于所支付的价格（Markandya et al.，2002），用简化的马歇尔（A. Marshall）需求曲线来表示，如图9-1所示。图9-1中的商品或服务（需求曲线DD），假定价格为P_0，消费者购买量为Q_0，其实际支付为$P_0 \times Q_0$，即图9-1中面积$OP_0E_0Q_0$，而消费者愿意支付的额度是面积OEE_0Q_0，消费者的支付意愿与实际支付的差（图9-1中的面积P_0EE_0）是消费者剩余。即消费者支付意愿=消费者剩余+消费者实际支付。参见厉以宁、章铮（1995）的有关阐释。

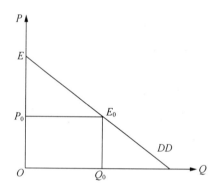

图9-1 消费者剩余与支付意愿简单示意图

我们定义支付意愿是个人为了获得某种效益或避免某种损失而愿意支付的最大的货币额。在许多情况下，支付意愿反映了个人对于某种效益或某种损失的偏好的强度。而这些偏好是基于个人对某些物品的价值取向，支付意愿的最大值是个人价值判断的一种表达方式。

对于某项（些）环境政策的支付意愿表示消费者对于改善环境质量的出资意愿。其实质反映了环境质量变化对个人福利的影响。

2. 接受意愿

与支付意愿相类似，接受意愿是个人为放弃某种效益或招致某种损失而考虑接受的最小货币补偿额。接受意愿反映了效益或损失的一种价值的表达方式。同样，当消费者以可接受的市场价格售卖一种物品时，其收取的货币额直接揭示了消费者对于放弃使用该物品的接受意愿的上限数额（Markandya et al. , 2002）。

3. 区分支付意愿与接受意愿

如果对于财产权分布有着明确的假设，当人们应用福利经济分析说明自己的选择时，WTP 与 WTA 是可以互换的。在环境问题的应用讨论中，需要区分 WTP 与 WTA，因为区分可以确定（1）那些深受污染之害的人是否因其有权而提出污染减少需求或得到损失补偿？（2）如果他们没有这种权利，那么就意味着必须"购买"污染减少。区分 WTP 和 WTA 与污染者和污染受害者责任和权利的伦理争论紧密相关。区分 WTP 和 WTA 是有现实意义的。例如，如果来自邻居的补偿接受意愿明显地大于防止开发的支付意愿，则选择开发的政策可能会比保护政策更易于被接受或实施。因此，怎样区分 WTP 和 WTA 的研究以及区分 WTP 和 WTA 的实践，成为近 30 年来环境经济学者关注的重要问题。

我们主要讨论基本行为模型、识别路径、WTP 和 WTA 估计的趋同与分离。早期的理论工作有威利格（Willig, 1976）提出支付意愿与接受意愿的概念。兰达尔和斯托尔（Randall and Stoll, 1980）拓展了威利格（1976）的工作，他们认为，如果商品是可分的、市场是充分竞争的、交易成本较低且价格弹性较小，那么与估计方法产生的误差相比，使用马歇尔消费者剩余产生的误差很小。此时，补偿变差值（CV）与等价变差（EV）值非常接近，则 WTP 与 WTA 应该几乎相等。然而，在实践层面，人们发现，WTA 的估计测算值要高于 WTP 的估计值。例如，霍罗威茨和麦康内尔（Horowitz and McConnell, 2002）以此为目的，对 45 个已有研究进行了调查研究，发现在平均意义上，WTA 是 WTP 的 7 倍。这一结论基于对大量已有研究文献结果的模拟总结，文献中使用的方法既有新古典经济学理论范式也有其他范式，这一模拟总结揭示导致 WTP 与 WTA 估计结果如此分离的原因。哈尼曼（Hanemann, 1991）的解释是，由于我们应用的静态的新古典经济学模型与人们的直觉感受之间存在差距，因而导致产生 WTP 与 WTA 之间的差距。

WTP 与 WTA 在最初始时便产生分离差距源于预算约束，即 WTP 受个人收入约束，而 WTA 却不受收入约束（Phaneuf and Requate, 2010）。

4. 估计 WTP 与 WTA 的信息问题

在评价环境效益时，需要以下三方面的信息：

第一，当估计公共决策的环境效益时，该效益必须可以解释相对于个人福利的保留价格。特别地，如果对一项环境政策实施的个人 WTP 超过另一项，是否就意味着个人对于前一项环境政策的选择优于后一项呢？

第二，当人们被问到对于某种环境改善（因为一项环境政策的实施所导致），他们的无假设前提的 WTP，即实施环境政策的决策以及决定该项政策支出的 WTP 时，实际存在的、对 WTP 进行扭曲的激励是否能明显地影响 WTP 的真实性？如果回答是否定的，接受环境改善（或其他公共物品改善）WTP 的期望应该较大。

第三，当考虑政治可行性时，关于 WTP 的假设问题（环境效益评价常使用意愿调查评价方法（Contingent Valuation Method，CVM）是否存在某种方法测试出与无假设前提相类似的问题设计，提出此类问题而得到被提问者的 WTP 估计？由于在评价"非使用"价值时需要有假设前提，那么是否存在与无假设前提相对应的非使用价值评价呢？比如所谓的"存在价值"。

三　福利经济学及福利变动度量

（一）环境经济学的部分理论基础：福利经济学

福利经济学理论主要由三个命题构建。

福利经济学第一基本定理是：假定所有个人和企业都是利己的价格制定者，竞争的均衡是帕累托最优。其原理可以追溯到亚当·斯密的《国富论》中的论述，即每个人以其劳动实质地使社会收入增加。尽管实际上他通常既没有有意促进公共利益，也不知道自己究竟促进多少公共利益。实际上，他只关心自己的所得。第一定理回答了这样的问题：在充满竞争的经济系统中，个人只关心自己得到的效用，这由其消费来决定；企业只关心自己的利润。竞争均衡是为了共同利益。所谓"共同利益"是帕累托最优，而不是最大化的国民生产总值。①

福利经济学第二基本定理是：假定所有个人和生产者都是利己的价格

---

① 帕累托最优性，或称"帕累托效率"，参见《新帕尔格雷夫经济学大辞典》第四卷，"福利经济学"条，经济科学出版社 1996 年版，第 962 页。

接受者，如果给个人或企业以恰当的一次总缴税和转让，那么几乎任何帕累托最优均衡都可以通过竞争机制实现。第二定理提出了公平分配问题，并回答这样的问题：在一个经济系统中，分配方案由统治者制订，共同利益是通过略为变动的市场机制实现，还是取消这样的市场机制。在福利经济学第一基本定理中，显然忽视了消费者的偏好。在现实经济生活中，消费者的偏好还在不断地变化。同时，第一基本定理假定竞争发挥作用，而实际上现实中垄断几乎无处不在。此外，第一基本定理隐含假定不存在外部性和公共物品，这同样是不真实的。最后，第一基本定理的最大问题是忽略了分配，帕累托最优的结果可能不止一个，而一个帕累托最优并不能保证商品的公平分配。

福利经济学第二基本定理是建立在市场机制上的。解决外部性、公共物品等市场失灵问题可以通过对市场机制进行某种调节来实现，例如庇古（Pigou）建立的局部均衡分析框架，对外部性产生的成本和效益给出货币估计，通过征收适当的税负来平衡私人效益与社会效益之间的偏差。而科斯（Coase）强调外部性的互惠性，主张依据明确界定产权（污染权）的方式，通过谈判达成补偿。但是，科斯定理显然忽视了存在获益方和受损方谈判的交易成本过高、双方信息不对称等导致补偿谈判根本无法进行或失败结局的情况，更何况还存在受损方缺乏市场主体的情况（张晓，2005）。因此，科斯的方法在实际操作上存在许多问题。

福利经济学第三基本定理是：不存在满足普遍性、帕累托一致性、独立性以及非独裁性等条件的阿罗（K. J. Arrow）社会福利函数。第三基本定理回答这样的问题：是否存在一种源于个人私利的（社会真正利益）、关于财富的、可供选择的分配方案。有关福利经济学第三基本定理的大量讨论似乎仅仅得到不那么乐观的结论：不存在合理可靠的方法，可以将个人偏好进行加总，即没有合理可靠的方法解决分配问题。[①]

环境经济学的价值观从福利经济学的伦理学出发，遵从以下基本观点（詹姆斯，1986）：

（1）必须关心社会所有人的福利，因为社会福利是个人福利水平的一个函数；

---

① 参见《新帕尔格雷夫经济学大辞典》第四卷，"福利经济学"条，第961—967页。

（2）个人是其自身福利的最好判断者，并力图使其福利最大化[①]（黄有光，1991）；

（3）如果一种变化增加了一部分人的福利，同时没有降低任何其他个人的福利，那么这一变化应被视为增加了社会的整体福利；

（4）较多的社会或个人福利，比较少的社会或个人福利更可取。

在环境经济学家看来，上述福利经济学的基本价值观显然存在缺陷，首先是存在以人为唯一中心的偏见，社会在评价时会忽视环境对其他物种的损害；其次是"社会"没有包括对人类未来后代利益的考虑。因此，环境经济学需要新的或其他伦理学和价值观补充或取而代之福利经济学价值观。除上述四点外，一些福利经济学家提出将环境物品和服务纳入公共福利系统中。

（二）关于福利变化的度量

一个理性的消费者根据怎样的原则从可选择的商品集合中挑选其最喜爱商品的？这就是典型的消费者问题。马歇尔需求曲线给出消费者问题的一种解，马歇尔曲线为：

$$X_i = x_i(P, M) \tag{9-1}$$

它表示 x_i 的需求量是价格向量 P 和收入向量 M 的函数。它是下面效用最大化问题的一组解：

$$\max U = U(X)$$

$$\text{s. t. } \sum p_i x_i = M \tag{9-2}$$

其中，X 是商品数量向量 $(X = x_1, \cdots, x_i, \cdots, x_n)$。

对于给定的商品 X_2，消费者的预算约束为直线：$M = p_1 X_1 + p_2 X_2$ 或 $X_2 = M/p_2 - p_1/p_2 \cdot X_1$。

其中，X_1 表示全部其他商品，p_1 和 p_2 表示相应商品的价格。消费者的最优选择是无差异曲线[②]与预算约束的切点（Hanley and Spash，1993）。

---

①　一般视个人福利为个人的幸福或快乐。通常情况下，将个人偏好作为个人福利的指示器。当承认和接受"个人是其自身福利的最好判断者，并力图使其福利最大化"的前提时，福利的可测量问题与效用的可测量问题是一致的。"效用"有时用以测量主观的满足程度，有时又指客观的选择或偏好。在多数情况下，假设效用函数是存在的，并将效用函数作为个人偏好的客观指示物（黄有光，1991）。

②　如果效用函数是连续且严格凹的，则无差异曲线是平滑且向原点凸的（Hanley and Spash，1993）。

研究发现，消费者在购买一种商品时，其打算支付的价格与实际支付价格之间存在着差异。当打算支付（即支付意愿）的价格高于实际支付的价格时，才实现消费。显然，在消费者剩余中，降低购买价格将增加消费者的净效益；反之，提高购买价格将减少消费者的净效益（Hanley and Spash，1993）。

1. 马歇尔消费者剩余

马歇尔（A. Marshal）发现，以货币度量的消费者福利等于"真正"的效用剩余。以图示说明，图 9-2 中，曲线 D 为个人马歇尔需求曲线[①]，面积 P_0PC 为消费者以价格 P_0 购买某商品 Q 数量的净效益；面积 $OPCQ$ 是总效益，总效益与净效益之差（面积 OP_0CQ）是消费者以价格 P_0 购买某商品 q 数量的成本。

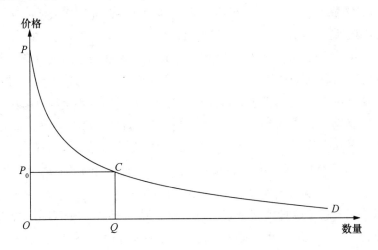

图 9-2 马歇尔消费者剩余

马歇尔消费者剩余（Marshallian Consumer's Surplus，MCS）度量的是将当消费者能够以给定的价格购买一种商品（有购买）与无法提供该商品（无购买）这两种极端情况相比较而得出的消费者福利。实际上，如黄有光（1991）指出的，消费者剩余不一定只限于在"全有"或"全无"情况下的福利比较，更多的是进行商品价格变动情况下的福利度量。

---

① 马歇尔需求曲线假定收入为常数，对于不同的商品价格，给出商品的需求数量，允许效用变动（Hanley and Spash，1993）。

2. 希克斯消费者福利变化度量

希克斯（J. R. Hicks）定义了在价格变动情况下 4 种消费者福利变化的度量方法。它们分别是补偿变差（Compensating Variation，CV）、补偿剩余（Compensating Surplus，CS）、等价变差（Equivalent Variation，EV）和等价剩余（Equivalent Surplus，ES）（Hanley and Spash，1993）。

用补偿剩余和等价剩余度量价格变动时福利的变化，需要消费数量保持常数。与之不同，等价变差和补偿变差度量的是，当价格变动时，消费者可以自由地选择其消费的数量。

假设价格降低，考察此时 4 种方法度量的消费者福利的变动情况。补偿变差（CV）度量的是，当消费者保持其价格降低前的效用水平（U_0）不变时，可以从消费者收入中扣除的货币数量（Markandya et al.，2002）。补偿剩余（CS）度量的是，当消费者仍然要购买与价格降低前同样数量的商品且保持价格降低前的效用水平（U_0）不变时，可以从消费者收入中扣除的货币数量（Hanley and Spash，1993）。等价变差（EV）度量的是，当消费者收入增加使其可达到新的效用水平时（U_1），需要付给消费者的货币数量（Hanley and Spash，1993），即消费者获得额外收入以使目前收入不会因效用水平的变化而发生变化（Markandya et al.，2002）。等价剩余（ES）度量的是，当消费者购买与价格降低前同样数量的商品且增加收入以达到新的效用水平（U_1）时，需要付给消费者的额外货币数量（Hanley and Spash，1993）。

3. 不同消费者福利变化度量方法的使用选择

以消费者剩余度量消费者福利变化的方法有多种，在实际应用中，究竟选择哪一种，这取决于信息是否充分，还取决于针对的问题。

补偿变差（CV）法适用于因税收、补贴和关税等引起的价格变化而产生的消费者福利的变化。此外，如果对损失进行真实的补偿（或对收益进行实际的抽取支付），那么，补偿变差（CV）法也是合适的。如果补偿（或支付）并不被实际实行，则补偿变差（CV）法就不适宜用于度量消费者福利的变化。

补偿剩余（CS）法用来度量因限额配给、价格限制、定量供应等产生的消费者福利损失（消费者剩余减少）更为合适，因为该法主要涉及商品数量的约束，而无须直接涉及相对价格。

如果只关心有关的损失和收益，而并不进行实际的补偿（或支付），此时，马歇尔消费者剩余（MCS）度量相对于其他多种度量方法有许多优点

（黄有光，1991）。

　　威利格（1976）给出了几种消费者福利变化度量方法的近似关系[①]（见图9-3）。在图9-3中，曲线 D 为马歇尔需求曲线，曲线 $H(U_0)$ 和 $H(U_1)$ 为希克斯需求补偿曲线（Hicksian Compensated Demand Curve, HCDC）。当价格由 P_0 降低到 P_1 时，希克斯补偿变差（CV）的度量结果为面积 $x+y$；希克斯等价变差（EV）的度量结果为面积 $x+y+z+w$；马歇尔消费者剩余（MCS）的度量结果为面积 $x+y+z$；消费者剩余的变动范围从补偿变差（CV）到等价变差（EV）。

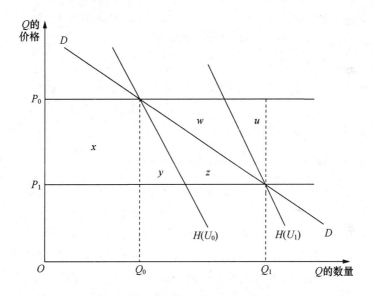

图9-3　威利格消费者剩余度量近似

　　弗里曼（Freeman，1993）根据支出函数定义了希克斯补偿变差（CV），其计算公式为：

$$CV = e(p_0,\ u_0) - e(p_1,\ u_0) > 0$$
$$= M - e(p_1,\ u_0) \qquad\qquad (9-3)$$

　　其中，M 表示固定的收入值，$M = \sum_i p_i q_i$；Q 表示数量向量（$Q = q_1$，…，

　　[①]　转引自汉利和斯巴什（Hanley and Spash, 1993），第40页，图2-6，参考加罗德和威利斯（Garrod and Willis, 1999），第46页，图2-2。

q_i，$\cdots$，q_n），这里简化为 $Q = q$；P 为价格向量（$P = p_1$，$\cdots$，p_i，$\cdots$，p_n），这里简化为 $P = p$；支出函数 $e = e(P, u_0)$ 为货币表示的特定效用水平下的支出额。由于在新价格上花费 M 可以获得更高水平的效用，所以可以得到：

$M = e(p_1, u_1)$

代入式（9－3）可得到：

$$CV = e(p_1, u_1) - e(p_1, u_0) = \int_{p_1}^{p_0} H(p, u_0)\,\mathrm{d}p \qquad (9-4)$$

式（9－4）表明，虽然我们是根据价格降低前的效用水平 U_0 定义的补偿变差（CV），但是，在实际计量时，可以由在新价格基础上，从原效用水平达到新效用水平所需要的货币支出计量补偿变差（CV）。

同理，弗里曼（1993）给出了等价变差（EV）的计算公式：

$EV = e(p_0, u_1) - e(p_0, u_0) > 0 = e(p_0, u_1) - M \qquad (9-5)$

尽管我们是根据从原效用水平达到新的效用水平货币等价定义的等价变差（EV），但是，等价变差也可以由对于给定的新效用水平 U_1，与价格变动相关的支出变动来计量。即：

$$EV = e(p_0, u_1) - e(p_1, u_1) = \int_{p_1}^{p_0} H(p, u_1)\,\mathrm{d}p \qquad (9-6)$$

当考虑环境质量变化对消费者福利（或效用）影响的度量问题时，环境质量用 Q 表示，定义 U_1 和 U_2 为相对于环境质量的不同效用水平，污染水平用 P 表示。在图 9－3 中，在 Q_0 因污染水平降低可以取得的预防支出的节约额（Preventative Expenditure，PE）为面积 x。巴蒂克（Bartik，1988）认为，当环境质量 Q 的变化很小或家庭需求呈刚性（无弹性）时，相对于补偿变差（CV）度量，预防支出的节约额（PE）是福利的效益度量的最好近似估计。特别地，当需求曲线为线性时，有如下简化关系式：

$$[CV - PE(Q_0)]/PE(Q_0) = 面积\ y / 面积\ x = \frac{1}{2}(\Delta p/p)(-\varepsilon) \qquad (9-7)$$

其中，ε 表示希克斯需求价格弹性。[1]

（三）福利变动和支付意愿的关系

对于一种环境资产变化水平的个人最大支付意愿和最小接受意愿，可以用个人货币支出的变差来估计，当然，在估计时需要根据满意程度（福利）保持消费者的无差异性。一旦环境发生变化，最大支付意愿和最小接

---

[1]　转引自加罗德和威利斯（1999），第 47 页。

受意愿就可以成为个人福利变化的货币标识。

根据产品的基本经济学特征，环境物品在规定的范围内的变化会以不同的方式对个人福利产生影响。绝大部分环境物品是公共物品或准公共物品，因此，如前所述，当环境物品发生变化从而影响每一个人的福利时，实际上不能控制或限制哪一个人不使用或利用环境物品（非排他性）。一般而言，对于具有此类特殊性质的物品（公共物品），个人可以通过支付或接受补偿的途径，获得或避免物品的几种变化：①价格降低；②价格上涨；③数量或质量的可能改善；④数量或质量的可能退化。在上述4种情况下，最大支付意愿和最小接受意愿是用补偿变差（CV）、等价变差（EV）、补偿剩余（CS）和等价剩余（ES）计量的（Markandya et al.，2002），如图9-4所示。

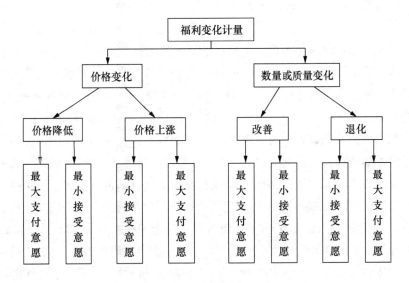

图9-4 福利变化的计量途径

资料来源：Markandya 等（2002），第298页，图9-2。

作为对比，前面图9-3表示的几种方法度量的是因商品价格变化导致的消费者福利变化，图9-5表示的方法度量的是因环境质量变化导致的消费者福利的变化。在图9-5中，当环境质量从 z_0 变化至 z_1 时，与这一变化相应的消费者福利（剩余）变化由图中的面积1（相对于补偿变差 CV 曲线）或面积（1+2）（相对于等价变差 EV 曲线）计量（Johansson，2000）。

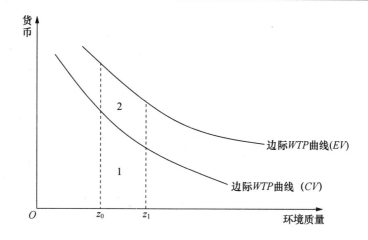

图 9 – 5 环境质量的支付意愿曲线

资料来源：Johansson（2000），图 2 – 3。

一个简单的例子是考虑一个地区的空气质量问题，假设该地区的空气质量以 0（最差的空气质量水平）—100（最佳空气质量水平）表示，该地区的目前空气质量水平为 50。在当地居民中进行随机抽样调查，询问被调查者，对当地空气质量的一个小小改善（例如，从目前的 50 提高至 52）的支付意愿，假定得到被调查人群的平均支付意愿为 20 元。在当地居民中进行另外一组随机抽样调查，假定询问的是对空气质量的改善是从 50 提高至 54，其平均支付意愿为 30 元。考察这两组平均支付意愿的差异，可以得出，当保持空气质量为 50 时相应的效用水平时，空气质量从 52 提高至 54 的平均支付意愿为 10 元。在图 9 – 5 中，我们有了补偿需求曲线上的两个点 z_0 和 z_1，并且 z_0 点以右保持个人的初始效用水平不变。对于第一次空气质量改善（从 50 提高至 52）的支付意愿大于另一次改善（从 52 提高至 54），这表明需求曲线的斜率是向下的。如此重复，可以继续询问空气质量从 50 改善为 56 或 58，则可以在补偿需求曲线上得到另外的"点"（Johansson，2000）。

只要一个项目可以增加一个人的效用，那么补偿变差就将是一种支付，而定价差异就是一种补偿。

福利经济学的一个重要问题是如何计量福利的变化。有两种方法可以完成福利变化的计量，它们是"偏好揭示"方法和"偏好表达"方法。所谓偏好揭示方法是考察消费者在面对价格或环境物品（服务）的数量（质量）变化时，如何通过调整一组其他消费品的实际消费行为，反映和"揭示"其消费偏好，利用这样的信息计算出消费者福利变化的货币度量。

　　所谓偏好表达方法是通过直接询问，对于可能的价格变化或数量变化，消费者的支付意愿和接受意愿。这种方法的基础是，在直接询问消费者如何进行价值调整时，消费者对于自己偏好的陈述和表达（Markandya et al.，2002）。

四　环境价值的分类

　　当一种物品没有市场价格时，就意味着不存在揭示消费者最大支付意愿的低限和最小接受意愿的高限的市场价格。在这种情况下，失去了评价个人对一种物品价值取向的可用的一般性准绳和参照。此时，为了评估[①]人们的支付意愿和接受意愿，即获得个人对一种非市场物品价值取向的货币估计值，需要选择和应用其他方法（Markandya et al.，2002）。

　　现实表明，个人的福利不仅取决于其对私人物品和政府提供的产品与服务的消费，还取决于对于资源—环境系统提供的非市场物品与服务数量和质量的享用。例如，健康、视觉舒适度[②]、户外休闲娱乐的机会等。

　　弗里曼（1993）定义资源—环境系统的"经济价值"概念为对于资源—环境系统的某些变化，经济价值的计量就是资源—环境系统的变化对人类福利的影响。弗里曼同时认为，即便是出于以人类为中心考虑的经济价值，也并不排除考虑其他物种的生存与福利的价值。人之所以对其他物种的生存进行价值评价，不仅是因为它们对于人类具有使用作用（如食品和休闲娱乐），而且还出于利他的和伦理的考虑。对于资源和环境的"利他"和"伦理"作用的价值评价，被定义为"存在价值"和"非使用价值"。

　　在资源和环境经济学中，效益是人类社会从环境变化或对某种资源的使用中获得的价值；成本是因占用资源或作为投入要素而放弃的价值。根据对人类福利的不同影响，而进行效益和成本的价值评价，因此，"经济价值"和"福利变化"的概念可以互换使用（Freeman，1993）。

　　按照弗里曼（1993）的分析，对于环境价值一般有三种分类方式。

　　其一，是按照资源和环境的形态或物质类型区分，如大气、水、森林、

---

　　① 本章区别"评估"和"评价"，认为"评估"兼有定性和定量的工作，不确定一定有定量研究；"评价"主要指定量工作，特别是经济评价研究。

　　② 视觉舒适度也即"养眼"的环境。

渔业、国家公园等。一般在立法和行政管理体系中，污染控制和管理职能划分反映了这类资源和环境价值分类方式。

其二，是按照影响的类型区分。这种分类主要是依据环境和资源服务流是否对与之相关的系统产生了影响。影响对象系统包括：（1）人体健康。具体又包括死亡风险和发病风险、环境舒适度（味觉、气觉和视觉等感觉程度）。（2）生态效益。具体包括直接市场使用价值，如食物和燃料等；直接的非市场价值，如休闲娱乐场所和景观美学等；间接生态价值，如生物多样性和基因库等作用；非使用价值，如存在价值和遗产价值。（3）农业生产系统、气候系统及材料损失等。具体内容如图9-6所示。

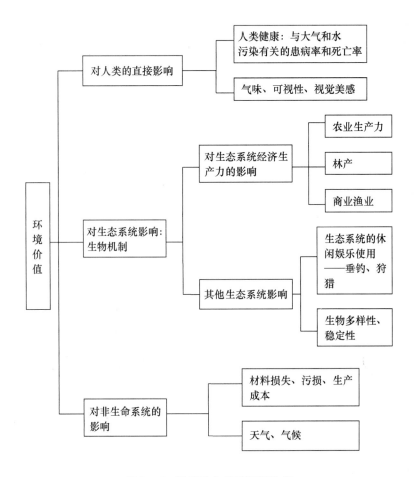

图9-6 按影响分类的环境价值

资料来源：根据弗里曼（1993）第13—14页内容整理。

　　其三，是按照经济类型区分。按照资源和环境服务流通过何种途径实现来划分价值类型。即：（1）通过市场系统，以改变生产者的收入和改变消费者购买市场物品及服务的价格来实现其影响；（2）通过那些并不是从市场购买的物品及服务的改变来实现其影响，这些物品及服务包括健康、环境舒适度等。具体含义如图9－7所示。

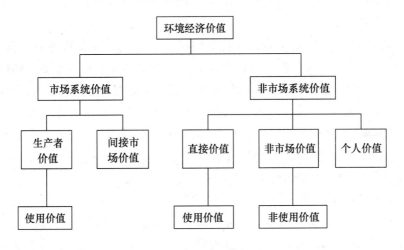

图9－7　环境经济价值分类

资料来源：根据弗里曼（1993）第13—14页内容整理。

　　简单来讲，环境经济学者将全部经济价值分解为（惕藤伯格，2003）：（1）使用价值，它反映了人类对环境资源的直接利用，是环境的当前价值。实际例子有收获食物、捕捞鱼类、砍伐木材、流水灌溉、休闲娱乐（垂钓、打猎等）、景观欣赏等。生态退化、污染可能造成使用价值的损失，如大气污染、水污染可以增加患病率和致死率，过度砍伐森林破坏景观和谐等。（2）非使用价值，它反映了人们普遍希望支付改善和保护那些从未被使用的环境资源的愿望。例如：如果政府将一处风景名胜卖给个人用于储存废物，一定会引起多数人民群众的反对，因为这是对一个独特环境资源的糟蹋和破坏，造成巨大损失。（3）选择价值，它反映了人们保留未来使用环境的潜在可能性，体现出选择未来使用环境的意愿。

五　环境价值评价方法与案例

（一）三类环境价值评价方法

与本章第四部分价值类型相对应的评价方法可以大概分为以下三类：（1）市场方法；（2）偏好揭示方法；（3）偏好表达方法。

1. 市场方法

市场方法主要应用于生态环境效益的直接市场使用价值评价，例如，测算大气质量改善对农业生产和木材工业的影响。在这种情况下，环境物品一般作为投入要素直接进入市场交易。具体的市场方法主要是成本函数和生产函数方法，以及模拟市场行为的最优模型方法。市场方法的特点是需要比较详细的市场信息和数据。有关应用案例可参见亚当斯等（Adams et al.，1986）关于污染治理与美国农业、科普和克鲁普尼克（Kopp and Krupnick，1987）关于臭氧层与美国农业政策的讨论。

2. 偏好揭示方法

当缺乏市场方法所需要的比较完备的市场信息和数据时，偏好揭示方法就开始发挥其独特作用了。其基本出发点是：人的那些与市场密切相关的行为可以揭示人所在地区的环境改善状况。例如，湖水水质影响着湖区休闲垂钓行为、地区大气质量影响着房屋价格等。目前，被环境经济学家广泛使用的偏好揭示类型的具体方法有休闲娱乐需求模型（包括旅行费用模型，Travel Cost Model，TCM）、离散选择模型（Discrete Choice Model，DCM）、品质定价模型[①]（Hedonic Pricing Model）、转移行为模型（Averting Behavior Model，ABM）和疾病费用法等。其中，经常应用的方法有以下四种。

（1）旅行费用模型。它是对单一或多个景区的娱乐旅游需求模型，主

---

① Hedonic Pricing Model 直译为"享乐定价模型"，但比较难以理解。厉以宁、章铮（1995）和张帆（1998）译为"资产价值法"，张世秋（1996）译为"替代品市场技术"和"房地产内涵价格法"。考虑到这一方法最主要的特征是用不同种类的物品和服务的品质特性信息（包括数量和质量）来解释价格的变化，本章认为，译为"品质定价模型"可能更贴切。这里的"不同种类"是指各个相异的、非单一的物品和服务，例如，工作机会、房屋、汽车、计算机等。它们的特点是不同的房屋是由房屋年龄、面积大小、地理位置、内部布局、整体质量、社区环境等一组品质因素构成的；不同的汽车是由汽车年龄、汽车品牌、外观颜色、发动机性能、驾驶可靠性等诸多品质因素构成的。

要用于非市场的直接使用价值评价。它首先估计个人层次的需求函数，然后通过加总，用需求函数和消费者剩余估计景区的总价值（消费者愿意支付的价值）。个人需求函数假定个人效用取决于在景区花费的时间、旅行成本、旅行距离、收入等因素。旅行费用模型的应用实例参见弗里曼（1993）的描述。

（2）品质工资法（Hedonic Wage Studies，HWS）或风险工资法。此类方法有时也称为补贴工资法，其基本出发点是基于个人对于高工资与伤亡风险增加的权衡。一般来说，较高的工作风险就意味着有较高的工资回报。风险工资法通过对劳动力市场数据的统计回归，分析随着工作风险的增加工资的增量情况。这类模型通常被用来估计在很小的死亡风险和发病风险变动下的价值变化，主要用于人体健康的价值评价。风险工资法实际应用的成功案例可参见 Viscusi（1992，1993）及其合作者的系列成果。

（3）资产品质价值法。这里的"资产"多指房屋资产。这种方法评价个人由一组品质因素所引发的对房屋的感知，以及一组品质因素的不同组合所带来的不同效用。资产品质价值法通过对房地产市场数据的统计回归估计不同品质组合下的房地产价值如何增加。在决策时，个人需要在价格与品质之间进行权衡，即这些权衡揭示了品质因素的边际价值。首先，把房屋价格表示成各种品质因素的函数；其次，对特定的品质因素求导，便可以得到各种品质因素的边际价值。在房屋的诸多品质因素中，资产品质价值法特别关注环境品质因素。将环境因素的边际价值（改善环境质量的个人支付意愿）再表示成收入、环境质量等因素的函数，便可以得到改善环境质量的效益估计值。

（4）疾病费用法。一般用于由环境污染引发的发病率变化的价值估计。需要注意的是，疾病费用法并不估计支付意愿，而估计的是疾病的市场成本的变化。疾病费用法估计两类成本：①直接成本，如诊断费用、处置费用和食宿费用等；②间接成本，如因患病而丧失的工作时间等。疾病费用法需要两个理论假设：①用疾病的直接成本表示处理疾病的物品和服务的经济价值；②用个人收入表示生产损失的经济价值。疾病费用法在中国的实际应用可参见郑易生（1999）等的成果。

3. 偏好表达方法

偏好表达方法试图直接测算个人对于环境质量改善的支付意愿。与偏好揭示方法不同的是，在偏好表达方法中，环境物品和服务的价值不是通过观察到的行为去推断的，而是通过实地调查，直接向被访者提出有关的价值偏好问题得到关于偏好的回答，从而测算环境物品和服务的价值估计值。这类方法包括意愿调查（Contingent Valuation，CV）法、选择表达法或相关分析（Conjoint Analysis，CA）法等。目前使用较多的是意愿调查法。

意愿调查法通过调查问卷，询问被访者对于假定商品购买的最大支付意愿。意愿调查法目前广泛应用于环境影响人体健康效益评价、生态效益中的非使用价值（存在价值）评价、生态效益中景观价值评价、地表水质变化评价等。以降低环境污染造成的死亡风险评价为例，其工作的大概过程是调查中，在告诉被调查人风险基准线的前提下，请被调查人回答对于风险减少（风险变动）的愿意支付的额度或范围，然后估计总的平均支付意愿，以总的平均支付意愿除以风险变动便得到了生命统计价值（Value of a Statistical Life，VSL）的估计值。降低死亡风险的经济评价应用案例可参见 Alberini 等（2002）的研究报告——《降低死亡风险的经济评价：美国国家环境法的政策评估》以及克罗珀（Cropper，1999）的相关论文。在中国的应用案例可参见汪宏（Wang，2003）等和张晓（Zhang，2002）的研究成果报告。意愿调查法在生态效益评价中的应用优势主要集中于非使用价值的评价。在这类评价工作中，对于特定的保护地，被访者一般被问及，针对不同的（如国家公园或遗产地）前景（例如，情景 1：维持现状或任凭资源破坏继续下去；情景 2：启动某个管理项目终止生态环境退化），他/她愿意为改善该保护地的生态环境支付的额度或范围。或者询问被访者是否愿意为保护该保护地花费自己的时间去做某些志愿服务工作，比如，信息中心的志愿者、园内资源保护巡逻员、导游等，以及花费时间的长短等。生态效益评价或保护地效益评价的应用案例可参见史蒂芬斯等（Stevens et al.，1991）和哈德克等（Hadker et al.，1997）的研究成果。

一直以来，学界存在着对意愿调查法计量结果可靠性的争论和意见，特别是在调查中，由于意愿调查法不需要被访者作实际货币支付，而仅仅给出在假想条件下的意愿表达，就存在着假设条件描述、信息确切性、支付起点、"搭便车"心理等方面的偏差导致支付意愿表达偏差的可能（Venkatachalam，2004）。美国国家海洋大气局（NOAA）的专家组对此提出了一套方法建议，他们认为，按照这套方法指导进行调查，将可以得到不会产生重大偏差的、关于自然资源损失评价的可靠结果（NOAA，1993）。

（二）案例研究

关于环境价值评价的案例研究，大部分已发表的文献集中于环境对人体健康的影响和生态环境或生物多样性服务价值评价两大类。

1. 环境质量变化对人体健康影响评价

非常典型的问题是，环境质量的变化会直接或间接地对人体健康产生影响，环境经济学者的工作就是估计健康变化的价值。

环境污染源对人体健康产生影响，经历了影响程度的渐进累加过程，最终导致这样的变化过程，即健康、疾病（急性、慢性）、死亡（Strand，2006）。因此，环境经济学文献在分析环境污染影响人体健康的影响结果时，多数集中于死亡率和患病率两类结果的评价。

在环境经济学的研究中，关于环境污染影响人体健康的价值评价，是建立在流行病学对人群健康效应评价的基础上，运用经济学的方法和工具，将环境污染源影响人体健康的物理量转化为经济量，其中的关键点是生命统计价值（针对死亡率）或平均（均值或中间值）患病费用（针对患病率）的估计（张晓，2011）。

（1）死亡率。所谓环境污染导致的死亡率，是指环境质量的变化所导致的死亡率变动，影响的是个人直接福利水平的变化。而个人对环境质量变化所导致的死亡率变动进行评价，实际上针对的是对当下（或近期）而非以后的环境质量变化。

美国克鲁普尼克等（Krupnick et al.，2000）认为，在死亡和患病风险中，死亡风险的降低被认定为最重要的社会收益，这在美国的《安全的饮用水法案》《资源保护和恢复法案》《清洁空气法案》和加拿大的《环境保护法》等法律的立法过程中有着充分的体现，例如，《清洁空气法案》的成本效益分析中，80%可以用货币计量的效益来自降低过早死亡的死亡率。

在评价死亡率的影响时，大多数中国学者选择使用人力资本（HC）方法，一般以平均收入、人均GDP等作为生命价值的替代指标。郑易生（2011）的一个估计选择使用平均工资指标，估计因空气污染致死的损失约为239亿元（1998年价）。

在对人力资本法进行了大量批评后，一些学者选择使用支付意愿方法，即先估计人群对于死亡风险变动的支付意愿，然后以支付意愿除以风险变化得到生命统计价值（Markandya et al.，1999）。表9-1列出了20世纪90年代中期欧（洲）美（国）估计的生命统计价值的一般结果。

张晓（2011，2002）利用北京的调查结果估计的支付意愿（WTP），计算出相应的生命统计价值范围为54.5万—170万元（1999年价），折合美元为6.6万—20.5万美元[1]，折合欧洲货币单位为5.7万—17.6万欧元（1999年价[2]）。与大致同期的欧美估计值相比（见表2-1），中国的生命统计价值仅为他们的1%—6%。

表9-1   生命统计价值估计结果总结（百万欧洲货币单位，1995）

	欧洲	美国
风险工资法	3.4—4.2	4.3—6.6
意愿价值法	4.9—7.6	1.7—3.0
市场方法	0.8—4.1	1.2—1.3
平均	3.0—5.3	2.4—3.6

资料来源：Markandya等（1999），第45页。

（2）患病率。所谓环境污染导致的患病率，是指环境质量的变化所导致的患病率变动，这一指标衡量的也是个人直接福利水平的变动。当个人对环境质量变化所导致的患病率变动进行评价时，针对的是环境政策或环境投入所带来未来的环境质量改善，由此导致的患病率降低、健康水平提高的长期效果。

早期的患病影响评价方法多集中于偏好揭示的疾病费用法（郑易生等，1999）。郑易生（2011）最近的一个估计结果是，我国每个COPD[3]额外发病者的平均医疗费用为3000元，全国因额外发病的经济损失为56亿元（1998年价）。

近年来，利用偏好表达的意愿调查方法评价健康影响的文献呈现增长态势。研究与环境污染密切相关的疾病多为呼吸系统疾病（Brandt et al.，2012），例如，上海市20世纪末21世纪初，患者对呼吸系统疾病的人均支付意愿（中位数结果）为100—5000元（2000年价格），其中，门诊费用

---

① 汇率以1美元=8.2796元人民币计算，参见《中国统计年鉴》（2000）。
② 按照1999年1月4日欧洲中央银行制定的欧元兑美元参考汇率1:1.1665计算。
③ 慢性阻塞性肺病（Chronic Obstructive Pulmonary Diseases，COPD），包括呼吸困难、慢性咳嗽、慢性咳痰（2012 Global Initiative for Chronic Obstructive Lung Disease，Inc.，www.csrd.org.cn/cn/COPD/）。

的支付意愿为 100—400 元，住院费用的支付意愿为 3000—5000 元（彭希哲、田文华，2003）。

（3）估计结果的评价应用问题。本节讨论中涉及的研究，都有着各自的估计结果，各种结果之间存在着明显的差异，对这些结果如何评价、如何使用，始终是环境经济学关注的重要问题。

（A）估计生命统计价值方法的合理性、有效性（逻辑性）。人力资本方法以个人在社会总生产中的贡献份额代表个人的价值。其不合理之处是，老人、小孩、无工资收入者的生命统计价值都无法在人力资本法中体现（Johansson，1995）。

克鲁普尼克等（2000）认为，偏好表达方法原则上能够通过调查测度个人是否正确感知死亡等风险及其变化，然而，许多研究并不能得出降低风险的支付意愿是否会随着风险大小的变化而同方向变化，于是，用此支付意愿计算估计的生命统计价值是否具有合理性和有效性会令人产生疑虑。

（B）自愿风险与非自愿风险的区分。显然，个人对于自愿风险的态度不同于非自愿风险，反映在接受意愿上，自愿风险的接受意愿远远低于非自愿风险的接受意愿。

（C）估计宏观效益（污染总损失）时如何综合多种估计结果。在进行环境污染的人体健康影响评价时，需要大样本调查才能得到区域或全国的经验估计值，但是由于经费、人力、经验的限制，几乎现有的研究都是小样本实验性的调查，估计结果只能反映部分人群的特征，不能代表宏观；而且估计结果之间差异往往很大。此时，可以采取在多个估计结果的基础上进行"再估计"的方法，得到多种估计结果的均值或中位值，以此作为宏观估计值（Nijkampa et al.，2008）。

2. 生态环境或生物多样性服务价值评价

虽然环境效益 80% 以上源于降低过早死亡和额外发病，但是，绝大多数环境价值评价文献针对的评价对象是各类生态系统，如森林（侯元兆，2002；Markandya et al.，2008）、草地、混合生态系统（López - Mosquera et al.，2011）、生物多样性（Nijkampa et al.，2008）等服务价值。本章认为，进行环境对人体健康影响的价值评价，其评价对象是"人"，除了市场方法外（如"人力资本法"），偏好揭示与偏好陈述型方法无一例外都存在着数据获得困难的问题，特别是涉及敏感的患病、死亡、假设支出、意愿等话题，容易造成被访问者的心理压力，从而形成扭曲信息，引起估计偏差。与之相对应的，对生态环境和生物多样性的服务价值进行评价，评价对象是"物"，评价过程一般不会形成扭曲信息，因而数据较容易获得。

所谓生态环境的经济评价，是指对自然资源进行经济评价；特殊意义上，是指对生物多样性进行经济评价。这一类工作是当今环境经济学者面临的最富有挑战意义的工作之一。在进行保护方案的成本效益分析时，可以直接进行多种方案的经济价值评价结果的比较。此外，生物多样性的货币价值也是环境账户、自然资源损失评估以及效益评估的基础。生物多样性的价值在消费者行为研究中也具有重要意义，它可以指示消费者个人对于特定的生物多样性管理目标的态度以及辨识消费者对于生物多样性保护的动机（Nijkampa et al.，2008）。

反映生物多样性及历史文化特征的保护区域统称为自然文化遗产资源。以我国为例，此类资源包括自然保护区、风景名胜区、森林公园、地质公园、湿地公园、水利风景区等不同类型。其中，汲取具有世界性"突出普遍价值"的遗产地作为世界遗产予以保护。联合国教科文组织的《世界遗产名录》确定了哪些是具有突出普遍价值的遗产资源，并因此给予特别的公开承认、责成所属缔约国政府给予特别的保护。这些世界范围内的典型遗产资源，代表着世界遗产的多样性，具有重要的教育内涵。自然文化遗产不仅留存了我国丰富的生物多样性和生态系统本底资源，而且传承了中华文明和传统文化。设立自然文化遗产保护区域从制度上保证了遗产资源为人民所长期享有。

评价生态环境及生物多样性服务价值的方法一般为旅行费用方法（偏好揭示型）、支付意愿方法（CVM，偏好表达型）和离散选择模型（偏好表达型）。

（1）支付意愿方法评价世界遗产地附近保护工程的效益。英国的世界遗产地——巨石阵位于英国伦敦西南100多公里的英格兰威尔特郡索尔兹伯里平原，建于公元前5000年至公元前3500年，是欧洲著名的史前时代文化神庙遗址。索尔兹伯里平原上，一些巍峨巨石呈环形屹立在绿色的旷野间，这就是英伦三岛最著名、最神秘的史前遗迹——巨石阵。在英国人心目中，这是一个神圣的地方。英国政府从大约80年前开始修复圆形石林。从那时起，圆形石林已经成为英国最热的旅游点之一，每年都有100万人到那里游览。

20世纪90年代后期，巨石阵的品质受到临近的A303号公路噪声的削减。于是，巨石阵的管理机构——英国遗产委员会联合国家信托基金提出修建 A303 号公路地下隧道，旨在隐蔽大量交通工具引发的噪声对巨石阵的影响。这一工程的预算约为 1.25 亿英镑，问题是，工程能产生多大的效益呢？据 Mourato 和 Maddison（2000）的研究，游客及一般公众的支付意愿调查（涵盖了非使用价值）结果表明，因该工程得以实现的巨石阵最严格保护效益为 1.5 亿英镑，这个数字大于修建地下隧道工程的成本（Hanley et al.，2013）。

（2）离散选择模型评价颐和园。离散选择模型是通过观察受访者在假想的选择情景中做出的选择行为，从而分析得出受访者基于环境特征的间接效用函数，进而推导出受访者从环境特征改善中得到的收益的一种价值评价方法。其中，选择情景是指受访者面临一个从包含若干个选择项的选择集中选中一个的问题。该选择集需要满足三个标准：第一，选择集中的选项数量是有限的；第二，选项是互斥的；第三，选择集是完备的（Train，1993）。

选择实验构造由不同属性状态组合而成的选择集，假定受访者从中选择自己最偏好的替代情景，然后通过构造选择的效用函数模型，将选择问题转化为效用比较问题，用效用的最大化来表示受访者对替代情景集合中最优方案的选择，以达到估计模型整体参数的目的。

根据 Louviere（2001），选择模型一般包含以下几个要素：第一，选项。选项可以是有特定标识的名称（如"提高水质"），也可以用没有特定标识的名称（如"选择1"）。第二，选项属性，用以描述选项的特性。第三，属性水平，用来刻画选项间的差别。水平值可能是定性的，也可能是定量的。第四，受访者。受访者将评估选项集合中的所有或部分选项，并在每一个待比较的多项选择集合中选出一个最偏好的选项（高建锋，2011）。

2005 年，我们对世界文化遗产——颐和园进行价值评价，评价方法采用选择模型（高建锋、张晓，2011）。通过实验性问卷调查、调查数据统计分析、模型表达的间接效用函数分析等工作，我们的发现和研究结论如下：

第一，门票支付意愿。调查数据显示，绝大多数（90.15%）的受访者愿意支付的最高门票价格为 10—50 元，其中 50% 的受访者愿意支付的最高门票价格为 20 元，即当时的实际门票价格；8.33% 的受访者愿意支付的最高门票价格为 10 元，低于当时的实际门票价格；31.82% 的受访者愿意支

付的最高门票价格为 50 元，高于当时的实际门票价格。另外，还有 2.27%
的受访者愿意支付的最高门票价格为 0 元。统计结果说明，在颐和园当时
的资源状况下，绝大部分受访者愿意支付的最高门票价格不超过 50 元。

第二，不同情景下受访者的补偿剩余（支付意愿）。受访者对颐和园古
建筑从"外观基本保持完好，室内部分开放"改善为"定期维修，室内按
历史原装陈列并全部免费开放"的支付意愿为 48.35 元；对颐和园历史遗
迹从"露天陈列，全部开放"改善为"按照历史原样修复并免费开放"的
支付意愿为 42.14 元；对颐和园水面景观从"湖水有些混浊、观赏植物不
够丰富"改善为"湖水清澈见底、没有杂草、观赏植物丰富别致"的支付
意愿为 49.06 元；对颐和园水面景观从"湖水清澈见底、没有杂草、观赏
植物丰富别致"退化为"湖水混浊、杂草丛生、无观赏植物"的接受补偿
意愿为 72.04 元。

第三，全年总效益。假定淡季所有受访者都是在园内游览半天的话，
颐和园由现状改善为古建筑"定期维修，室内按历史原装陈列并全部免费
开放"、历史遗迹"按照历史原样修复并免费开放"、水面景观"湖水清澈
见底、没有杂草、观赏植物丰富别致"给他们带来的平均补偿剩余为
139.55 元。

再假定 2005 年全年游客量为 600 万人，如果抽取的样本能够代表颐和
园全年的游客、淡季调查能够代表全年调查的话，那么，在每个游客游览
半天的情况下，这一改善能给全年所有游客带来的总收益是 8.37 亿元。

3. 旅行费用模型评价天坛

旅行费用模型（Travel Cost Model，TCM）是一种"古老"的环境价值
评价方法，产于美国，原用来计算旅游者因户外休闲活动在国家公园产生
的总经济效益（Hotelling，1949）。

环境物品及服务的消费者剩余超出了消费者的"心理收益"范围，且
代表了消费者的部分"实际受益"，因而可用消费者剩余表达环境物品与服
务的经济价值。

旅行费用法运用消费者剩余度量消费者的支付意愿，进而评价环境物
品或服务价值的一种偏好揭示性质的评价方法。它的基本思路是：针对某
个资源场所，通过调查旅游者在旅游过程中的货币和时间支付状况，建立
旅行成本函数模型，根据旅行成本与游客人数的变化，估计出旅游需求曲
线（代替游客人数与景点价格之间的需求曲线），再计算消费者剩余，由此

得到资源价值的估计值（王雪莲、张晓，2011a）。

2005 年，我们对世界文化遗产——天坛进行价值评价，评价方法采用旅行费用法。通过实验性调查、数据处理、需求曲线拟合与选取、消费者剩余计算等步骤，我们的发现和研究结论是：第一，个人旅行费用模型的评价结果为每人次消费者剩余为 12.5 元（2005 年价）。第二，分区旅行费用模型，采用两种计算方式，即积分法和梯形面积累加法，估计出的 2005年天坛公园的经济价值分别为 114 亿元和 138 亿元（王雪莲、张晓，2011b）。

参考文献

[1] [澳大利亚] 黄有光：《福利经济学》，周建明等译，中国友谊出版公司 1991 年版。

[2] [澳] 戴维·詹姆斯、[荷] 赫伊布·詹森、汉斯·奥普斯科尔：《应用环境经济学：经济分析的技术和结果》，王炎庠等译，王铁生校，商务印书馆 1986 年版。

[3] 侯元兆主编：《森林环境价值核算》，中国科学技术出版社 2002 年版。

[4] 高建锋：《离散选择模型和选择实验》，参见课题组《环境价值评价：方法与案例研究》，中国社会科学院重大项目（B类），2011 年 8 月。

[5] 高建锋、张晓：《世界文化遗产颐和园的价值评价》（2011），参见课题组《环境价值评价：方法与案例研究》，中国社会科学院重大项目（B类），2011 年 8 月。

[6] 厉以宁、章铮：《环境经济学》，中国计划出版社 1995 年版。

[7] [美] 汤姆·惕藤伯格：《环境经济学与政策》，朱启贵译，上海财经大学出版社 2003 年版。

[8] 彭希哲、田文华：《上海市空气污染疾病经济损失的意愿支付研究》，《世界经济文汇》2003 年第 2 期。

[9] 王雪莲、张晓：《需求理论和旅行成本模型》，参见课题组《环境价值评价：方法与案例研究》，中国社会科学院重大项目（B类），2011 年 8 月。

[10] 王雪莲、张晓：《旅行成本法两种基本模型的应用——对世界文化遗产北京天坛的资源价值评价》，参见课题组《环境价值评价：方法与案例研究》，中国社会科学院重大项目（B类），2011 年 8 月。

[11] 张帆：《环境与自然资源经济学》，上海人民出版社 1998 年版。

[12] 张晓：《大型水电工程设施（大坝）的外部性分析》，参见郑易生主编《科学发展观与江河开发》，华夏出版社 2005 年版。

[13] 张晓：《避免因大气污染造成早亡的支付意愿及生命统计价值估计——北京案例研究》，参见课题组《环境价值评价：方法与案例研究》，中国社会科学院重大项目（B类），2011 年 8 月。

［14］郑易生:《中国大气污染造成的健康损害的经济评价》,参见课题组《环境价值评价:方法与案例研究》,中国社会科学院重大项目(B类),2011 年 8 月。

［15］郑易生、阎林、钱薏红:《年代中期中国环境污染经济损失估算》,《管理世界》1999 年第 2 期。

［16］Adams, R. M., S. A. Hamilton and B. A. McCarl, 1986, The Benefit of Pollution Control: The Case of Ozone and U. S. Agriculture. *American Journal of Agricultural Economics*, 68 (4), pp. 886 – 893.

［17］Alberini, A. et al., 2002, Economic Valuation of Mortality Risk Reduction: Assessing the States of the Art for Policy Applications. *Report*. National Center for Environmental Economics. U. S. Environmental Protection Agency.

［18］http: //yosemite. epa. gov/ee/epa/eerm. nsf/vwRepNumLookup/.

［19］Bartik, Timoth J., 1988, Evaluating the Benefits of Non – Marginal Reductions in Pollution Using Information on Defensive Expenditure. *Journal of Environmental Economics and Management*, 15, pp. 111 – 127.

［20］Brandt, Sylvia, F. V. Lavin and M. Hanemann, 2012, Contingent Valuation Scenarios for Chronic Illnesses: The Case of Childhood Asthma. Value in Health, 15, pp. 1077 – 1083.

［21］Cropper, M., 1999, *Valuing Environmental Benefit—Selected Essays of Maureen Cropper*. Edward Elgar Publishing Limited.

［22］Freeman Ⅲ, A. Myrick, 1993, *The Measurement of Environmental and Resource Value: Theory and Method*. Resources for the Future, Washington D. C..

［23］Garrod, Guy and Kenneth G. Willis, 1999, *Economic Valuation of the Environment: Method and Case Studies*. Edward Elgar Publishing Limited, UK.

［24］Hanley, Nick and Clive L. Spash, 1993, *Cost – Benefit Analysis and the Environment*. Edward Elgar Publishing Limited, UK.

［25］Hanemann, W. M., 1991, Willing to Pay and Willing to Accept: How Much Can They Differ? *American Economic Review*, 81, pp. 635 – 647.

［26］Hadker, Nandini, S. Sharma, A. David and T. R. Muraleedharan, 1997, Willingness – to – pay for Borivli National Park: Evidence from a Contingent Valuation. *Ecological Economics*, 21, pp. 105 – 122.

［27］Horowitz, J. K. and K. E. McConnell, 2002, A Review of WTA/WTP studies. *Journal of Environmental Economics and Management*, 44, pp. 426 – 447.

［28］Hotelling, H., 1949, An Economic Study of the Monetary Valuation of Recreation in the National Parks. Washington D. C.: U. S. Department of the Interior, National Park Service and Recreational Planning Division.

［29］Johansson, M., Per – Olov Johansson, B. Jonsson and T. Soderqvist, 1995, Valuing changes in Health: Theoretical and Empirical Issues. In Johansson, Per – Olov, K. Bengt and Karl – Goran Maler (eds.), Current Issues in Environmental Economics, 78 – 97. Manchester University Press. UK.

[30] Johansson, Per – Olov, 2000, Microeconomics of Valuation. In Folmer, Henk and H. Landis Gobel (eds.), *Principles of Environmental and Resource Economics: A Guide for Students and Decision – Makers* (Second Edition) . Edward Elgar Publishing Limited, UK.

[31] Kopp, R. J. and A. J. Krupnick, 1987, Agricultural Policy and the Benefits of Ozone Control. *American Journal of Agricultural Economics*, 69 (5), pp. 956 – 962.

[32] Krupnick, A. , A. Alberini, M. Cropper, N. Simon, B. O ' Brien, R. Goeree and M. Herntzelman, 2000, "Age, Health, and the Willingness to Pay for Mortality Risk Reductions: A Contingent Valuation Survey of Ontario Residents" . Resources for the Future Discussion Paper, 00 – 37, Washington D. C. .

[33] López – Mosquera, Natalia and Mercedes Sánchez, 2011, Emotional and satisfaction benefits to visitors as explanatory factors in the monetary valuation of environmental goods. An application to periurban green spaces. *Land Use Policy*, 28, pp. 151 – 166.

[34] Louviere, J. , 2001, "Choice Experiments: An Overview of Concepts and Issues", in Jeff Bennett and Russell Blamey (eds.), *The Choice Modelling Approach to Environmental Valuation*. Northampton: Edward Elgar, pp. 13 – 36.

[35] Markandya, A. , Chiabai, A. , Ding, H. , Travisi, C. , Nunes, P. A. L. D. , 2008, Economic Valuation of Forest Ecosystem Services: Methodology and Monetary Estimates, in final report The Cost of Policy Inaction (COPI): The case of not meeting the 2010 biodiversity target, European Commission call on ENV. G. 1/ETU/2007/0044, Brussels, Belgium.

[36] Markandya, Anil, Patrice Harou, Lorenzo Giovanni Bellùand and Vito Cistulli, 2002, *Environmental Economics for Sustainable Growth – A Handbook for Practitioners*. Edward Elgar Publishing Limited, UK.

[37] Makandya, A. and M. Pavan (eds.), 1999, *Green Accounting in Europe – Four Case Studies*. Kluwer Academic Publishers, The Neterlands.

[38] Mourato, S. and D. Maddison, 2000, Valuing Different Road Options for Stonehenge, in Navrud, S. and R. Ready (eds.), *Valuing Cultural Heritage*. Edward Elgar Publishing Limited, UK.

[39] National Oceanic and Atmospheric Administration (NOAA), 1993, Report of the NOAA Panel on Contingent Valuation. *Federal Register*, 58 (10), pp. 4602 – 4614.

[40] Nijkampa, P. , G. Vindignib and Paulo A. L. D. Nunesc, 2008, Economic Valuation of Biodi-

versity: A Comparative Study. *Ecological Economics*, 67, pp. 217 – 231.

[41] Phaneuf, D. J. and T. Requate, 2010, A Course in Environmental Economics: Theory, Policy, and Practice. http://www.aae.wisc.edu/dphaneuf/Environmental Economics Book.

[42] Randall, A. and J. R. Stoll, 1980, Consumer's Surplus in Commodity space. *American Economic Review*, 70, pp. 449 – 455.

[43] Stevens, T. H. , J. Echeverria, R. J. Glass, T. Hager and T. A. More, 1991, Measuring the Existence Value of Wildlife: What to CVM Estimates Really Show? *Land Economics*, 67 (4), pp. 390 – 400.

[44] Strand, Jon, 2006, Valuation of Environmental Improvements in Continuous Time with Mortality and Morbidity Effects. *Resource and Energy Economics*, 28, pp. 229 – 241.

[45] Train, K. , 1993, *Qualitative Choice Analysis: Theory, Econometrics, and an Application to Automobile Demand*. Third Edition, Cambridge, MA: The MIT Press.

[46] Venkatachalam, L. , 2004, The contingent valuation method: A review. *Environmental Impact Assessment Review*, 24: 89 – 124.

[47] Viscusi, W. K. , 1992, *Fatal Tradeoffs: Public and Private Responsibilities for Risk*. New York, NY: Oxford University Press.

[48] Viscusi, W. K. , 1993, The Value of Risks to Life and Health. *Journal of Economic Literature*, 31 (4), pp. 1912 – 1946.

[49] Wang, Hong, 2003, Willingness to Pay for Reducing Fatal Risk by Improving Air Quality: A Contingent Valuation Study in Chongqing, China. Professional Association for China's Environment (PACE) 2003 Symposium Paper, Oct. 24 – 25, Renmin University of China, Beijing.

[50] Willig, R. D. , 1976, Consumer's Surplus without Apology. *American Economic Review*, 66, pp. 589 – 597.

[51] Zhang, Xiao, 2002, Valuing Mortality Risk Reductions Using the Contingent Valuation Method: Evidence from A Survey of Beijing Residents in 1999. Presenting Paper for the Second World Congress of Environmental and Resource Economists, June 24 – 27, 2002, Monterey, CA, USA.

第十章 非合意产出在生产率度量中的处理：理论与方法

一 引言

非合意产出，又称为坏产出，通常指的是具有负外部性的污染产出，它们伴随着合意产出的生产而产生，是合意产出或好产品的副产品。

生产率是产出与投入的比值，传统意义上的投入和产出，是具有价格信号的稀缺资源，并不考虑外部性问题，因此，非合意产出经常被忽略。在工业化早期，环境容量相对污染物排放近乎无限的情况下，洁净的空气和水被认为是无限供给，没有市场价格。然而，随着工业化的进行，污染物排放接近甚至超过了环境的容忍程度，环境污染影响甚至威胁到人们正常的生产和生活，洁净的空气和水成为稀缺的产品，但是，由于排污行为的外部性，很难为环境质量进行定价。

如果人们承认良好的环境是一种稀缺的资源或产品，需要通过改变既有的生产方式而获得，那么，环境污染的减少或增加就可以被当作是生产过程的一部分。如果生产率度量中，产出仅仅包括合意产出，那么得到的生产率就仅仅是"合意产出的生产率"，而不是整个生产过程的生产率。对于受到环境管制的行业来说，治理污染意味着传统生产要素用于非生产目的，而污染的减少并没有计入生产率的改善，因此，环境管制前后，生产率的实际增长可能被低估。20 世纪 90 年代以前，大部分的生产率度量和增长核算研究都不考虑非合意产出，如乔根森和威尔科克森（Jorgenson and Wilcoxen，1990）。

然而，非合意产出缺乏价格信息，这使得基于传统生产理论框架的生产率度量方法必须做一些改进，这方面的进展主要体现在方向距离函数的引入。距离函数处理非合意产出有几个优点。首先，距离函数可以表示多投入和多产出的生产技术；其次，距离函数的公理框架可以处理非合意产出；最后，距离函数概念建立在效率的基础上，以距离函数为方法而构建的马尔姆奎斯特（Malmquist）指数具有广泛的应用，而方向距离函数对距离函数的改进，就是将径向伸缩改变为以活动对象为基点的伸缩。当前，这个领域的研究发展很快，本章对此作了一个梳理。正文内容这样安排，首先，对比距离函数与法雷尔（Farrell，1957）效率在思想和方法上的异同，其次对距离函数处理非合意产出的方法进行说明，最后介绍方向性距离函数在处理非合意产出方面的优势。

二　效率分析与距离函数

（一）效率分析思想的起源

效率分析的文献要追溯到法雷尔（1957），他对效率研究的贡献体现在三个方面，效率度量建立在非有效观测点相对于前沿面的径向收缩或扩张；生产前沿面界定为观测点的分段线形包络；它是通过计算线形方程组得到的，满足的条件是斜率非正，在前沿面和原点之间没有观测点（Finn and Nikias，2002）。

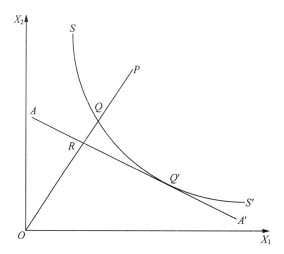

图 10 - 1　法雷尔定义的技术效率和价格效率

注：X_1 和 X_2 是投入，SS′是单位等产量线。

资料来源：法雷尔，1957 年。

　　法雷尔界定了成本效率，并把它分解为技术效率和价格效率（或配置效率）两个组成部分。技术效率定义为在最佳实践状态下生产所观测到产出所需要的投入量与实际观测到的投入量的比率，在图 10 - 1 为 OQ/OP。价格效率定义为满足技术有效情况下，在观测已知要素价格下生产所观测到产出的成本与前沿面上最小成本的比率，即 OR/OQ。成本效率就是满足技术有效和价格有效情况下，生产出所观测产出的成本与实际成本的比率，即 $OR/OP = (OQ/OP)(OR/OQ)$。

　　在图 10 - 2 中，每个对象到前沿面的距离代表了它的效率。前沿面按照规模收益分为两种：一种是不变规模收益，图 10 - 2 中过原点的虚线，这种情况下，只有 P_3 的效率为 1，其他点都小于 1；另一种是可变规模收益，由 P_1 到 P_4 各点组成了生产前沿面，这些点效率为 1。P_5 效率小于 1。在投入方向上，向 Q 轴做水平投影，意味着减少投入，效率提高；在产出方向上，垂直 X 轴投影，投入不变产出提高，效率改善。

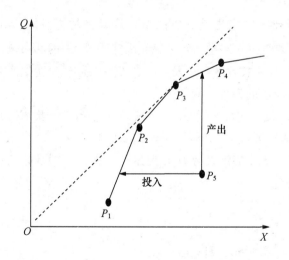

图 10 - 2　法雷尔单投入单产出生产前沿面示意图

资料来源：法雷尔，1957 年。

　　法雷尔认为，自己的灵感来自德布鲁（Debreu）和库普曼斯（Koopmans），但是 Finn 和 Nikias（2002）认为，法雷尔忽略了谢泼德（Shephard）提出的距离函数，因为后者的生产理论公理体系可以为他的径向伸缩选择提供非常合适的解释。另外，法雷尔还忽视了马尔姆奎斯特的贡献，后者启发了卡维斯等（Caves et al.，1982）在法雷尔效率指数的基础上提出了曼奎斯特生产率指数。

受法雷尔论文的启发，查尼斯、库珀和罗德斯（Charnes，Cooper and Rhodes，缩写为 CCR，1978）对效率的度量进行了可操作化的推广。他们提出的线性规划模型具有一般性，法雷尔的单位等产量模型是一般线性规划问题的特例。

CCR 的贡献之一是将效率指数（产出的加权和与投入加权和的比值）与法雷尔的效率度量方式联系起来，即将某一单位效率最大化问题转变为法雷尔效率得分最大化的一般线性规划问题。同时，CCR 明确指出了法雷尔的技术效率度量方法与谢泼德采用的距离函数之间的关系。

（二）谢泼德距离函数公理体系

谢泼德（1953，1970）在厂商生产理论中引入距离函数的概念，并用距离函数作为基本工具，对生产理论框架进行了公理性的描述。

1. 多投入单产出

假定生产技术的产出是非负的单一产品或服务 y，$x = (x_1, x_2, \cdots, x_n)$ 表示生产要素投入向量，定义在欧氏空间 R^n 中的非负域 D 中，$D = \{x \mid x \geq 0, x \in R^n\}$。[①] 技术的生产投入集合 $L(y)$ 是至少能生产非负产出 y 的所有投入要素向量的集合。

$L(y)$ 中的投入向量 x 不一定是有效率的，有效子集 $E(y)$ 的定义为：
$$E(y) = \{x \mid x \in L(y), \forall x' \leq x \Rightarrow x' \notin L(y)\}$$

进一步地，把 x 的定义域 D 分为独立子集，分别是原点、边界点集合与非边界点集合：
$$D = \begin{cases} \{0\} \\ D_1 = \{x \mid x > 0\} \\ D_2 = \{x \mid x \geq 0, \prod x_i = 0\} \end{cases}$$

其中，边界点集合 D_2 又分为两个子集：
$$D_2 = \begin{cases} D'_2 = \{x \mid x \in D_2, \lambda x \in L_{\Phi}(y) \text{ for some } u > 0, \lambda > 0\} \\ D''_2 = \{x \mid x \in D_2, \lambda x \notin L_{\Phi}(y) \text{ for all } u > 0, \lambda > 0\} \end{cases}$$

D_2 是坐标轴上的点，这些点根据其坐标轴是否与投入集有交点，分为

---

① 对于向量 x 和 y，$x \geq y$ 的意思是向量中的每个分量 $x_i \geq y_i$；$x \geq y$ 的意思是每个分量 $x_i \geq y_i$，但 $x \neq y$。

两个集合，D''_2 是坐标轴与任何产出的投入集都没有交点的集合，D'_2 是与某一产出的投入集有交点的集合。四个子集满足 $D = \{0\} \cup D_1 \cup D'_2 \cup D''_2$。

用投入集表示的距离函数定义为[①]：

$$\psi(y,\ x) = \begin{cases} \dfrac{\| x \|}{\| \zeta \|} = \dfrac{1}{\min\{\lambda \mid \lambda x \in L_\Phi(y)\}} \text{for } x \in D_1 \cup D'_2, \\[4mm] \qquad y = \begin{cases} (1,\ +\infty) & x\,在\,L_\Phi(y)\,内 \\ \quad 1 & x\,在\,E_\Phi(y)\,上 \\ (0,\ 1) & x\,在\,L_\Phi(y)\,外 \end{cases} \\[8mm] 0 \qquad\qquad \text{for } x \in \{0\} \cup D''_2,\ y > 0 \\[2mm] +\infty \qquad\quad\ \text{for } x \in D,\ y = 0 \end{cases}$$

其中，$\xi = \lambda_0 x$，$\lambda_0 = \min\{\lambda \mid \lambda x \in L_\Phi(y)\}$。这个定义就是图 10 – 1 中 OP/OQ，与法雷尔的效率定义互为倒数。

定义了距离函数之后，投入集和生产函数分别表示为：

$L_\Phi(y) = \{x \mid \Psi(y,\ x) > = 1,\ x \in D\}$

$E_\Phi(y) = \{x \mid \Psi(y,\ x) = 1,\ \Psi(y,\ x') < 1,\ \text{any} x' \leqslant x,\ y > 0\}$

2. 多投入多产出

假定有 M 种产出或服务，产品不必为合意产出，或者不必有正的经济或社会价值，如污染可以被当作联合生产的产品。令 $y = (y_1,\ y_2,\ \cdots,\ y_M)$ 表示生产技术中的产出向量，定义在欧氏空间 R^m 的非负域。令 $X = \{x \mid x \geqslant 0\} = R^n_+$ 和 $Y = \{y \mid y \geqslant 0\} = R^m_+$ 分别表示非负投入和产出向量集合。

定义：P：$X \to Y$ 表示的生产对应是 X 到 Y 的映射，对应于 $x \in X$ 的产出集合 $P(x) \subset Y$，也就是 X 内的点集到 Y 的子集的映射。

定义：逆对应关系 L：$Y \to X$ 是 U 在 X 中的映射，X 的子集 $L(y)$ 就是至少能生产 y 产出的投入向量集合。投入集 $L(y) = \{x \mid y \in P(x),\ x \in X\}$。

令 $y = (y(D),\ y(\overline{D}))$，$y(\overline{D})$ 表示非合意产出分量，而前者表示合意产出分量。

定义：产出集 $P(x)$ 的有效子集，类似单产出的生产函数。

---

① 距离函数的性质见附录。

$$E_p(x) = \left\{ y \left| \begin{array}{l} y \in P(x); \ \max\{\theta \mid \theta \cdot y \in P(x), \ \theta \in [0, \ +\infty)\} = 1; \\ v = [v(D), \ v[\overline{D}]] \notin P(x) \\ \mathrm{if} y(\overline{D}) \text{非空且} \begin{cases} (a) v(D) \geqslant y(D), \ v(\overline{D}) \leqslant y(\overline{D}) \\ (b) v(D) \geqslant y(D), \ v(\overline{D}) \leqslant y(\overline{D}) \end{cases} \end{array} \right. \right\}$$

定义：投入集 $L(y)$ 的有效子集 $E_L(y) = \{x \mid x \in L(y), \ x' \notin L(y) \ \mathrm{if} \ x' \leqslant x, \ y \in Y\}$。

这两个定义有一定的相似性。投入集的有效子集就是给定产出 y 所需要的最少的投入；产出集的有效子集就是给定投入 x 所生产的最多产出。所不同的是，如果存在着非合意产出，并不是多多益善，而是越少越好，合意产出不减少的情况下非合意产出减少，或者非合意产出不增加的情况下合意产出增加，都意味着更有效率。

多投入单产出的生产技术容易用生产函数来表示，单投入多产出的生产技术也容易用生产函数的反函数表示。但是，对于多投入和多产出的生产技术而言，只能用更加抽象的转换函数来表示。相比之下，距离函数在表达生产技术方面就存在着简洁的优势。分别基于产出集 $P(x)$ 和投入集 $L(y)$，定义两种距离函数。

定义：投入集 $L(y)$ 的距离函数 $\Psi(y, x)$ 为：

$$\Psi(y, x) = \frac{\|x\|}{\|\xi(y, x)\|} = \frac{1}{\lambda(y, x)}$$

其中，$\xi(y, x) = \lambda(y, x) x$ 且 $\lambda(y, x) = \min\{\lambda \mid (\lambda x) \in L(y), \ \lambda \geqslant 0\}$。

定义：产出集 $P(x)$ 的距离函数 $\Omega(x, y)$ 为：

$$\Omega(x, y) = \frac{\|y\|}{\|\eta(x, y)\|} = \frac{1}{\theta(x, y)}$$

其中，$\eta(x, y) = \theta(x, y) \cdot y$ 且 $\theta(x, y) = \max\{\theta \mid (\theta \cdot y) \in P(x), \ \theta \geqslant 0\}$。

两类距离函数的性质见本章附录2。投入集 $L(y)$ 和产出集 $P(x)$ 分别用距离函数表示为：

$$L(y) = \{x \mid \Psi(y, x) \geqslant 1\}$$
$$P(x) = \{y \mid \Omega(x, y) \leqslant 1\}$$

基于投入距离函数主要特点是径向的变化，也就是从原点出发的一条射线的长短，投入向量的各分量都同比例地发生变化。

可见，基于投入的距离函数值不小于1，距离函数中的分母就是法雷尔的效率值，二者互为倒数。

为了与其他研究保持一致，投入距离函数和产出距离函数分别表示为：

$$D_i(x, y) = \max\{\rho: (x/\rho) \in L(y)\}$$

$$D_o(x, y) = \min\{\theta: (y/\theta) \in P(x)\}$$

（三）距离函数与马尔姆奎斯特生产率指数

卡维斯等（1982a，1982b）提出了马尔姆奎斯特生产率指数，之所以以马尔姆奎斯特命名，是因为1953年马尔姆奎斯特提出了缩减概念，即两个不同的时点上，厂商投入缩减到何种程度还能够保持产出不变，这是马尔姆奎斯特投入指数，类似地，还可以定义产出指数。CCD的贡献在于利用马尔姆奎斯特投入和产出指数，放松生产技术不变的假定，提出了马尔姆奎斯特生产率指数，不但可以比较时间序列，而且可以比较双边和多边经济体的生产率。

假设有 s 和 t 两个时点（或者经济体），那么分别以 s、t 为基期的马尔姆奎斯特产出指数为：

$$m_o^s(y_s, y_t, x_s, x_t) = \frac{d_o^s(y_t, x_t)}{d_o^s(y_s, x_s)}$$

$$m_o^t(y_s, y_t, x_s, x_t) = \frac{d_o^t(y_t, x_t)}{d_o^t(y_s, x_s)}$$

产出导向的马尔姆奎斯特指数为：

$$m_o(y_s, y_t, x_s, x_t) = \left[m_o^t \cdot m_o^s\right]^{\frac{1}{2}}$$

类似地，投入导向的马尔姆奎斯特指数为：

$$m_i(y_s, y_t, x_s, x_t) = \left[m_i^t \cdot m_i^s\right]^{\frac{1}{2}} = \left[\frac{d_i^s(y_t, x_t)}{d_i^s(y_s, x_s)} \frac{d_i^t(y_t, x_t)}{d_i^t(y_s, x_s)}\right]^{\frac{1}{2}}$$

马尔姆奎斯特生产率指数为：

$$TFPG_m = \frac{m_o}{m_i}$$

有句话叫作殊途同归，应该说法雷尔效率度量、距离函数和马尔姆奎斯特指数原来并没有任何关系，都是独立研究的结果，但是，在生产率度量领域，这三条线索重合了。CCR（1978）根据法雷尔的思想，提出了数据包络分析方法，而CCD（1982）用距离函数的思想，发展马尔姆奎斯特生产率指数，而DEA方法是估计距离函数的主要方法之一。当它们在生产率领域交汇，又根据生产率度量的需要，反过来发展了各自的研究。

三　距离函数对非合意产出的处理

在谢泼德（1970）的距离函数公理体系中，在联合生产理论方面已经注意到非合意产出，在他的公理体系中，有两个重要的性质与非合意产出有关：一是可实现性；二是可处置性，这是多投入多产出的生产对应关系 P：$X \rightarrow Y$ 的两个重要性质。

（一）可实现性

（1）如果 $x \geqslant 0$，$\bar{y} \geqslant 0$，且存在某个标量 $\bar{\lambda} > 0$，满足 $\bar{y} \in P(\bar{\lambda}x)$，那么对于任何 $\theta > 0$，存在 $\lambda_\theta > 0$，满足 $(\theta\bar{y}) \in P(\lambda_\theta x)$。

（2）如果 $x > 0$ 或 $x \geqslant 0$ 且对于某个 $\bar{y} > 0$ 和 $\bar{\lambda} > 0$，满足 $\bar{y} \in P(\bar{\lambda}x)$，那么对于任意的 $y \in Y$，总存在 $\lambda_y > 0$，满足 $y \in P(\lambda_y x)$。

第一种情况中，不是所有产出向量 $y \in Y$ 都是可实现的，比如，某些产出分量是非合意产出，它们不能被控制在某个最低水平以下，而是必须与合意产出保持一定的比例关系，二者的同比例变化关系，使得可实现的产出集合是空间 $U = R_+^M$ 中的圆锥体，顶点在 $y = 0$ 处。第二种情况中，只要生产投入足够多，所有产出都是可实现的。条件 $x \geqslant 0$ 的情况说明，投入分量可以有零投入。上述两种情况分别是产出的弱可实现性与强可实现性。

（二）可处置性

(a) $y \in P(x) \Rightarrow \{\theta y \mid \theta \in [0, 1]\} \subset P(x)$

(b) $y \in P(x)$　　且　　$y' \leqslant y \Rightarrow y' \subset P(x)$

（a）定义的是弱可处置性，（b）定义的是强可处置性。如果产出分量全部是合意的，那么强可处置适应，任何一个产出分量满足自由处置特性。如果产出分量中有非合意产出，比如污染物，那么某些产出组合是不能实现的，比如合意产出为正而非合意产出为零。事实上，非合意产出通常与合意产出保持一定的比例关系，弱可处置指的是产出分量同比例的变化，非合意产出与合意产出同比例伸缩。

弱可实现性与弱可处置性是生产关系中考虑非合意产出的两个重要性质。

　　例如，在一个二维产出空间，y_1 为非合意产出，y_2 为合意产出，$P(x)$ 是有界封闭凸集，粗线部分是有效点。如果非合意产出 y_1 与合意产出 y_2 以某一固定比例生产，那么 $\overline{P}(x)$ 可行集就是三角形区域 OAA_1，只有 A 点是有效点；如果 y_1 为合意产出，那么，$\overline{P}(x)$ 可行集就是矩形区域 OA_2AA_1（见图 10−3）。对于点 A_2 来说，无论投入 x 有多大，对于 $P(x)$ 还是 $\overline{P}(x)$ 都是不可实现的。

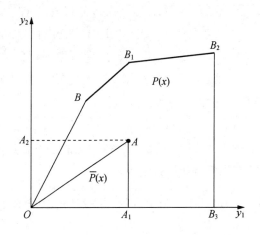

图 10−3　生产对应关系中产出的实现性与处置性

资料来源：谢泼德（1970），第 188 页。

　　值得注意的是，OA 和 OB 段（A、B 点除外）都是无效的，根据产出集的有效子集的定义，已知 $y \in P(x)$，有效子集满足 $\max\{\theta \,|\, \theta y \in P(x)$，$\theta \in [0, +\infty)\} = 1$。但是，在 OA 和 OB 上的点（除 A、B 两点），$\max\{\theta \,|\, \theta y \in P(x)$，$\theta \in [0, +\infty)\} > 1$，故非有效子集。$AA_1$ 和 B_2B_3（上端点除外）也都是无效子集。这里，需要与 DEA 的前沿面相区分，谢泼德边界点不一定就是 DEA 中的有效前沿面。

　　谢泼德（1970）在生产理论中考虑了非合意产出的性质，他在基础理论上的贡献，直接影响到后来生产率度量中考虑非合意产出的方法。法尔等（Färe et al.，1989，1993）较早地将距离函数用于非合意产出的生产率度量，并对产出向量进行了明确界定。

四 非合意产出在生产率度量的引入

（一）增强多边生产率

较早在生产率度量中引入非合意产出的研究是皮特曼（Pittman，1983）提出的增强多边生产率。他在 CCD（1982）传统生产率指数的基础上，在生产率指数中引入了没有市场价格的非合意产出。

假定有两个厂商 k 和 l，投入为 X，投入分量有 N 种，产出为 Y，产出包括 3 个分量，Y_1 表示合意产出，Y_2 和 Y_3 分别表示两种非合意产出。显然，在生产率水平和投入不变的情况下，厂商可以同比例地减少三种产出，而 Y_1 减少的同时，Y_2 和 Y_3 同比例地增加，在生产率水平和投入不变的情况下是可行的。超越对数的转换函数为：

$$F\left[\ln(Y_1^k/\delta_k),\ \ln(Y_2^k\delta_k),\ \ln(Y_3^k\delta_k),\ \ln X^l,\ l\right] = 1$$

可以用 CCD 的办法求得 δ_k 和 δ_l，值得注意的是，合意产出的变化与非合意产出反方向的变化比例相同即为 δ。

$$\ln\delta_{kl} = -\sum_i^3 \left[\frac{1}{2}F_i(\ln Y^k,\ \ln X^k,\ k) + \frac{1}{2}F_i(\ln Y^l,\ \ln X^l,\ l)\right]\ln\left(\frac{Y_i^k}{Y_i^l}\right)$$

在利润最大化假设下，$F_i = -P_iY_i\Big/\sum_j^l P_jY_j = -R_i$，上式简化为：

$$\ln\delta_{kl} = \frac{1}{2}\sum_i^3 (R_i^k + R_i^l)\ \ln\left(\frac{Y_i^k}{Y_i^l}\right)$$

由于 Y_2 和 Y_3 没有市场价值，无法度量其产出份额，可行的办法是计算其影子价格，从而得到其产出份额。构造拉格朗日函数：

$$L = P_1Y_1 - \sum_n^N r_nX_n - \theta_l\left[F(\ln Y_1,\ \ln Y_2,\ \ln Y_3,\ \ln X,\ k) - 1\right] - \theta_2(Y_2 - Y_2^*) - \theta_3(Y_3 - Y_3^*)$$

其中，r_n 是投入 X_n 的价格，Y_2^* 和 Y_3^* 是对非合意产出排放上限的外生约束，根据一阶条件可以求得[①]：

$$F_1 = \frac{-P_1Y_1}{P_1Y_1 - \theta_2Y_2 - \theta_3Y_3}$$

---

① 证明见本章附录。

$$F_2 = \frac{P_2 Y_2}{P_1 Y_1 - \theta_2 Y_2 - \theta_3 Y_3}$$

$$F_3 = \frac{P_3 Y_3}{P_1 Y_1 - \theta_2 Y_2 - \theta_3 Y_3}$$

其中，θ 就是非合意产出的影子价格。很容易从产出的双边比较扩展到多边比较：

$$\ln\delta_{kl}^* = -\frac{1}{2} \sum_i^3 (F_i^k + \overline{F}_i)(\ln Y_i^k - \overline{\ln Y_i}) + \frac{1}{2} \sum_i^3 (F_i^l + \overline{F}_i)(\ln Y_i^l - \overline{\ln Y_i})$$

其中，$\overline{\ln Y_i}$ 表示 s 个观测点的算术平均。

类似地，超越对数多边投入指数采用了 CCD 的形式：

$$\ln\rho_{kl}^* = -\frac{1}{2} \sum_n^N (W_n^k + \overline{W}_n)(\ln X_n^k - \overline{\ln X_n}) + \frac{1}{2} \sum_i^N (W_n^l + \overline{W}_n)(\ln X_n^l - \overline{\ln X_n})$$

其中，W_n 表示第 n 种投入价值在总投入中所占比重。

超越对数多边生产率指数就是产出指数减去投入指数：

$$\ln\lambda_{kl}^* = \ln\delta_{kl}^* - \ln\rho_{kl}^*$$

增强多边生产率需要有非合意产出的价格信息，在缺乏交易价格的情况下，须估计非合意产出的影子价格，对影子价格的估计可以参考皮特曼（1979）、法尔等（1994）。

指数法的缺点：价值恒等式是否成立，增长核算中，$\sum p_i y_i = \sum w_i x_i$，如果加上非合意产出，就得到 $\sum p_i y_i < \sum w_i x_i$。

（二）产出导向增强双曲线效率

前文已经指出，在不讨论产出是否可自由处置的情况下，谢泼德投入距离函数是法雷尔效率的倒数，也就是说，距离函数是效率的另一种表达方式。但是，如果存在着非合意产出，距离函数在表达效率方面就存在一定的问题。比如图 10-4 中，只有 AB 段是有效子集，而径向投影之后与边界的交点不一定是有效点，而且合意产出与非合意产出的同比例增加并不符合谢泼德对有效点的定义。以下两种方法都是对这种情况的纠正。

法尔（1989）对法雷尔效率度量方法进行了两个方面的改进：一是在联合产出中引入了非合意产出；二是对合意产出与非合意产出做了非对称性的处理，而不是同比例的收缩或扩张。

令 y 表示产出，其中，产出分量 v 表示合意产出，w 表示非合意产出，

y 满足弱可处置性，

$$y \in P(x) \Rightarrow \{\theta y \mid \theta \in [0, 1]\} \subset P(x)$$

v 可以自由处置，即：

$$(v, w) \in P(x) \Rightarrow (v', w) \in P(x) \text{ for } v' \leqslant v$$

假定有 K 个生产者，有 n 种投入，N 表示投入矩阵 $n \times K$，$M = (V, W)$，其中，V 表示合意产出矩阵，W 表示非合意产出矩阵。满足弱处置性的技术产出集表示为：

$$P^w(x) = \{(v, w): v \leqslant Vz, w = Wz, Nz \leqslant x, z \in R_+^K\}$$

其中，z 是一个 $K \times 1$ 向量，用于构建投入产出组合的凸集。如图10 – 4 所示，$OABCDE$ 是满足弱可处置性的产出集合，$OFBCDE$ 是满足强可处置性的产出集合。

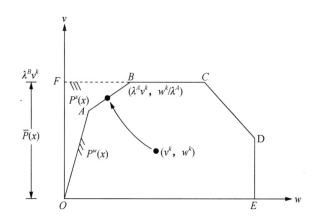

图10 – 4　弱可处置性的产出子集

资料来源：法尔（1989），第 92 页。

用 DEA 求解效率面临着如何构造前沿面的问题。传统的只有合意产出的产出集，边界往往就是有效子集，点 A 的效率大小就是线段 OA/OB，也就是从原点出发的线段长度的比值，见图 10 – 5。

但是，在考虑非合意产出的联合生产中，边界点不一定就是有效子集，根据谢泼德对有效点的定义，在图 10 – 4 中，只有线段 AB 是有效的。法尔等（1989）提出的产出导向增强双曲效率定义为：

$$H_0^A(v^k, w^k, x^k) = \max\{\lambda: (\lambda v^k, \lambda^{-1} w^k) \in P^w(x^k)\}$$

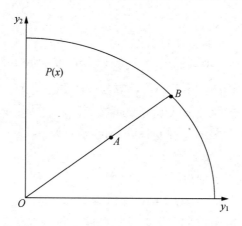

图10-5 合意产出情况下效率度量示意图

这个度量的含义是：产出集中点（v^k，w^k）向边界扩张的方式不再是通过原点的径向方向，而是以非对称的方式，合意产出增加 λ 倍，而非合意产出是收缩到原来的 $1/\lambda$。效率 H 可以通过求解非线性规划问题而得到：

$$H_O(v^k，w^k，x^k) = \max\lambda$$

s. t. $\quad \lambda v^k \leqslant Vz$

$\qquad \lambda^{-1}w^k = Wz$

$\qquad Nz \leqslant x^k$

$\qquad z \in R_+^K$

如果将约束条件 $\lambda^{-1}w^k = Wz$ 在 $\lambda = 1$ 处泰勒展开，近似取一阶导数，就可以得出近似线性规划问题：

$$H_O(v^k，w^k，x^k) = \max\lambda$$

s. t. $\quad \lambda v^k \leqslant Vz$

$\qquad 2w^k - \lambda w^k = Wz$

$\qquad Nz \leqslant x^k$

$\qquad z \in R_+^K$

增强双曲生产率为：

$$H_P(v^k，w^k，x^k) = \max\{\lambda：(\lambda v^k，\lambda^{-1}w) \in P^w(\lambda^{-1}x^k)\}$$

s. t. $\quad \lambda v^k \leqslant Vz$

$\qquad \lambda^{-1}w^k = Wz$

$\qquad Nz \leqslant \lambda^{-1}x^k$

$$z \in R_+^K$$

（三）基于方向距离函数的 Malmquist – Luenberger 生产率指数

钱伯斯等（Chambers et al., 1996）认为，谢泼德（1992，1994，1995）在消费者理论中提出的利益函数与谢泼德（1953）投入距离函数的一般化形式，利益函数对偏好做了方向性的表述。假定 $u(x)$ 是一个效用函数，$x \in X \subset R_+^N$，g 是 R_+^N 中的向量，利益函数为：

$$b(g; u, x) = \sup\{\beta \in R: x - \beta g \in X, u(x - \beta g) \geqslant u\}$$

用距离函数可以表示为：

$$D_i(u, x) = \sup\{\lambda: (x/\lambda) \in X, u(x/\lambda) \geqslant u\}$$

可以看到，距离函数中变量都是径向同比例的变化，而利益函数中变量可以有多个方向的选择，如果 g 的方向与 x 一致，那就是径向的变化，所以，在数学表达形式上，距离函数是利益函数的特例。

Chung 等（1997）提出了 Malmquist – Luenberger（ML）生产率指数。ML 生产率指数有两个优点：一是具备马尔姆奎斯特指数只需要数量而不需要价格信息的特点，可以将生产率指数分解为技术进步和效率改善；二是借鉴利益函数的优点，采用方向距离函数区别对待合意产出与非合意产出，将非合意产出的减少作为生产率提高的贡献因素，这一点在法尔等（1989）的研究中已经有所体现，但是，方向距离函数在理论上更具系统性。

令 $v \in R_+^M$ 表示合意产出，非合意产出表示为 $w \in R_+^I$，投入为 $x \in R_+^N$，用产出集表示的生产技术为：

$$P(x) = \{(v, w): x\ 可以生产出(v, w)\}$$

满足三个性质：

（1）非合意产出具有弱可置性：

$$(v, w) \in P(x), 0 \leqslant \theta \leqslant 1 \Rightarrow (\theta v, \theta w) \in P(x)$$

（2）投入与合意产出是可自由处置：

$$if\ x' \geqslant x, \quad then \quad P(x') \geqslant P(x)$$

$$(v, w) \in P(x) \quad 且 \quad v' \leqslant v \Rightarrow (v', w) \in P(x)$$

（3）如果以零排污为目标，代价就是零生产。即若 $w = 0$，则 $v = 0$。

正如前文所言，存在非合意产出的情况下，谢泼德边界点不一定是有效点，因此，通过距离函数计算出的"效率"，分母并不是厂商到前沿面的距离；产出和污染同比例增加意味着"效率改善"，这从经济含义上是说不通的。因此，问题的关键，首先是识别出距离函数边界上的有效子集；其次是非有效子集不一定以径向方式向前沿面投影。

方向性距离函数定义为：

$$\vec{D}_o(x, v, w; g) = \sup\{\beta: (v, w) + \beta g \in P(x)\}$$

其中，g 为方向向量，在这里定义为 $g = (v, -w)$。

暂假设 v 和 w 都是一维变量。如图 10-6 所示，产出集为 $P(x)$，合意产出为 v，非合意产出为 w，合意产出先增加后减少，而非合意产出一直增加，直到 D 点合意产出重新为零。在合意产出到达最大值 M 之前，v 增长速度低于 w 的增速。对于无效率点 C，如果在效率度量上直接用谢泼德产出距离函数的定义，C 的效率是 OC/OA，这个度量是有问题的，因为 A 不一定是有效率的点，即使 A 有效率，非合意产出与合意产出的同比例增长被认为是更有效率，这在情理上说不通。存在非合意产出的情况下，谢泼德（1970）认为，非合意产出不增加（减少）的同时合意产出增加（不减少）意味着更高的效率。如果采用这个标准，对于点 C 来说，A 显然不符合要求，符合要求的是 $B_1 B_2$ 之间的点，这些点满足合意产出不减少且非合意产出不增加。

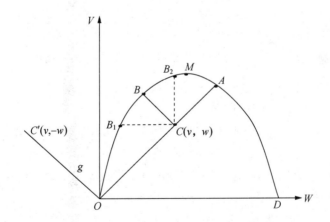

图 10-6　存在非合意产出情况下效率度量示意图

在图 10-6 中，取 $g = (v, -w)$，即在第二象限中与 (v, w) 相对称，C 点在 g 的方向上与 $B_1 B_2$ 相交于 B 点，对应的效率为 BC/OC。对于有效率的 B 点来说，方向距离函数的值为零，方向距离函数越大，说明效率越低。

两种距离函数的关系：令 $g = (v, w)$，也就是以 C 的径向投影，

$$\vec{D}_o(x,\ v,\ w;\ (v,\ w)) = \sup\{\beta:\ (v,\ w)+\beta(v,\ w)\in P(x)\}$$
$$= \sup\{\beta:\ (1+\beta)(v,\ w)\in P(x)\}$$
$$= \sup\{(\rho^{-1}-1):\ (v,\ w)/\rho\in P(x)\}$$
$$= \frac{1}{\inf\{\rho:\ (v,\ w)/\rho\in P(x)\}} - 1$$
$$= D_o(v,\ w)^{-1}-1$$

表达式说明，如果 g 的方向与 $(v,\ w)$ 一致，那么，谢泼德的产出距离函数是方向性距离函数的一个特例。根据这一关系构建 ML 生产率指数。首先，考虑非合意产出的传统 M 生产率指数为：

$$M_t^{t+1} = \left[\frac{D_o^t(x^{t+1},\ v^{t+1},\ w^{t+1})\times D_o^{t+1}(x^{t+1},\ v^{t+1},\ w^{t+1})}{D_o^t(x^t,\ v^t,\ w^t)\times D_o^{t+1}(x^t,\ v^t,\ w^t)}\right]^{1/2}$$

分解为效率变化和技术变化的乘积：

$$M_t^{t+1} = \frac{D_o^{t+1}(x^{t+1},\ v^{t+1},\ w^{t+1})}{D_o^t(x^t,\ v^t,\ w^t)}\left[\frac{D_o^t(x^{t+1},\ v^{t+1},\ w^{t+1})\times D_o^t(x^t,\ v^t,\ w^t)}{D_o^{t+1}(x^{t+1},\ v^{t+1},\ w^{t+1})\times D_o^{t+1}(x^t,\ v^t,\ w^t)}\right]^{1/2}$$

为了使 $g=(v,w)$ 时，M 生产率指数与 ML 相同，定义产出导向的 ML 生产率指数为：

$$ML_t^{t+1} = \left\{\frac{[1+\vec{D}_o^t(x^t,\ v^t,\ w^t;\ v^t,\ -w^t)]\times[1+\vec{D}_o^{t+1}(x^t,\ v^t,\ w^t;\ v^t,\ -w^t)]}{[1+\vec{D}_o^t(x^{t+1},\ v^{t+1},\ w^{t+1};\ v^{t+1},\ -w^{t+1})]\times[1+\vec{D}_o^{t+1}(x^{t+1},\ v^{t+1},\ w^{t+1};\ v^{t+1},\ -w^{t+1})]}\right\}^{1/2}$$

类似地，ML 指数可以分解为效率改变和技术改变的乘积：

$$ML_t^{t+1} = \frac{1+\vec{D}_o^t(x^t,\ v^t,\ w^t;\ v^t,\ -w^t)}{1+\vec{D}_o^{t+1}(x^{t+1},\ v^{t+1},\ w^{t+1};\ v^{t+1},\ -w^{t+1})}$$

$$\left\{\frac{[1+\vec{D}_o^{t+1}(x^t,\ v^t,\ w^t;\ v^t,\ -w^t)]\times(1+\vec{D}_o^{t+1}[x^{t+1},\ v^{t+1},\ w^{t+1};\ v^{t+1},\ -w^{t+1})]}{[1+\vec{D}_o^t(x^t,\ v^t,\ w^t;\ v^t,\ -w^t)]\times[1+\vec{D}_o^t(x^{t+1},\ v^{t+1},\ w^{t+1};\ v^{t+1},\ -w^{t+1})]}\right\}^{\frac{1}{2}}$$

方向距离函数的这种定义的结果是，ML 指数大于 1 时，说明生产率改善。假设有 T 个时间段，K 个生产者，投入产出表示为：

$(x^{t,k},\ v^{t,k},\ w^{t,k})$，$k=1,\ \cdots,\ K$；$t=1,\ \cdots,\ T$

对于每个 ML 指数，都需要计算 4 个距离函数，求解线性规划问题：

$$\vec{D}_0^t(x^{t,k},v^{t,k},w^{t,k};v^{t,k},\ -w^{t,k}) = \max\beta$$

$$\text{s. t. } \sum_{k=1}^K z_k v_{k,m}^t \geq (1+\beta)v_{k,m}^t, m=1,\cdots,M$$

$$\sum_{k=1}^K z_k w_{k,i}^t = (1-\beta)w_{k,i}^t, i=1,\cdots,I$$

$$\sum_{k=1}^{K} z_k x_{k,n}^t \leqslant (1-\beta) x_{k,n}^t, n = 1, \cdots, N$$

$$z_k \geqslant 0, \ k = 1, \cdots, K$$

五　结论

本章介绍了非合意产出在生产率度量中的处理，重点梳理了距离函数理论和方向性距离函数处理非合意产出的方法。无论是法尔等（1989）的双曲线生产率指数，还是 Chung 等（1997）的方向距离函数，都在引入非合意产出的情况下，为构造 DEA 需要的生产前沿面，试图改变谢泼德距离函数中无效率点的径向投影方式，从而以扩张合意产出的同时收缩非合意产出的方式，向前沿面投影。

附录1：距离函数的性质

D.1 $\Psi(u, x)$ 是 x 的一次齐次函数。

D.2 $\Psi(u, x+y) \geqslant \Psi(u, x) + \Psi(u, y)$，对于非负产出 u。

D.3 $\Psi(u, x)$ 是 x 的非单调减。

D.4 $\Psi(u, x)$ 是 x 的凹函数。

D.5 $\Psi(u, x)$ 是 x 的连续函数。

D.6 $\Psi(u, x)$ 是 u 的非单调增函数。

D.7 对于 $x \in D$ 且 $\{u_n \to +\infty\}$，$\lim\limits_{n \to +\infty} \sup \Psi(u_n, x) = 0$。

D.8 对于 $x \in D$ 且 $\{u_n \to 0\}$，$\lim\limits_{n \to +\infty} \sup \Psi(u_n, x)$ 可能有限。

D.9 对于 $x \in D$，$\Psi(u, x)$ 是 u 的上界半连续。

附录2：投入距离函数 $\Psi(\mathbf{y}, \mathbf{x})$ 的性质

Δ.1 $\Psi(0, x) = +\infty$，对于所有 x；$\Psi(y, x) = 0$，如果 $(y, x) \in \Delta^c$。

如果产出为零，$L(0) = X$，$\lambda(0, x) = 0$，故倒数为无穷大；如果 $(y, x) \in \Delta^c$，则 $\{\lambda \mid (\lambda x) \in L(y), \lambda \geqslant 0\}$ 是空集，λx 与 $L(y)$ 无交集。

Δ.2 对于所有的 $(y, x) \in \Delta$，$\Psi(y, x) > 0$ 且有限。

Δ.3 $\Psi(y, x)$ 是 x 的一次齐次函数。

$$\Psi(y, x) = \frac{\|x\|}{\|\xi(y, x)\|} = \frac{1}{\lambda(y, x)}$$

$$\Psi(y, \beta x) = \frac{1}{\lambda(y, \beta x)} = \frac{1}{\min\{\lambda \mid \lambda\beta x \in L(y)\}} = \frac{\beta}{\min\{\lambda \mid \lambda x \in L(y)\}}$$

$\Delta.4\, \Psi(y, x + x') \geq \Psi(y, x) + \Psi(y, x')$

根据 $\Delta.3$ 可得：$\Psi\left(y, \dfrac{x}{\Psi(y, x)}\right) = \Psi\left(y, \dfrac{x'}{\Psi(y, x')}\right) = 1$，故 $x/\Psi(y, x)$ 和 $x'/\Psi(y, x')$ 都属于 $L(y)$。由于 $L(y)$ 为凸集，就有 $\theta[x/\Psi(y, x)] + (1-\theta)[x'/\Psi(y, x')]$ 也属于 $L(y)$，就有：

$$\Psi\left(y, \theta \frac{x}{\Psi(y, x)} + (1-\theta)\frac{x'}{\Psi(y, x')}\right) \geq 1$$

取 $\theta = \dfrac{\Psi(y, x)}{\Psi(y, x) + \Psi(y, x')}$

上式得：$\Psi\left(y, \dfrac{x}{\Psi(y, x) + \Psi(y, x')} + \dfrac{x'}{\Psi(y, x) + \Psi(y, x')}\right) \geq 1$。

根据一次齐次性质即得。投入距离函数越大，说明距离前沿面越远，效率越低。

$\Delta.5$ 如果 $x' \geq x$，$\Psi(y, x') \geq \Psi(y, x)$。

相同的产出，投入越多，距离函数越大，效率越低。

$\Delta.6\, \Psi(y, x)$ 是 x 的凹函数。

令 x 和 x' 都属于 $L(y)$：

$\Psi(y, \theta x + (1-\theta)x') \geq \Psi(y, \theta x) + \Psi(y, (1-\theta)x') = \theta\Psi(y, x) + (1-\theta)\Psi(y, x')$

$\Delta.7\, \Psi(y, x)$ 是 x 的连续函数。

$\Delta.8\, \Psi(\lambda y, x) \leq \Psi(y, x)$，如果 $\lambda \geq 1$；或者/和 $\Psi(y', x) \leq \Psi(y, x)$，如果 $y' \geq y$。

$\Psi(y, x)$ 是 y 的非单调增函数，如果 $y' \geq y$，则 $L(y') \subset L(y)$，从原点出发的射线总是先与 $L(y)$ 相交。它的经济意义是，给定相同的投入，产出越多，距离函数越小，说明越有效率。前者是强可处置，后者是弱可处置。

$\Delta.9\, \Psi(y, x)$ 是 y 的上界半连续函数。

$\Delta.10\, \Psi(y, x)$ 是 y 的拟凹函数。

投入距离函数 $\Psi(y, x)$ 表示投入集 $L(y) = \{x \mid \Psi(y, x) \geq 1\}$；

用产出距离函数 $\Omega(x, y)$ 定义产出集 $P(x)$ 为 $P(x) = \{y \mid \Omega(x, y) \leq$

1}。产出距离函数有如下性质：

▽.1$\Omega(x, 0) = 0$，对于所有 x；$\Omega(x, y) = +\infty$，如果 $(y, x) \in \Delta^c$。

▽.2$\Omega(x, y) > 0$，且有限。

▽.3$\Omega(x, y)$ 是 y 的一次齐次函数。

$$\Omega(x, \lambda y) = \frac{1}{\theta(x, \lambda y)} = \frac{1}{\max\{\theta \mid \theta \lambda y \in P(x)\}} = \frac{\lambda}{\max\{\rho \mid \rho y \in P(x)\}}$$。注

意，如果产出被 λ 翻倍，为保证 $\theta \lambda y \in P(x)$，$\theta$ 要缩减相同倍数，导致距离函数翻倍。

▽.4$\Omega(x, y + y') \leqslant \Omega(x, y) + \Omega(x, y')$

根据 ▽.3 可得，$\Omega\left(x, \dfrac{y}{\Omega(x, y)}\right) = \Omega\left(x, \dfrac{y'}{\Omega(x, y')}\right) = 1$，故 $y/\Omega(x,$

$y)$ 和 $y'/\Omega(x, y')$ 都属于 $P(x)$。由于 $P(x)$ 为凸集，就有 $\theta[y/\Omega(x, y)] +$
$(1 - \theta)[y'/\Omega(x, y')]$ 也属于 $P(x)$，就有：

$\Omega(x, \theta y/\Omega(x, y) + (1 - \theta)y'/\Omega(x, y')) \leqslant 1$

取 $\theta = \dfrac{\Omega(x, y')}{\Omega(x, y) + \Omega(x, y')}$

上式得：$\Omega\left(x, \dfrac{y}{\Omega(x, y) + \Omega(x, y')} + \dfrac{y'}{\Omega(x, y) + \Omega(x, y')}\right) \leqslant 1$。

根据一次齐次性质即得。产出距离函数越小，说明距离前沿面越远，效率越低。

▽.5$\Omega(x, \theta y) \leqslant \Omega(x, y)$ 如果 $\theta \in [0, 1]$；或者/和 $\Omega(x, y') \leqslant \Omega(x, y)$，如果 $y' \leqslant y$。

$\Omega(x, y)$ 是 y 的非单调减函数。给定投入，产出越多，效率越高。前一部分指的是产出分量同比例的变化，后一部分包括了产出不同比例的变化。这是强可处置性与弱可处置性的区别。

▽.6$\Omega(x, y)$ 是 y 的凸函数。

令 y 和 y' 都属于 $P(x)$，

$\Omega(x, \theta y + (1 - \theta)y') \leqslant \theta\Omega(x, y) + (1 - \theta)\Omega(x, y')$

▽.7$\Omega(x, y)$ 是 y 的连续函数。

▽.8$\Omega(x', y) \leqslant \Omega(x, y)$，如果 $x' \geqslant x$。

$\Omega(x, y)$ 是 x 的非单调增函数，给定相同的产出，投入越多，越没有效率。

▽.9$\Omega(x, y)$ 是 x 的下界半连续函数。

▽.10$\Omega(x, y)$ 是 x 的拟凸函数。

附录：证明

$$F_1 = \frac{-P_1 Y_1}{P_1 Y_1 - \theta_2 Y_2 - \theta_3 Y_3}$$

$$F_2 = \frac{\theta_2 Y_2}{P_1 Y_1 - \theta_2 Y_2 - \theta_3 Y_3}$$

$$F_3 = \frac{P_3 Y_3}{P_1 Y_1 - \theta_2 Y_2 - \theta_3 Y_3}$$

证明：

$$L = P_1 Y_1 - \sum_n^N r_n X_n - \theta_l [\, F(\ln Y_1,\ \ln Y_2,\ \ln Y_3,\ \ln X,\ k) - 1 \,] - \theta_2 (Y_2 - Y_2^*) - \theta_3 (Y_3 - Y_3^*)$$

f. o. c

$$\frac{\partial L}{\partial Y_1} = P_1 - \theta_l F_1 \frac{1}{Y_1} = 0$$

$$\frac{\partial L}{\partial Y_2} = -\theta_l F_2 \frac{1}{Y_2} - \theta_2 = 0$$

$$\frac{\partial L}{\partial Y_3} = -\theta_l F_3 \frac{1}{Y_3} - \theta_3 = 0$$

根据已知，$\sum_i F_i = -1$，故 $\theta_l = P_1 Y_1 - \theta_2 Y_2 - \theta_3 Y_3$。

代入一阶条件，可得结果。

参考文献

[1] Caves, D. W. , L. R. Christensen and W. E. Diewert, Multilateral Comparisons of Output, Input, and Productivity Using Superlative Index Number. *The Economic Journal*, 1982, 92, pp. 73 – 86.

[2] Caves, D. W. , L. R. Christensen and W. E. Diewert, the Economic Theory of Index Number and the Measurement of Input, Output and Productivity. *Econometrica*, 1982, 50, pp. 1393 – 1414.

[3] Chambers, R. G. , Yangho Chung and Rolf Fare, Benefit and Distance Functions. *Journal of Economic Theory*, 1996, 70, pp. 407 – 419.

[4] Charnes, A. , Cooper, W. W. , Rhodes, E. L. , Measuring the Efficiency of Decision

Making Units. *European Journal of Operational Research*, 1978, 2, pp. 429 – 444.

[5] Chung, Y. H. , R. Fare and S. Grosskopf, Productivity and Undesirable Outputs: A Directional Distance Function Approach. *Journal of Environmental Management*, 1997, 51, pp. 229 – 240.

[6] Färe, R. , S. Grosskopf, D. W. Noh and W. Weber, Characteristics of a Polluting Technology: Theory and Practice. *Journal of Econometrics*, 2005, 126, pp. 469 – 492.

[7] Färe, Rolf, S. Grosskopf, C. A. K. Lovell and C. Pasurka, Multilateral Productivity Comparisons When Some Outputs Are Undesirable: A Nonparametric Approach. *The Review of Economics and Statistics*, 1989, pp. 90 – 98.

[8] Farrell, M. J. , The Measurement of Productive Efficiency of Production. *Journal of the Rayal Statistical Society*, Series A, 1957, 120 (III), pp. 253 – 281.

[9] Pittman, R. W. , Multilateral Productivity Comparisons with Undesirable Outputs. *The Economic Journal*, 1983, pp. 883 – 891.

[10] Shephard, Ronald W. , Theory of Cost and Production Functions, Princeton University Press, 1970.

[11] Jorgenson, D. W. and P. J. Wilcoxen, Environmental Regulation and U. S. Economic Growth. *Rand Journal of Economics*, 1990, Vol. 21 (2), pp. 314 – 340.

第十一章 中国温室气体排放计算：
方法与实践

改革开放以来，中国经济以年均9.5%的速度增长，举世瞩目，而与此同时，中国以煤炭为主的能源消耗逐年增长，二氧化碳排放量屡屡超出国际机构的预期，成为全球应对气候变化问题关注的焦点之一。2007年，国际能源署（IEA）出版的《世界能源展望》，对中国和印度未来能源供需和碳排放进行了情景研究。当前，中国温室气体排放不仅是国际能源和环境组织以及欧美发达国家相关机构研究重点之一（UNFCCC，World Bank，IEA，WRI，EIA，PBL，et al.），也成为国内学术界的研究热点。

一 温室气体排放计算在气候变化问题研究中的地位

气候变化问题打破了传统生态环境问题的局域性的特点，成为全球性的环境难题。气候谈判在当前国际政治经济关系中处于核心地位，所受到的关注不亚于历史上的全球裁军、削减核武器以及环境大会。

气候变化问题是一个囊括了温室气体排放、大气浓度、辐射强迫①、气候变化、影响和损失等一系列问题的综合性课题，研究领域横跨自然科学和社会科学，它上到与国家最高决策联系，下到测算一头牛反刍所释放的温室气体。

温室气体排放在气候变化问题中处于基础研究地位，是其他问题展开

---

① 在大气最高处所测量的单位面积内的能量变化。根据IPCC评估报告，辐射强迫是对某个因子改变地球——大气系统射入和逸出能量平衡影响程度的一种度量，它同时也是一种指数，反映了该因子在潜在气候变化机制中的重要性。正强迫使地球表面增暖，负强迫则使其降冷。IPCC报告中的辐射强迫值，是相对于工业化前（定义为1750年）的差值，并以瓦/平方米为单位表述。参见http：//en. wikipedia. org/wiki/Radiative_ forcing。

研究的前提，例如情景分析，必须先对 GHG 排放量进行估算，才能算出它在大气中的浓度，从而作为重要参数输入全球气候模型。与其他议题不同的是，排放问题与政策相关性弱，较小的不确定性。这与气候变化的影响和损失研究恰恰相反，后者的特点是较强的政策相关性和较大的不确定性。

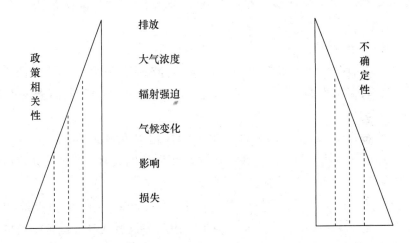

图 11 - 1　温室气体排放在气候变化问题研究中的地位示意图

二　温室气体排放的计算方法及原则

经过十几年的实践，政府间气候变化专门委员会（IPCC）已经形成一套相对完整的 GHG 排放清单的核算方法，陆续编制和更新了排放清单指南（1996，2006）。某一时间内，某一单位的社会经济活动所排放的温室气体排放量为：

$$E_t = \sum_{it} A_{it} EF_{it} \tag{11-1}$$

其中，E 表示排放量，A 表示排放 GHG 的社会经济活动，EF 表示排放因子，i 表示社会经济活动的类别。单位的口径范围，既可以是微观的项目层面，比如清洁发展机制（CDM）项目，也可以是中观的地区或者行业的排放量，还可以是宏观的一国或多国的排放清单。

排放因子是核算公式中最关键的因素。一般来说，对于不同的层面，采用不同的方法。对于 CDM 项目中的排放因子，需要根据具体项目，通过测算项目本身的排放因子来计算排放量。因此，不同的 CDM 排放因子不同。对于一国排放清单，一般采用较为粗略的方法，最简单的是采用 IPCC 指南提供的缺省值，更复杂的是根据特定国家或地区的实际情况，采用符合本地特征的排放因子，更进一步的是区分本地不同的排放源。在实际操作中，应根据实际情况选择最可行的方法，以获得最佳估算结果。

GHG 排放的计算方法需要满足以下几个原则①：

（1）透明性。GHG 排放计算的假设和方法应当解释清晰，以便于采用该清单数据的对象能够重复计算过程。这是计算清单数据最重要的原则。

（2）一致性。计算方法和数据口径在时间上前后一致。

（3）可比较性。各方的清单比较要采用缔约国大会（COP）认可的方法，比如 IPCC 指南。这是横向比较的统一性。

（4）完整性。计算的边界要完整，包括两层含义：第一，不仅是 IPCC 指南中已有的排放源或者汇，而且还包括指南中没有而某些国家特有的排放源或汇；第二，地理边界的完整。

（5）精确性。这是度量准确性的一个相对指标，即不能使测算结果系统性的高估或低估，并且尽可能地排除不确定性。采用合适的方法和数据提高结果的精确性。

以上特点统称为 TCCCA 原则。

三　温室气体种类及排放源

（一）温室气体种类

在众多的温室气体中，二氧化碳的增温潜势相对最低，但是其生命期相对其他两种重要的温室气体甲烷和氢氟氮化物却比较高。表 11 - 1 中列出了几种主要的温室气体。

---

① http：//www.epa.gov/ttn/chief/conference/ei12/poster/todorova.pdf.

表 11 -1　　　　　　　　　　温室气体的种类与特征

种类	增温效应（%）	生命期（年）	100 年全球增温潜势（GWP）
二氧化碳（CO_2）	63	50—200	1
甲烷（CH_4）	15	12—17	23
氧化亚氮（N_2O）	4	120	296
氢氟碳化物（HFC_S）	11	13	—
全氟化碳（PFC_S）		50000	—
六氟化硫（SF_6）及其他	7	3200	22200

资料来源：《京都议定书》附件 A。

（二）温室气体排放源

国家温室气体排放清单指南中，把温室气体排放源分为化石能源燃烧、工业生产过程、农业、土地利用变化和林业（LULUCF）以及废弃物五类。

1. 二氧化碳

二氧化碳的主要排放源包括化石燃料燃烧、工业生产过程、土地利用变化和林业以及废弃物。

2. 甲烷

甲烷的主要排放源包括工业生产过程、农业和废弃物。

3. 氮氧化物

氧化亚氮的主要排放源包括化石燃料燃烧（包括汽车尾气）、工业过程（硝酸生产、合成氨生产、尿素生产）、农业废弃物燃烧、农业土壤、土地利用变化和森林。

氮氧化物的主要排放源包括化石燃料燃烧、工业过程（有色金属生产、硝酸生产、氮肥生产、炼钢过程、乙烯生产）、农业废弃物燃烧、土地利用变化和森林。

4. 氢氟碳化物

氢氟碳化物（HFC_s）的主要排放源包括以下两个方面：

（1）氢氟碳化物生产过程：作为 HCFC - 22 生产过程中的副产品，HFC - 23 的排放估计为 HCFC - 22 产量的 4%。在氟立昂的生产过程中，泄漏量估计为产量的 0.5%。

（2）空调和冰箱使用和废弃过程、泡沫塑料、溶剂、灭火器、烟雾剂容器。

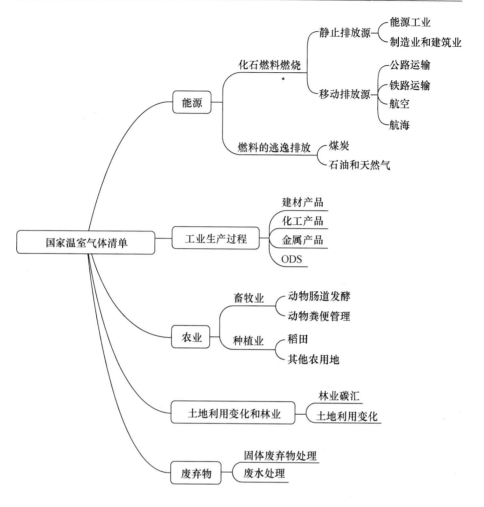

图11-2 温室气体主要排放源示意

资料来源：IPCC, Guidelines for National Greenhouse Gas Inventories, 2006。

5. 全氟化碳

全氟化碳（PFC$_s$）的主要排放源包括冰箱使用和废弃过程、泡沫塑料、溶剂、灭火器、烟雾剂容器。

6. 六氟化硫

六氟化硫（SF$_6$）的主要排放源包括高压电器设备的绝缘液体、灭火设备和防爆设备、铝和镁铸造过程。六氟化硫在铝和镁铸造过程中作为隔离气体使用。由于六氟化硫是惰性气体，因此，在其生产过程中六氟化硫的排放量等于使用量。但是，在能源所进行的排放清单调查中，结论是中国的铝和镁铸造过程中不使用六氟化硫，因此，目前其排放量为零（姜克隽）。

四　对中国温室气体排放量估算的已有研究

自 20 世纪 90 年代起，中国政府有关部门组织开展了多项有关中国温室气体方面的研究。如由国家科委和亚洲开发银行共同完成的《中国的全球气候变化国家对策研究》、由国家环保局和世界银行共同完成的《中国温室气体控制的问题与对策》、GEF 项目分报告《1990 年中国温室气体控制源与汇估算》、国家科委组织的《气候变化国家研究》和《亚洲减少温室气体最小成本对策研究》以及国家气候变化协调小组办公室组织的《中国温室气体源排放和汇吸收研究结果的综合分析》和《我国温室气体的排放现状及未来构想》等。国家发改委能源所、清华大学、中国科学院大气物理研究所、中国农业科学院和北京市环境监测中心等单位的有关专家参加了这些研究工作。

我国对温室气体排放估算主要以二氧化碳为主，这不但因为二氧化碳在温室气体中比重最大，而且与我国其他温室气体数据的难以获得有关。高树婷等（1994）估计了 1990 年中国温室气体排放量，二氧化碳为 21.2 亿吨，官方公布数字为 24.0 亿吨，比官方数字小的原因部分是由于测算的工业部门只有水泥行业。他们预测，到 2010 年排放 39.6 亿吨二氧化碳，2020 年排放 49.0 亿吨二氧化碳。现在来看，预测数字过于保守。

张仁健等（2001）根据《修订的气专委 1996 年国家温室气体清单编制指南》，测算出 1990 年我国二氧化碳排放量为 22.2 亿吨，其中，92.5% 来自化石燃料，工业排放源中的 47.2% 来自水泥行业。1994 年，二氧化碳排放量增加到 27.9 亿吨，比 1990 年增加了 25.7%。

2005 年，最具权威的 UNFCCC 公布了中国 1994 年温室气体排放量，40.58 亿吨二氧化碳当量（不包括土地利用改变和林业）（见表 11 - 2），占 122 个非附件一所列缔约国的 34.6%。温室气体包括二氧化碳、甲烷和氧化二氮，其中，二氧化碳排放量 30.73 亿吨，占三种温室气体的 75.7%。能源部门排放的温室气体最多，其次是农业和工业。这些数据是依中国政府依据气专委编制的国家温室气体排放清单指南而整理，具有较强的权威性和全面性。

表 11-2　　　　　　　1994 年中国温室气体排放量（二氧化碳当量）

	能源	工业	农业	废弃物	合计
排放量（亿吨）	30.08	2.83	6.05	1.62	40.58
比重（%）	74.1	7.0	14.9	4.0	100.0

资料来源：UNFCCC，非《公约》附件一所列缔约方初次国家信息通报的第六份汇编和综合报告：《温室气体人为源排放量和汇清除量清单》，2005 年。

美国橡树岭国家实验室（ORNL）二氧化碳信息分析中心利用能源消耗、水泥产量和废气燃烧数据，估算了自工业活动以来，各国二氧化碳排放量。根据他们的计算，1990 年和 1994 年中国分别排放二氧化碳 24.1 亿吨和 30.0 亿吨，分别占当年全球二氧化碳总排放的 10.7% 和 13.1%（见表 11-3）。截至 2006 年，中国累计碳排放占世界的 8.4%，是美国的 1/3。

表 11-3　　　　　　　　CDIAC 对中国二氧化碳排放量的估计

年份	排放总量（亿吨）	年均增长率（%）	占全球比重（%）
1990	24.1	—	10.7
1994	30.0		13.1
2000	34.1	2.6	13.8
2001	34.9	2.4	13.8
2002	37.0	6.1	14.5
2003	43.5	17.6	16.3
2004	51.0	17.1	18.1
2005	56.3	10.3	19.2
2006	61.0	8.5	20.2

资料来源：美国橡树岭国家实验室二氧化碳信息分析中心网站，cdiac.ornl.gov/trends/emis/meth_ reg.html。

2007 年以来，国际能源署（IEA）报告，2005 年中国化石燃料相关的二氧化碳排放为 51 亿吨，2006 年排放 56.45 亿吨，2007 年达到了 60 亿吨（见表 11-4），占世界总量的 21%，比美国多 3 亿吨。

2007 年，荷兰环境评估署第一次向世界宣布，2006 年中国二氧化碳排放成为世界第一，他们计算当年中国二氧化碳排放量已经比美国高出 8%，成为世界第一（2009 年他们将这个数字更新为 65.9 亿吨，超过美国 13%，他们计算的范围是化石燃料和水泥）。2009 年，美国能源信息局（EIA，2009）报告，中国在 2006 年的碳排放超过了美国。有学者对此表示异议，他们估计，2006 年中国二氧化碳排放为 56.7 亿吨，低于美国 59.55 亿吨的排放量。

表 11 - 4   中国二氧化碳排放量研究汇总

研究机构/作者	发表时间（年）	计算范围	1990年	1994年	2004年	2005年	2006年	2007年	2008年
高树婷等	1994	化石燃料、水泥	21.2						
张仁健等	2001	化石燃料、工业过程	22.19	27.88					
UNFCCC	2005	依据 IPCC 编制清单指南		30.73					
ORNL	2009	化石燃料、水泥和废气燃烧	24.1	30.0	51.0	56.3	61.0		
IEA	2008，2009	化石燃料	24.11		47.61	51	56.45	60	
EIA	2009	化石燃料	22.62		47.07	52.49	60.18		
荷兰环境评估署	2007	化石燃料、水泥				58.9	65.9	71.3	75.5
Guan 等	2008	化石燃料、水泥、冶金、化工					56.7		

资料来源：高树婷、张慧琴、杨礼荣等：《我国温室气体排放量估测初探》，《环境科学研究》1994 年第 6 期。

张仁健、王明星、郑循华等：《中国二氧化碳排放源现状分析》，《气候与环境研究》2001 年第 3 期。

UNFCCC，非《公约》附件一所列缔约方初次国家信息通报的第六份汇编和综合报告：《温室气体人为源排放量和汇清除量清单》，2005 年。

http：//cdiac. ornl. gov/trends/emis/meth_ reg. html.

IEA, CO₂ Emissions from Fuel Combustion 2009；EIA, International Energy Outlook, 2009.

EIA, International Energy Outlook, 2009.

Dabo Guan, Klaus Hubacek, Christopher L. Weber et al. , The Drivers of Chinese CO₂ Emissions from 1980 to 2030, Global Environmental Change, 2008, 626 - 634.

五　中国二氧化碳排放源和排放因子的确定

化石燃料燃烧和工业生产过程等经济活动是人类活动排放二氧化碳的

主要来源，发达国家能源部门一般占二氧化碳排放量的90%以上，化石燃料燃烧和工业生产过程占1994年中国二氧化碳总排放量的90%以上。当然，还有其他人类活动也排放二氧化碳，如生物质燃烧、垃圾焚烧、土地和森林用途改变，等等，但是，这些活动相比化石燃料燃烧和工业生产过程，排放量相对较少，而且目前的研究成果很少。因此，这里主要分析化石燃料燃烧和工业生产过程两种排放源的排放因子。

（一）化石燃料排放源

能源部门通常是温室气体排放的最重要部门。发达国家能源部门二氧化碳排放量一般占该部门温室气体总排放量的95%。[①] 固定源燃烧通常造成能源部门温室气体排放的约70%。这些排放的大约50%与能源工业中的燃烧相关，主要是发电厂和炼油厂。移动源燃烧（道路和其他交通）造成能源部门约25%的排放量。在燃烧过程中，化石燃料中的碳和氢（不考虑硫）转化为二氧化碳和水。

计算化石燃料二氧化碳排放量有两种方法：参考方法和部门方法。通常，前者基于不同类型燃料，是自上而下的方法；后者基于不同技术工艺，是自下而上的方法。两种方法的结果可以进行交叉检验（IPCC，2006）。

燃料燃烧释放二氧化碳排放因子主要取决于燃料的碳含量。燃烧条件（燃烧效率、在矿渣和炉灰等物中的碳残留）相对不重要。因此，二氧化碳排放可以基于燃烧的燃料总量和燃料中平均碳含量进行相当精确的估算。

由于地质条件差异，不同国家化石燃料的热值和含碳量并不相同。2006年气专委指南给出各种化石燃料单位热值的碳排放系数，作为核算国在缺乏相关资料情况下的参考值。转换为单位标煤当量后，无烟煤排放系数为0.785，原油为0.585，天然气为0.449，焦炭为0.856（见表11-5）。

我国发改委能源所测定的煤炭、石油、天然气碳排放系数分别为0.651、0.543、0.404（高树婷等，1994）（见表11-5）。

美国橡树岭国家实验室（ORNL）提出的燃煤、燃油和燃气的碳排放系数分别为0.733、0.596和0.411（钱杰、俞立中，2003）（见表11-5）。

---

① 另外两种温室气体为甲烷和氧化亚氮。

表 11－5　　　　　不同类型燃料碳含量估算系数（单位标准煤当量）

机构/产品	煤炭/燃煤	石油/燃油	天然气/燃气	焦炭
发改委能源所	0.651	0.543	0.404	
ORNL	0.733	0.596	0.411	
IPCC	0.785[1]	0.585[2]	0.449	0.856

注："1"表示无烟煤；"2"表示原油。

资料来源：高树婷、张慧琴、杨礼荣等：《我国温室气体排放量估测初探》，《环境科学研究》1994 年第 6 期。

钱杰、俞立中：《上海市化石燃料排放二氧化碳贡献量的研究》，《上海环境科学》2003 年第 11 期。

IPCC，2006 IPCC Guideline for National Greenhouse Gas Inventories，2006.

可以看到，我国能源所采用的排放系数较低，而国外机构较高。如气专委提供的缺省煤炭碳排放系数比我国能源所系数高出 20.6%，石油和天然气分别高出 7.4% 和 11.1%。这种情况必然影响到二氧化碳排放量的数量。

（二）工业生产过程排放源

工业排放源是指工业生产过程中排放的温室气体，不包括生产过程中使用燃料而产生的温室气体，主要排放源是从化学或物理转化材料等工业过程释放的。如普通硅酸盐水泥是以石灰石和黏土为主要原料，经过粉磨、煅烧，再加入石膏及混合材磨细而生成。石灰石在煅烧过程中，碳酸钙（$CaCO_3$）受热分解而排放二氧化碳，另外，石灰石中 1% 左右的 $MgCO_3$ 加热分解也排放少量二氧化碳。从中国的实际情况看，水泥、石灰、钢铁、铝、肥料等工业品已有很大生产规模，因此，工业过程中的二氧化碳排放量相当可观，它由工业品产量和单位产量的二氧化碳排放系数决定。

以水泥生产为例，国内学者测算，每生产 1 吨水泥，生产工艺就要排放二氧化碳约 0.365 吨（朱松丽，2000），也有来自地区调研数字是 0.41（吴萱，2006），美国橡树岭国家实验室（ORNL）经验排放系数约为 0.4987。有两个因素决定了排放系数的大小，第一，熟料中氧化钙含量的比重，这决定了熟料排放二氧化碳的量，含量越高，排放系数越大；第二，熟料转化成水泥的比例关系。2006 年，气专委指南给出熟料的排放系数为 0.5071，一般按照 0.75 吨熟料生产 1 吨水泥来计算，水泥二氧化碳排放系数大约是 0.3803。

本章计算六种在生产过程中产生二氧化碳的产品,除水泥 (0.3803)外,还有石灰、玻璃、氨气、纯碱和原铝等,后五种产品单位产量的二氧化碳排放系数分别为 0.75、0.20、3.273、0.138 和 1.6 (见表 11-6)。这些系数都来自 2006 年气专委指南提供的缺省值。

表 11-6 主要工业品生产过程中二氧化碳排放因子

产品	水泥	石灰	玻璃	氨气	纯碱	原铝
排放系数	0.3803	0.75	0.20	3.273	0.138	1.6

资料来源:IPCC,2006 IPCC Guideline for National Greenhouse Gas Inventories,2006。

六 社会经济活动水平的确定

尽管在式 (11-1) 中,社会经济活动水平是一个相对简单的变量,但是,活动水平数据的获得是相当困难的。比如,采用参考法计算二氧化碳排放量,通常用煤炭消费量替代煤炭燃烧量作为活动水平值,因为前者更容易从统计部门获得。然而,煤炭消费量作为排放二氧化碳的活动水平数据相当笼统,因为煤炭不仅用于燃烧,还可以用于化工原料。比如,焦化是应用最早且至今仍然是最重要的方法,其主要目的是制取冶金用焦炭,同时副产煤气和苯、甲苯、二甲苯、萘等芳烃。除焦炭之外,这些化工品当中都有碳分子,但是并不用于燃烧目的。

对于石油而言,化工产品产量更加可观。我国已是世界制造业大国,2009 年,我国工业增加值仅次于美国。合成橡胶、合成树脂 (塑料) 和合成纤维产量位居世界前列。我国乙烯、塑料和化学纤维的产量都达到千万吨以上,合成橡胶为 274.9 万吨 (见表 11-7)。这些化工原料是重要的生产原料,这些原料用的能源并不燃烧,因此,应当从能源消费量中扣除。

表 11-7 我国主要化工产品产量 单位:万吨

年份	乙烯	初级形态的塑料	化学纤维	合成橡胶
1978	38.0	67.9	28.5	
1980	49.0	89.8	45.0	
1985	65.2	123.4	94.8	

续表

年份	乙烯	初级形态的塑料	化学纤维	合成橡胶
1990	157.2	227.0	165.4	
1995	240.1	516.9	341.2	58.6
2000	470.0	1087.5	694.0	86.5
2005	755.5	2308.9	1664.8	205.1
2006	940.5	2602.6	2073.2	199.8
2007	1027.8	3184.5	2413.8	228.9
2008	987.6	3680.2	2453.3	296.0
2009	1072.6	3630.0	2747.3	274.9

资料来源：历年《中国统计年鉴》。

从目前来看，仅用煤炭、石油和天然气消费量数据来估算二氧化碳排放量存在相当程度的高估。考虑到中国的制造大国地位，必须将煤化工和石油化工产品等非燃烧碳从中扣除。

七 其他排放源不容忽视

最后要说明的是，除了化石燃料燃烧和工业生产过程，农业、土地利用变化及林业和废弃物排放的二氧化碳呈现上升趋势，不容忽视。

（一）农业

农业排放温室气体主要是甲烷，排放源来自稻田、牲畜肠道发酵及动物粪便。我国稻田面积变动不大。但是，随着人们生活水平的提高，居民对肉食的需求明显增加，牛羊饲养数量猛增，导致排放源的社会经济活动水平数量显著提高。

从第二次全国农业普查资料来看，我国农村畜禽饲养规模都有不同程度的扩张，其中，奶牛增加了1000多万头，增长了约350%（见表11-8）。

表11-8 　　　　　　我国农村主要畜禽存栏数量及变化

	单位	1996年	2006年	增减数量	增长（%）
大牲畜	万头	13360.6	24091.6	10731.0	80.3
奶牛	万头	332.9	1506.1	1173.2	352.4

续表

	单位	1996 年	2006 年	增减数量	增长（%）
猪	万头	36283.6	41850.4	5566.8	15.3
山羊	万只	12315.8	14763.6	2447.8	19.9
绵羊	万只	11412.5	13134.0	1721.5	15.1
家禽	万只	267664.7	483401.1	215736.4	80.6

资料来源：中国第二次全国农业普查资料综合提要。

（二）土地利用变化及森林

1. 土地利用

土地利用分为：

有林地，满足森林定义标准的土地；

农地，包括不满足森林定义标准的混农林系统；

草地，包括未利用草地、放牧地、不满足森林定义标准的混牧林系统；

湿地，包括永久或季节性水湿地，如河流、湖泊、沼泽、水库等；

居住用地，包括工矿用地、交通基础设施用地；

其他用地，包括裸地、裸岩、冰川、荒漠等。

不同的土地利用方式固碳的能力大不相同。湿地的土壤固碳能力最强，将近农地的 10 倍，其次是北方森林和温带草原。在植被中，森林和湿地的固碳能力高，而草地和农地固碳几乎为零。总的来看，农地的固碳能力很弱，仅高于荒漠和半荒漠地。

随着我国城市化和工业化的进行，土地利用朝着释放碳汇的方向发展：森林、草原和湿地被辟为农地，而农地转换成建设用地。这对我国温室气体排放量的贡献将越来越显著。

2. 森林

全球陆地生态系统碳储量约 24770 亿吨碳，其中，植被碳约占 20%，土壤碳约占 80%（见图 11-3）。占全球土地面积 30% 的森林，其森林植被的碳储量约占全球植被的 77%，土壤的碳储量约占全球土壤的 39%。因此，土地利用及其变化和森林是重要的二氧化碳排放源或碳汇。

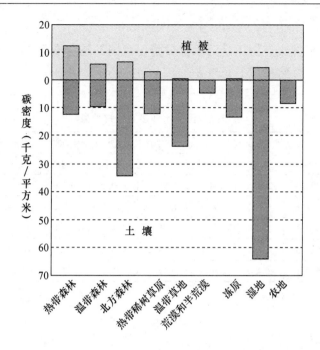

图 11-3　不同土地利用方式植被与土壤的碳密度

毁林①是大气二氧化碳的重要排放源，不仅导致生物量碳排放（除部分木材及其木制品可以较长时间保存外），而且毁林引起的土地利用变化还将引起森林土壤有机碳（SOC）的大量排放。1950 年以前，毁林主要发生于北美和欧洲等温带地区以及热带亚洲和南美。1950 年以后，北美和欧洲（除苏联外）的毁林基本遏制，而此期间热带亚洲、拉丁美洲和非洲热带地区的毁林大幅增加，从而成为大气二氧化碳的主要排放源。

过去，我国为了提高粮食产量，大面积砍伐森林，森林覆盖率较低。1995 年，我国森林覆盖率仅为 13%。1998 年开始，我国开始实施退耕还林工程，2009 年森林覆盖率达到了 20%。这对提高碳汇有一定的贡献。

（三）废弃物

废弃物处理领域的主要源有：废弃物填埋处理的甲烷排放；生活污水和工业废水及淤泥处理的甲烷排放和氧化亚氮排放；废弃物焚烧的二氧化

---

①　毁林是指森林向其他土地利用的转化或林木冠层覆盖度长期或永久降低到一定的阈值以下。

碳排放等。

无论是固体废弃物还是污水排放量，我国都是有增无减，废弃物处置排放的温室气体将呈现上升趋势（见表11-9）。

表11-9　　　　　　　　近年来我国废水和废弃物排放量

项目 年份	废水排放量（亿吨）			化学需氧量排放量（万吨）			固体废弃物（万吨）	
	合计	工业	城市生活	合计	工业	城市生活	工业	城市生活
1998	395.3	200.5	194.8	1495.6	800.6	695.0	80068	
1999	401.1	197.3	203.8	1388.9	691.7	697.2	78442	
2000	415.0	194.0	221.0	1445.0	705.0	740.0	81608	
2005	524.5	243.1	281.4	1414.2	554.8	859.4	134449	15577
2009	589.1	234.4	354.7	1277.6	439.7	837.9	204094	15734

资料来源：历年《中国统计年鉴》。

参考文献

[1] 张仁健、王明星、郑循华等：《中国二氧化碳排放源现状分析》，《气候与环境研究》2001年第3期。

[2] 高树婷、张慧琴、杨礼荣等：《我国温室气体排放量估测初探》，《环境科学研究》1994年第6期。

[3] UNFCCC, Inventories of Anthropogenic Emissions by Sources and Removals by Sinks of Greenhouse Gases [R/OL]. 2005-10-25. [2009-12-29]. http://unfccc.int.

[4] Boden, T. A., G. Marland and R. J. Andres, Global, Regional, and National Fossil-Fuel CO_2 Emissions [DB/OL]. Carbon Dioxide Information Analysis Center, Oak Ridge National Laboratory, U. S. Department of Energy, 2009. [2009-12-29]. http://cdiac.ornl.gov/trends/emis/meth_reg.html.

[5] International Energy Agency, World Energy Outlook 2007: China and India Insight [R/OL]. 2007. [2009-12-29]. http://www.iea.org/publications/free_new_Desc.asp? PUBS_ID=1927.

[6] International Energy Agency, CO_2 Emissions from Fuel Combustion: Highlights [R/OL]. 2009. [2009-12-29]. http://www.iea.org/Co_2 highlights/.

[7] Netherland Environmental Assessment Agency, China now No. 1 in CO_2 emissions; USA in second position. 2007 [EB/OL]. [2009-12-29]. http://www.pbl.nl/en/dossiers/Climatechange.

[8] US Energy Information Administration, International Energy Outlook 2009 [R/OL].

2009 – 05 – 27. ［2009 – 12 – 29］. http：//www. eia. doe. gov/oiaf/ieo/index. html.

［9］ Dabo Guan，Klaus Hubacek，Christopher L. Weber et al. ，The Drivers of Chinese CO₂ Emissions from 1980 to 2030. *Global Environmental Change*，2008，pp. 626 – 634.

［10］ 2006 IPCC Guidelines for National Greenhouse Gas Inventories. Prepared by the National Greenhouse Gas Inventories Programme，Eggleston，H. S. ，Buendia，L. ，Miwa，K. ，Ngara，T. and Tanabe，K. （eds. ），Published：IGES，Japan，2006.

［11］ 钱杰、俞立中：《上海市化石燃料排放二氧化碳贡献量的研究》，《上海环境科学》2003 年第 11 期。

［12］ 朱松丽：《水泥行业的温室气体排放及减排措施浅析》，《中国能源》2000 年第 7 期。

［13］ 吴萱：《水泥生产中二氧化碳产生量计算及利用途径分析》，《环境保护科学》2006 年第 6 期。

第四篇　绿色发展政策回顾与评价

　　本篇是关于我国绿色发展政策的整体回顾、展望与两项具体政策的分析，包括第十二章至第十五章的内容。

　　第十二章对中国的绿色发展政策进行系统回顾和展望。中国环境政策的形成、发展主要集中在改革开放之后。20世纪80年代以前，中国形成了以预防为主、明确责任和强化环境监督管理三项原则，并由此衍生了一系列制度或政策，这一时期的环境政策主要是命令控制型（CAC）环境政策。20世纪90年代以来，中国环境政策有新的进展，形成了更加完备的政策体系，但在环境政策的制定中政府主导色彩仍然浓厚，市场化程度仍较低。环境政策的实施机制也不完善，民众参与度低，监管力度小。由于近年来生态环境脆弱、环境容量不足而逐渐成为中国发展中的重大问题，环境政策也随着不断得到加强。从目前的情况来看，环境已成为中国制定经济、能源规划和政策的重要决策因素。我国也一直在积极探索应用经济手段调控污染产业和污染产品进行环境政策创新的积极行为，这有利于克服以往环境治理中过于依赖命令控制型手段所带来的问题，为中国的环境保护打开新局面。总的来看，中国的经济政策、能源政策和环境政策正相互融合，逐渐向一体化的政策体系演化。

　　第十三章具体研究水价调整对工业用水效率的影响。鉴于我国工业用水效率低下已成为制约工业发展的资源"瓶颈"，本章基于SBM－Undesirable模型和Meta－frontier模型，利用中国30个省（自治区、直辖市）1999—2011年面板数据，对共同前沿与群组前沿下各省（自治区、直辖市）工业用水效率及其影响因素进行实证研究。研究结果表明，由于各省（自治区、直辖市）工业用水技术水平的异质性，不同前沿下工业用水效率存在较大差异；考虑工业水污染后，用水效率普遍较低，存在较大的效率改善空间。进一步研究发现，现行水价存在较大程度的扭曲，没有起到应有的提高水资源有效配置的作用。政策含义表明，工业用水效率不仅与地区工业发展的技术异质性有关，也和工业水污染及治理效果有关；应逐步提高现行工业水价，可仿照居民用水实行阶梯水价。

第十四章评价碳排放强调约束的结构效应和宏观效应。本章采用动态可计算一般均衡模型模拟了碳强度约束在中国宏观层面和产业层面的影响。结果表明，近期内中国需要加快降低碳强度才能实现既定的碳强度约束目标。碳强度约束将促使化石能源产品和碳密集型产品的价格显著上升，从而对中国的经济增长和国内需求特别是投资产生一定的负面影响，并导致全社会平均工资率、资本租金率和投资收益率略有下降。绝大多数部门的国内供给和总产出也会有所下降。不过，出口减少的主要是化石能源供应和碳密集型部门，许多劳动密集型和技术密集型部门的出口则可能增加，并使出口总量有所增加。绝大多数部门的进口也会下降，但一些碳密集型部门的进口有可能上升。与此同时，能源消耗和碳排放总量会大幅度下降，其中绝大部分由火力发电、发热及其供应业贡献。我们认为，一方面可以通过开征碳税等政策保证碳强度约束目标得以实现；另一方面应采取一些有效措施，如加快发展清洁能源、积极推广节能技术以及鼓励各部门特别是火力发电、发热及其供应业改善能效，以强化碳强度约束的节能减碳效应，同时降低其对经济的负面影响。

第十五章采用动态可计算一般均衡模型，分析不同征税标准下碳关税对中国经济和碳排放的影响。当征税标准由隐含碳系数改为直接碳系数，由中国碳系数改为美国或欧盟的碳系数，或者当碳系数因技术进步而降低时，碳关税的影响将显著减弱。只有美国和欧盟征收碳关税时，中国各部门对这两地区的出口会大幅下降，但对其他地区的出口则显著上升。碳减排量相同时，中国经济受本国碳税的影响远低于碳关税的影响。不过，如果中国通过碳税在2020年将本国碳系数降至美国水平，其影响将超过所有贸易伙伴都征收碳关税的影响。因此，中国既要抵制碳关税，也应积极实施创新驱动发展战略、渐进的低碳发展战略和优化贸易结构来应对其潜在不利影响。

第十二章 中国环境政策回顾与展望：环境与发展的视角

一 中国环境政策体系的演进

（一）改革开放前至 20 世纪 80 年代的环境政策

受国际国内形势的影响，改革开放前，中国实施的经济发展战略大体上是一种赶超战略，即在经济、军事及社会发展水平诸方面力图赶上和超过西方发达国家（姚晓荣，2005）。其中，主要发展目标就是尽快实现工业化，而工业化又以优先发展重工业为中心，重工业发展中又将钢铁工业放在了首位。

由于在经济发展战略上中国采取了上述赶超发展战略，因而，尽管改革前中国就已经制定了比较详细的环境规划和政策，但令人遗憾的是，由于种种原因，有关部门一直缺乏完全地、成功地执行这些环境政策的能力。像诸多政治运动一样，环境治理目标也主要靠群众运动来实现。

但随着国际形势的变化，尤其是中国恢复联合国席位后，受世界环境保护思潮的影响，环境保护在中国也越来越受重视。"1972 年派代表团参加斯德哥尔摩联合国人类环境大会，这可被视为新中国环境保护事业的一个新起点"（张晓，1999）。在这次会议上，中国代表在发言中提出，中国环境政策的指导方针是"全面规划、合理布局、综合利用、化害为利、依靠群众、大家动手、保护环境、造福人民"。上述方针在 1973 年第一次全国环境保护会议上被正式确立为我国环境保护工作的基本方针，并在《关于环境保护和改善环境的苦干规定（试行草案）》和 1979 年颁发的《中华人民共和国环境保护法（试行）》中以法律形式固定了下来。

1973 年，中国成立了国务院环境保护领导小组及其办公室，并在全国推动工业"三废"（废水、废气、废渣）治理。1982 年，建设部改名城乡建设环境保护部，下设环境保护局。1983 年，在国务院第二次全国环境保护会议上，规定把环境保护作为中国的一项基本国策，并提出，环境政策的基本战略方针是"三同步、三统一"，即经济建设、城乡建设和环境建设要同步规划、同步实施、同步发展，做到经济效益、社会效益和环境效益的统一。1984 年，城乡建设环境保护部所辖的环境保护局更名为国家环境保护局。1988 年，国家环保局从城乡建设环境保护部中分出，成为国务院直属机构。

在 20 世纪 80 年代，中国逐渐形成了预防为主原则、明确责任原则和强化环境监督管理三项原则，并由此衍生了一系列制度或政策。以预防为主原则，主要是强调环境政策要注重从环境问题产生的源头上解决问题，预防环境问题的产生，把消除污染、保护生态环境的措施实施在经济开发和建设过程之前或之中，从根本上消除环境问题得以产生的根源，从而减轻事后治理所要付出的代价。其内容可概括为"预防为主、防治结合、综合治理"。由此衍生的环境政策具体包括：把环境保护纳入国民经济计划与社会发展计划中去，进行综合平衡；实行城市环境综合整治；实行建设项目环境影响评价制度；实行"三同时"制度。

明确责任原则的目的是通过明确环境保护的责任促使相关主体采取保护环境的行动，具体包括：地方政府对辖区环境质量负责的原则；环境保护方面的"谁污染，谁治理"的原则、"谁开发，谁保护"的原则和自然保护方面的"自然资源开发、利用与保护、增殖并重"的原则。其中，由"谁污染，谁治理"的原则衍生出来的政策包括结合技术改造防治工业污染；实施污染物排放许可证制度和征收排污费；对工业污染实行限期治理；环境保护目标责任制；企业环保考核等。

强化环境监督管理原则。像中国这样的发展中国家，在环境保护方面，既不能像日本那样提出"环境优先"原则，也不能像西方国家那样依靠高投资、高技术，只能在当前一定时期内把政策的重点放在强化环境管理上。因此，当前保护和改善环境最重要的是通过适当的政策安排而改变人的行为，特别是在经济发展和治理环境方面的决策行为，而不仅仅是增加投入和提高技术的问题。具体政策包括：加强环境保护立法和执法；建立环境管理机构和全国性环境保护管理网络；动员民众和民间组织参与环境保护的监督管理，例如实施绿色标志制度。

从上述分析中不难看出，20 世纪 80 年代以前，中国的环境政策主要是强制性环境政策或命令控制型（Command and Control，CAC）政策。所谓强制性政策，是指国家对社会所实行的有强制约束力的环境政策，各经济主体必须无条件地遵守。如环境影响评价制度、"三同时"制度、环境保护目标责任制度、环境保护规划和计划制度、城市综合整治定量考核制度、排放污染物许可制度、污染物集中控制制度、限期治理制度、污染物总量控制、区域限期达标或限期关停企业的命令等。这些制度是我国环境保护工作中长期经验的总结，大部分已通过环境立法的形式获得了正式的法律制度地位，小部分如限期达标与限期关停企业的制度则以政府命令的形式出现。而运用经济手段给予经济主体一定的激励与约束，使其从自身利益出发选择对环境有利行为的引导性政策则很少，仅有排污收费制度等。

（二）20 世纪 90 年代以来的环境政策

20 世纪 90 年代初，随着社会主义市场经济体制的逐步形成，中国的经济增长加速，随之而来的是中国国内环境问题的日益突出，同时国际环境问题也日益受到关注，中国的环境政策发生了一些变化。这些政策变化体现了如下三个特点：一是生态环境良好成为中国发展的重要目标；二是环境制度尤其是环境法制建设得到加强；三是国际环境合作得到加强。

1. 中国的环境保护进一步得到重视

1992 年，在里约热内卢会议两个月后，中国在《环境与发展十大对策》中明确了"实施可持续发展战略"。中国环境政策开始注重与国家发展战略，特别是经济发展战略相结合，环境政策在整个国家的政策体系中也逐渐占有较高的地位。1994 年，中国公布了《中国 21 世纪议程》，这是全球第一部国家级的《21 世纪议程》，是中国实施可持续发展战略的一部指南。1996 年，全国人大审议通过了 2000 年和 2010 年的环境保护目标；制定了《国民经济与社会发展"九五"计划和 2010 年远景目标纲要》，第一次在国家中长期发展计划中正式将实施可持续发展战略和科技兴国战略一起确立为两个重大的国家发展战略；并发布了《关于环境保护若干问题的决定》。随后，新的国家环境保护总局（正部级）于 1998 年成立，职权有所加强。

2002 年，中共十六大报告提出全面建设小康社会的目标，强调了经济、政治、文化和社会（可持续发展）的全面发展。2005 年，《国务院关于落实科学发展观加强环境保护的决定》（国发〔2005〕39 号）进一步指出，加强环境保护是落实科学发展观的重要举措，是全面建设小康社会的内在要求，是坚持执政为民、提高执政能力的实际行动，是构建社会主义和谐社会的有力保障。为全面落实科学发展观，加快构建社会主义和谐社会，实现全面建设小康社会的奋斗目标，必须把环境保护摆在更加重要的战略位置。

2006 年制定的《国民经济和社会发展第十一个五年规划纲要》提出，要落实节约资源和保护环境基本国策，建设低投入、高产出，低消耗、少排放，能循环、可持续的国民经济体系和资源节约型、环境友好型社会。强调要发展循环经济，加大节能力度；从多方面加强节水政策；节约用地；节约材料；加强资源综合利用；并强化促进节约的政策措施。

2006 年 10 月召开的十六届六中全会审议通过了《中共中央关于构建社会主义和谐社会若干重大问题的决定》。该决定明确提出了到 2020 年构建社会主义和谐社会的目标和主要任务，其中包括资源利用效率显著提高和生态环境明显好转。为此，要以解决危害群众健康和影响可持续发展的环境问题为重点，加快建设资源节约型、环境友好型社会。优化产业结构，发展循环经济，推广清洁生产，节约能源资源，依法淘汰落后工艺技术和生产能力，从源头控制环境污染。实施重大生态建设和环境整治工程，有效遏制生态环境恶化趋势。

2007 年 10 月召开的中共十七大提出，要将"建设生态文明"作为十六大确立的全面建设小康社会目标的更高要求，要"基本形成节约能源资源和保护生态环境的产业结构、增长方式、消费模式"。2008 年，根据十一届人大一次会议批准的《国务院机构改革方案》，国务院组建"中华人民共和国环境保护部"，使中国的环境保护官方机构成为名正言顺的部级单位。这反映了最高决策者贯彻党的十七大精神，落实科学发展观，加强环境保护的姿态和决心。

中共十八大进一步将生态文明建设提升为中国特色社会主义建设五位一体总布局的重要一位。中共十八届三中全会进一步提出一系列生态文明建设的制度体系建设目标。中共十八届五中全会则提出了"创新、协调、绿色、开放、共享"五大发展理念。

2. 环境制度尤其是法制建设得到加强

20 世纪 90 年代以来，中国工业污染防治开始从"末端治理"向全过程控制转变，从分散治理向分散与集中治理相结合转变，从简单的企业治理向调整产业结构、清洁生产和发展循环经济转变，从浓度控制向总量和浓度控制相结合转变，从点源治理向流域和区域综合治理转变，并因此推动了一系列非常有影响的政策措施，如排污收费改革、推行清洁生产、发展生态工业区以及循环经济。

2003 年，国务院颁布的《排污费征收使用管理条例》规定，自 2003 年 7 月 1 日起开始实施新的排污收费征收办法，以污染当量为核定依据，根据排污者污染排放总量征收排污费，同时对排放浓度超标者加倍收费。此举改变了原来按浓度超标收费的单一方式，增强了对排污者的激励效应。

2005 年 10 月 27 日，为贯彻和落实科学发展观，加快推进循环经济发展，促进经济增长方式转变，按照《国务院关于做好建设节约型社会近期重点工作的通知》《国务院关于加快发展循环经济的若干意见》（国发〔2005〕21 号、22 号）要求，国家发展改革委会同国家环保总局、科技部、财政部、商务部、国家统计局等有关部门和省级人民政府，在重点行业、重点领域、产业园区和省市组织开展了第一批全国循环经济试点工作。

在不断重视环境保护，出台各种环境保护规划、纲要和措施的同时，环境法规体系也得到了不断完善。仅 1996 年以来，国家制定或修订的环境法律包括水污染防治、海洋环境保护、大气污染防治、环境噪声污染防治、固体废物污染环境防治、环境影响评价、放射性污染防治等环境保护法律，以及水、清洁生产、可再生能源、农业、草原和畜牧等与环境保护关系密切的法律。

其中，中国从 1993 年就开始推行清洁生产，并在九届全国人大常委会第二十八次会议上通过了《中华人民共和国清洁生产促进法》，从 2003 年 1 月 1 日起正式实施。人们对这部法律给予了高度评价，认为"它的制定，标志着我国可持续发展事业有了历史性的进步，对促进我国经济、社会的进一步健康发展，实现经济和社会发展第三步战略目标必将产生积极的影响"。①

为进一步加强源头控制环境污染和生态破坏，2003 年开始实施的《中华人民共和国环境影响评价法》，将环境影响评价制度从建设项目扩展到各类开发建设规划。国务院制定或修订的环保行政法规有《建设项目环境保护管理条例》《水污染防治法实施细则》《危险化学品安全管理条例》《排污费征收使用管理条例》《危险废物经营许可证管理办法》《野生植物保护

① 人民日报评论：《依法推行清洁生产　实施可持续发展战略》，《人民日报》2002 年 7 月 5 日第 5 版。

条例》《农业转基因生物安全管理条例》等 50 余项行政法规。另外，国务院有关部门、地方人民代表大会和地方人民政府依照职权，为实施国家环境保护法律和行政法规，制定和颁布了规章及地方法规 660 余件。

2008 年 8 月 29 日，十一届全国人大常委会第四次会议表决通过了《中华人民共和国循环经济促进法》，国家主席胡锦涛签署第 4 号主席令予以公布。新法律将自 2009 年 1 月 1 日起施行。由于循环经济是转变增长方式的首要突破口，是调整经济结构的主要抓手，是完成节能减排任务的基本手段，是贯彻科学发展观构建资源节约型和环境友好型社会的重要举措，因此，《中华人民共和国循环经济促进法》的颁布实施意味着我国大力发展循环经济，继而推进转变经济增长方式已经有法可依。这部渗透着科学性、战略性、综合性、系统性的法律将是我国落实科学发展观、大力发展循环经济、全面实施可持续发展战略、构建资源节约型和环境友好型社会的有力保障和助推器。

2015 年 1 月 1 日开始实施的、新修订的《中华人民共和国环境保护法》则被誉为史上最严的环保法。该法强调地方政府的环保职责，强化了环保问责制度和法律责任。为了加强地方环保机构的职能，2016 年开始实施省以下环保机构监测监察执法垂直管理制度改革。当年开展的中央环保督察巡视工作，也是生态文明建设和环境保护工作的一项重大制度安排。

20 世纪 90 年代以来，中国的环境信息公开，环保宣传教育，鼓励公众参与环境保护的工作也得到了加强。到 2005 年年底，全国所有地级以上城市实现了城市空气质量自动监测，并发布空气质量日报；组织开展重点流域水质监测，发布十大流域水质月报和水质自动监测周报；定期开展南水北调东线水质监测工作；113 个环保重点城市开展集中式饮用水源地水质监测月报；建立了环境质量季度分析制度，及时发布环境质量信息。各级政府和环保部门也通过定期或不定期召开新闻发布会，及时通报环境状况、重要政策措施、突发环境事件、违法违规案例。2006 年 2 月，国家环保部门还颁布了《环境影响评价公众参与暂行办法》。

3. 国际环境合作得到加强

随着中国对外开放的深化和国家环境问题的不断恶化，中国还参加了《联合国气候变化框架公约》及《京都议定书》《关于消耗臭氧层物质的蒙特利尔议定书》《关于在国际贸易中对某些危险化学品和农药采用事先知情同意程序的鹿特丹公约》《关于持久性有机污染物的斯德哥尔摩公约》《生物多样性公约》《生物多样性公约〈卡塔赫纳生物安全议定书〉》和《联合国防治荒漠化公约》等 50 多项涉及环境保护的国际条约，并积极履行这些条约规定的义务。

特别值得一提的是，作为一个负责任的发展中国家，对气候变化问题给予了高度重视，成立了国家气候变化对策协调机构，并根据国家可持续发展战略的要求，采取了一系列与应对气候变化相关的政策和措施，为减缓和适应气候变化做出了积极的贡献。2007 年 6 月 4 日，为了响应《联合国气候变化框架公约》，中国政府正式发布了《中国应对气候变化国家方案》，明确了到 2010 年中国应对气候变化的具体目标、基本原则、重点领域及其政策措施。这是中国第一个应对气候变化的全面的政策性文件，也是发展中国家颁布的第一个应对气候变化的国家方案。这一方案的颁布实施，彰显了中国政府负责任大国的态度。

2014 年 11 月 12 日，中国与美国达成了《中美气候变化联合声明》，提出了中国的碳排放峰值目标。2016 年，在 G20 峰会上，中国与其他成员国达成一致，同意在落实气候变化《巴黎协定》方面发挥表率作用。

此外，1992 年，中国政府批准成立"中国环境与发展国际合作委员会"（以下简称国合会）。国合会是一个高级国际咨询机构，国合会主席由中华人民共和国国务院领导（一般为副总理）担任。国合会的主要职责是针对中国环境与发展领域重大而紧迫的关键问题提出政策建议并进行政策示范和项目示范。国合会委员包括中国国务院各有关部委的部长或副部长、国内外环境与发展领域的知名专家、教授以及其他国家的部长和国际组织的领导。在过去的十年中，国合会的政策建议在推动中国的可持续发展中发挥了积极作用。进一步促进了环境与发展相协调以及有关环境与发展的法律法规的完善。

二　中国环境政策体系的革新：经济手段的前景与挑战

经济理论界一般都认为以环境成本外部性为特征的市场失灵和政策失灵是环境问题的根本原因。根据这一认识，在长期的协调经济与生态环境发展的实践中，人们开发了许多有效的环境政策工具，即将环境成本内部化的各种手段。经过多年的创新和实践，环境政策工具得到了很好的发展，变得丰富多样。仅仅用命令控制手段和经济手段对当今的环境政策工具进行分类已经显得过于简单（斯特纳，2003）。不过，应用最多的环境政策工具还是这两类。

（一）当前中国环境政策工具的主要特点及问题

经过 20 多年的改革开放，中国的市场化程度越来越高，环境保护政策体系也越来越完善、有效。不过，总体来看，由于中国正处在经济转轨时期，市场发育程度还有限，大量采用经济手段还缺乏基础和经验，命令控制型的环境政策工具仍是实现环境政策目标的主要手段。目前，中国用于调控污染产业和污染产品的经济手段还很少：普遍实行的经济手段只有排污收费制度，可交易排污权仅限于一些地区的二氧化硫和二氧化碳排放，至于环境税及其他众多经济手段则还基本处于理论探讨阶段。即使是已经采用的这些所谓"经济手段"，也是政府直接操作的管理方式，必须由政府投入相当的力量才能运行，在这个意义上说，经济手段其实是行政手段的一部分，是一种用收费、罚款等经济价值来调控的行政管理手段。而这样的环境政策工具体系在污染产业和污染产品的调控方面也带来了诸多问题。

第一，由于法制进程、文化习惯等原因，中国环境污染问题的最终解决很少真正诉诸法庭。中国环境领域的许多污染问题往往只是引发个别政府官员与企业间的讨价还价甚至行贿受贿，而问题本身被解决的可能性非常微小。由于中国长期比较缺乏"法治"的社会基础，设立的法律法规往往执行不够理想（夏光，2001），得不到有效的贯彻落实；虽然法律法规体系越来越完善，但形同虚设。

第二，命令控制型手段不适合控制众多分散的小企业的污染。每个小企业产生的污染似乎都不大，不值得被监控，但过多的小企业排放的污染总量则大得惊人。在中国，许多行业因受政策控制，较大规模的企业难以上马，小规模的企业则不在政策控制之列，因而遍布大江南北。小企业由于资金力量薄弱，无力安装并运行环保设备，且不易受到污染监控，因而其污染强度往往超过同类型的大企业。这就使命令控制型手段在污染产业和污染产品的控制方面难以奏效。

第三，地方保护使命令控制型手段不易得到贯彻落实。由于中国正处于发展阶段，区域经济发展不平衡，因而中央政府的环保目标与地方政府的发展目标之间的矛盾时有发生，这使国家级的环境法规难以在地方得到很好的执行。在中国，由于不少地区的财政收入仍要依靠一些资源开发型的污染企业，因而地方政府容易对这些网开一面。加之地方环保局一般也隶属地方政府管理，而不属于国家环保局垂直管理体系。因而地方环保局因行政干预，难以有效地监督地方污染企业的污染防治。最近，中国发生的一系列环境事件（如某县因县政府挂牌保护一家污染企业，导致当地饮用水受该企业污染而出现砷含量严重超标）便印证了这一点。

第四，命令控制型手段对一些跨界往往污染无能为力。由于一些污染问题难以识别主要的污染者，因而命令控制型手段往往失去了对象。例如，中国河流众多，许多河段往往是相邻地区的分界线，属于公共资源。当这些河段发生严重污染时，相邻地区往往互相推卸责任，而监管者也难以判断孰是孰非，无法进行有效的处置。

另外，命令控制型手段还有一些弊端。如采用命令控制型手段控制污染排放的成本虽然不易为公众关注，但比采用经济手段防治污染的成本要高得多；由于污染处罚的力度有限，命令控制型手段不足以对违背环境法规的行为形成威慑；而且命令控制型的手段往往还容易成为某些政策制定者以环境保护之名获取利益的工具。

总的来看，20 世纪 90 年代以来，中国环境政策较之过去又有新的进展，但仍存在许多问题。其中，最突出的问题是中国的环境保护仍然未脱离计划经济体制的特征，环境政策中政府职能的越位与缺位并存。具体来说，在环境政策的制定中政府主导色彩浓厚，市场化程度较低。这使强制性政策仍占据了中国主要地位，政策规定缺乏可操作性或过于僵化；而由于利用市场机制不够，具有激励作用的环境经济政策的应用则很有限，经济主体缺乏保护环境的激励。现行的环境保护标准管理体制与法律规定、国际通行做法和我国加入世界贸易组织承诺仍有很大差距，其科学性、完整性、系统性、协调性和可操作性尚待提高。因而，中国环境政策体系虽然比较健全，但实施机制和实施效果欠佳。

（二）经济手段治理环境污染的理论前景

经济手段主要是通过改变经济主体的成本或效益，间接导致对环境友好行为的发生，常见的经济手段如环境税费、可交易排污许可证等。在许多情形下，经济手段也被称为基于市场的手段，但严格来说，两者还是有差别的（Barbe，1994）。命令控制手段是环境政策中的传统工具，政府可以用这种工具来限制或禁止经济主体的某些活动，如排污许可证、环境标准等。目前，命令控制手段虽然仍然是各国普遍采用的政策工具，经济手段近年来则大有后来者居上之势。

由于命令控制型手段在污染治理中存在一系列弊端，因而世界各国一直致力于寻找和创造更有效力和效率的环境政策工具。在这种动机的驱使下，经济手段开始受到重视。当然，命令控制型手段的弊端不能成为推崇经济手段的理由。经济手段之所以越来越受到专家学者和政策制定者的青睐，主要是因为主流经济理论（新古典经济学）表明，经济手段比命令控制手段更具有优势。经济手段的这些优势归纳起来大致有如下几点。

（1）静态效率（成本有效性）。这个效率主要是指经济手段能以最小的成本实现减排目标。其理由是经济手段能在企业间有效地分配排污量。而命令控制手段虽然原则上也能实现静态有效性，但政府必须找到有效的排污分配方案并加以实施，这需要收集大量有关企业减排技术和成本的信息，而企业一般是不愿意诚实地提供这些信息的。因而政府最好让市场来寻找这种有效的排污分配方案，而不是自己来做这件事。

（2）动态效率。迪科斯彻（2000）认为，采用经济手段控制污染排放时，企业的规模和数量都是最佳的；而采用直接管制时，则会存在企业规模过大或过小，以及企业数量过多或过少的问题。经济手段能对企业的减排行为形成长久而持续的激励。经济手段的这种长久的激励作用会促使企业加强 R&D 的投入，采用更先进、更节约成本的减排技术或工艺。而采用直接管制时，企业很少愿意把减排量提高到规定水平之上。

（3）灵活性。相对于命令控制手段的改动而言，有关部门对税率或费率的调整要容易得多。而且企业也能灵活地做出反应，根据这些调整来重新考虑交费还是减排。

（4）增加财政收入。经济手段有利于为环境保护筹集资金。例如，征收的税费以及可交易许可证是一笔可观的财政收入，这部分财政收入可用于环境保护或其他政府预算。

（5）与命令控制型环境政策工具相比，经济手段在污染防治过程中被钻空子的可能性更小，因而也更有效、更公正。

正是因为具有这些理论上的优越性，经济手段越来越受到政府部门的重视，在环境政策中越来越盛行，典型的如美国的可交易排污许可证制度和欧盟的环境税费。经济手段不仅成为命令控制手段的有力补充，而且大有取代命令控制手段而成为主流环境政策工具的发展势头。

（三）中国应用经济手段治理污染面临的挑战

显然，中国正需要进行环境政策工具创新来克服以往污染治理的不足。

理论上的优越性和发达国家的许多成功经验使经济手段成为中国当前环境政策工具创新的理想的选择。但是，我们还必须清醒地看到，在现实的环境政策中，政策工具总体上仍然以命令控制手段为主，经济手段的应用程度还远没有经济学家所建议的那样。除政治上的原因外，现实情况与经济手段发挥优势所需要的一系列条件还有不小的差距。如市场的非完全竞争性、不完备或不对称的信息、环境受污染物的影响呈现区域性特点等。而这些情况在中国都程度不一地存在着。因此，中国要应用经济手段有效调控污染行业或污染产品还面临诸多挑战。

1. 非完全竞争性市场

当经济学家分析环境政策中的经济手段时，他们总是假定市场是完全竞争性的，但现实的市场并非如此。因此，经济手段能否真正实现福利最大化还是个问题。例如，由于处在经济转轨时期，中国还有许多市场领域是非完全竞争的，那些具有垄断性的污染密集型企业可以轻易将环境成本转嫁给下游企业或消费者，这样，经济手段对这些污染密集型企业也就失去了激励作用。

2. 信息不完备与不确定性

在信息完备的情况下，例如，可以知道每个经济主体对环境所造成的边际损害时，或者政策工具主要是为了实现特定的政治目标而与边际损失毫不相干时，经济手段的奖惩机制也可以使整个社会的行为趋向最优化（拉赛尔等，1998）。但是，现实世界中信息往往是不完备的。此时，有关污染控制中的价格、数量等变量就会存在事前的不确定性，污染控制中的定量估计也变得过于艰难（拉赛尔等，1998），从而不能确定社会成本最小化的污染控制水平，使经济手段失去效率。例如，中国的排污收费水平一般都无法达到这一效率收费水平，在很多行业，甚至远远低于污染物的平均削减成本，这样，势必不能促进企业的行为改善，甚至导致环境政策的"协议"执行问题（张世秋，2004）。

3. 污染的区域性差异

不同地区，环境受污染物影响的情形可能存在很大的差异。由于不同地区环境对污染物的承受能力，以及各地有关部门对污染源的监控和评估难度的差别甚大，同量的某种污染物在某些地区造成的环境破坏有可能远远超过其他地区。因此，采用经济手段时，如果忽略这一因素就极有可能使一些地区的污染超出政策目标。这些差异和不同意味着应用经济手段时，必须对不同的地区实施不同的标准；只有采用一整套这样的标准，才能保证经济手段的静态效率。但是，要制定一整套有效的标准几乎是不可能的，因为人们缺乏对污染物边际减排成本以及减排对环境影响程度的充分认识。[①] 而中国恰恰存在着污染的区域性差异巨大的问题，因而增加了经济手段应用的技术难度。

4. 经济手段激励与技术发展的脱节

一些国家或企业由于缺乏技术自主创新意识和能力，其技术发展主要依靠技术引进。在这种情况下，经济手段不仅难以实现静态效率，甚至也难以实现动态效率（拉赛尔等，1998）。由于当前中国的工业技术具有弱原创性和强模仿性（金镕，2005），即工业技术进步仍主要是依靠引进而非自主创新，经济手段（如环境税费）的激励作用通常只能促使企业不断引进有利于环保的技术而不是进行环保技术的研发。经济手段的不当应用甚至有可能伤害企业采用环保技术的积极性。例如，在二氧化硫总量指标的分配问题上，中国许多地方都把新的总量分配的基准年由 1995 年调整到 2000 年，使那些已经采用先进环保技术、环境表现更好的企业分配到的指标反而减少，导致环境政策"鞭打快牛"的现象出现（张世秋，2004）。另外，如果没有政府的监督，环保技术的采用还可能降低（排污）许可证的市场价格，也会影响环保技术的应用。

5. 经济手段也容易受到利益集团的影响

因为各种政策反映的都是经济利益的分配，不同的经济手段会在污染者之间，污染者与污染受害者及社会之间产生不同的成本分配效应（斯特纳，2003）。因而一般情形下并不存在一个对所有利益集团都是"最优"的政策工具。在污染控制领域，一些强势的政治利益集团有可能影响政策制定者对环境政策工具的选择（迪科斯彻，2000），使经济手段因政治方面的一些因素而难以按理论所描绘的那样被设计出来。并导致最终设计及实

①　例如，在单独使用排污税时，一般要求税率统一。为避免这一情况的出现，此时必须按照对污染最敏感地区所要求的税率来统一税率，即执行最高的税率。但这又会使减排边际成本大幅攀升，或污染大大缩减而影响正常的生产。而如果按地区不同而实行有差别的税率，这又会使排污税征收方案过于复杂，且难以为现行的财经政策法规所认可。就算有关部门费尽千辛万苦得到了能实现静态有效性的一套收费标准，更大的麻烦还在后头。任何外生变量的变化，如通货膨胀、人口出生率与死亡率、技术进步等的改变都要求重新修订这套标准，这种负担实在太重。而可交易许可证这一经济手段尽管能够"自动"适应外生变量的改变，但由于它不具有普遍的静态有效性，故也不宜采用。

施的经济手段是以弱势集团或无组织群体的利益为代价的，这样虽然换取了政治上的认可，却牺牲了效率。

另外，论证经济手段优势的经济理论还存在一个严重的缺陷，即它们往往只是考虑部分社会成本——污染减排成本，并以此为标准论证经济手段的静态效率。许多非市场化商品（如风景、生物种群）的价值或效用和非市场化行为都难以在这些理论模型中得以表述或考虑。而政策工具的静态有效性评价应该以社会总成本为基础。因此，以部分社会成本为基础对经济手段所进行的评价有可能以偏概全。

（四）有效发挥经济手段功效的政策思路

上述分析表明，经济手段对制度条件的要求是很高的。如果忽略现实与理论的差距，在治理污染的实践中应用经济手段时，稍有不慎，就可能失去经济手段理论上的优势，甚至可能造成更严重的污染。不过，如果对市场本身加强管理，经济手段仍然是有吸引力的政策工具（迪特尔·赫尔姆等，1991）。因此，中国充分认识经济手段在污染治理中面临的种种现实问题，采取正确的方案，以最大限度地发挥经济手段的效力，促进环境保护。

首先，必须进行充分的准备，为应用经济手段有效调控污染行业或污染产品创造良好的外部条件（柯尔等，2001），包括健全市场机制、提高环境信息透明度、充分考虑区域特点、鼓励企业进行技术创新、加强环境价值评估研究、加强宣传和培训等。

（1）健全市场机制。中国正处于经济体制转轨时期，应当健全市场机制，使经济手段能够正常发挥作用。主要包括尽可能在各个领域打破垄断，进行良好的产权界定，建立有效的市场，政府对公共部门和私人部门一视同仁，减少或取消对环境不利的补贴和其他价格扭曲等。

（2）提高环境信息透明度。应进一步提高数据收集和分析的技术，及时公布信息，督促企业进行环境信息披露，增加经济主体的透明度和经济主体之间的有效信息交流。可靠的监控需要有说服力的数据和分析支持。

（3）政策的制定要充分考虑区域特点。中国幅员辽阔，地区环境及经济发展差异大，应用经济手段治理污染时应该针对不同地区的特点采取有差别的政策。不过，要充分达到上述要求确实非常困难。因此，要加强这方面的研究，促进区域开发中的环境治理。中国的排污收费标准已经在这方面迈出了可喜的一步，应用其他经济手段时仍要坚持这一原则。

（4）鼓励企业进行技术创新。企业自主创新是中国经济发展的内在要求，也是污染治理中经济手段实现动态效率的基本要求（如前所述）。因此，应用经济手段的同时应当鼓励企业进行创新。例如，应当根据新的设备征收环境税费，而不是根据已经过时的工厂和设备的较高边际成本征收较高的税费，以降低企业的技术、设备调整成本。还应当将环境税税收的一部分专门用于加速技术进步，如对企业的 R&D 进行补贴。

（5）加强环境价值评估研究。在应用经济手段时，需要对环境价值进行评价。虽然对环境价值进行评价困难重重，但是，任何合理的评价计量总比将生态环境的价值假定为零，或假定为无穷大要好得多（张晓，2004）。必须克服无所作为的思想，加强这一领域的研究，借助《环境影响评价法》带来的新需求，将环境价值计量列入国家重点科研项目（过孝民，2004）。使经济手段的设计建立在比较全面的社会成本基础上。

（6）加强宣传和培训。在中国的环境政策中，应用命令控制型手段已经有多年的历史，政府官员、行政人员、企业人士都对这种工具积累了不少经验。而经济手段对他们来说则属于新鲜事物，他们需要花费时间和精力来熟悉经济手段的运作规律并逐渐适应它。因此，必须加强对经济手段的宣传和对各类相关人员的培训。

其次，应用经济手段调控污染产业和污染产品的思路应从局部均衡框架拓展到一般均衡框架。经济手段的主要目标是激励经济主体按其自身的成本或收益选取最恰当的环保措施。然而，如果只考虑污染治理而忽略了经济发展，如就业、公平等问题，经济手段的应用就会遇到经济和政治的难题，可能使其功能在短期内难以实现。因此，在设计并实施经济手段时，不能仅在局部均衡的框架下考虑经济手段的运行机制和可能取得的污染治理效果，还必须从一般均衡的框架出发考虑经济手段运行中可能出现的种种问题和后果。

可以考虑把经济手段的激励机制同其财政增收功能结合起来。例如，在经济转轨期间，将经济手段所带来的财政收入专款专用于某些特定的环境目标，则能在一定程度上化解这一难题。这些用途包括开展各种环境计划、设立环境基金、重新分配给负担该项赋税的厂商或个人、支付各种与环境相关服务的成本。还可以将环境税费收入用于减少政府赤字、增加公共支出、减少或消除其他（扭曲性）赋税（企业收入税）（巴伯，1994）。同时，政府也要将环境因素纳入经济综合决策范围，例如，财政、能源、农业、交通和土地利用的决策要充分考虑环境承载能力；还要引入收益较高、对环境破坏较少的新活动和管理方法，促进产业结构升级，从而将经济手段运行中遇到的种种政策冲突和矛盾限制在尽可能小的程度内。

最后，中国应从自己的基本国情出发，避免因片面强调经济手段而忽略命令控制型手段及其他环境政策工具的应用。虽然目前经济手段在发达国家得到了广泛应用，各国政府也确实希望推动市场在环境政策中起作用。不过，发达国家的环境政策工具体系也仍是一种"混合体系"，既包括环境税费这样的经济手段，又包括传统的命令控制手段工具，只是"混合"的情况因国别而异。在有些国家中经济手段是环境政策的核心，如法国、德国和荷兰的水污染费，瑞典的空气污染费；而在另外一些国家中经济手段仅仅只是提供经济激励的措施，如产品税；还有一些国家中，经济手段只不过是节约成本的一种选择，如美国的可交易排污许可证。因此，中国必须从本国的国情出发来设计并实施经济手段，"综合运用法律、经济、技术和必要的行政办法解决环境问题，自觉遵循经济规律和自然规律，提高环境保护工作水平"。①

三　环境政策与经济政策和能源政策的融合

改革开放以来，随着中国经济持续快速发展，发达国家百余年工业化过程中不同阶段出现的环境问题在中国集中出现，环境与发展的矛盾日益突出。生态环境脆弱、环境容量不足，逐渐成为中国发展中的重大问题，环境政策也随之不断得到加强。由于环境问题与经济发展和能源使用有着密切的关系，因此，随着可持续发展理念的不断深入人心，中国的环境政策与经济政策和能源政策的发展呈现出逐渐融合的趋势。

（一）环境政策与经济政策的融合

环境政策与经济政策的融合，一方面表现为环境保护领域内经济手段的逐步推广。其中，最典型的就是不断得到完善的环境收费政策。20 世纪80 年代中国就引入了排污收费政策。2003 年改革后的排污收费政策开始实施。与过去相比，新的排污收费政策加强了排污费征收和管理，排污费的征收使用严格实行"收支两条线"管理，排污费收入专项用于环境污染防

治。同时还通过对城市污水、垃圾、危险废物处理收费以引导社会资金通过多种方式投入环保设施建设和运营，积极推动污染治理市场化、产业化进程。建立并推行城市污水、垃圾处理特许经营制度。一些地方对已有污水处理厂和垃圾处理等政府建设设施，通过招投标，以合同方式交给企业运营（中华人民共和国国务院新闻办公室，2006）。近几年，在北京等七省市进行的碳排放交易试点工作也是这方面的典型案例。目前，中国正积极筹备建立全国统一的碳排放交易市场。

另一方面，环境政策与经济政策的融合则更多地表现为许多重大经济政策对环境保护的考虑越来越多。工业化和城市化是当前中国经济发展的重要方式。中国在大力推进工业化和城市化的过程中对环境质量的关注也与日俱增。

工业化方面主要是通过积极调整产业结构，推进清洁生产和发展循环经济来协调经济发展与环境保护的关系。一是淘汰和关闭技术落后、污染严重、浪费资源的企业。二是在工业集中地区积极发展生态工业，使上游企业的废物成为下游企业的原料，延长生产链条，做到废物产生量最小，实现"零排放"，并建设生态工业区，实现区域或企业群的资源最有效利用。三是大力发展循环经济。国家在重点行业、重点领域、产业园区和有关省市选择 82 家单位开展第一批循环经济试点工作（国务院新闻办公室，2006）。四是对环保产业的发展越来越重视。1990 年，国务院办公厅印发了《关于积极发展环境保护产业的若干意见》，这意味着经济决策者意识到了环境问题和环境市场对经济发展的潜在促进作用。2001 年，国家经济贸易委员会又出台了《环保产业发展"十五"规划》，对环保产品的生产与经营、资源综合利用、环境服务三大领域提出了指导性的规划。

在城市化过程中，中国政府针对城市环境问题采取一系列综合措施。目前，中国的许多城市在制定和实施城市总体规划时，一般都要从城市环境容量和资源保证能力出发，合理确定城市规模和发展方向，调整城市产业结构和空间布局，逐步优化城市的功能分区。许多大中城市在城区发展中实行"退二进三"的策略，即退出第二产业进入第三产业，关闭了一批污染严重的企业，利用地价杠杆把一些污染企业迁出城区，按照"工业入园、集中治污"的原则，实行技术改造和污染集中控制。一些城市把旧城改造与调整城市布局相结合，解决老城区脏乱差的问题，改善居民生活环境；大力调整城市能源结构，积极推广清洁能源和集中供热，减轻燃煤污染（国务院新闻办公室，2006）。

此外，在农业建设上，中国政府全面开展生态农业和生态示范区建设把生态农业建设作为促进农村经济和生态环境全面协调发展的重要举措。中国政府为了促进环境保护，还建立健全了有利于环境保护的价格、税收、信贷、贸易、土地和政府采购等政策体系。例如，对再生资源回收及资源综合利用，生产环保产业设备的企业，利用废水、废气、废渣等废弃物为主要原料进行生产的企业，给予减免税收的优惠政策（中华人民共和国国务院新闻办公室，2006）。

尤其需要指出的是，随着环境保护地位的日益强化，环境已成为中国制定经济规划和经济政策的重要决策因素。2002年中共十六大明确提出，中国要走新型工业化道路。即以信息化带动工业化，以工业化促进信息化，走出一条科技含量高、经济效益好、资源消耗低、环境污染少、人力资源优势得到充分发挥的新路。2005年，《国务院关于落实科学发展观　加强环境保护的决定（国发〔2005〕39号）》要求"经济社会发展必须与环境保护相协调"。为了贯彻落实《国务院关于落实科学发展观　加强环境保护的决定》（2005年），2006年4月17—18日国务院召开的第六次全国环境保护大会上，温家宝强调将来环境保护的关键是要加快实现三个转变：一是从重经济增长轻环境保护转变为保护环境与经济增长并重；二是从环境保护滞后于经济发展转变为环境保护与经济发展同步；三是从主要用行政手段保护环境转变为综合运用法律、经济、技术和必要的行政办法解决环境问题。这三个方向性、战略性、历史性的转变，将是中国环境保护发展史上一个新的里程碑。

（二）能源政策对环境的考虑

由于能源消费一般会直接导致大气污染，因此，能源政策的制定直接影响着环境质量。但应当承认，中国的能源政策主要是为了满足经济社会发展而制定的，环境保护并不是能源政策考虑的重点。不过，随着可持续发展理念的逐渐深入人心，能源政策对环境因素的考虑也越来越多。例如，当前"节能优先"的能源战略就是一个十分有利于环境保护能源战略，尽管其出发点是节约能源的使用。而能源结构调整政策则更多地体现了能源政策对环境质量的关注。

能源结构调整在城市方面主要表现为一些城市开展清洁汽车行动，积极推行低污染的天然气、液化石油气清洁燃料汽车。自2000年7月起，全国停止销售、使用含铅汽油，每年可减少排铅 1500 吨。国家在"两控区"内进行能源结构调整，推广清洁燃料和低硫煤，大中城市禁止民用炉灶燃用散煤。在农村地区则表现为开发与推广农村新能源。"十五"期间，国家先后投入 35 亿元人民币，重点推广以沼气建设为纽带的能源生态模式。到2005 年年底，全国沼气用户已达 1700 多万户，年生产沼气 65 亿立方米。国家大力发展畜禽养殖废弃物沼气工程，已建成 2200 多处，年处理畜禽粪便 6000 多万吨；建成生活污水净化沼气池 13.7 万处，秸秆气化集中供气工程 500 多处；推广省柴灶 1.89 亿户，太阳能热水器 2850 万平方米。同时，还积极推广使用太阳灶、风能、地热等可再生能源（国务院新闻办公室，2006）。另外，由于中国以煤为主的能源结构特点非常突出，1994 年中国政府成立了洁净煤技术推广规划小组专门开展洁净煤技术推广工作；1997 年国务院又批准了《中国洁净煤技术"九五"计划和 2010 年发展纲要》。

从整个能源发展战略来看，能源结构调整主要是国家希望在未来的能源构成中加大可再生能源比例。其中，重点发展的可再生能源主要是风能、生物质能和太阳能，具体发展目标是：风能要通过大规模开发，实现 2010年总装机 500 万千瓦，2020 年总装机 3000 万千瓦；生物质能成型燃料 2010年达到全国年消费 100 万吨，2020 年达到年消费量 5000 万吨；沼气和生物质气化 2010 年达到 190 亿立方米/年，2020 年达到 404 亿立方米/年；生物质液体燃料发展目标是 2020 年争取替代 1000 万吨成品油；燃料乙醇主要以甜高粱茎秆、甘蔗和木薯等为原料 2010 年年产 200 万吨，2020 年年产1000 万吨；生物柴油 2010 年年产 20 万吨，2020 年年产 200 万吨；太阳能发电（PV）2010 年达到 30 万千瓦，2020 年达到 180 万千瓦；太阳能热利用方面主要目标是太阳能热水器 2010 年达到 1.5 亿平方米（2250 万吨标煤），2020 年达到 3 亿平方米（4500 万吨标煤）。为了促进可再生能源发展，2005 年国家还颁布了《可再生能源法》，并出台了一系列具体实施细则和政策。

此外，环境政策对能源政策的影响还体现在能源开发决策方面，其中主要是在水能开发建设规划中生态环境保护已成为审批的重要内容。如在塔里木河流域、澜沧江中下游、四川大渡河、雅砻江上游、沅水流域等流域开发利用规划中，政府开展了环境影响评价。其中，怒江流域水电开发规划环境影响评价比较了不同梯级开发方案在开发布局、规模、方式和开发时序等方面的环境影响程度，为该规划的实施提出了预防和减缓环境影响的措施；大渡河流域水电梯级开发规划的环境影响评价充分考虑了环境与发展协调性，提出了流域资源开发环境保护整体性安排，减少梯度淹没39公里，减少耕地淹没1867公顷，减少淹没县城2座，减少移民人口8.5万人。

（三）需要进一步建立和完善经济—能源—环境政策协调机制

虽然中国的环境政策体系已经相当丰富，包括了从环境污染预防到环境治理的各个环节。但是，由于中国正处于经济发展的特殊阶段——工业化的迅速推进，因此，中国制定环境政策时采取的不是"环境优先"的战略，而是与经济发展相互协调的战略。从中国的经济、能源和环境政策三者之间的相互影响来看，应该说中国的经济政策一直居绝对主导地位，它引导着能源政策的制定、实施，并限制了环境政策的制定、实施。但随着能源问题和环境问题的不断恶化，能源政策最终成为经济政策的重要组成部分；环境也逐渐成为制定经济规划和经济政策的重要决策因素。不同领域内的具体发展规划、出台的相关法律法规和实施的政策措施也逐渐出现相互协调的趋势。不少具体行动计划也纷纷得以落实，取得了一定进展。

然而，中国的还很不完善。目前，三者之间存在脱节现象，规划和决策体制落后于经济体制改革，特别是缺乏综合决策和规划机制，程序不规范，政府与市场边界不清，相互衔接、协调不够（高世宪等，2004）。例如，由于缺乏使能源行业的发展与整个经济社会的持续快速发展相协调的途径和建立起自我协调的机制，在中国，一方面是众多非理性非市场化的行为拉动能源需求高速增长，推动能源行业超越资源和环境承受能力的无序扩张；另一方面是政府运用非市场化手段保障生产、增加供应（国家发展改革委宏观经济研究院课题组，2005）。

各领域内的政策实施的统一管理和协调机制需要进一步加强。例如，中央希望控制发展的一些高耗能、高污染行业通常是某些地区的支柱产业，因而中央的产业调节政策往往与地方的产业政策相冲突，难以贯彻落实。又如许多跨部门、跨行业的能源政策因为部门分割、行业垄断，缺乏统一的能源管理机构和综合决策机制，而在实施过程中面临重大障碍。有的很难全面开展，如建筑节能、洁净煤技术等；有的重复交叉，造成浪费，如能源研究开发；有的政出多门，规划难以落实，如可再生能源开发利用（国家发展改革委宏观经济研究院课题组，2005）。在环境领域，国家环境保护总局制定的法规、条例往往难以得到有效实施，因为地方环保局由地方政府管辖，不隶属国家环境保护总局，难以独立地对地方经济建设进行环境监督和管理。各个领域内政策尚难以统一协调，这严重影响了经济—能源—环境政策协调机制的形成。

因此，要真正建立起比较完善的"经济—能源—环境政策协调机制"，对中国来说，还面临许多现实的挑战：中国的经济结构中重化工业的比重还很高，近几年还呈现上升的趋势，经济增长方式的根本改变还很困难；地区发展不平衡问题没有得到根本改善，工业化仍是许多地区（甚至是作为中国生态屏障的一些地区）的主导发展思路；还缺乏提高能源效率，促进节能的有力措施和相关技术力量；环境政策越来越完善，但实施环节还很薄弱，经济与环境政策整体上仍呈现"两张皮"的关系；现行的环境政策还没有能力从根本上影响经济政策与能源政策的制定与实施，"先污染后治理、边治理边破坏"的状况还没有得到切实的改变。

四　结论

中国环境政策的形成、发展主要集中在改革开放之后。20 世纪 80 年代以前，中国形成了预防为主、明确责任和强化环境监督管理的三项原则，并由此衍生了一系列制度或政策，这一时期的环境政策主要是命令控制型环境政策。20 世纪 90 年代以来，中国环境政策较之过去又有新的进展，形成了更加完备的政策体系，但在环境政策的制定中政府主导色彩仍然浓厚，市场化程度仍较低。环境政策的实施机制也不完善，民众参与度低，监管力度小。

中国探索应用经济手段调控污染产业和污染产品是进行环境政策创新的积极行为，这有利于克服以往环境治理中过于依赖命令控制型手段所带来的问题，为中国的环境保护打开新局面。与命令控制型手段相比，经济手段具有一系列理论上的优势。不过，需要特别注意的是，要发挥经济手段的优势还必须具备不少外部条件，如健全的市场机制、相对充分的环境信息等。而中国当前在这些方面还或多或少存在着一些不足之处。因此，中国需要克服不利因素，努力为经济手段在污染治理中的应用创造良好的条件；在应用经济手段调控污染产业和污染产品时，要突破局部均衡的思维，更多地从一般均衡的框架出发考虑问题。另外，还要避免片面强调经济手段，应注意经济手段与多种环境政策工具的综合应用。相信随着经济社会的不断发展，经济手段必将在中国的环境治理中发挥巨大的作用。

由于近年来生态环境脆弱、环境容量不足已逐渐成为中国发展中的重大问题，环境政策也随之不断得到加强。由于环境问题与经济发展和能源使用有着密切的关系，因而针对环境问题的环境政策对经济政策和能源政策也产生了一系列积极影响。如政府加大了环境保护财政投入，并于2006年将环保支出正式纳入财政预算体系；环境收费政策不断得到完善；政府正在积极调整产业结构；推进清洁生产和发展循环经济来协调经济发展与环境保护的关系；分别针对城市和农村环境问题采取了一系列专门和综合措施；制定了有利于环保的经济政策；加大了能源结构优化力度；加强了节能政策的实施。从目前的情况来看，环境已成为中国制定经济、能源规划和政策的重要决策因素。中国的经济政策、能源政策和环境政策正相互融合，逐渐向一体化的政策体系演化。

参考文献

[1] 李贤周：《韩国的环境税费制度》，《税务研究》2003年第6期。

[2] 高世宪、渠时远、耿志成：《能源战略和政策的回顾与评估》，《经济研究参考》2004年第83期。

[3] 国家发展改革委宏观经济研究院课题组：《"十一五"能源发展思路和战略重点》，《宏观经济研究》2005年第10期。

[4] 过孝民：《环境污染和生态破坏的经济损失》，载郑易生主编《中国环境与发展评论》第二卷，社会科学文献出版社2004年版。

[5] 金碚：《资源与环境约束下的中国工业发展》，《中国工业经济》2005年第4期。

[6] 夏光：《环境政策创新：环境政策的经济分析》，中国环境科学出版社2001年版。

[7] 张世秋：《环境政策边缘化现实与改革方向辨析》，载郑易生主编《中国环境与发展评论》第二卷，社会科学文献出版社2004年版。

[8] 张晓：《中国环境政策的总体评价》，《中国社会科学》1999年第3期。

[9] 张晓：《环境价值：非市场物品与服务价值计量》，载郑易生主编《中国环境与发展评论》第二卷，社会科学文献出版社2004年版。

[10] 国务院新闻办公室：《中国的环境保护（1996—2005）白皮书》，2006年6月5日。

[11] Barbe Jean – Philippe, 1994, *Economic Instruments in Environmental Policy：Lessons from OECD Experince and Their Relevance to Developing Economies*, Techinical Papers,

No. 92, Paris: OECD Development Center.

[12] Cole, Daniel H., Peter I. Grossman, 2001, Toward a Total – Cost Approach to Environmental Instrument Choice, Draft, June 23.

[13] Dieter Helm, David Pearce, 1991, Economic Policy Towards the Environment: An overview. Economic Policy Towards the Environment, Edited by Dieter Helm, OXERA Publishing Ltd., Blue Board Court, Oxford, pp. 289 – 320.

[14] Dijkstra, Bouwe R., 2000, The Political Economy of Environmental Policy: A Public Choice Approach to Market Instruments, Cheltenham, UK: Edward Elgar Publishing Ltd..

[15] Ministry of Environment Government of Japan (2005) Japan's Response to the OECD Environmental Performance Review of Japan.

[16] OECD (2002) Environmental Performance Review of Japan, The OECD Environment Programmer, Paris.

[17] OECD (2005) Environmental Performance Review of Korea, The OECD Environment Programmer, Paris.

[18] Ozaki Hiroshi, Akio Ukai, Toshinori Shimamura and Satoshi Yoshida (2005) Alleviating Environmental impact by Networking Natural Gas – fuelled Co – generation Systems, Research Report, The Japan Gas Association.

[19] Russell, Clifford S., Philip T. Powell, 1998, Rethink Advice on Environment Policy Instrument Choice in Developing Countries. Paper for World Congress of Environmental Economics, Venice.

[20] Sterner Thomas, 2003, Policy Instruments for Environmental and National Resource Management. Washington: Resource for the Future.

第十三章 资源与环境双重约束下的工业用水效率：基于 SBM – Undesirable 和 Meta – frontier 模型的实证研究[*]

一 引言

水资源是地球生物赖以生存的环境资源、是人类生产和生活不可替代的有限自然资源。相关研究发现，我国一方面面临着水资源危机，另一方面农业、工业和其他产业用水效率均处于世界较低水平，特别是工业用水效率远低于发达国家。在我国进入工业化中期阶段后，工业发展对水的依赖性逐步增大。"十一五"末期比"十五"初期工业用水量增长了 27% 以上，年均增速达到 2.43%，用水占比也从 20.7% 上升到 24.1%；而同期我国供水总量年均增速不足 1%。但同时，我国工业水污染问题仍然没有得到根本解决。近年来，工业废水中化学需氧量和氨氮排放量虽有所下降，但仍然处于较高水平。为此，国务院 2012 年 1 月发布《关于实行最严格水资源管理制度的意见》，意见指出：当前我国水资源面临的形势十分严峻，水资源短缺、水污染严重、水生态环境恶化等问题日益突出，已成为制约经济社会可持续发展的主要"瓶颈"。意见还提出了水资源"红线"：到 2030 年全国用水总量控制在 7000 亿立方米以内；用水效率达到或接近世界先进水平；万元工业增加值用水量降低到 40 立方米以下。因此可以认为，当前和今后一个时期我国工业发展面临着用水的双重约束，即一方面受制于工业供水总量的控制，另一方面又必须面对工业水污染治理的问题。在此背

---

* 本文简写版曾发表于《自然资源学报》2014 年第 6 期。

景下，科学高效地利用水资源，逐步提高工业用水效率是解决中长期工业发展的根本途径。

二　文献综述

近年来，一些学者在区域用水效率方面进行了有益的探索。钱文婧和贺灿飞（2011）利用投入导向 DEA 模型测算 1998—2008 年我国用水效率，认为其随时间呈现先下降后上升的趋势，而空间上从高至低依次为东部、中部和西部，并指出产业结构、进出口需求和地区水资源禀赋均对其有显著的影响。而在用水效率影响因素方面主要包括水价（Schneider 和 Whitlatch，1991；贾绍凤和康德勇，2000；雷小牛等，2005）、产业结构（朱启荣，2007；Romano 和 Guerrini，2011；潘登等，2011；董毅明和廖虎昌，2011）、配置和制度（杨丽英等，2009）、区域经济或产业发展（Hu 等，2006；李世祥等，2008；孙才志和刘玉玉，2009）。此外，在产业用水效率方面，大部分研究集中于农业用水效率问题（王学渊和赵连阁，2008；王鹏等，2013），而工业用水效率问题只引起少数学者的关注（孙爱军等，2007；陆蕾，2008）。

虽然已有研究运用不同方法，从不同角度对国内外水资源利用效率进行了比较全面的分析，但除岳立和赵海涛（2011）外，以往研究在测算用水效率时都没有考虑水污染对其造成的影响。他们基于中国 13 个典型工业省（自治区、直辖市）2003—2009 年的数据，运用考虑非期望产出方向性环境距离函数（DEDF）方法测算工业用水效率，认为其在不同地区间存在差异，在时间上呈递增趋势；并利用 Malmquist - Luenberger（ML）指数分解法，得出其提高的主要驱动因素是效率变化率，而技术进步对其作用并不明显的结论。文章虽然考虑了工业污染对用水效率的影响，但仍存在以下不足：（1）仅以 13 个省（自治区、直辖市）作为 DEA 计算的 DMU，显然违背了 DEA 度量的严格经验法则：DMU 个数不应少于投入与产出变量个数乘积的两倍[①]（Dyson et al.，2001）。（2）没有考虑到中国不同区域工业发展差异对工业用水效率的可能影响。（3）论文使用 ML 指数测度的效率事实上应理解为

---

① 该文章选取 13 个省（自治区、直辖市）作为 DMU，考虑 3 个投入、3 个产出指标的情形，DMU 的个数小于投入与产出变量个数乘积的两倍。

考虑了工业用水及工业水污染的工业增长效率，而非真正的工业用水效率。

因此，本章基于已有研究成果及不足，实证考察资源和环境双重约束下我国 30 个省（自治区、直辖市）（除西藏）工业发展中的工业用水效率，研究了不同因素，特别是水资源价格对其的影响。

三　方法论与数据

（一）共同前沿模型

用 DEA 方法度量不同省（自治区、直辖市）的工业技术效率时，其潜在假设认为被评价经济单元（DMU）具有相同或类似的技术水平，以便探究技术无效率背后的技术差距和管理水平。不过，由于我国各省（自治区、直辖市）间工业发展水平和技术存在较大差距。另外，在产业结构、资源禀赋、城市化水平等方面也存在较大差别，不同省（自治区、直辖市）所面对的生产前沿事实上有较大出入；此时，如果不考虑这些差异，继续采用总体样本进行工业用水效率的评价，将无法准确地衡量各省（自治区、直辖市）真实的工业发展效率和工业用水效率。针对此问题，Battese 和 Rao（2002）首先给出了这一方法：依据某一标准将 DMU 划分为不同的群组，用随机前沿法（SFA）界定出不同群组前沿和共同前沿，并估计不同群组前沿和共同前沿的技术效率，进而得出技术落差比率（Technology Gap Ratio，TGR）。但 SFA 的假设是以所有 DMU 均有潜力达到相同的技术前沿为前提，可能导致共同前沿无法包络群组前沿。另外，SFA 也不能针对多投入多产出的情况（Rao et al.，2003）。据此，Battese 等（2004）使用 DEA 方法扩展了这一研究，解决了上述问题。

1. 共同前沿与群组前沿

共同前沿模型中涉及的共同前沿是指所有 DMU 的潜在技术水平，而群组前沿是指每组 DMU 的实际技术水平，主要区别在于各自所参照的技术集合不同。鉴于此，将我国 30 个省（自治区、直辖市）根据工业发展的同质性分为东部、中部和西部三大群组。[①] 三大地区的划分虽然较为粗糙，但一

---

① 东部群组，包括北京、天津、河北、辽宁、上海、江苏、浙江、福建、山东、海南和广东；中部群组，包括山西、吉林、黑龙江、安徽、江西、河南、湖北和湖南；西部群组，包括内蒙古、广西、重庆、四川、贵州、云南、陕西、甘肃、青海、宁夏和新疆。

直是我国区域经济和工业梯度发展划分的主要依据；而且，DEA 对变量和 DMU 数量关系的经验法则也要求区域的划分宜宽泛不宜过于细化。此外，经细致考察发现，三大地区内部人均水资源占有量、自然资源、城市化水平、产业结构、工业化程度等指标均呈现出梯度发展的态势，且区域内部差异性小于整体。因此，本章将我国 30 个省（自治区、直辖市）分为东部、中部和西部三大群组探讨各自群组前沿与共同前沿下的工业用水效率是必要的，也是合理的。因而，基于单一投入单一产出 Meta – frontier 模型，以东部、中部和西部三大群组为研究对象，共同前沿与群组前沿大致位置如图 13 – 1 所示。

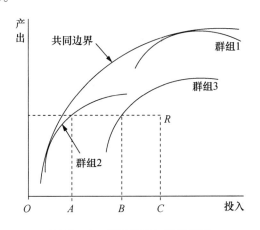

图 13 – 1 共同前沿与群组前沿

依据 Battese 等（2004）共同前沿模型，考虑非期望产出的共同技术集合（T^m）为：

$$T^m = \left\{ \begin{array}{l} (x, \ y^g, \ y^b), \ x \geq 0, \ y^g \geq 0 \\ y^b \geq 0; \ x \ 能够生产出 (y^g, \ y^b) \end{array} \right\} \qquad (13-1)$$

其中，x 表示投入向量，y^g 表示期望产出向量，y^b 表示非期望产出向量。也就是说，要想得到一定的产出（$y^g, \ y^b$）需要的投入（x）在技术（T^m）下所满足的条件，即对应的生产可能性集为：

$$P^m(x) = \{ (y^g, \ y^b) : (x, \ y^g, \ y^b) \in T^m \} \qquad (13-2)$$

因此，共同技术效率的共同距离函数可以表示为：

$$D^m(x, \ y^g, \ y^b) = \sup_\lambda \{ \lambda > 0 : (x/\lambda) \in P^m(y^g, \ y^b) \} \qquad (13-3)$$

依据工业发展水平不同划分的东部、中部和西部三大群组（$i = 1, 2, 3$），其群组技术集合为：

$$T^i = \{(x, y^g, y^b): x \geqslant 0, y^g \geqslant 0, y^b \geqslant 0; x \rightarrow (y^g, y^b)\}, i = 1, 2, 3$$

$$(13-4)$$

群组对应的生产可能性集为：

$$P^i(x) = \{(y^g, y^b): (x, y^g, y^b) \in T^i\}, i = 1, 2, 3 \qquad (13-5)$$

此时，群组技术效率的群组距离函数则为：

$$D^i(x, y^g, y^b) = \sup_\lambda \{\lambda > 0: (x/\lambda) \in P^k(y^g, y^b)\}, i = 1, 2, 3$$

$$(13-6)$$

其中，$D^i(x, y^g, y^b)$表示在群组技术水平（T^i）下的投入距离函数。如果投入向量x在集合$P(y^g, y^b)$外部时，$D^i(x, y^g, y^b) > 1$；如果投入向量x在集合$P(y^g, y^b)$边界上时，$D^i(x, y^g, y^b) = 1$。

由于共同前沿技术是群组前沿技术的包络曲线，因此满足$T^m = \{T^1 \cup T^2 \cup T^3\}$。

2. 技术落差比率

投入产出组合为(x, y^g, y^b)时，群组（$i = 1, 2, 3$）投入角度的技术效率可以表示为：

$$TE^i(x, y) = \frac{1}{D^i(x, y)}, i = 1, 2, 3 \qquad (13-7)$$

投入角度技术落差比率（Technology Gap Ratio，TGR）可用共同和群组距离函数表示为：

$$TGR^i(x, y^g, y^b) = \frac{D^i(x, y^g, y^b)}{D^m(x, y^g, y^b)} = \frac{TE^m(x, y^g, y^b)}{TE^i(x, y^g, y^b)}, i = 1, 2, 3$$

$$(13-8)$$

如图13-1中的省（自治区、直辖市）R，其对应的技术落差比率计算过程为：

$$TE^m(R) = \frac{OA}{OC}; \quad TE^i(R) = \frac{OB}{OC}; \quad TGR^i(R) = \frac{TE^m}{TE^i} = \frac{OA/OC}{OB/OC} = \frac{OA}{OB}$$

$$(13-9)$$

TGR将共同前沿和群组前沿连接起来，衡量同一DMU不同边界下的技术效率差异，其值越高，则表示实际生产效率越接近潜在生产效率。它可以用来判断划分不同群组的必要性，当TGR均值小于1时，即可认为群组的划分是恰当和必要的；反之则相反。

（二）SBM – Undesirable 模型

求解上述包含工业用水量和污染的群组及共同前沿距离函数有多种

DEA 模型可供选择（刘玉海和武鹏，2011），但是，诸如投入产出转置法、正向属性转换法以及方向距离函数法等要么违背了生产的本质，要么有较大的局限性，比如，存在非期望产出减少和期望产出增长是同比例的，不能很好地考虑投入产出的松弛性问题。而 SBM 模型（Tone，2003）则可直接将投入产出松弛量引入目标函数中，解决了投入产出的松弛性和径向、角度选择的偏差，因此，本章也采用非期望产出的 SBM 模型求解我国省（自治区、直辖市）工业发展用水效率问题。其可写成式（13 – 10）。

$$
\rho^* = \min \frac{1 - \dfrac{1}{m} \displaystyle\sum_{i=1}^{m} \dfrac{s_i^-}{x_{i_0}}}{1 + \dfrac{1}{s_1 + s_2}\left(\displaystyle\sum_{r=1}^{s_1} \dfrac{s_r^g}{y_{r_0}^g} + \displaystyle\sum_{r=1}^{s_2} \dfrac{s_r^b}{y_{r_0}^b} \right)}
$$

$$
\begin{aligned}
\text{s. t.} \quad & x_0 = X\varphi + s^- \\
& y_0^g = Y^g\varphi - s^g \\
& y_0^b = Y^b\varphi + s^b \\
& s^- \geq 0,\ s^g \geq 0,\ s^b \geq 0,\ \varphi \geq 0
\end{aligned}
\tag{13-10}
$$

其中，φ 表示待求的最佳权重变量，s^-、s^g 和 s^b 分别表示投入、期望产出和非期望产出的松弛变量。目标函数 ρ^* 是关于 s_i^-（$\forall i$）、s_r^g（$\forall r$）、s_r^b（$\forall r$）严格递减的，且 $0 < \rho^* \leq 1$。当且仅当 $\rho^* = 1$，即 $s^- = 0$，$s^g = 0$，$s^b = 0$ 时，决策单元才是有效的；而当 $\rho^* < 1$ 时，即 s^-、s^g 和 s^b 三者中至少有一个不为零时，决策单元无效，即存在投入产出改进的必要。

如果把投入变量 X 中分离出的工业用水量及其松弛，记作 X_w 和 S_w^-，则共同前沿下的用水效率为 $TE_w^m = (X_w^m - S_w^{-m})/X_w^m$，不同群组下的用水效率为 $TE_w^i = (X_w^i - S_w^{-i})/X_w^i$（$i = 1,\ 2,\ 3$）。类似地，定义工业用水的技术落差比率 $TGR_w = TE_w^m/TE_w^i$。如果 TE_w^m 与 TE_w^i 在均值上有明显差别，或者 TGR_w 显著小于 1，则认为三大地区群组的划分对于研究工业用水效率是必要的。

（三）数据来源

本章投入要素主要选取工业用水量、工业从业人数、工业净资产，而产出指标包括期望产出即工业增加值和非期望产出即工业废水中化学需氧量及氨氮排放量；在得到不同省（自治区、直辖市）工业用水效率后，进一步检验工业用水效率差异的影响因素。相关数据主要来源于《中国环境统计年鉴》（2000—2012）《中国及各省统计年鉴》（2000—2012）《中国水资源公报》（1999—2011）《新中国 60 年统计资料汇编》、搜数网（http：//www.

soshoo. com/index. do）及中经网统计数据库（http：//db. cei. gov. cn/）等。价格指标均平减为 1999 年不变价格；工业化程度用当年工业 GDP 与各省（自治区、直辖市）GDP 比重表示；1999—2010 年工业用水价格主要来源于中国水网（http：//price. h2o - china. com/），各地工业用水价格以该省各地级市平均值替代；2011 年工业用水价格先查阅各地级市供水集团及政府网站公布价格，对于无法查阅的地级市再通过人大经济论坛调查获得，并取地级市平均值表示。投入产出指标和工业用水效率影响因素的描述性统计见表 13 - 1。

表 13 - 1　投入产出指标和工业用水效率影响因素的描述性统计

	变量	变量解释	样本均值	标准差	最小值	最大值	样本容量
投入产出指标	indu_water	工业用水量（亿立方米）	42.84	40.75	3.00	225.30	390
	labour	劳动力（十万人）	51.45	48.05	1.98	230.35	390
	net_asset	净资产（百亿元）	99.83	110.36	4.13	660.78	390
	indu_added	工业增加值（百亿元）	28.12	32.58	0.59	205.06	390
	cod	工业废水中化学需氧量排放量（万吨）	17.52	13.90	0.49	69.35	390
	nh	工业废水中氨氮排放量（百吨）	12.29	11.05	0.23	50.51	390
工业用水效率影响因素	mee	共同前沿下工业用水效率（%）	53.81	36.69	0.55	100	390
	gee	群组前沿下工业用水效率（%）	78.95	30.22	2.99	100	390
	lnwpc	人均水资源量（立方米/人）	7.01	1.27	3.35	9.69	390
	lny	人均 GDP（元）	9.99	0.10	9.86	10.31	390
	ind	工业化程度（%）	39.72	8.14	12.61	56.49	390
	tc	万元工业增加值用水量（立方米）	5.18	1.00	2.34	8.28	390
	lnp	实际水价对数（元/方）	0.90	0.42	0.13	2.06	390
		共同前沿下影子价格对数（元）	3.11	1.02	-1.78	5.60	390
		群组前沿下影子价格对数（元）	2.85	1.20	-1.30	5.77	390
	lninvest	治理工业废水项目投资额（万元）	10.39	1.177	6.49	12.90	390
	cycle	工业用水重复利用率（%）	77.51	16.77	30.80	96.40	390

四　分析讨论

（一）工业用水效率

经过对技术落差比率的均值检验发现，TGR 均值显著小于 1；且经计算得，1999—2011 年工业用水技术落差比率均值东部群组一直处于较高水平（接近于 1），表明东部群组较为接近工业技术的共同前沿，而中西部群组距离共同技术前沿较远。再次说明根据工业发展程度对三大地区的划分是合理的。

首先，利用 Meta – frontier 方法从时间趋势上测算东部、中部和西部地区共同前沿和群组前沿下工业用水效率，如图 13 – 2 和图 13 – 3 所示。

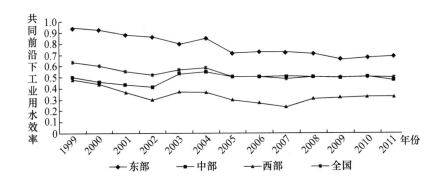

图 13 – 2　1999—2011 年东部、中部和西部共同前沿下工业用水效率

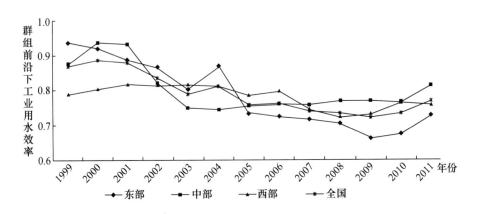

图 13 – 3　1999—2011 年东部、中部和西部群组前沿下工业用水效率

由图 13 – 2 可知，1999—2011 年共同前沿下工业用水效率由高至低依次为东部、中部和西部。东部工业用水效率较高，但有下降趋势；而中西部均不高，且变化不大，这表明中西部工业用水技术离共同前沿比东部远，存在不同程度的技术改进。在群组前沿下（见图 13 – 3），中西部群组工业用水效率均提高，说明它们离各自群组前沿比共同前沿近；东部在其群组前沿下却没有很大的提升，反而有所下降。

其次，探讨 30 个省（自治区、直辖市）1999—2011 年共同前沿与群组前沿下工业用水效率的平均值，见表 13-2。

表 13-2　1999—2011 年中国各省（自治区、直辖市）不同前沿下工业
用水效率及技术落差比率平均值

东部	mee	gee	TGR	中部	mee	gee	TGR	西部	mee	gee	TGR
北京	1.0000	1.0000	1.0000	山西	0.3830	1.0000	0.3830	内蒙古	0.6213	1.0000	0.6213
天津	1.0000	1.0000	1.0000	吉林	0.2439	0.9983	0.2442	广西	0.4419	1.0000	0.4419
河北	0.8822	0.8822	1.0000	黑龙江	1.0000	1.0000	1.0000	重庆	0.0152	0.0436	0.3125
辽宁	0.5554	0.5639	0.9884	安徽	0.4035	0.6211	0.7406	四川	0.9768	1.0000	0.9768
上海	1.0000	1.0000	1.0000	江西	0.4103	0.5467	0.7884	贵州	0.1570	1.0000	0.1570
江苏	0.4612	0.4754	0.9835	河南	0.7664	1.0000	0.7664	云南	0.3841	0.9035	0.4035
浙江	0.5202	0.5202	1.0000	湖北	0.1678	0.5858	0.2984	陕西	0.4648	1.0000	0.4648
福建	0.8887	0.9691	0.9196	湖南	0.5188	0.6802	0.8350	甘肃	0.1548	0.8630	0.1816
山东	1.0000	1.0000	1.0000					青海	0.1218	0.4399	0.2777
广东	1.0000	1.0000	1.0000					宁夏	0.1734	0.5701	0.3247
海南	0.2410	0.2410	1.0000					新疆	0.1903	0.7812	0.2437
均值	0.7772	0.7865	0.9901	均值	0.4867	0.8040	0.6320	均值	0.3365	0.7819	0.4005

由东部、中部和西部技术落差比率平均值来看，东部为 0.9901，表明其达到共同前沿工业用水技术的 99.01%，这可能是由东部地区经济发展水平较高，比较注重技术的引进与扩散等原因带来的结果；同理，中西部仅分别达到 63.20% 和 40.05%；就东部、中部和西部共同前沿下工业用水效率平均值来说，分别存在 22.28%、51.33%、65.35% 的效率改善空间；从群组前沿下工业用水效率来看，分别存在 21.25%、19.60% 和 22.81% 的效率改善空间。

对于各省（自治区、直辖市）工业用水效率而言，东部的北京、天津、上海、山东、广东和中部的黑龙江表现最好，它们对应的共同前沿与群组前沿下工业用水效率平均值均为 1，东中部地区表现最差的分别是海南、湖北。在西部地区，与共同前沿用水技术相比，表现最好和最差的省（自治区、直辖市）分别为四川、重庆，分别存在 2.32% 和 98.48% 的效率改善空间；而与群组工业用水技术相比，有五省（自治区、直辖市）（内蒙古、广西、四川、贵州、陕西）平均值为 1，而重庆表现最差，只有 0.0436，

存在 95.64% 的效率改善空间。

东部、中部和西部地区群组前沿与共同前沿下工业用水效率存在较大差异，说明这三大地区经济发展的不平衡性导致它们工业用水技术水平相差较大。但三大地区的工业用水效率普遍偏低，表明中国工业用水仍然很粗放，工业供水并没有得到充分合理的利用，这可能是受到工业用水技术水平低下、工业用水价格偏低、产业结构不合理等一系列原因影响的结果。

（二）价格扭曲及工业用水效率差异的主要影响因素

按照一般的经济学规律，不同地区工业用水效率可能与以下几类因素有关。

第一，该地区的水资源丰裕程度。某区域的水资源量越大，水资源价格就会偏低，节水意识就会越薄弱，导致工业用水效率不如其他地区。我们这里使用该省（自治区、直辖市）的水资源总量和人均水资源量来衡量。与前一指标相比，后者考虑了人口因素，因而两者权衡更能衡量该省（自治区、直辖市）的水资源丰裕程度对工业用水效率的反向作用。

第二，该地区的水资源价格高低。按一般的经济学理论，价格是决定资源利用效率最为有效的市场调节手段，可以预期价格越高的地区工业用水效率也应该更高。但必须考虑的是，我国工业用水价格是个非市场定价行为，长期以来采用的是政府定价模式，事实上并不能真正反映水资源的稀缺程度。加之，财政分权体制下的地方税收最大化冲动，各地以各种优惠的政策，如较低的土地、用水和用电价格等竞相吸引外来投资，也会带来工业用水价格的扭曲。因此，本章一方面通过收集各省（自治区、直辖市）地级市的工业用水价格［进一步处理为该省（自治区、直辖市）的平均价格］，另一方面则通过估计工业用水的影子价格①来反映真实的市场价格，比较其与现行工业水价的差别，分别考察两者对各地工业用水效率的影响，以此判断工业用水价格是否存在扭曲。我们预期，由于现行工业水价偏低，其对提高工业用水效率没有发挥其应有的作用，而且应该大大低于估计的影子价格；用影子价格代替的水价对工业用水效率会表现出较为明显的正向激励。

第三，该地区的经济发展和工业发达程度。主要考察用水效率是否随

---

① 工业用水的影子价格指的是降低一单位的工业用水量所需要付出的工业经济代价，反映了工业用水的边际成本。

着收入的增长而增长，还是像其他文献中表明的呈现先增长后下降的倒 U
形关系。此外，工业化程度也是影响工业用水效率的重要解释变量。工业
的发达程度直接决定着工业用水总量，它主要通过收入效应和技术效应两
个层面来影响用水效率：工业越发达，收入越高，对水价的敏感程度就会
越低，即对水资源的边际消费倾向低，导致企业节水意识差，用水效率低；
另外，工业发达会促使企业以更多的利润采用更高效更节水的技术，引致
工业用水效率的提高。工业化程度对用水效率的影响表现在两个效应的交
互作用上，如果后者大于前者就会提高用水效率；反之相反。

　　第四，该地区的工业节水技术和对工业水污染的治理。工业节水技术
可以用万元工业增加值用水量以及工业用水重复利用率来表示。显然，单
位产值用水量越低用水效率越高，重复水利用率越高用水效率越高。此外，
由于本章用水效率是在考虑了环境质量后的用水效率，所以，地区对工业
污染的治理投资也可能会对工业用水效率的提高有显著影响。

　　为了更好地解释工业用水技术效率及差异，需要了解工业用水效率高
低的影响因素。共同前沿与群组前沿下工业用水效率与水资源价格等影响
因素的回归方程如下：

$$mee = \alpha_0 + \alpha_{1t}Y_t + \alpha_2\ln p + \alpha_3 tgc + \alpha_4\ln wpc + \alpha_{5j}Z_j \qquad (13-11)$$

$$gee = \beta_0 + \beta_{1t}Y_t + \beta_2\ln p + \beta_3\ln wpc + \beta_{4j}Z_j \qquad (13-12)$$

　　其中，Y_t 包括人均 GDP 对数（lny）、人均 GDP 对数的平方和工业化程
度（ind）三个解释变量；Z_j 包括万元工业增加值耗水量（tc）、工业用水
重复利用率（cycle）、工业污染治理项目投资额对数（lninvest）三个解释变
量；表示地区群组间技术落差比率。

　　由于有些省（自治区、直辖市）工业用水效率值均为 1，因此要区分
它们之间的差异就需要采用特殊因变量模型——Tobit 模型，其可以左右两
端截尾，由于经过处理的效率值在 0—100 之间，因此 Tobit 模型右端在 100
处截取。此外，对于面板数据而言，固定效应 Tobit 模型估计量被证明是有
偏的（Anderson and Hsiao，1982），故目前有效的解决方法就是选用随机效
应 Tobit 模型：

$$e_{it}^* = \eta + E'_{it}\delta + v_i + \varepsilon_{it}$$
$$e_{it} = e_{it}^* \quad (0 < e_{it}^* \leqslant 100)$$
$$e_{it} = 0 \quad (e_{it}^* < 0)$$
$$e_{it} = 100 \quad (e_{it}^* > 100) \qquad (13-13)$$

其中，e_{it}^* 表示潜在变量，e_{it} 表示被观察到的变量；E'_{it} 表示解释变量向量，v_i 表示随个体变化而变化但不随时间变化的随机变量，ε_{it} 表示随时间和个体而独立变化的随机变量，这两种随机效应独立且均服从正态分布；η 表示常数，δ 表示参数向量。

不同前沿下工业用水效率与实际工业用水价格及其他影响因素的 Tobit 模型回归结果见表 13 − 3。

表 13 − 3   Tobit 模型回归结果（实际水价）

工业用水效率	共同前沿下	东部群组	中部群组	西部群组
lny	（− 6403.85）***	− 21118.54	（− 20891.03）***	− 5917.52
（lny）²	（318.32）***	1050.08	（1035.38）***	286.87
lnwpc	（− 5.81）*	− 5.43	− 11.09	− 3.32
tc	− 2.60	28.39	（32.77）*	（31.62）***
tgc	（0.73）***	—	—	—
cycle	（0.57）***	（1.48）**	− 0.05	（1.07）*
ind	（0.83）***	0.32	0.55	0.98
lnp	8.96	− 48.30	（− 28.09）*	（28.58）*
lninvest	− 5.82	41.05	− 1.11	2.11
_ cons	（32352.3）***	107037.6	（105737.7）***	30848.8
个体效应标准差	（31.43）***	（69.71）**	（31.51）*	（49.88）***
随机干扰项标准差	（15.05）***	（29.76）***	（13.17）***	（16.52）***
rho	0.81	0.85	0.85	0.90
Wald 检验值	298.91	39.28	43.56	34.10
p	0.0000	0.0000	0.0000	0.0000

注：*** 表示在 1% 显著性水平下显著，** 表示在 5% 显著性水平下显著，* 表示在 10% 显著性水平下显著。

由表 13 − 3 可知，四个模型整体显著性检验 p 值均为 0，表明这四个模型显著。从 rho 值来看，均在 0.80 以上，说明个体效应的变化主要解释了工业用水效率的变化。

从人均 GDP 对数和人均 GDP 对数的平方来看，用水效率与人均 GDP 对数间呈先下降后增长的 U 形关系，与其他文献的倒 U 形相反，U 形转折点均超过 23155.8，而实际人均 21807.3 < 23155.8，说明中国实际人均 GDP 仍处于转折点的左侧，说明我国现阶段仍处于工业用水效率随人均

GDP 增长而下降的时期。

　　共同前沿与三大群组前沿下人均水资源量与工业用水效率间关系均为负，即人均水资源量越高，用水效率越低；共同前沿下工业用水效率与万元工业 GDP 用水量呈反向关系，而群组前沿下均为正，但统计上都不显著；共同前沿下工业用水效率与技术落差比率间的关系显著为正，影响程度为73%，说明分东部、中部和西部三个群组研究工业用水效率是必要的；其与工业用水重复利用率间的关系整体来看显著为正，说明工业用水重复利用率越高，工业用水效率就会越高，与预期影响方向相同；工业用水效率与工业化程度间关系为正，说明工业化程度高带来的技术效应高于收入效应；共同前沿下工业用水效率与实际水价呈正向关系，不显著，东部群组下为负，也不显著，中西部群组均在统计上显著，但一正一负，说明东部、中部和西部地区实际工业用水价格没有反映水资源的实际状况；工业用水效率与治理污染投资额均没有呈现预期显著为正的效果，而是为负，说明治理污染的投资并没有起到应有的效果。

　　为了真实地反映工业用水价格与工业用水效率间关系，工业用水实际价格并不能反映两者之间的真实关系，需要考虑工业用水的影子价格，将实际价格转换为影子价格来探讨工业用水市场真实价格对于工业用水效率的影响。工业用水影子价格与实际水价差异对比如图 13 - 4 所示。

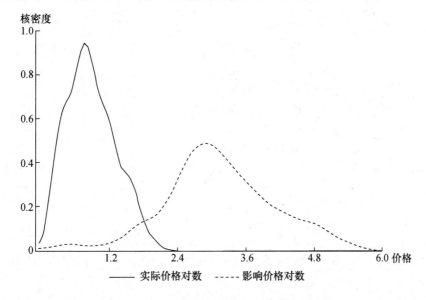

图 13 - 4　工业用水影子价格与实际水价分布

通过使用共同前沿 SBM 模型对偶价格 (对偶形式及影子价格过程见附录) 计算的工业用水影子价格与实际水价比较, 可以发现, 两者存在较大差距。研究期间, 工业用水实际价格约为 2.7 元/方, 而影子价格约为 36.3 元/方, 相当于现行工业水价的 12 倍以上; 图 13 - 4 清晰地表明了这种巨大差异。因此, 有理由相信, 工业水价偏低, 已经严重背离了完全市场下的真实价格, 这也造成对工业用水效率的提升起到相反的效果。为了检验上述判断的正确性, 用共同前沿和群组前沿 SBM 模型的水资源影子价格替换工业用水实际价格, 保持其他控制变量不变, 再次检验 "真实" 水价对工业用水效率的作用。

以 "真实" 水价代替实际水价, 得出不同前沿下工业用水效率与工业用水影子价格及其他影响因素的 Tobit 模型回归结果见表 13 - 4。

表 13 - 4　　　　　　　　Tobit 模型回归结果 (影子水价)

工业用水效率	共同前沿下	东部群组	中部群组	西部群组
lny	(- 3672. 35) **	- 20403. 15	(- 16346. 98) ***	(- 5270. 4) *
(lny)²	(183. 99) **	1008. 85	(805. 01) **	(257. 42) *
lnwpc	(- 6. 05) **	- 3. 46	(- 14. 54) ***	1. 65
tc	(18. 75) ***	(38. 14) *	(6. 79) ***	(3. 96) ***
tgc	(0. 52) ***	—	—	—
cycle	- 0. 20	1. 68	- 0. 01	- 0. 62
ind	(0. 43) *	0. 47	0. 05	0. 63
lnp	(2. 63) ***	6. 41	(2. 03) ***	(2. 29) ***
lninvest	- 4. 65	- 38. 85	1. 60	- 3. 11
_ cons	(18619. 39) **	103990. 60	(83579. 60) **	27391. 80
个体效应标准差	(23. 00) ***	(68. 19) ***	(23. 66) ***	(36. 80) ***
随机干扰项标准差	(11. 68) ***	29. 572	(13. 57) ***	(13. 08) ***
rho	0. 80	0. 84	0. 75	0. 89
Wald 检验值	603. 74	40. 33	121. 86	70. 21
p	0. 0000	0. 0000	0. 0000	0. 0000

注: *** 表示在 1% 显著性水平下显著, ** 表示在 5% 显著性水平下显著, * 表示在 10% 显著性水平下显著。

　　由表 13 - 4 可知，这四个模型显著，与表 13 - 3 相比，工业用水效率与人均 GDP 之间仍呈 U 形关系，除共同前沿下转折点外，东中西群组转折点位置均超过 24587.7 元，即实际人均 GDP 仍均小于它。共同前沿下工业用水效率与工业用水影子价格之间有显著的正向关系，而与实际水价之间的关系并不显著，说明工业用水影子价格能很好地反映水资源的稀缺程度，从而对工业用水效率产生影响。其对群组工业用水效率虽然在东部地区不显著，但是，相对于实际水价而言，中西部地区显著性均由 10% 变为 1%，即工业用水影子价格的上升对提高工业用水效率具有更为显著的积极作用。

五　结论与政策含义

　　水资源短缺已经成为影响我国工业发展的重要"瓶颈"，工业水污染又反过来制约着工业水资源供给和工业发展，因此研究工业用水效率，必须同时考虑两者约束条件下的工业发展问题。本章同时考虑了工业水资源约束和水污染情况下中国 30 个省（自治区、直辖市）（西藏除外）工业用水效率问题，本章采用加入非期望产出（工业水污染）的 DEA - SBM 模型，同时根据地区工业发展技术的差异利用 Meta - frontier 模型更加细致地检验了各省（自治区、直辖市）工业用水效率，最后着重考察了工业水价及其扭曲程度在决定工业用水效率中的作用。本章研究结论如下：

　　（1）共同前沿模型以及技术落差比率结果显示，东部地区技术落差比率接近于 1，而中西部地区依次递减，仅为 0.632 和 0.401，与东部差距明显，因此，不考虑工业技术的地区异质性，无法准确地衡量各省（自治区、直辖市）真实的工业发展技术和用水效率。本章使用共同前沿模型配合能够处理工业污染产出的 SBM 模型较好地解决了这一问题。

　　（2）虽然工业用水技术不断提高，但考虑了工业水污染的副产品后，我们发现多年来工业总体上用水效率没有得到相应的提高，甚至有所下降。在控制了地区经济发展程度、工业化状况、工业节水技术、工业水污染治理等因素后，现行工业水价并没有表现出预期的对用水效率的正向激励作用，甚至相反。

　　（3）在重新估计了"真实"市场水价后，与现行水价相比，发现两者存在较大差距，故可认为，现行水价存在较大程度扭曲，没有起到应有的提高水资源有效配置的作用。用"真实"市场水价替换现行水价重新回归发现，当水价提高 1% 时工业用水效率将提高 2.63% 。对三大地区的结果亦大致相同。

上述研究结果有重要的政策含义，包括以下几个方面：

（1）研究工业用水效率不仅仅关乎工业发展水平和水资源利用情况，也与水环境有很大的关系。因此，研究工业用水效率必须同时关注水资源治理问题。合理地提高工业用水效率的途径应该兼顾水资源价值和水资源的可持续性。

（2）研究工业用水效率还必须考虑到不同地区工业用水技术水平的差异，东部地区工业节水技术水平较高，因此，在产业转移过程中，应该有效地利用其工业节水技术促进经济发展。同时，通过加大中西部地区技术投资力度，来提高工业用水技术水平，进而提高工业用水效率。

（3）根据目前水资源和水治理的现状，应该逐步提高工业水资源价格，也可以对工业用水实行阶梯水价，逐步弥补现有水资源价格的扭曲现象，最终使工业水资源价格能够真实地反映水资源价值，对抑制工业水资源浪费有很大的好处。

附录

SBM – Undesirable 模型的对偶形式可写成：

$$\max u^g y_0^g - v x_o - u^b y_0^b$$

$$\text{s. t. } u^g Y^g - v X - u^b Y^b \leq 0$$

$$v \geq \frac{1}{m} \ (1/x_0)$$

$$u^g \geq \frac{1 + u^g y_0^g - v x_o - u^b y_0^b}{s} \ (1/y_0^g)$$

$$u^b \geq \frac{1 + u^g y_0^g - v x_o - u^b y_0^b}{s} \ (1/y_0^b) \tag{13 – 14}$$

这里，$s = s_1 + s_2$，对偶变量 $v \in R^m$，$u^g \in R^{s_1}$，$u^b \in R^{s_2}$ 可解释为投入、期望产出和非期望产出的虚拟价格；类似地，从 v 中分离出工业用水投入的对偶变量 v_w。假定期望产出的绝对影子价格等于其市场价格，则工业用水相对于工业产出的相对影子价格为 $p^w = p^{y^g} \dfrac{v_w}{u^g}$，可解释成每生产一单位的工业产出所付出的用水代价或者说每节约一单位水所减少的工业产出（Cog-gins and Swinton，1996；Lee，2005）。在无法获得用水价格或用水价格严重扭曲情况下，它可以衡量真实的工业用水价格。本章主要使用收集的各省（自治区、直辖市）工业用水价格均价与影子价格相比较，考察我国省（自治区、直辖市）工业用水价格是否扭曲以及对工业用水效率的影响。

参考文献

［1］董毅明、廖虎昌：《基于 DEA 的西部省会城市水资源利用效率研究》，《水土保持通报》2011 年第 31 期。

［2］贾绍凤、康德勇：《提高水价对水资源需求的影响分析——以华北地区为例》，《水科学进展》2000 年第 11 期。

［3］雷小牛、丘远尧、王忠山等：《水价提升的波及影响与分析研究》，《中国水利》2005 年第 13 期。

［4］李世祥、成金华、吴巧生：《中国水资源利用效率区域差异分析》，《中国人口·资源与环境》2008 年第 18 期。

［5］刘玉海、武鹏：《能源消耗、二氧化碳排放与 APEC 地区经济增长——基于 SBM - Undesirable 和 Meta - frontier 模型的实证研究》，《经济评论》2011 年第 6 卷。

［6］陆蕾：《浙江省工业水资源利用效率研究》，浙江大学经济学院，2008 年。

［7］潘登、黄薇、王树鹏等：《基于 DEA 模型的用水效率研究——以云南省为例》，《长江科学院院报》2011 年第 28 期。

［8］钱文婧、贺灿飞：《中国水资源利用效率区域差异及影响因素研究》，《中国人口·资源与环境》2011 年第 21 期。

［9］孙爱军、董增川、王德智：《基于时序的工业用水效率测算与耗水量预测》，《中国矿业大学学报》2007 年第 36 期。

［10］孙才志、刘玉玉：《基于 DEA—ESDA 的中国水资源利用相对效率的时空格局分析》，《资源科学》2009 年第 31 期。

［11］王鹏、宋献方、袁瑞强等：《基于氢氧稳定同位素的华北农田夏玉米耗水规律研究》，《自然资源学报》2013 年第 28 期。

［12］王学渊、赵连阁：《中国农业用水效率及影响因素——基于 1997—2006 年省区面板数据的 SFA 分析》，《农业经济问题》2008 年第 6 期。

［13］杨丽英、许新宜、贾香香：《水资源效率评价指标体系探讨》，《北京师范大学学报》（自然科学版）2009 年第 45 期。

［14］岳立、赵海涛：《环境约束下的中国工业用水效率研究——基于中国 13 个典型工业省区 2003—2009 年数据》，《资源科学》2011 年第 33 期。

［15］朱启荣：《中国工业用水效率与节水潜力实证研究》，《工业技术经济》2007 年第 26 期。

［16］Anderson, T. W. and Hsiao, Cheng, Formulation and Estimation of Dynamic Model Using Panel data. *Journal of Econometrics*, Vol. 18, No. 1, January 1982, pp. 47 – 82.

［17］Battese, George E. and Rao, D., S. Prasada, Technology Gap, Efficiency and a Stochastic Meta – Frontier Function. *International Journal of Business and Economics*, Vol. 1, No. 2, 2002, pp. 87 – 93.

［18］Battese, George E., O'Donnell, Christopher J. and Rao, D. S., Prasada, A Meta – Frontier Frameworks Production Function for Estimation of Technical Efficiency and Technology Gap for Firms Operating Under Different Technology. *Journal of Productivity Analysis*, Vol. 21, No. 1, 2004, pp. 91 – 103.

［19］Coggins, Jay S. and Swinton, John R., The Price of Pollution: A Dual Approach to Valuing SO₂ Allowances. *Journal of Environment Econometrics Manage*, Vol. 30, No. 1, January 1996, pp. 58 – 72.

［20］Dyson, R., G. Allen, R., Camanho, A. S. et al., Pitfalls and Protocols in DEA. *European Journal of Operational Research*, Vol. 132, No. 2, July 2001, pp. 245 – 259.

［21］Hu, Jin – Li, Wang, Shi – Chuan and Yeh, Fang – Yu, Total – Factor Water Efficiency of Regions in China. *Resources Policy*, Vol. 31, September 2006, pp. 217 – 230.

［22］Lee, Myunghun, The Shadow Price of Substitutable Sulfur in the US Electric Power plant: A Distance Function Approach. *Journal Environment Manage*, Vol. 77, No. 2, October 2005, pp. 104 – 110.

［23］Rao, D. S. Prasada, O'Donnell, Christopher J. and Battese, George E., Metafrontier Functions for the Study of Inter – Regional Productivity Differences. Queensland School of Economics, Queensland University, 2003.

［24］Romano, Giulia and Guerrini, Andrea, Measuring and Comparing The Efficiency of Water Utility Companies: A Data Envelopment Analysis Approach. *Utilities Policy*, Vol. 19, August 2011, pp. 202 – 209.

［25］Schneider, Michael L. and Whitlatch, E. Earl, User – specific Water Demand Elasticities. *Water Resources Planning and Management*, Vol. 117, No. 1, January 1991, pp. 52 – 73.

［26］Tone, K., Dealing with Undesirable Outputs in DEA: A Slacks – based Measure (SBM) Approach. *GRIPS Research Series*, 2004, pp. 44 – 45.

第十四章 碳强度约束的宏观效应和结构效应[*]

一 问题的提出

减缓和适应气候变化是世界各国应对气候变化的两大战略措施。在2009年年底召开的哥本哈根全球气候变化大会上，中国政府向世界宣布：到2020年，中国单位 GDP 碳排放量即碳排放强度比2005年的水平低40%—45%。这是中国首次提出的气候变化减缓目标，并在世界范围内引起了广泛关注。2011年，中国又进一步将2010—2015年单位 GDP 碳排放下降17%作为约束性目标之一，纳入"十二五"规划纲要，进一步强化了碳强度约束的重要性。那么，碳强度约束会如何影响中国的经济发展、能源消耗和碳排放，特别是它将在中国产业层面产生怎样的经济—能源—环境影响呢？这是本章试图回答的问题。分析这一问题有助于中国采取正确的策略来强化碳强度约束的积极影响，同时缓解其不利影响，从而提高中国减缓和适应气候变化的能力。

国内外许多研究机构和学者对中国的碳强度约束目标进行了分析和评论，其中，大部分研究关注的问题主要是实现这一目标对中国来说是否有难度（Qiu，2009；Stern and Jotzo，2010），或者碳强度目标的实现受哪些因素的影响（张友国，2010）。不过，近年来，也有一些研究探讨了碳强度约束对中国经济和碳排放的影响，而且这些研究主要基于可计算一般均衡（CGE）模型展开分析。Wang 等（2009）的模拟结果表明，2020—2050年实施碳强度约束会对中国经济总量产生负面影响。如果同时对技术进步进

---

　　* 本章简写版曾发表于《中国工业经济》2014年第6期。

行补贴，则能有效缓解上述不利影响。Dai 等（2011）分析了清洁能源比例按计划提高的情形下，碳强度约束对中国 2020 年经济总量和碳排放的影响。Lu 等（2013）比较了两种碳强度约束政策的影响：一是仅实现 2020 年碳强度约束目标；二是同时实现 2015 年和 2020 年碳强度约束目标。Zhang 等（2013）比较了分省（自治区、直辖市）碳强度约束和单一的国家碳强度约束对中国经济的影响。张友国（2013）对等价的碳强度约束和碳总量约束在不确定情形下的绩效进行了理论分析和数值模拟。

尽管现有研究对中国实施碳强度约束的经济和环境影响进行了比较全面的分析，但这些研究主要关注碳强度约束的宏观影响，很少分析其在产业层面的影响，更少有研究将两者结合起来。分析碳强度约束在产业层面的影响不仅有助于我们理解其宏观影响，还有利于决策者针对重点产业采取相应的政策措施。与以往多数研究一样，我们也将采用 CGE 模型展开分析。

二　模型、数据与情景设计

（一）政策分析模型

我们所采用的 CGE 模型借鉴了德维斯等（Dervis et al.，1982）和 PRCGEM 模型（郑玉歆等，1998）的建模思路。一方面，模型假定各种燃料形成的能源合成品与资本结合形成资本—能源合成品，再与劳动结合形成要素—能源合成投入，然后，与其他各种中间投入结合，从而使企业能够生产出市场所需的产品。另一方面，假定企业根据产品的国际和国内价格决定产品内销和出口的比例，其中内销产品又与同类进口品一起满足国内的各种最终需求（包括居民消费、政府消费、投资和存货等）和中间投入需求。以下是该模型的关键行为方程：

（1）生产行为。本模型的生产行为可表示如下：

$$X_i = \min(A_{Z_{ji}} Z_{ji}, \ A_{Q_i} Q_i) \tag{14-1}$$

$$Q_i = \left[\alpha_{L_i} (A_{L_i} L_i)^{(\sigma_{Q_i}-1)/\sigma_{Q_i}} + (1 - \alpha_{L_i}) (A_{N_i} N_i)^{(\sigma_{Q_i}-1)/\sigma_{Q_i}} \right]^{\sigma_{Q_i}/(\sigma_{Q_i}-1)} \tag{14-2}$$

$$N_i = \left[\alpha_{K_i} (A_{K_i} K_i)^{(\sigma_{N_i}-1)/\sigma_{N_i}} + (1 - \alpha_{K_i}) (A_{F_i} F_i)^{(\sigma_{N_i}-1)/\sigma_{N_i}} \right]^{\sigma_{N_i}/(\sigma_{N_i}-1)} \tag{14-3}$$

$$F_i = \left\{ \sum_j \left[\alpha_{Z_{bk_i}} (A_{Z_{bk_i}} Z_{bk_i})^{(\sigma_{F_i}-1)/\sigma_{F_i}} \right] \right\}^{\sigma_{F_i}/(\sigma_{F_i}-1)} \tag{14-4}$$

其中，Z_{ji} 是第 j 类中间合成投入（包括当作原材料使用的化石能源），

Q_i 是劳动—资本—能源合成投入，Z_{bk_i} 是发电、发热和各部门终端消耗的第 k 类化石能源，N_i 是资本—能源合成投入，L_i、K_i 和 F_i 分别表示劳动投入、资本投入和能源合成品；A 表示各种投入的效率，其变化反映了技术进步；α 和 σ 分别表示份额系数和替代弹性。式（14-1）和式（14-4）意味着总产出既是劳动、资本和与它们相结合的化石能源合成商品的多层嵌套固定替代弹性（Constant Elasticity of Substitution，CES）函数，又是中间投入（包括各种非化石能源商品和服务以及用于生产二次化石能源产品的化石能源）的列昂惕夫生产函数。

易知，各部门的中间投入需求与其总产出成比例。进一步地，我们假定生产者即每个生产部门希望以最小的成本获得既定的总产出，通过求解该优化问题的一阶条件，我们可以得到每个部门最优的劳动、资本和能源需求，继而得到各部门的碳排放和生产部门碳排放总量。

（2）居民消费。假定居民在一定的支出预算约束下追求效用最大化，而其效用是各类合成商品或服务 Z_{H_i} 的克莱因—鲁宾（Klein-Rubin）函数。

$$\max \prod_i (Z_{H_i} - z_{H_{subi}} \Psi)^{\beta_{luxi}} \tag{14-5}$$

$$\text{s.t. } P_{Z_{H_i}} Z_{H_i} \le (1-s)\left[(1-t_H)(wL^s + U_{HP}) + U_{HG} + U_{HF}\right] = W_H \tag{14-6}$$

其中，$z_{H_{subi}}$ 表示合成消费商品 i 的人均基本需求量，Ψ 表示人口总数，$P_{Z_{H_i}}$ 表示居民消费的合成商品价格，β_{luxi} 表示各种商品的支出在总奢侈消费中的份额系数，L^s 表示劳动总供给，w 表示工资率，U_{HP} 表示居民从企业获得的财产收入，U_{HG} 表示政府转移支付，U_{HF} 表示净海外汇款，s 表示储蓄率，t_H 表示所得税率，W_H 表示居民总支出。

（3）投资行为。我们假定各部门获得的投资 Z_{V_i} 与各自的资本存量 K_i 和静态预期相对收益率相关。参考 Jung Thorbecke（2003）的方法并进行适当简化，我们将部门投资需求方程设置如下：

$$Z_{V_i} = \alpha_{V_i} (R_i/\Omega)^{\delta_i} K_i \tag{14-7}$$

其中，R_i 表示部门 i 的资本净收益率，Ω 表示利率，R_i/Ω 表示部门 i 的静态预期相对收益率，α_{V_i} 和 δ_i 分别表示投资规模系数和投资弹性系数。需要说明的是，我们假定公共投资部门的投资弹性系数为 0，即它们的投资与其资本存量成比例（$Z_{V_i} = \alpha_{V_i} K_i$）。与绝大部分文献一样，我们进一步假定各部门对各类投资品 $Z_{V_{ji}}$ 的需求在其总投资需求中的份额是固定的。同时，我们假定各部门存货与其总产出成比例变化。

（4）政府行为。政府通过征收所得税、消费税、投资税、关税、环境税等方式获得收入，通过对企业和居民进行补贴以及购买各类产品发生支出。我们还假定政府对化石能源征收碳税以降低碳排放强度。令 $P_{Z_{FO_i}}$ 为不含碳税的化石能源价格，ξ_i 为各种化石能源的碳排放系数（单位化石能源消耗产生的碳排放），T_c 为从量碳税税率，则含碳税的化石能源价格 P_{F_i} 可表示为：

$$P_{F_i} = P_{FO_i} + \xi_i T_c \qquad (14-8)$$

（5）国际贸易。我们假定国产品和进口品之间具有阿明顿（Amington）替代弹性关系（Armington，1969），即本国对某种产品的需求总量是相应国产品和进口品的 CES 函数。在确定了生产者、居民、投资者、政府等各类主体对各类合成品的需求后，由成本最小化一阶条件可得第 i 类进口品 M_i 的需求函数为：

$$M_i = (1 - \alpha_{D_i})^{\sigma_i} (P_{Z_i}/P_{M_i})^{\sigma_i} Z_i \qquad (14-9)$$

其中，Z_i 表示本国对第 i 类合成产品的需求总量；P_{Z_i}、P_{M_i} 分别表示 Z_i 和 M_i 的价格；α_{D_i} 和 $\sigma_i(\sigma_i > 0)$ 分别表示份额系数和阿明顿替代弹性系数。进口价格 P_{M_i} 由世界市场决定即外生给定。

在国际贸易模块，我们部分放松小国开放假定，即本国出口产品的价格由本国对出口产品的供给和国际市场对本国出口产品的需求决定。我们假定每个部门根据产品的国内销售价格和出口价格决定其产品或服务的国内供给量和出口量。这样，可以用固定转换弹性系数（Constant Elasticity of Transformation，CET）函数来刻画上述产品或服务的总供给量与其国内供给量和出口量的关系。由收入最大化的一阶条件，部门 i 的出口供给 E_{S_i} 可表示为：

$$E_{S_i} = (1 - \alpha_{S_i})^{\sigma_{s_i}} (P_{E_i}/P_{X_i})^{\sigma_{s_i}} X_i \qquad (14-10)$$

其中，P_{E_i} 表示出口价格，P_{X_i} 表示综合产出价格，α_{S_i} 和 $\sigma_{s_i}(\sigma_{s_i} > 0)$ 分别表示份额系数和转换弹性系数。部门 i 的出口 E_{D_i} 可简单地表示出口价格 P_{E_i} 的减函数，即：

$$E_{D_i} = \beta_i P_{E_i}^{-\theta_i} \qquad (14-11)$$

其中，β_i 和 $\theta_i(0 < \theta_i < \infty)$ 分别表示出口规模系数和出口价格弹性。在均衡状态下：

$$E_{S_i} = E_{D_i} \qquad (14-12)$$

（6）能源和碳排放。由式（14-3）和式（14-4）的成本最小化一阶条件可得部门 i 的合成能源需求 F_i 和第 k 类化石能源需求 Z_{bki} 如下：

$$F_i = (1 - \alpha_{K_i})^{\sigma_{N_i}} (P_{F_i}/P_{N_i})^{\sigma_{N_i}} N_i \qquad (14-13)$$

$$Z_{bki} = \alpha_{Z_{bki}}^{\sigma_{F_i}} (P_{Z_{bki}}/P_{F_i})^{\sigma_{F_i}} F_i \qquad (14-14)$$

其中，P_{F_i} 和 P_{N_i} 分别表示合成化石能源投入价格和资本—能源合成投入价格。同时，由式（14-5）和式（14-6）的成本最小化一阶条件可得居民消费的各种化石能源。在此基础上，可进一步得到全国的能源消耗总量、碳排放总量和基于 GDP 的能源强度、碳排放强度。

（7）均衡条件。我们假定市场处于均衡状态，这意味着各类经济主体都将在各自的约束条件下最优化其目标函数且市场出清。具体的均衡条件包括：生产者获得零纯利润；所有商品和要素的需求等于供给；居民和政府收支平衡，即两者的支出等于各自的可支配收入减去其相应的储蓄；国际收支平衡，即以世界价格计算的进口总值等于以边界价格计算的出口总值、国外净转移以及国外资本净流入的和；投资—储蓄平衡，即总投资等于国内储蓄与国外资本流入之和。

（8）宏观闭合。假定政府消费与居民消费同比例变化，政府转移支付（补贴）和各种税率外生，这意味着政府储蓄、赤字内生。我们假定居民储蓄率固定并选取汇率作为基准价格，而国外资本净流入内生，这样，国外资本净流入的调节可以保证投资—储蓄平衡。

（9）模型动态化。模型通过生产要素积累和技术进步，并采用递归的形式实现动态化。我们假定期末的总资本供给等于期初的总资本供给折旧后加上本期新增的固定资本形成总额。

$$K_i^* = K_i(1 - d_i) + Z_{V_i} \qquad (14-15)$$

其中，K_i^*、K_i、Z_{V_i} 和 d 分别表示部门 i 的期末资本存量、期初资本存量、新增投资和资本折旧率。进一步地，我们假定资本折旧率外生，新增的固定资本形成总额由投资—储蓄平衡关系和投资在部门间的分配机制内生决定，这意味各部门的资本增长率和总资本增长率内生。同时，我们假定人口变化、劳动供给变化以及技术进步外生。

（二）数据校准及情景设计

本章拟进行研究的时期为 2007—2020 年。我们将 2007 年定为基期，并参考迪克森和里默（Dixon and Rimmer，2002）的方法[①]，将 2008—2012

---

① 迪克森和里默（2002）提出了 CGE 模型的四种模拟（分析）功能——历史模拟、分解模拟、预测模拟和政策模拟。

年定为历史模拟期，2013—2020 年定为预测和政策模拟期。我们以国家统计局发布的 2007 年 42 部门投入产出表为基础，建立社会核算矩阵（SAM）表。① 国内吸收和中间使用的本国产品和进口品的数额、各种化石能源产品被不同部门使用时的碳排放系数，根据张友国（2010）的方法计算得到。本章区分了八种能源投入，即煤炭、原油、天然气、石油加工产品、焦炭、煤气、火力发电和发热七种化石能源与一种清洁能源（水电、核电和风电）。在估计这些能源生产部门的投入产出系数时，我们参考 Sue Wing（2008）的方法。

根据替代弹性的定义，利用我们编制的 2007 年和 2010 年可比价（进口）非竞争型投入产出表、历年《中国统计年鉴》中各类产品的出厂价格指数以及中国海关总署编制的《中国对外贸易指数》刊载的各类产品的进口价格指数，我们初步估计了本国产品和进口品的阿明顿替代弹性（见表 14 - 1）。各种要素和能源之间的替代弹性及资本转换弹性来源于张友国（2013）。

通过历史模拟，我们将 SAM 矩阵更新至 2012 年，并估计各种不易观测的变量（如技术进步率、消费偏好）的历史变化。所用的外生变量主要是可观测的宏观和产业层面的变量（如人口、劳动总供给、GDP、消费、投资、部门总产出、增加值、进出口等）。这些变量在标准的 CGE 模型中是内生变量，但在历史模拟中却被当作可观测的外生变量。我们根据《中国统计年鉴》（2013）、历年《中国对外贸易指数》及 2010 年投入产出表中的相关数据确定了历史模拟期中各种外生变量的增长率。

我们通过预测模拟确定 2013—2020 年中国经济—能源—环境系统演化的基准情景。在预测模拟中，实际 GDP 仍被当作外生变量，其取值是根据专家调查方式设定的，同时劳动—资本—能源合成投入的平均效率被当作内生变量。此外，我们假定政府对居民和企业的补贴随政府收入按比例变动，企业对居民的分红随企业收入按比例变动；而各种税率、居民储蓄率维持在基期水平。基准情景中关键外生变量的取值及来源如表 14 - 2 所示。

---

① 2007 年投入产出表是国家统计局经过大量的基础调查而编制完成的。虽然国家统计局已经发布了 2010 年的投入产出表，但该表是在 2007 年投入产出表的基础上估计出来的延长表，其可靠程度要低于 2007 年的投入产出表。因此，我们仍然采用 2007 年投入产出表作为研究的数据基础。

表 14 - 1　　　　　　　　　　　　阿明顿替代弹性取值

产品	农产品	工业品	建筑	服务
弹性	16.12	3.63	0.25	2.27

表 14 - 2　　　　　　　　　　基准情景中主要外生变量取值　　　　　　单位:%

变量	年均变化	变量	年均变化
实际 GDP	7.6（2013—2015 年）、7.0（2016—2020）年和 6.0（2021—2030 年）	世界石油价格[c]	1.1
人口[a]	0.5（2013—2015 年）和 0.3（2016—2030 年）	世界煤炭价格[c]	3.7
劳动总供给[b]	0.14（2013—2015 年）、−0.53（2016—2020 年）和 −0.68（2021—2030 年）	世界天然气价格[c]	2.0

注：a. 根据《中国统计年鉴》及 *World Energy Outlook* 2007：*China and India Insights*（国际能源署）发布的数据推断。b. 根据《中国统计年鉴》数据和齐明珠（2010）的结果估计。c. 根据 EIA（2013）发布的预测结果设定。

在政策模拟中，我们主要考察碳排放强度约束这一命令控制型温室气体减排政策。因而我们确定碳排放强度为外生变量而碳税、碳排放总量以及能源消费总量和强度为内生变量。中国宣布将使 2020 年单位 GDP 的碳排放量在 2005 年的基础上下降 40%—45%，同时中国"十二五"发展规划提出，2015 年的碳排放强度比 2010 年下降 17%。据此，我们估计碳排放强度在 2013—2015 年每年下降 3.7% 和 2016—2020 年每年下降 3.1%。

三　碳强度约束的宏观影响

图 14 - 1 显示了基准情景下主要宏观经济指标以及能源消耗和碳排放在 2007—2020 年的发展趋势。随着经济的不断增长，中国的消费、投资、贸易、能源消耗和碳排放都将有所增长。从最终需求来看，过去几年里，中国的消费（包括居民消费和政府消费）已经超过投资和出口，且消费与后两者的差距日益扩大。未来，消费与投资的差距可能保持在比较稳定的水平，而它们与出口的差距则有进一步扩大的可能。上述最终需求结构变

化与中国当前的一系列宏观经济调控战略（如强调扩大内需特别是消费对经济的拉动）和国际经济环境（发达国家经济难以从金融危机的影响中完全恢复，继而影响中国出口）是一致的。此外，在基准情景下，中国非化石能源占一次能源消费的比重也将略有上升，在 2015 年和 2020 年该比重将分别达到 9.8% 和 10.4%。

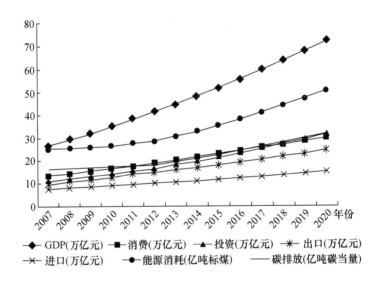

图 14 - 1　基准情景下主要宏观变量的变化趋势

表 14 - 3 显示了碳强度约束的宏观影响。尽管在基准情景中碳强度也会逐渐下降，但其每年的下降幅度明显低于政策情景。我们可以看到，碳强度约束性会使中国的经济总量略有下降。这是因为，GDP 可以被简单地视为资本、劳动和碳排放的函数，在资本和劳动投入给定的情况下，更大幅度的碳强度下降必将导致产出的减少（张友国，2013）。

同时，消费和投资也会因碳强度约束的实施而下降。消费的下降主要是因为，随着产出下降，工资率会下降，从而影响居民收入。比较而言，投资的下降幅度要明显大于消费的下降幅度。这不难理解，因为投资品的碳排放强度要明显高于消费品（张友国，2010），实施碳强度约束后投资品的价格增长幅度会更大，对投资品需求的影响也可能更大。我们可以看到，投资收益率也会下降，这一方面是由于投资品的价格上升；另一方面则是因为随着产出的下降，资本租金率会减少。

表 14 - 3 碳强度约束的宏观影响（与基准情景相比的变化） 单位:%

年份	2013	2014	2015	2016	2017	2018	2019	2020	2013—2020
GDP	-0.0296	-0.0643	-0.1040	-0.1425	-0.1849	-0.2314	-0.2820	-0.3370	-0.1878
消费	-0.0186	-0.0376	-0.0570	-0.0737	-0.0906	-0.1079	-0.1255	-0.1448	-0.0872
投资	-0.1346	-0.2767	-0.4251	-0.5587	-0.6972	-0.8403	-0.9884	-1.1433	-0.6917
工资率	-0.0994	-0.2030	-0.3100	-0.4056	-0.5037	-0.6042	-0.7072	-0.8121	-0.4806
资本租金率	-0.1631	-0.3347	-0.5133	-0.6743	-0.8410	-1.0132	-1.1913	-1.3737	-0.7518
投资收益率	-0.3215	-0.6623	-1.0195	-1.3427	-1.6789	-2.0276	-2.3898	-2.7657	-1.5260
出口	0.0232	0.0416	0.0548	0.0615	0.0638	0.0613	0.0540	0.0456	0.0516
进口	-0.0946	-0.1917	-0.2911	-0.3795	-0.4705	-0.5642	-0.6610	-0.7613	-0.4528
贸易条件	-0.0045	-0.0076	-0.0093	-0.0093	-0.0083	-0.0060	-0.0026	0.0014	-0.0058
能源消耗	-2.9075	-5.6962	-8.3622	-10.5629	-12.6791	-14.7093	-16.6594	-18.5320	-12.0861
碳排放	-3.7191	-7.3194	-10.7916	-13.6902	-16.5030	-19.2266	-21.8683	-24.4302	-15.7750
能源强度	-2.8787	-5.6355	-8.2668	-10.4353	-12.5173	-14.5115	-16.4237	-18.2566	-11.1426

　　由于整个经济活动水平下降，因而中国对进口品的需求也会减少。不过，在碳强度约束导致中国国内需求下降的同时，出口却略有增加。这并不奇怪，因为碳强度约束虽然导致碳密集型产品出口下降，但有可能刺激劳动密集型和技术密集型产品或服务的出口。我们还可以看到，中国的贸易条件变化很小，这意味着碳强度约束对中国出口和进口的综合相对价格影响不大。

　　在碳强度约束下，中国能源消耗和碳排放的下降幅度要远远超过 GDP

的下降幅度。这是因为，在资本和劳动投入给定的情况下，碳排放的边际产出符合递减规律。当我们施加碳强度约束迫使碳强度进一步下降时，碳排放的下降幅度将远远超过 GDP 的下降幅度（张友国，2013）。同时，由于碳排放总量主要取决于能源消耗，两者变化具有高度的一致性，因而在碳强度约束下，能源消耗的下降幅度也远大于 GDP 的下降幅度，并使能源强度明显下降。不过，能源消耗的下降幅度要低于碳排放的下降幅度。这是因为，在碳强度的约束下，中国将更多地使用清洁能源，从而使碳排放的下降速度快于能源消耗的下降速度。

值得注意的是，随着时间的推移，碳强度约束的宏观影响呈现逐渐增大的变化趋势。例如，2013—2020 年碳强度约束对 GDP 的影响扩大了 8 倍。这是因为，持续施加碳强度约束会导致每年 GDP 的增长率都比其基准情景下的增长率低一点，于是政策情景下 GDP 的演化轨迹会越来越偏离其在基准情景下的演化轨迹。同样的道理，其他变量在政策情景下的取值与其在基准情景下取值的差距也会越来越大。

四　碳强度约束的部门影响

（一）碳强度约束对各部门产出价格的影响

表 14 - 4 显示了 2013—2020 年碳强度约束下对各部门产出价格的平均影响。实施碳强度约束后，煤炭开采和洗选业以及炼焦业国内销售价格的上升幅度最突出。火力发电、发热及其供应业、燃气生产和供应业、石油加工及核燃料加工业以及天然气开采业等能源生产部门的国内销售价格也有较为显著的上升。其中，煤炭开采和洗选业、炼焦业、燃气生产和供应业和石油加工及核燃料加工业的价格上升是因为这四个部门提供的化石能源主要被用于终端消费，是碳排放最主要的、直接的来源。如前所述，我们假定政府主要通过对征收碳税来实现碳强度约束，因而碳强度约束将直接导致上述四个部门的国内销售价格上升。火力发电、发热及其供应业的国内销售价格上升显著，是因为该部门要消耗大量的煤炭、石油和天然气等化石能源并产生大量的碳排放来提供电力和热力，是最典型的碳密集型部门。碳强度约束主要是通过增加其投入成本间接地推动其国内销售价格的上升。

表14－4　　碳强度约束下部门产出价格变化（与基准情景相比）及

节能减碳贡献　　　　　　单位:%

部门	综合产出价格	国内销售价格	出口价格	节能贡献	碳减排贡献
农林牧渔业	− 0. 0569	− 0. 0572	− 0. 0180	1. 3159	3. 1083
煤炭开采和洗选业	1. 8777	1. 8957	0. 3474	3. 7504	3. 0819
石油开采业	− 0. 0054	− 0. 0058	0. 0295	0. 4270	0. 2556
天然气开采业	0. 1255	0. 1265	0. 0454	0. 1446	0. 1075
非能源矿采选业	0. 0230	0. 0228	0. 0326	0. 1006	0. 2263
食品制造及烟草加工业	− 0. 0574	− 0. 0591	− 0. 0189	0. 4893	0. 5951
纺织、服装鞋帽皮革羽绒及其制品业	− 0. 0428	− 0. 0477	− 0. 0328	0. 3711	0. 2668
木材加工及家具制造业	− 0. 0360	− 0. 0402	− 0. 0201	0. 0152	0. 0380
造纸印刷及文教体育用品制造业	− 0. 0203	− 0. 0233	− 0. 0027	0. 6014	0. 4232
石油加工及核燃料加工业	0. 2737	0. 2757	0. 0417	0. 4897	0. 3855
炼焦业	1. 6156	1. 6971	0. 2483	0. 4507	0. 9483
化学工业	0. 0277	0. 0283	0. 0229	1. 1033	1. 6729
非金属矿物制品业	0. 1076	0. 1101	0. 0603	2. 3721	2. 3831
金属冶炼及压延加工业	0. 1288	0. 1323	0. 0729	1. 9081	9. 6816
金属制品业	0. 0478	0. 0501	0. 0379	0. 0383	0. 0424
通用、专用设备制造业	0. 0116	0. 0093	0. 0256	0. 1900	0. 2120
交通运输设备制造业	− 0. 0113	− 0. 0140	0. 0115	0. 2653	0. 2164
电气机械及器材制造业	0. 0175	0. 0168	0. 0197	0. 0462	0. 0331
通信设备、计算机及其他电子设备制造业	− 0. 0265	− 0. 0300	− 0. 0223	0. 1166	0. 0366
仪器仪表及文化办公用机械制造业	− 0. 0250	− 0. 0351	− 0. 0174	0. 0009	0. 0031
工艺品、废品废料及其他制造业	− 0. 0651	− 0. 0752	− 0. 0150	0. 0250	0. 0298
清洁能源生产和供应业	− 0. 1179	− 0. 1179	− 0. 0860	− 0. 0055	0. 0000
火力发电、发热及其供应业	0. 6557	0. 6561	0. 3074	81. 4917	73. 9512
燃气生产和供应业	0. 4580	0. 4580	0. 0000	0. 0713	0. 0480
水的生产和供应业	0. 0475	0. 0475	0. 0000	0. 0025	0. 0082
建筑业	0. 0186	0. 0186	0. 0252	0. 2081	0. 2658

部门	综合产出价格	国内销售价格	出口价格	节能贡献	碳减排贡献
交通运输及仓储业	− 0.0055	− 0.0089	0.0134	2.2695	1.1132
邮政业	− 0.0498	− 0.0523	− 0.0118	0.0256	0.0083
信息传输、计算机服务和软件业	− 0.0991	− 0.1033	− 0.0326	0.0028	0.0034
批发和零售业	− 0.0929	− 0.1070	− 0.0360	0.1290	0.2809
住宿和餐饮业	− 0.0625	− 0.0652	− 0.0165	0.3579	0.2863
金融业	− 0.1170	− 0.1176	− 0.0336	0.0082	0.0105
房地产业	− 0.1395	− 0.1395	0.0000	0.0097	0.0097
租赁和商务服务业	− 0.0513	− 0.0590	− 0.0351	0.3513	0.0310
研究与试验发展业	− 0.0523	− 0.0529	− 0.0097	0.0078	0.0029
综合技术服务业	− 0.0777	− 0.0777	0.0000	0.0278	0.0139
水利、环境和公共设施管理业	− 0.0570	− 0.0570	0.0000	0.0529	0.0219
居民服务和其他服务业	− 0.0667	− 0.0690	− 0.0172	0.1872	0.0357
教育	− 0.0563	− 0.0564	− 0.0181	0.0352	0.0324
卫生、社会保障和社会福利业	− 0.0301	− 0.0301	− 0.0062	0.1088	0.0321
文化、体育和娱乐业	− 0.0730	− 0.0789	− 0.0223	0.0239	0.0131
公共管理和社会组织	− 0.0600	− 0.0601	− 0.0201	0.4123	0.0840

其他碳密集型部门，如非金属矿物制品业、金属冶炼及压延加工业、金属制品业等，它们的国内销售价格也有所上升，但没有前面几个部门国内销售价格上升明显。不过，石油开采业虽然也是化石能源供应部门，但其国内价格上升幅度也不大。这主要是因为该部门提供的产品主要用于石油加工及核燃料加工业的中间投入而不是终端消费（燃烧），不会直接产生大量碳排放，因而受碳强度约束的影响相对较小。

在化石能源供应部门和碳密集型部门的国内销售价格上升的同时，我们也容易观察到，绝大部分劳动密集型部门（如农林牧渔业、纺织业及绝大部分服务业部门）和技术密集型部门（如清洁能源生产与供应业，通信设备、计算机及其他电子设备制造业）的国内销售价格不仅没有上升，反而有所下降。一个可能的原因是碳强度约束导致整体经济活动水平的下降，这会减少对劳动和资本的需求。如果要保持劳动和资本需求不变，唯一的途径就是工资率和资本租金率的下降。对于劳动密集型部门和技术密集型部门而言，劳动和资本在其要素—能源投入中占主要份额，而能源投入份额较小。工资率和资本租金率的下降对这些部门投入成本的影响很可能超过能源价格上涨带来的影响，其国内销售价格自然也会有所下降。

绝大多数部门的出口价格与其国内销售价格变化方向一致，但变化幅度却显著不同。各部门国内销售价格和出口价格的差异主要是因为两者的决定机制有差异。各部门的国内销售价格主要取决于其投入成本的变化，而出口价格变化一方面要受投入成本的影响，另一方面还要受各部门对出口品的供给和国际市场对这些出口品的需求影响。例如，煤炭开采和洗选业、石油加工及核燃料加工业以及炼焦业的国内销售价格上升幅度明显高于其出口价格上升幅度。这是因为，出口的化石能源所产生的碳排放发生在国外，不受本国碳强度约束的直接影响，因而其价格上升的幅度也较小。此外，石油开采业、交通运输设备制造业以及交通运输及仓储业的国内销售价格与其出口价格甚至变化方向都不一致。这仍然是这几个部门的国内销售价格和出口价格决定机制的不同造成的。

各部门的综合产出价格是其国内销售价格和出口价格的加权平均值。对绝大多数部门而言，由于其产出主要在国内销售，因而其综合产出价格与国内销售价格的变化十分接近。例如，我们前面提到的煤炭开采和洗选业、燃气生产和供应业、石油加工及核燃料加工业以及炼焦业，其综合产出价格变化与国内销售价格变化几乎相等。也有个别部门（通信设备、计算机及其他电子设备制造业和仪器仪表及文化办公用机械制造业）的出口量明显超过其国内销售量，因而其综合产出价格变化与出口价格变化比较接近。

（二）碳强度约束对各部门产出的影响

表 14-5 给出了 2013—2020 年碳强度约束对各个部门国内供给、总产出、出口、进口、能耗和碳排放的影响。由于整体经济活动水平下降导致中间需求及消费和投资等国内需求下降，因而绝大多数部门的国内供给都出现不同程度的下降。其中，国内供给下降幅度最大的是煤炭开采和洗选业，居第二位和第三位的分别是炼焦业和火力发电、发热及其供应业。国内供给下降幅度比较显著（超过1%）的部门还有燃气生产和供应业、天然气开采业、石油加工及核燃料加工业和石油开采业。如前所述，这几个部门要么直接提供化石能源，要么通过大量消耗化石能

源提供二次能源。在碳强度约束下，它们的产出价格上升幅度最为突出，因而它们的产出下降幅度也最为显著。非化石能源部门国内供给的下降幅度大体上与其碳密集程度成正比：碳密集程度越高，下降幅度越大。不过，清洁能源生产和供应业的国内需求却显著上升，这主要是碳强度约束使生产部门更多地使用清洁能源来替代化石能源。此外，纺织、服装鞋帽皮革羽绒及其制品业和通信设备、计算机及其他电子设备制造业的国内供给有所上升。进一步的分析表明，主要是这两个部门对自身产品的中间需求增长带来的。

表 14 - 5　　　　　　2013—2020 年碳强度约束的产业累积

影响（与基准情景相比的变化）　　　　　单位:%

部门	国内供给	出口	总产出	进口	能耗	碳排放
农林牧渔业	- 0.1135	0.4313	- 0.1080	- 0.6833	- 4.0455	- 15.0058
煤炭开采和洗选业	- 12.2241	- 8.1230	- 12.1657	- 9.8034	- 26.5246	- 26.7796
石油开采业	- 1.4078	- 0.6842	- 1.3987	- 1.4749	- 6.7462	- 6.7543
天然气开采业	- 2.0124	- 1.0586	- 1.9989	- 1.7197	- 5.6986	- 7.3496
非能源矿采选业	- 0.9381	- 0.8031	- 0.9349	- 0.6816	- 2.0082	- 7.1925
食品制造及烟草加工业	- 0.1118	0.4585	- 0.0865	- 0.6837	- 5.8970	- 9.9973
纺织、服装鞋帽皮革羽绒及其制品业	0.0917	0.7856	0.3247	0.0895	- 4.8210	- 5.2559
木材加工及家具制造业	- 0.4710	0.4862	- 0.2588	- 0.5317	- 0.9388	- 3.5040
造纸印刷及文教体育用品制造业	- 0.2221	0.0768	- 0.1791	- 0.4393	- 9.1606	- 8.6878
石油加工及核燃料加工业	- 1.6581	- 0.9571	- 1.6508	- 1.2381	- 1.9435	- 2.7464
炼焦业	- 6.7871	- 5.7876	- 6.7170	- 3.3331	- 7.8526	- 26.2304
化学工业	- 0.4582	- 0.5364	- 0.4667	- 0.0531	- 1.4840	- 3.4427
非金属矿物制品业	- 0.7313	- 1.4169	- 0.7650	0.2860	- 3.9109	- 5.3905
金属冶炼及压延加工业	- 0.8999	- 1.7269	- 0.9492	0.3379	- 1.2766	- 7.9985
金属制品业	- 0.7331	- 0.9032	- 0.7655	- 0.2499	- 1.3912	- 2.7804
通用、专用设备制造业	- 0.8526	- 0.6043	- 0.8171	- 0.7512	- 2.3752	- 3.6524
交通运输设备制造业	- 0.6468	- 0.2683	- 0.6064	- 0.7689	- 6.0983	- 7.3809
电气机械及器材制造业	- 0.6126	- 0.4510	- 0.5711	- 0.4490	- 2.7077	- 3.5082

续表

部门	国内供给	出口	总产出	进口	能耗	碳排放
通信设备、计算机及其他电子设备制造业	0.1886	0.5336	0.3498	-0.0985	-6.6808	-4.3860
仪器仪表及文化办公用机械制造业	-0.4305	0.4212	0.0744	-0.7711	-0.3217	-2.3619
工艺品、废品废料及其他制造业	-0.4925	0.3869	-0.3456	-1.1929	-1.9151	-3.7950
清洁能源生产和供应业	1.6982	2.1786	1.6989	0.4478	1.5405	#
火力发电、发热及其供应业	-2.5088	-7.6665	-2.5161	4.0273	-24.8754	-26.4314
燃气生产和供应业	-2.4484	#	-2.4484	#	-5.5104	-6.5524
水的生产和供应业	-0.6544	#	-0.6544	#	-0.7042	-8.0245
建筑业	-0.7009	-0.5894	-0.7001	-0.7008	-1.3939	-2.8454
交通运输及仓储业	-0.6435	-0.2911	-0.5919	-0.6439	-2.9460	-2.2674
邮政业	-0.2900	0.3055	-0.2506	-0.2932	-5.5408	-2.7243
信息传输、计算机服务和软件业	-0.2403	0.8074	-0.1813	-0.2472	-0.5989	-2.4163
批发和零售业	-0.3094	0.8278	-0.0963	#	-2.3271	-8.1746
住宿和餐饮业	-0.2978	0.4061	-0.2592	-0.3037	-6.8160	-9.0004
金融业	-0.4050	0.8321	-0.3965	-0.4229	-0.7279	-1.9710
房地产业	-0.0381	#	-0.0381	#	-0.9966	-1.7070
租赁和商务服务业	-0.2960	0.8789	0.0694	-0.2961	-11.6685	-1.7056
研究与试验发展业	-0.3787	0.2398	-0.3686	-0.3693	-4.4351	-3.1196
综合技术服务业	-0.6855	#	-0.6855	#	-3.3001	-2.7037
水利、环境和公共设施管理业	-0.2479	#	-0.2479	#	-6.5915	-4.6094
居民服务和其他服务业	-0.3312	0.4302	-0.2989	-0.3435	-10.0499	-3.1197
教育	-0.1162	0.4311	-0.1153	-0.1163	-1.1955	-2.1006
卫生、社会保障和社会福利业	-0.1894	0.1525	-0.1881	-0.1863	-7.2014	-3.4838
文化、体育和娱乐业	-0.2741	0.5424	-0.1906	-0.2733	-5.5842	-5.7041
公共管理和社会组织	-0.0919	0.4805	-0.0907	-0.0920	-7.7933	-2.7448
平均	-0.6993	0.0516	-0.6125	-0.4528	-11.4609	-15.1729

注："#"表示非贸易品。

各部门的出口数量与其出口价格变化方向相反，这与模型的基本假定是一致的。容易看出，在碳强度约束下出口下降的部门主要是化石能源生产部门和碳密集型部门。其中，出口降幅最大的仍然是煤炭开采和洗选业，紧随其后的是火力发电、发热及其供应业，居第三位的是炼焦业。其他出口下降幅度较大（超过1%）的部门还有金属业冶炼及压延加工业、非金属矿物制品业以及天然气开采业。与此同时，大部分劳动密集型部门和技术密集型部门的出口则因碳强度约束的实施而有所上升。其中，清洁能源生产和供应业的出口上升幅度最大，超过2%；出口上升幅度最小的是造纸印刷及文教体育用品制造业。进一步地，大多数部门出口的变化幅度与其国内供给的变化幅度也存在显著差异，而且大多数劳动密集型部门（包括农林牧渔业、大部分轻工业和服务业）和一些技术密集型部门（如仪器仪表及文化办公用机械制造业）出口的变化方向与其国内供给的变化方向相反。

如前所述，各部门的总产出由其国内供给和出口构成，而且绝大多数部门的国内供给量要远远超过其出口量，因而大多数部门的总产出变化与其国内供给变化接近。例如，煤炭开采和洗选业是国内供给和出口下降幅度最大的部门，因而也是总产出下降幅度最大的部门，而其总产出变化与其国内供给变化几乎相等。容易看出，大多数部门的总产出也都因碳强度约束而有所下降。不过，清洁能源生产和供应业，通信设备、计算机及其他电子设备制造业以及纺织、服装鞋帽皮革羽绒及其制品业的国内供给和出口都有所上升，因而其总产出也有所上升。此外，仪器仪表及文化办公用机械制造业以及租赁和商务服务业的出口量明显大于其国内供给量，且其出口上升幅度明显超过国内供给的下降幅度，因而其总产出有所上升。

碳强度约束对各部门进口品的影响可分解为收入效应和替代效应两部分。收入效应主要是因为碳强度约束会影响国内各类经济主体的收入，继而影响它们对各类合成品（国产品和进口品）的需求。替代效应又可进一步区分为两部分：一是碳强度约束改变了合成品之间的相对价格，引起它们的相互替代；二是碳强度约束改变了国产品与进口品的相对价格，从而引起两者的相互替代。我们可以看到，大多数部门的进口变化与其国内供给变化相同，即大多数部门的进口也有所下降。这意味着碳强度约束对大多数部门进口的影响以收入效应为主。不过，火力发电、发热及其供应业，金属冶炼及压延加工业以及非金属矿物制品业三个碳密集型部门的进口有所上升，与它们国内供给的变化方向不同。这意味着碳强度约束对这几个部门产生的替代效应超过了收入效应。通信设备、计算机及其他电子设备制造业的进口则有所下降，也与其国内供给的变化方向相反。此外，清洁能源生产和供应业以及纺织、服装鞋帽皮革羽绒及其制品业的进口变化与其国内供给变化方向相同，不过它们都有所上升而不是下降。

（三）碳强度约束对部门能源消耗和碳排放的影响

如前所述，各部门作为生产者需要雇用劳动、投入资本以及使用化石能源和清洁能源进行生产活动，并获得产出。碳强度约束将直接导致化石能源价格上升，由此对各部门投入决策产生的影响也可区分为收入效应和替代效应。一方面，化石能源价格上升将使生产者原有的投入预算购买力下降，从而降低其对各类投入的需求；另一方面，化石能源相对于劳动、资本和清洁能源的价格上升会使生产者考虑使用更多的劳动、资本和清洁能源来替代化石能源投入。这两种效应都会使生产者对化石能源的需求下降，但有可能使生产者对清洁能源的需求上升。各部门的能耗变化就取决于其对化石能源和清洁能源需求的变化。本章的结果表明，除清洁能源生产和供应业外，其他各部门的能耗都有所下降。同时，除清洁能源生产和供应业外（本章假定该部门碳排放可忽略不计），其他各部门的碳排放也都有所下降。

表14-6显示了碳强度约束下各部门对全国能耗和碳排放缩减量的贡献。火力发电、发热及其供应业作为最主要的化石能源消耗部门，其化石能源消耗减少得最多。紧随其后的是金属冶炼及压延加工业，它也是化石能源消耗大户。这两个部门化石能源消耗的缩减量约占整个生产部门化石能源消耗缩减量的74%。此外，煤炭开采和洗选业、非金属矿物制品业以及农林牧渔业的化石能源消耗缩减量也较大，它们合计约贡献了整个生产部门化石能耗缩减量的15%。

由于碳排放主要由化石能源消耗引起，因而化石能源消耗缩减最多的几个部门也是碳排放缩减最多的几个部门。其中，仅火力发电、发热及其供应业一个部门的碳排放缩减量就占整个生产部门碳排放缩减量的72%左右。金属冶炼及压延加工业的碳排放缩减量约占整个生产部门碳排放缩减量的7%。煤炭开采和洗选业、非金属矿物制品业以及农林牧渔业的碳排放缩减量合计约占整个生产部门碳排放缩减量的10%。其余37个部门的碳排放缩减量合计也只占整个生产部门碳排放缩减量的10%左右。

表 14 - 6　　碳强度约束影响（与基准情景相比的变化）的敏感性分析　　单位:%

	加快发展清洁能源	AEEI			所有弹性取值	
		提高 0.5%	提高 1%	提高 2%	减少 25%	增加 25%
GDP	- 0.1676	- 0.1812	- 0.1747	- 0.1619	- 0.1144	- 0.2171
消费	- 0.0794	- 0.0840	- 0.0810	- 0.0751	- 0.0720	- 0.1035
投资	- 0.5795	- 0.6720	- 0.6527	- 0.6141	- 0.5708	- 0.6965
工资率	- 0.4097	- 0.4685	- 0.4562	- 0.4316	- 0.4974	- 0.4134
资本租金率	- 0.6411	- 0.7316	- 0.7113	- 0.6708	- 0.7242	- 0.6707
投资收益率	- 1.3580	- 1.4816	- 1.4373	- 1.3495	- 1.3831	- 1.3949
出口	0.0182	0.0510	0.0510	0.0507	0.1275	0.0193
进口	- 0.3874	- 0.4421	- 0.4313	- 0.4094	- 0.3604	- 0.4741
贸易条件	- 0.0005	- 0.0060	- 0.0062	- 0.0065	- 0.0302	0.0031
能源消耗	- 9.8130	- 11.8051	- 11.5226	- 10.9532	- 8.8734	- 13.7376
碳排放	- 13.5216	- 15.4199	- 15.0623	- 14.3403	- 11.4572	- 18.0390
能源强度	- 9.0909	- 10.8853	- 10.6265	- 10.1053	- 8.1904	- 12.6770

（四）讨论

本章有不少发现与以往研究是一致的。与 Wang 等（2009）、Dai 等（2011）、Lu 等（2013）、Zhang 等（2013）及张友国（2013）报告的结果类似，本章的结果也表明碳强度约束对中国经济总量的影响不大。同时，本章发现碳强度约束能显著降低碳排放，Lu 等（2013）、Zhang 等（2013）及张友国（2013）也得到了类似的结果。当然，由于模型结构和一些基本假定的不同，本章与以往研究的结果在数值大小上还是存在明显差异。以2020 年碳强度约束对 GDP 的影响为例，本章的结果为 - 0.26%，在数量上大于 Wang 等（2009）的结果（ - 0.04%）和张友国（2013）的结果（ - 0.1%）[①]，但明显低于 Lu 等（2013）的结果（ - 3% —— - 2%）。

为了验证本章模拟结果的可靠性，我们又进行了三组敏感性分析，结果如表 14 - 6 所示。在第一组敏感性分析中，我们假定中国在实现既定的

———————

① 本章与张友国（2013）的差异主要在于本章采用动态模拟，而后者采用长期静态比较分析。此外，本章与张友国（2013）的部门划分也不同。

碳强度约束目标的同时，也会实现既定的清洁能源发展目标。根据2012年国家能源局颁布的《可再生能源发展"十二五"规划》，2015年和2020年中国非化石能源占一次能源消费的比重要分别达到11.4%和15%，明显高于基准情景下非化石能源在一次能源消费中的比重。这意味着中国需要加快发展清洁能源，而此举有助于降低碳强度约束对中国经济的负面影响。不过，随着非化石能源比重的上升，中国实现既定碳强度约束目标的能耗削减量也会减少，因为能源结构优化为碳强度下降作出的贡献会增强。同时，由于经济总量的下降幅度减小，而碳强度下降幅度相同，因而碳排放总量的下降幅度也会减小。

在第二组敏感性分析中，我们分别假定能源投入效率（Autonomous Energy Efficiency Improvement，AEEI）比原模拟方案高0.5%—2.0%。比较表14-6与表14-3易知，改变能源效率取值对模拟结果的影响非常小，即碳强度约束的影响对能源投入效率的变动不敏感。不过，随着能源投入效率的不断改善，碳强度约束对中国宏观经济及能耗和碳排放的影响也呈现不断下降的变化趋势，这与直觉是一致的。因为，能源投入效率改善后，基准情景下碳强度的下降幅度会加大。这意味着基准情景和政策情景下碳强度的差异程度会减小，于是其他变量的差异也会相应缩小。

在第三组敏感性分析中，我们扩大了各类弹性系数的取值范围，这些弹性系数包括各部门国内供给和出口的转换弹性、要素和能源投入替代弹性、出口价格弹性、阿明顿弹性以及消费者偏好。当我们将这些弹性系数的取值都减少为原值的75%时，碳强度约束的影响明显下降；当所有弹性系数的取值增加为原值的125%时，碳强度约束的影响则明显增强。这一组分析表明，碳强度约束的影响对各类弹性系数的取值比较敏感。因此，在理解碳强度约束的影响时，必须注意各类弹性系数取值的变化带来的不确定性。

五　结论与政策建议

本章基于一个动态CGE模型分析了碳强度约束对中国的影响。与以往研究不同的是，本章详细探讨了碳强度约束在产业层面产生的经济—能源—环境影响，并将其与碳强度约束的宏观影响结合起来加以分析。结果表明，在碳强度约束下，中国的经济总量及绝大多数部门特别是碳密集型部门的产出会有所下降；同时，化石能源投入和碳排放会发生较大幅度的缩减，其中，绝大部分来自火力发电、发热及其供应业。基于上述结论，我们提出如下政策建议：

（1）对碳强度约束产生的负面经济影响，应予以足够的关注，不应因为模拟结果表明短期影响不大而予以忽视。一方面，应该看到由于计算方法本身的局限，难以充分考虑结构调整过程中产生的成本，实际负面影响会比模拟得到的结果更大。特别应注意的是，当碳强度约束持续实施时，其影响将越来越强。另一方面，应考虑中国正面临着经济下行的压力。

在这种情况下，为了降低碳强度约束对经济发展的负面影响，有必要出台一些战略性或革命性的举措。目前，中国主要的努力放在"压煤"，同时加快发展新能源，以优化能源结构上。但应该清醒看到，可再生能源在短期内难有重大技术突破，目前，各国都采用对可再生能源进行补贴的政策，而且均不太成功。中国碳强度目标的实现应从中国国情出发。实践已充分说明，煤炭在中国能源结构中的主导地位在相当长的时期内无法改变。因此，中国的能源战略有必要做适当调整。中国的能源战略应由目前的过度向新能源倾斜，转为不是简单地"压煤"，而是更多地注重煤炭开采、使用方式的改变，应大力发展洁净煤技术，加快煤地下气化产业化，尽早走上"绿煤"之路。这既有利于碳强度约束目标的实现，也可有效地缓解由碳强度约束带来的经济下行压力。

（2）为了保证碳强度约束目标得以实现，中国可以考虑开征碳税、加快完善和扩大碳排放权交易市场以及补贴单位和个人的碳减排行为。一方面，碳税的征收可先在局部地区试行，然后在全国推行。碳税税率可以考虑从一个较低的水平开始，然后逐步上调。为减小征收困难，碳税可在化石能源购买环节征收。另一方面，中国应总结北京、上海、天津、重庆、湖北、广东和深圳七省市试行碳排放权交易的经验教训，尽快建立全国性的碳排放权交易市场。同时，政府从碳税和碳排放权交易中获得的收入则应用于补贴节能减碳技术研发、设备更新等碳减排行为。

（3）鉴于火力发电、发热及其供应业对中国减少化石能源消耗和碳排放具有举足轻重的影响，应当通过管理（如关停小机组、进一步提高行业进入门槛）、技术升级和设备更新（如提高热电联产机组比例、安全有效地加快电网建设以实现跨区域电力调节）等措施，重点改善该行业的能源效率。

（4）在国际贸易方面，要继续限制"两高一资"产品的出口，扶持高新技术产品和服务业出口，同时鼓励进口碳密集型产品。

应当指出的是，本章还有一些不足之处需要在进一步的研究中加以克服。首先，碳强度约束的影响对各类弹性系数的取值比较敏感。我们可以通过收集大量数据，然后采用合适的方法对这些弹性系数进行估计，并对其未来的变化趋势进行比较准确的预测。这有利于提高模拟结果的精确性。其次，我们可以考虑将技术进步内生化，这能模拟碳强度约束对各部门技术进步的正向激励效应。最后，本章仅刻画了内生化的碳税，实际上是只考虑了一种降低碳强度的政策机制，我们还可以考虑补贴、碳排放权交易等其他机制，并对它们的效果进行比较。

参考文献

［1］Qiu, J., China's Climate Target: Is it achievable?". *Nature*, 2009, 462（3）.

［2］Stern, D. I., Jotzo, F., How Ambitious are China and India's Emissions Intensity Targets?. *Energy Policy*, 2010, 38（11）.

［3］Wang, K., Wang, C., Chen, J., Analysis of the Economic Impact of Different Chinese Climate Policy Options Based on a CGE Model Incorporating Endogenous Technological Change. *Energy Policy*, 2009, 37（8）.

［4］Dai, H., Masui, T., Matsuoka, Y., Fujimori, S., Assessment of China's Climate Commitment and Non – fossil Energy Plan Towards 2020 Using Hybrid AIM/CGE model. *Energy Policy*, 2011, 39（5）.

［5］Lu, Y., Stegman, A., Cai, Y., Emissions Intensity Targeting: From China's 12th Five Year Plan to Its Copenhagen Commitment. *Energy Policy*, 2013, 61.

［6］Zhang, D., Rausch, S., Karplus, V. J., Zhang, X., Quantifying Regional Economic Impacts of CO_2 Intensity Targets in China. *Energy Economics*, 2013, 40.

［7］Dervis, K., De Melo, J. and Robinson, S., *General Equilibrium Models for Development Policy*. Cambridge: Cambridge University Press, 1982.

［8］Jung, H. S. and Thorbecke, E., The Impact of Public Education Expenditure on Human Capital, Growth and Poverty in Tanzania and Zambia: A General Equilibrium Approach. *Journal of Policy Modeling*, 2003, 25（8）.

［9］Armington, P., *A Theory of Demand for Products Distinguished by Place of Production*. IMF Staff Papers, 1969, 16（1）.

［10］Sue Wing, I., The Synthesis of Bottom – up and Top – down Approaches to Climate Policy Modeling: Electric Power Technology Detail in a Social Accounting Frame-

work. Energy Economics, 2008, 30 (2).

[11] Dixon, P. B. and Rimmer, M. T., Dynamic General Equilibrium Modelling for Forecasting and Policy: A Practical Guide and Documentation of MONASH. North – Holland Publishing Company, Amsterdam, 2002.

[12] EIA, 2013, Annual Energy Outlook 2013, http://www.eia.gov/forecasts/aeo/.

[13] 张友国:《经济发展方式变化对中国碳排放强度的影响》,《经济研究》2010 年第 4 期。

[14] 张友国:《碳强度与总量约束的绩效比较:基于 CGE 模型的分析》,《世界经济》2013 年第 7 期。

[15] 郑玉歆、樊明太等:《中国 CGE 模型及政策分析》,社会科学文献出版社 1998 年版。

[16] 齐明珠:《中国 2010—2050 年劳动力供给与需求预测》,《人口研究》2010 年第 9 期。

第十五章　征税标准与碳关税对中国经济和碳排放的潜在影响[*]

一　引言

近年来，随着气候变化问题的不断升温，国际上有关碳关税的讨论也越来越多。碳关税也称"碳边境调节税"①，是一些发达国家的政策制定者和学者为避免或减少国际贸易可能产生的所谓碳泄漏和保护本国产品的竞争力而设想的一种政策措施。虽然至今还没有哪个国家或地区正式实施碳关税，但事实上碳关税已经列入不少发达国家的议事日程，甚至已经被变相地实施。例如，欧盟于2008年11月通过并于2012年1月正式实施的《2008年101号指令》，试图将国际航空业纳入其碳排放交易体系（EU-ETS），这也相当于对进入欧盟的航班征收碳关税。②2009年4月，欧盟通过的《2009年29号指令》进一步将欧盟内部的进口商纳入EUETS，要求这些进口商为其进口产品购买碳排放指标，实际上就是对进口品征收碳关税。又如，2009年6月，美国众议院通过《美国清洁能源安全法案》，决定自2020年开始对一些国家③的进口品征收碳关税。美国和欧盟颁布的这些法案也引起了全世界的广泛关注和质疑。

目前，关于碳关税的研究文献主要关注两类问题：一是碳关税的法理性问题。一些学者认为，碳关税并不违背世界贸易组织规制，并提出了使

＊　本文简写版曾发表于《世界经济》2015年第2期。

①　东艳（2010）总结了碳关税的其他提法。

②　有关欧盟征收航空碳税的内容可参见 http://ec.europa.eu/clima/policies/ets/documentation_en.htm。

③　包括中国在内的未设置碳排放总量限额的国家。

碳关税符合世界贸易组织规制的建议（De Cendra，2006；Ismer and Neu-hoff，2007）。也有学者认为，碳关税有违世界贸易组织原则（沈可挺，2010），或即使碳关税能绕开世界贸易组织规制也很难被管理和实施（Me-dina and Lazo，2011）。二是碳关税的影响，包括其对碳泄漏以及相关国家竞争力、经济发展和碳排放的影响。这方面的研究近年来涌现出较多文献，但不同文献的研究结果却存在一定的分歧。一些研究发现碳关税对碳泄漏、竞争力及福利没有影响或影响极小（Peterson and Schleich，2007；McKibbin and Wilcoxen，2009；Dong and Whalley，2012）；另一些研究则发现碳关税的影响不容忽视（Mattoo et al.，2009；Hübler，2012；沈可挺和李钢，2010；林伯强和李爱军，2012）。

从研究方法来看，可计算一般均衡（CGE）模型是分析碳关税影响的主要工具。有许多文献从全球或国际层面应用多国 CGE 模型模拟了碳关税的影响（Peterson and Schleich，2007；McKibbin and Wilcoxen，2009；Burniaux et al.，2013），其中，很多都涉及对中国的讨论（Mattoo et al.，2009；Dong and Whalley，2012；林伯强和李爱军，2010，2012）。还有一些研究基于多国 CGE 模型重点或专门讨论了碳关税对中国的影响。黄凌云和李星（2010）以及栾昊和杨军（2014）采用全球贸易分析模型（GTAP）模拟了美国对中国能源和出口密集型产品征收碳关税对中国宏观和部门层面经济及碳排放的影响。Lin 和 Li（2011）、Li 和 Zhang（2012）以及 Li 等（2013）模拟了经合组织（OECD）国家征收碳关税对中国总体和不同（经济特征）地区经济和碳排放的影响。Hübler（2012）模拟了发达国家以及中国的所有贸易伙伴都征收碳关税对中国经济、碳排放和贸易条件的影响。

也有许多研究基于单国 CGE 模型评估了碳关税对中国的影响。沈可挺和李钢（2010）的研究表明，如果所有贸易伙伴都征收碳关税，则中国工业品出口将显著下降。李继峰和张亚雄（2012）的模拟结果显示，当所有贸易伙伴都征收碳关税时，碳关税对中国碳排放的影响大于其对中国经济总量和出口的影响。袁嫣（2013）也模拟了所有贸易伙伴都征收碳关税对中国经济的影响，发现不同碳关税税率都会使中国经济总量下降，不过，幅度不大。Bao 等（2013）集中分析了美国和欧盟 2020 年开始实施碳关税对中国部门层面碳排放的影响，并讨论了碳关税的影响对技术进步的敏感性。此外，还有些基于局部均衡模型的研究也发现，碳关税对中国经济和碳排放会产生负面影响（曲如晓等，2011；潘辉，2012）。

　　多国 CGE 模型可被视为多个单国模型的"并联"（张晓光，2009），其优势在于能同时刻画贸易政策对多个国家（或地区）的影响，其缺陷在于数据相对滞后以及不同国家部门划分标准及贸易数据的不一致性问题。单国 CGE 模型虽然不能同时模拟一项贸易政策对多个国家（或地区）的影响，但它能更充分地刻画一个国家各个部门对一项贸易政策的反应，而且不存在不同国家的部门划分标准或贸易数据不一致问题。在有关国际贸易的研究中，多国 CGE 模型主要关注那些对一个经济区（如欧盟）起作用的多边贸易政策，主要用于分析贸易政策的资源配置和福利效应，而单国 CGE 模型关注详细的国内经济结构刻画，主要用于分析各种贸易政策的部门效应（de Melo and Robinson，1989；Bergman，2005；Roland – Holst and van der Mensbrugghe，2009）。因此，选择多国还是单国 CGE 模型作为分析工具，这取决于研究的目的和范围（Wobst，2001）。如果研究关注的是多个国家或某种国际性的问题（如碳泄漏）受某项贸易政策的影响，显然应当采用多国 CGE 模型；如研究者仅关注某项单边贸易政策（如碳关税）对某特定国家特别是该国部门层面的影响，则单国 CGE 模型无疑是合适的工具，它更有利于提高数据的可获得性和可靠性。

　　有必要指出的是，当前无论是政策制定者还是学者都未能就碳关税的征税标准达成一致。所谓征税标准，在本章主要是指与贸易产品相关的碳系数。一方面碳关税是以贸易产品的隐含碳（排放）系数、直接碳（排放）系数、进口国的碳系数还是出口国的碳系数为基础计算，还存在很大争议；另一方面如何计算这些碳系数也没有统一的方法和标准。从我们掌握的研究文献来看，大部分研究只是选取某种征税标准来模拟碳关税的影响，具有一定的随意性。其中大部分选择的标准是出口国的直接碳系数，以出口国隐含碳系数为标准的研究相对较少。涉及多种征税标准的研究似乎只有 Mattoo 等（2009），他们分别模拟了以进口国和出口国隐含碳系数为标准的碳关税的影响，但没有考虑贸易商品的直接碳系数。因此，目前关于不同征税标准下碳关税对一国经济影响的讨论还不够充分。

　　本章试图做出的贡献主要就是比较不同征税标准下碳关税影响的差异。同时，考虑到目前少有文献区分碳关税对中国与不同地区贸易的影响，本章也试图对此问题加以分析。具体来说，本章将区分碳关税对中国与美国和欧盟地区及其他地区出口的影响差异。由于本章主要关注碳关税对中国宏观和部门层面经济与碳排放的潜在影响，因而本章将采用一个中国 CGE

模型来分析这一问题。

二　碳关税征税标准的多样性和不确定性

碳关税不仅面临法理依据不足甚至"违法"的问题，也面临是否可实施或可操作性的问题。如何确定征税标准是实施碳关税需要解决的关键问题之一。无论是学术文献还是政策性文件（如《美国清洁能源安全法案》），对碳关税的征税标准都没有给出十分明确的说明或界定。从相关文献（如引言部分提到的）来看，碳关税的征税标准具有多种可能性（见表15-1）。一方面，碳关税征收国既可以选择进口品的直接碳系数也可以选择进口品的隐含碳系数作为征税标准。一种产品的隐含碳系数是指提供单位该种产品所直接和间接引起的碳排放的总和。另一方面，碳关税征收国也可以参照本国产品的直接或隐含碳系数对同类进口品征收碳关税。此外，碳关税征收国还可以将进口品与本国同类产品直接或隐含碳系数的差异作为征税标准。

选取进口品的直接碳系数作为征税标准时，需要知道进口品生产过程中消耗的各类化石能源数量，然后在此基础上估计进口品的直接碳系数。不过，进口品的生产企业通常不会主动公布其能源消耗信息，即便进口国强制要求生产企业提供相关信息，信息的可靠性也难以保证。虽然不少国家（例如中国）都会公布行业层面的能源消耗数据，但行业的细分程度通常也很有限。更何况，即使属于同一行业的不同企业，其技术水平及所消耗能源的品质也可能存在很大差异。因而根据这些行业信息，只能非常粗略地估计每类进口品的直接碳系数。而且，许多国家特别是发展中国家的能源统计工作并不完善，甚至连行业层面的能源消费数据也不能提供。

如果选择进口品的隐含碳系数作为征税标准，则不仅要掌握每类进口品生产过程中的直接能源消耗信息，还需要掌握每类进口品间接引起的能源消耗信息，即为生产该类进口品所展开的所有上游生产活动中的能源消耗信息。同时，还需要进一步掌握每类进口品与其上游产品之间十分详细的技术关联信息。目前，许多国家都编制本国的投入产出表，这些表反映了本国产业间的技术关联性。通过投入产出表计算各类产品的隐含碳系数是当前学术界比较流行的方法之一。不过，投入产出表的详细程度会对隐含碳系数的估计值产生显著影响。而且，对于许多国家来说，并不是每年都编制投入产出表。例如，中国每隔五年编制一张基于调查数据的投入产出表（基本表），期间再编制一张延长表。

进一步地，隐含碳的计算方法除了投入产出法外，还有不少其他方法，如环境管理技术委员会温室气体管理标准化分会（ISO/TC207/SC7）制定的标准、世界资源研究所（WRI）和世界可持续发展工商理事会（WBCSD）共同制定的《温室气体协议：核算和报告准则》以及英国标准协会制定的《商品和服务在生命周期内的温室气体排放评价规范》（PAS 2050）等。选用不同方法得到的结果也会不一样。

表 15 – 1   碳关税征收国可能采用的碳关税征税标准

类型	标准	可选的估计方法
隐含碳系数	进口品隐含碳系数、本国产品隐含碳系数、进口品与本国产品隐含碳系数差异	获得产品直接碳系数的基础上，可采用投入产出法、ISO/TC207/SC7、GHG Protocol、PAS 2050
直接碳系数	进口品直接碳系数、本国产品直接碳系数、进口品与本国产品直接碳系数差异	目前，比较权威的方法是 IPCC（2006）提出的核算框架

为了解决信息很难获得这一难题，碳关税征收国或许会考虑以本国产品的直接或隐含碳系数作为对同类进口品征收碳关税的标准。虽然本国产品碳系数的估计也存在很多不确定性，但获取相关信息会容易得多。特别是碳关税征收国主要是发达国家，这些国家的统计系统一般都比较完善，而且数据获取比较及时。例如，美国每年都公布其当年的投入产出表。不过，碳关税征收国的产品分类标准或产业划分标准通常与进口品生产国的标准不同，碳关税征收国需要采用适当的方法将进口品与本国产品的类型合理匹配起来。进一步地，如果碳关税征收国以进口品与本国同类产品碳系数的差异作为征税标准，则碳关税征收国需要同时掌握与本国产品和进口品相关的各种能耗信息，当然，也需要将进口品按本国标准进行分类。

对于同一种产品而言，由于其隐含碳系数将该产品的直接和间接碳排放影响都考虑在内，因而要远大于其直接碳系数。碳关税征收国选用进口品的隐含碳系数作为征税标准时，碳关税对进口品生产国经济和碳排放的影响也会远大于以进口品直接碳系数为征税标准时的影响。即使是碳关税征收国，其产品的隐含碳系数通常也会明显高于同类进口品的直接碳系数，因而以前者为征税标准时，碳关税对进口品生产国的影响会明显大一些。

以碳关税征收国的产品隐含（直接）碳系数为征税标准时，碳关税对进口品生产国的影响通常会显著低于以进口品隐含（直接）碳系数为征税标准时的影响，因为进口品生产国通常为发展中国家，碳关税征收国通常为发达国家（如美国和欧盟），后者的技术水平一般要高得多，而其产品的碳系数则低得多。

以进口品与碳关税征收国同类产品碳系数的差异为征税标准显然最符合碳关税的设计初衷——所谓保证公平竞争和减少碳泄漏。采用这种征税标准时，碳关税对进口品生产国的影响通常会小于以进口品碳系数为征税标准时的影响，但不一定小于以碳关税征收国的产品碳系数为征税标准时的影响。

总之，碳关税的征收标准及其计算方法具有多样性，而相关的数据却不充分，这使得碳关税征税标准的选择问题充满了不确定性。由于征税标准具有多样性和不确定性，碳关税对被征税国家经济和碳排放的影响也具有较大的不确定性。下面，我们将基于政策模型对这一问题进行定量分析。

三　模型、数据与情景设计

（一）CGE 模型

本章所采用的 CGE 模型借鉴了德维斯等（1982）和郑玉歆等（1998）的建模思路。一方面，各种燃料形成的能源合成品与资本结合形成资本—能源合成品，再与劳动结合形成要素—能源合成投入，然后与其他各种中间投入结合，从而使企业能够生产出市场所需的产品。另一方面，企业根据产品的国际和国内价格决定产品内销和出口的比例，其中内销产品又与同类进口品一起满足国内的各种最终需求（包括居民消费、政府消费、投资和存货等）和中间投入需求。以下是该模型的关键行为方程。

1. 生产行为

本模型的生产行为可表示为：

$$X_i = \min(A_{Z_{ji}} Z_{ji},\ A_{Q_i} Q_i) \tag{15-1}$$

$$Q_i = \left[\alpha_{L_i} (A_{L_i} L_i)^{(\sigma_{Q_i}-1)/\sigma_{Q_i}} + (1-\alpha_{L_i})(A_{N_i} N_i)^{(\sigma_{Q_i}-1)/\sigma_{Q_i}} \right]^{\sigma_{Q_i}/(\sigma_{Q_i}-1)} \tag{15-2}$$

$$N_i = \left[\alpha_{K_i} (A_{K_i} K_i)^{(\sigma_{N_i}-1)/\sigma_{N_i}} + (1-\alpha_{K_i})(A_{F_i} F_i)^{(\sigma_{N_i}-1)/\sigma_{N_i}} \right]^{\sigma_{N_i}/(\sigma_{N_i}-1)} \tag{15-3}$$

$$F_i = \left\{ \sum_j \left[\alpha_{Z_{bki}} (A_{Z_{bki}} Z_{bki})^{(\sigma_{F_i}-1)/\sigma_{F_i}} \right] \right\}^{\sigma_{F_i}/(\sigma_{F_i}-1)} \tag{15-4}$$

其中，Z_{ji} 表示第 j 类中间合成投入（包括当作原材料使用的化石能源）；Q_i 表示劳动—资本—能源合成投入；Z_{bki} 表示发电、发热和各部门终端消耗的第 k 类化石能源；N_i 表示资本—能源合成投入；L_i、K_i 和 F_i 分别表示劳动、资本和能源合成品；A 表示各种投入的效率，其变化反映了技术进步；α 和 σ 分别表示份额系数和替代弹性。式（15-1）至式（15-4）意味着总产出既是劳动、资本和与它们相结合的化石能源合成商品的多层嵌套 CES 函数，又是中间投入（包括各种非化石能源商品和服务以及用于生产二次化石能源产品的化石能源）的列昂惕夫生产函数。

易知，各部门的中间投入需求与其总产出成比例。进一步地，我们假定每个生产部门希望以最小的成本获得既定的总产出，通过求解该优化问题的一阶条件，我们可以得到每个部门最优的劳动、资本和能源需求，继而得到各部门的碳排放和生产部门碳排放总量。同时，我们假定每个部门提供一种产品或服务，并根据产品的国内销售价格和出口价格决定其产品或服务的国内供给量和出口量以实现收入最大化。这样可以用固定转换弹性系数（Constant Elasticity of Transformation，CET）函数来刻画上述产品或服务的总供给量与其国内供给量和出口量的关系。

2. 居民消费

假定居民在一定的支出预算约束下追求效用最大化，而其效用是各类合成商品或服务的克莱因—鲁宾（Klein-Rubin）函数。

$$\max \prod_i (Z_{H_i} - z_{H_{subi}} \Psi)^{\beta_{luxi}} \tag{15-5}$$

$$\text{s. t. } P_{ZH_i} Z_{H_i} \le (1-s) \left[(1-t_H)(wL^s + U_{HP}) + U_{HG} + U_{HF} \right] = W_H \tag{15-6}$$

其中，Z_{H_i} 表示合成商品 i 的总消费量，$z_{H_{subi}}$ 表示合成商品 i 的人均基本需求量，Ψ 表示人口总数，P_{ZH_i} 表示居民消费的合成商品价格，β_{luxi} 表示各种商品的支出在总奢侈消费中的份额系数，L^s 表示劳动总供给，w 表示工资率，U_{HP} 表示居民从企业获得的财产收入，U_{HG} 表示政府转移支付，U_{HF} 表示净海外汇款，s 表示储蓄率，t_H 表示所得税率，W_H 表示居民总支出。

3. 投资行为

我们假定各部门依据各自的资本存量和静态预期相对收益率获得投资。参考 Jung 和 Thorbecke（2003）的方法并进行适当简化，我们将部门投资需求方程设置为：

$$Z_{V_i} = \alpha_{V_i} (R_i / \Omega)^{\delta_i} K_i \qquad (15-7)$$

其中，K_i、Z_{V_i} 以及 R_i 分别表示与产品 i 的生产部门所对应的资本存量、投资部和资本净收益率；Ω 表示利率，R_i / Ω 就是该部门的静态预期相对收益率；α_{V_i} 和 δ_i 分别表示该部门的投资规模系数和投资弹性系数。需要说明的是，对于那些公共投资部门，我们假定它们的投资弹性系数为 0，即它们的投资与其资本存量成比例（$Z_{V_i} = \alpha_{V_i} K_i$）。与绝大部分文献一样，我们进一步假定各部门对各类投资品 $Z_{V_{ji}}$ 的需求在其总投资需求中的份额是固定的。同时，我们假定各部门存货与其总产出成比例变化。

4. 政府行为

政府通过征收所得税、消费税、投资税、关税、环境税等方式获得收入，通过对企业和居民进行补贴以及购买各类产品发生支出。我们还假定政府可能对化石能源征收碳税以减缓碳排放，则含碳税的化石能源价格可表示为：

$$P_{F_i} = P_{FO_i} + \xi_i T_c \qquad (15-8)$$

其中，P_{F_i} 表示含碳税的化石能源价格，P_{FO_i} 表示不含碳税的化石能源价格，ξ_i 表示各种化石能源的碳排放因子（单位化石能源消耗产生的碳排放），T_c 表示从量碳税。

5. 国际贸易

我们假定本国产品和进口品之间具有阿明顿替代弹性关系（Armington，1969），即本国对某种产品的需求总量是相应本国产品和进口品的固定替代弹性系数（Constant Elasticity of Substitution，CES）函数。在确定了生产者、居民、投资者、政府等各类主体对各类合成品的需求后，由成本最小化一阶条件可得第 i 类进口品的需求函数为：

$$M_i = (1 - \alpha_{D_i})^{\sigma_i} (P_{Z_i} / P_{M_i})^{\sigma_i} Z_i \qquad (15-9)$$

其中，M_i 表示本国对第 i 类进口品的需求，Z_i 表示本国对第 i 类合成产品的需求总量；P_{Z_i}、P_{M_i} 分别表示 Z_i 和 M_i 的价格；α_{D_i} 表示份额系数，σ_i（$\sigma_i > 0$）表示本国产品与进口品的替代弹性。进口价格 P_{M_i} 由世界市场决定即外生给定。

我们部分放松小国开放假定，即本国出口产品的价格由本国对出口产品的供给和国际市场对本国出口产品的需求决定。如前所述，我们假定每个部门根据其产品的国内销售价格和出口价格进行产出分配决策，则产品 i 的出口供给可表示为：

$$E_{S_i} = (1 - \alpha_{S_i})^{\sigma_{S_i}} (P_{E_i}/P_{X_i})^{\sigma_{S_i}} X_i \qquad (15-10)$$

其中，E_{S_i} 表示产品 i 的出口供给，P_{E_i} 表示不含碳关税的出口价格，P_{X_i} 表示综合产出价格，α_{S_i} 表示份额系数，$\sigma_{S_i}(\sigma_{S_i} > 0)$ 表示转换弹性系数。

地区 r 对本国产品 i 的需求可表示出口价格和相应地区碳关税的减函数，即：

$$E_{D_i}^r = \beta_i^r P_{E_i}''^{r-\theta_i} \qquad (15 \dot{-} 11)$$

其中，$E_{D_i}^r$ 表示地区 r 对本国产品 i 的需求，β_i^r 表示规模系数，$P_{E_i}''^{r-\theta_i}$ 表示地区 r 征收碳关税后的产品销售价格，$\theta_i(0 < \theta_i < \infty)$ 表示出口价格弹性。$P_{E_i}''^r$ 可表示如下：

$$P_{E_i}''^r = P_{E_i} + \eta_i \tau_{E_i}^r \qquad (15-12)$$

其中，η_i 表示与产品 i 相关的碳系数，即碳关税的征税标准。如前所述，征税标准 η_i 可以有多种选择，如本国产品 i 的直接碳系数 ζ_i、本国产品 i 的隐含碳系数 c_i、碳关税征收国产品 i 的隐含碳系数 c_i^r 等。$\tau_{E_i}^r$ 表示地区 r 设定的碳关税税率，对于不征收碳关税的地区而言，$\tau_{E_i}^r = 0$。在均衡状态下：

$$E_{S_i} = \sum_r E_{D_i}^r \qquad (15-13)$$

6. 均衡条件

我们假定市场处于均衡状态，这意味着各类经济主体都将在各自的约束条件（如居民的预算约束）下最优化其目标函数（如效用最大化）且市场出清。具体的均衡条件包括：生产者获得零纯利润；所有商品和要素的需求等于供给；居民和政府收支平衡，即两者的支出等于各自的可支配收入减去其相应的储蓄；国际收支平衡，即以世界价格计算的进口总值等于以离岸价格计算的出口总值、国外净转移以及国外资本净流入的和；投资—储蓄平衡，即总投资等于国内储蓄与国外资本流入之和。

7. 宏观闭合

假定政府消费与居民消费同比例变化，政府转移支付（补贴）和各种税率外生，这意味着政府储蓄、赤字内生。我们假定居民储蓄率固定并选取汇率作为基准价格，而国外资本净流入内生，这样，国外资本净流入的调节可以保证投资—储蓄平衡。

8. 模型动态化

模型通过生产要素积累和技术进步，并采用递归的形式实现动态化。我们假定期末的总资本供给等于期初的总资本供给折旧后加上本期新增的固定资本形成总额。，即：

$$K_i^* = K_i(1 - d_i) + Z_{V_i} \tag{15 - 14}$$

其中，K_i^*、K_i、Z_{V_i}和d_i分别表示产品i的生产部门所对应的期末资本存量、期初资本存量、新增投资和资本折旧率。进一步地，我们假定折旧率外生，新增的固定资本形成总额由投资—储蓄平衡关系和投资在部门间的分配机制内生决定，这意味各部门资本增长率和总资本增长率内生。同时，我们假定人口、劳动供给、技术进步的变化外生。

（二）数据及情景设计

本章拟进行政策模拟的时期为2007—2030年，其中，2007年为基期，2008—2012年为历史模拟期，2013—2030年为预测和政策模拟期。我们以国家统计局发布的2007年42个部门投入产出表为基础建立了SAM表。[①]国内吸收和中间使用的本国产品和进口品的数额、各种化石能源产品的碳系数以及各部门的隐含碳系数是根据张友国（2010a，b）的方法和2007年投入产出表计算得到的。其中，隐含碳系数估计方法如下：

$$c = \Gamma^T L \tag{15 - 15}$$

其中，c表示隐含碳系数向量，其元素为c_i；Γ表示部门直接碳系数向量，其元素为ζ_i；L表示列昂惕夫逆矩阵，其元素为l_{ij}；上标T表示向量或矩阵的转置。易知：

$$c_i = \sum_i \zeta_i l_{ij} \geq \zeta_i \tag{15 - 16}$$

图15-1显示了我们估计的各部门直接碳系数和隐含碳系数。可以看出，电力、热力的生产和供应业，燃气生产和供应业，金属冶炼及压延加工业，非金属矿物制品业，交通运输及仓储，邮政业，煤炭开采和洗选业，石油加工、炼焦及核燃料加工业，化学工业以及石油和天然气开采业同时具有较高的直接碳系数和隐含碳系数，可视为碳密集型部门。劳动密集型部门（如农林牧渔业）、技术密集型部门（如通信设备、计算机及其他电子设备制造业）及大部分服务业的两种碳系数都很低，可视为较清洁的部门。

---

① 2007年投入产出表是国家统计局经过大量的基础调查而编制完成的。虽然国家统计局已经发布了2010年的投入产出表，但该表是在2007年投入产出表的基础上估计出来的延长表，其可靠程度要低于2007年的投入产出表。因此，我们仍然采用2007年投入产出表作为研究的数据基础。

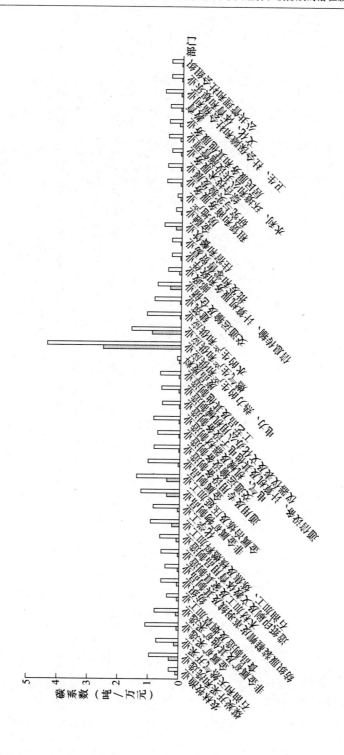

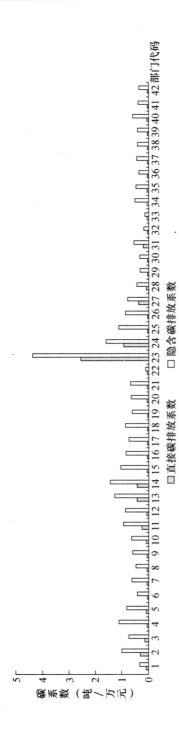

图 15 - 1　2007 年部门门碳系数

注：部门门代码含义如下：1：农林牧渔业；2：煤炭开采和洗选业；3：石油和天然气开采业；4：金属矿采选业；5：非金属矿及其他矿采选业；6：食品制造及烟草加工业；7：纺织业；8：纺织服装鞋帽皮革羽绒及其制品业；9：木材加工及家具制造业；10：造纸印刷及文教体育用品制造业；11：石油加工、炼焦核燃料加工业；12：化学工业；13：非金属矿物制品业；14：金属冶炼及压延加工业；15：金属制品业；16：通用及专用设备制造业；17：交通运输设备制造业；18：电气、机械及器材制造业；19：通信设备、计算机及其他电子设备制造业；20：仪器仪表及文化办公用机械制造业；21：工艺品及其他制造业；22：废品废料；23：电力、热力的生产和供应业；24：燃气生产和供应业；25：水的生产和供应业；26：建筑业；27：交通运输及仓储业；28：邮政业；29：信息传输、计算机服务和软件业；30：批发和零售贸易业；31：住宿和餐饮业；32：金融业；33：房地产业；34：租赁和商务服务业；35：研究与实验发展业；36：综合技术服务业；37：水利、环境和公共设施管理业；38：居民服务和其他服务业；39：教育；40：卫生、社会保障和社会福利业；41：文化、体育和娱乐业；42：公共管理和社会组织。

表 15 - 2 是我们估计的贸易弹性系数。本国产品和进口品的阿明顿替代弹性是根据替代弹性的定义进行估计的。其中用到的数据包括我们编制的 2007 年和 2010 年可比较（进口）非竞争型投入产出表、历年《中国统计年鉴》中各类产品的出厂价格指数以及中国海关总署编制的《中国对外贸易指数》公布的各类产品的进口价格指数。同时，我们利用中国海关四分位行业代码数据对中国各部门的出口价格弹性系数进行了估计。为了统一数据口径，我们按 2007 年 42 个部门投入产出表的部门划分标准调整了其他数据的部门分类。其他一些重要弹性系数，如各种要素和能源之间的替代弹性及资本转换弹性来源于最近发表的一些文献（张友国，2013；Bao 等，2013）。

表 15 - 2　　　　　　　　　　**贸易弹性系数**

	农产品	工业品	建筑	服务
阿明顿替代弹性	16. 12	3. 63	0. 25	2. 27
出口价格弹性	− 0. 12	− 1. 12	− 1. 52	− 1. 52

通过历史模拟①，我们将 SAM 矩阵更新至 2012 年，并估计各种不易观测的变量（如技术进步率、消费偏好）的历史变化。所用的外生变量主要是可观测的宏观和产业层面的变量（如人口、劳动总供给、GDP、消费、投资、部门总产出、增加值、进出口等）。这些变量在标准的 CGE 模型中是内生变量，但在历史模拟中却被当作可观测的外生变量。我们根据《中国统计年鉴》（2013）、《中国对外贸易指数》及 2010 年投入产出表中的相关数据确定了历史模拟期中各种外生变量的增长率。

---

①　罗默和迪克森（2002）提出了 CGE 模型的四种模拟（分析）功能——历史模拟、分解模拟、预测模拟和政策模拟。采用 CGE 模型进行政策模拟时，通常假定各种不易观测的变量（如技术进步、消费偏好等）为外生变量，而 GDP、消费、投资、贸易总额等宏观指标及部门层面的投入、产出、价格等容易观测的变量为内生变量。所谓历史模拟是指用过去几年（如 2008—2012 年）已经发生的事实及其生成的数据将基期的 SAM 矩阵更新到最近的年份（如 2012 年）。在历史模拟中，我们通常将上述内生变量反过来设定为外生变量，它们的值可通过各类统计年鉴和公开发布的其他统计数据获得。这些变量每年的取值就直接构成了相应年份的 SAM 矩阵。之所以要进行历史模拟，其目的就是尽可能地利用现实世界已知的信息，使我们关心的那些变量（如前面提到的那些宏观变量和部门变量）的取值与已经发生的事实尽可能一致，从而提高政策模拟的可靠性。同时，将这些变量的取值代入模型后，我们就可以求解那些不易观测的变量。

我们通过预测模拟确定2013—2020年中国经济—能源—环境系统演化的基准情景。在预测模拟中，实际GDP仍被当作外生变量，其取值是根据专家调查方式设定的[①]，同时劳动—资本—能源合成投入的平均效率被当作内生变量。同时，我们假定政府对居民和企业的补贴随政府收入按比例变动，企业对居民的分红随企业收入按比例变动；而各种税率、居民储蓄率维持在基期水平。基准情景中关键外生变量的取值及来源如表15-3所示。

表15-3 基准情景中主要外生变量取值

变量	年均变化（%）
实际GDP	7.6（2013—2015年）、7.0（2016—2020年）和6.0（2021—2030年）
人口[a]	0.5（2013—2015年）和0.3（2016—2030年）
劳动总供给[b]	0.14（2013—2015年）、-0.53（2016—2020年）和-0.68（2021—2030年）
世界石油价格[c]	1.1
世界煤炭价格[c]	3.7
世界天然气价格[c]	2.0
世界其他商品价格[d]	2.0

注：a：根据《中国统计年鉴》及 World Energy Outlook 2007: China and India Insights（国际能源署）发布的数据推断；b：根据《中国统计年鉴》数据和齐明珠（2010）的结果估计；c：根据 EIA（2013）发布的预测结果设定；d：参考张友国（2013）。

考虑到碳关税征税标准的多样性，我们在政策模拟中设置了两大类七种碳关税情景（见表15-4），以比较不同征税标准下碳关税对中国的影响。同时参考以往研究（Mattoo等，2009；林伯强和李爱军，2012；袁嫣，2013；Bao等，2013），我们假定了20美元/吨碳当量（tc）、30美元/吨碳当量、50美元/吨碳当量和80美元/吨碳当量四个等级的税率，并假定从2020年开始对中国的出口可能被征收碳税。

第一大类情境假定碳关税的征收以出口隐含碳系数为基础，具体我们设置了如下五种情景：

（1）假定美国和欧盟按中国的出口隐含碳系数征税。

---

① 我们采用了中国社会科学院经济形势分析与预测课题组的研究结果。

表 15 - 4 碳关税的征税标准

类型	征碳关税的地区 r	具体征税标准 η_i	税后出口价格
按隐含碳系数	美国和欧盟	中国出口产品的隐含碳系数	$P''_{E_i} = P_{E_i} + c_i \tau_{E_i}$
		中国出口产品的隐含碳系数，且逐年下调	$P''_{E_i} = P_{E_i} + \tilde{a}_{ii} c_i \tau_{E_i}$
		美国和欧盟产品的隐含碳系数	$P''_{E_i} = P_{E_i} + c_i^r \tau_{E_i}$
		美国和欧盟与中国产品隐含碳系数的差别	$P''_{E_i} = P_{E_i} + (c_i - c_i^r) \tau_{E_i}$
	所有贸易伙伴	中国出口产品的隐含碳系数	$P''_{E_i} = P_{E_i} + c_i \tau_{E_i}$
按直接碳系数	美国和欧盟	中国出口产品的直接碳系数	$P''_{E_i} = P_{E_i} + \zeta_i \tau_{E_i}$
	所有贸易伙伴	中国出口产品的直接碳系数	$P''_{E_i} = P_{E_i} + \zeta_i \tau_{E_i}$

注：$\tilde{a}_{ii}$ 为隐含碳系数的逐年调整系数。

（2）考虑到碳关税有可能促进中国企业加快技术进步以减少碳排放，我们假定美国和欧盟对中国的出口征收碳关税时，还将根据中国每年的技术进步逐年下调中国的出口隐含碳系数。根据我们的计算，2007—2010 年，单位出口隐含碳年均下降4%，未来这一速度可能有所下降。据此，我们假定1%、2%和4%三个级别的出口隐含碳年均下降速度。

（3）假定美国和欧盟根据其自己的生产技术即自己的出口隐含碳系数对中国的出口征。根据美国能源部碳排放信息中心（CDIAC）公布的各国碳排放数据和国际货币基金组织（IMF）数据库公布的各国经济总量数据估算，美国和欧盟碳排放强度分别约为中国的44%和16%。我们假定美国和欧盟出口隐含碳系数与中国出口隐含碳系数的比值与此相同。

（4）假定美国和欧盟根据其自身与中国出口隐含碳系数的差异征收碳关税。

（5）假定所有贸易伙伴都按中国的出口隐含碳系数对中国的出口征收碳关税。

第二大类情景假定碳关税征税标准为中国的出口直接碳系数，我们具体设置了两种情景：（1）美国和欧盟按中国的出口直接碳系数征税；（2）所有贸易伙伴按中国的出口直接碳系数征税。

此外，我们还设置了两种与碳关税相关的碳税情景。在第一种碳税情境中，我们假定中国通过征收碳税以实现美国和欧盟按中国的出口隐含碳系数征收碳关税时中国碳排放的缩减量，同时中国的出口未被征收碳关税。不妨将第一种碳税情景称为"碳税情景一"。在第二种碳税情景中，我们假定中国通过征收碳税使本国产品的碳系数在 2020 年时与美国产品的碳系数相同，从而使中国的出口产品不被征收碳关税。不妨将第二种碳税情景称为"碳税情景二"。为简化问题，我们进一步假定中国与美国的碳排放强度相等时，产品的碳系数也相同，则碳税情景二意味着中国的碳排放强度在 2013—2020 年需要以年均约 8.6% 的速度下降。

四　结果

（一）美国及欧盟按中国出口隐含碳系数征税碳关税的宏观影响

表 15 - 5 显示了美国和欧盟征收碳关税对中国宏观经济的影响。碳关税将直接提高中国出口到美国和欧盟市场的产品价格（含碳关税的价格），从而导致中国向这两个地区的出口大幅度下降。同时，我们注意到中国的贸易条件有所恶化。由于进口价格外生，因而贸易条件的恶化意味着受碳关税的影响，中国出口产品的基本价格（不含碳关税的价格）会有所下降。其结果就是未征收碳关税的其他地区对中国出口产品的需求会上升，于是中国出口到美国和欧盟市场的产品会有部分转向出口其他地区，并使中国

表 15 - 5　美国和欧盟征收碳关税对中国宏观经济的影响

（相对于基准情景的变化）　　　　　　　　　单位:%

	不同税率碳关税的累积影响（2020—2030 年）				不同年份50 美元/标准吨碳关税的影响		
	20 美元/标准吨	30 美元/标准吨	50 美元/标准吨	80 美元/标准吨	2020 年	2025 年	2030 年
GDP	- 0.141	- 0.195	- 0.279	- 0.367	- 0.059	- 0.268	- 0.415
消费	- 0.487	- 0.685	- 1.006	- 1.363	- 0.171	- 0.963	- 1.618
投资	- 0.644	- 0.913	- 1.349	- 1.839	- 0.218	- 1.262	- 2.129
出口	- 0.482	- 0.673	- 0.978	- 1.299	- 0.215	- 0.957	- 1.411
对美、欧出口	- 17.747	- 25.100	- 36.974	- 50.004	- 6.859	- 36.074	- 56.893
对其他地区出口	7.597	10.759	15.868	21.494	2.986	15.542	23.916
进口	- 2.348	- 3.311	- 4.874	- 6.621	- 0.882	- 4.726	- 7.706
贸易条件	- 1.558	- 2.194	- 3.221	- 4.365	- 0.623	- 3.398	- 5.602
能源消耗	- 0.680	- 0.939	- 1.328	- 1.723	- 0.245	- 1.282	- 2.037
碳排放	- 0.670	- 0.925	- 1.309	- 1.701	- 0.244	- 1.268	- 2.006
能源强度	- 0.490	- 0.680	- 0.967	- 1.263	- 0.186	- 1.017	- 1.629
碳排放强度	- 0.481	- 0.667	- 0.950	- 1.244	- 0.185	- 1.002	- 1.597

对其他地区的出口有较大幅度的增长。不过，由于中国对前两个地区的出口下降幅度太大，因而在碳关税的影响下，中国的总出口仍会有所下降。

自改革开放以来，特别是 2001 年以来，中国的经济增长一直具有比较明显的"出口导向型"特征，未来一段时间出口仍将是中国经济增长的重要引擎。因而碳关税对出口的负面影响将不可避免地波及中国经济的各个方面。出口下降，首先会直接导致中国经济总量的下降，继而会影响居民收入并抑制消费，同时使国内各类经济主体对投资和进口品的需求下降。与出口相比，进口的下降幅度更大，这意味着碳关税对中国贸易的顺差状态不会产生实质性影响。由于经济总量下降，中国的能源消耗和碳排放总量也会相应地降下来。

随着碳关税税率的提高，碳关税对中国宏观经济的负面影响会越来越严重。不过，碳关税的边际影响会越来越小：如果碳关税税率提高一倍，其影响力的增加幅度会小于一倍。这符合本章所用 CGE 模型基于新古典经济学的基本假定。[①] 同时，在基于动态 CGE 模型的模拟中，前一期的结果是随后一期模拟的基础，即前一期的影响会递延到后一期，因而碳关税的影响会累积。其结果就是随着时间的推移，碳关税的影响递增，使政策情景下各变量的取值与其基准情景下的取值偏离越来越大。例如，2030 年 50 美元/标准吨碳关税对 GDP 的影响相当于其 2020 年对 GDP 影响的 7 倍。总的来说，碳关税确实对中国产生了"节能减碳"效应，但也会对中国的经济发展产生明显的不利影响。

（二）其他征税标准下碳关税的宏观影响

表 15 - 6 显示了 2020—2030 年其他征税标准下碳关税的累积宏观影响。如果美国和欧盟征收碳关税的同时考虑中国出口隐含碳系数的变化，且假定随着技术进步及能源结构优化，中国的出口隐含碳系数逐年下降，则碳关税对中国宏观经济的负面影响会有所下降。易知，在上述前提下，中国出口隐含碳系数下降速度越快，就越能抑制碳关税的负面影响。

如果美国和欧盟按自己的出口隐含碳系数对中国的出口征收碳关税，则碳关税对中国经济、能耗及碳排放的影响将显著下降，因为美国和欧盟

---

① 张友国（2013）分析碳总量和强度减排时也有类似的发现，即随着碳减排幅度的增加，碳边际减排成本递增。换句话说，随着碳税（均衡状态下等于碳边际减排成本）的增加，其边际减排效果递减。

表 15 – 6 　　2020—2030 年其他情景下 50 美元/吨碳关税的累积影响
（相对于基准情景的变化）　　　　　单位:%

	按隐含碳系数						按中国直接碳系数			
	美国和欧盟征税					所有贸易伙伴征税	碳税情景			
	中国系数且逐年下调			美国和欧盟系数	美国和欧盟与中国系数差		美国和欧盟征税	所有贸易伙伴征税	碳税情景一	碳税情景二
	−1%	−2%	−4%							
GDP	−0.271	−0.265	−0.257	−0.112	−0.219	−1.122	−0.034	−0.187	−0.005	−1.484
消费	−0.983	−0.960	−0.916	−0.379	−0.772	−4.163	−0.108	−0.465	−0.008	−1.013
投资	−1.318	−1.285	−1.221	−0.500	−1.029	−5.057	−0.097	−0.308	−0.068	−4.929
出口	−0.947	−0.926	−0.894	−0.383	−0.761	−3.499	−0.040	−0.265	0.017	−0.538
对美、欧出口	−36.021	−35.092	−33.312	−13.805	−28.316	−5.965	−3.100	0.559	0.010	−1.042
对其他地区出口	15.467	15.064	14.277	5.898	12.135	−2.345	1.392	−0.651	0.020	−0.303
进口	−4.756	−4.642	−4.426	−1.831	−3.734	−16.260	−0.320	−1.158	−0.049	−3.367
贸易条件	−3.151	−3.082	−2.948	−1.215	−2.471	−11.925	−0.297	−1.161	−0.002	0.233
能源消耗	−1.304	−1.279	−1.226	−0.535	−1.046	−5.467	−0.163	−0.608	−1.274	−49.695
碳排放	−1.286	−1.261	−1.209	−0.527	−1.031	−5.296	−0.160	−0.599	−1.309	−52.144
能源强度	−0.953	−0.935	−0.896	−0.383	−0.757	−3.976	−0.116	−0.385	−1.169	−48.879
碳排放强度	−0.936	−0.919	−0.880	−0.376	−0.744	−3.822	−0.115	−0.378	−1.202	−51.374

的出口隐含碳系数远远低于中国的出口隐含碳系数。如果美国和欧盟按自己的出口隐含碳系数与中国的出口隐含碳系数的差距对中国出口征收碳关税，则碳关税的影响较之前一情景又将显著上升，但仍明显低于美国和欧盟按中国出口隐含碳系数征收碳关税的影响。

与只有美国和欧盟征收碳关税的影响相比，所有贸易伙伴都按中国的出口隐含碳系数征收碳关税的负面影响更大：后者对中国各宏观指标的影响约相当于前者的 4 倍。这不难理解，虽然美国和欧盟是中国两个最重要的贸易伙伴，但中国对美国和欧盟的出口毕竟只占总出口的 1/3 左右，因而只有美国和欧盟征碳关税的影响要远远小于所有贸易伙伴都征碳关税的影响。尽管所有贸易伙伴都征收碳关税时中国对美国和欧盟的出口下降幅度会缩减，但对其他地区的出口将由显著上升转为显著下降，并最终导致出口总量的下降幅度增大。

由于中国的出口直接碳系数远远低于出口隐含碳系数，因而如果美国和欧盟按中国出口的直接碳系数征收碳关税，则碳关税的影响要远远低于美国和欧盟中国出口隐含碳系数征收碳关税的影响，甚至远远低于美国和欧盟按自己的出口隐含碳系数征收碳关税的影响。即使所有贸易伙伴都按中国出口的直接碳系数征收碳关税，其影响也明显小于美国和欧盟按中国出口隐含碳系数征收碳关税的影响。可以推测，如果美国和欧盟按其自身出口的直接碳系数对中国出口征收碳关税，则中国受到的影响将更小。

如果中国开征碳税，使其对中国碳排放的影响与美国和欧盟征收碳关税的影响相同，则所需设定的碳税水平较低，我们不妨称为低碳税。低碳税对中国GDP、消费、投资、进口等宏观经济指标的影响将明显小于美国和欧盟征收碳关税的影响。低碳税甚至可能促进中国出口，这是因为，在低碳税的影响下，中国碳密集型产品出口会下降，但劳动和技术密集型产品的出口会上升。[1] 不过，低碳税和碳关税对中国总能耗的影响基本相同。由于低碳税对GDP的负面影响远远小于碳关税的影响，而两者对能耗和碳排放的影响相同，因而低碳税会带来更大幅度的能源强度和碳排放强度下降。

导致低碳税与碳关税影响差异的原因大致有两个方面：一方面，低碳税所产生的税收会作为中国政府的收入进入GDP核算，碳关税产生的税收则是国外政府而非本国政府的收入。这相当于将生产国的部分福利转移到了进口国。另一方面，两者的影响机制有所不同。低碳税的征税对象是所有作为燃料的化石能源，它直接对生产行为产生影响，继而对需求产生间接影响。碳关税的征税对象是出口产品的直接或隐含碳系数，它直接对需求行为产生影响，继而对生产行为产生间接影响。

如果中国开征碳税，使本国的碳排放强度在2020年降至美国的水平，从而不被征收碳关税，则所需设定的碳税水平较高，我们不妨称为高碳税。高碳税对中国宏观经济特别是对能源消耗和碳排放的影响将明显大于所有贸易伙伴都征收碳关税的影响，更远远大于美国和欧盟征收碳关税的影响。

---

① 限于篇幅，此处未列出"等价碳税"的部门影响结果，有兴趣的读者可向笔者索取。

在高碳税影响下，中国碳排放强度的下降幅度将远远超过预定的目标，即2020年碳排放强度比2005年低40%—45%。因此，高碳税对中国来说是一个比较激进的低碳发展情景。可以预见，如果通过征收碳税使中国的碳排放强度降到更低的欧盟水平，则中国的经济将受到更大的冲击。

（三）美国和欧盟征收碳关税的部门影响

表15－7显示了2020—2030年美国和欧盟按中国出口隐含碳系数征收50美元/标准吨碳关税对中国各部门的影响（相对于基准情景的变化）。容易看到，可贸易部门向美国和欧盟的出口都有较大幅度下降，且下降幅度与各部门的碳密集度基本一致，即碳密集度越高下降幅度越大。其中，化学工业、金属冶炼及压延加工业、金属制品业等11个碳密集型部门向美国和欧盟的出口下降幅度超过了50%。同时，可贸易部门向其他地区的出口都有所上升，只不过上升幅度相对于它们向美国和欧盟出口的降幅而言要小得多。

表15－7 美国和欧盟征收50美元/吨碳碳关税的部门累积影响

单位:%

部门	总产出	国内供给	出口			进口	碳排放
			合计	美国和欧盟	其他地区		
农林牧渔业	0.654	0.617	6.632	-16.221	14.863	-9.200	-0.676
煤炭开采和洗选业	-1.078	-1.079	-0.494	-47.184	18.172	-8.162	-2.298
石油和天然气开采业	0.786	0.767	3.853	-52.214	12.927	-7.391	-0.805
金属矿采选业	1.561	1.713	-4.277	-66.880	23.849	-5.729	0.354
非金属矿及其他矿采选业	-0.372	-0.281	-4.702	-44.179	26.103	-7.834	-1.557
食品制造及烟草加工业	0.249	0.115	4.837	-20.682	14.639	-8.604	-0.961
纺织业	0.520	0.121	1.739	-30.120	18.654	0.116	-0.697
纺织服装鞋帽皮革羽绒及其制品业	-0.373	-0.353	-0.424	-20.341	19.581	-0.348	-1.739
木材加工及家具制造业	-1.703	-0.994	-5.905	-28.298	28.164	-8.193	-2.935
造纸印刷及文教体育用品制造业	0.261	0.349	-0.575	-37.232	16.565	-6.063	-0.927

续表

部门	总产出	国内供给	出口			进口	碳排放
			合计	美国和欧盟	其他地区		
石油加工、炼焦及核燃料加工业	-1.468	-1.491	1.010	-53.448	9.824	-10.418	-2.055
化学工业	0.311	0.697	-2.686	-55.206	19.822	-8.986	-0.422
非金属矿物制品业	-1.154	-0.934	-5.847	-64.911	22.734	-7.883	-2.035
金属冶炼及压延加工业	-1.233	-1.123	-5.033	-69.773	16.146	-6.754	-2.303
金属制品业	-2.062	-0.960	-8.994	-52.207	26.880	-6.585	-3.465
通用及专用设备制造业	-1.491	-0.448	-7.810	-43.306	25.431	-5.872	-2.968
交通运输设备制造业	-0.820	-0.444	-3.380	-38.613	18.564	-6.296	-2.251
电气、机械及器材制造业	-2.779	-0.631	-9.321	-50.130	15.405	-5.860	-4.195
通信设备、计算机及其他电子设备制造业	0.440	1.309	-1.329	-20.967	10.570	-2.701	-0.758
仪器仪表及文化办公用机械制造业	1.648	2.619	0.630	-25.986	11.693	-2.231	0.395
工艺品及其他制造业	0.133	-0.563	2.683	-24.602	17.997	-8.150	-1.168
废品废料	-0.980	-1.021	-0.516	-30.845	16.507	-1.021	-2.746
电力、热力的生产和供应业	-0.488	-0.488	-0.834	-93.088	7.571	-7.868	-0.817
燃气生产和供应业	-1.584	-1.584	#	#	#	#	-1.374
水的生产和供应业	-0.442	-0.442	#	#	#	#	-1.884
建筑业	-1.149	-1.189	3.058	-53.962	8.253	-1.189	-2.781
交通运输及仓储业	-0.087	-0.548	4.355	-51.261	9.422	-0.547	-1.079
邮政业	-0.262	-0.589	5.249	-47.909	10.092	-0.567	-2.120
信息传输、计算机服务和软件业	-0.974	-1.412	4.873	-26.331	7.716	-1.390	-2.374
批发和零售贸易业	2.070	-0.601	12.405	-20.504	15.403	#	0.082
住宿和餐饮业	-0.297	-0.466	7.055	-25.500	10.021	-0.455	-1.934
金融业	-0.177	-0.234	8.347	-14.355	10.415	-0.226	-2.291

续表

| 部门 | 总产出 | 国内供给 | 出口 | | | 进口 | 碳排放 |
			合计	美国和欧盟	其他地区		
房地产业	-0.347	-0.347	#	#	#	#	-2.236
租赁和商务服务业	2.420	-0.167	9.469	-29.277	12.999	-0.165	0.506
研究与实验发展业	-0.459	-0.596	5.185	-33.098	8.673	-0.610	-2.148
综合技术服务业	-0.586	-0.586	#	#	#	#	-2.344
水利、环境和公共设施管理业	-0.615	-0.615	#	#	#	#	-2.370
居民服务和其他服务业	-0.619	-0.725	5.871	-25.558	8.735	-0.701	-2.462
教育	-0.829	-0.838	6.643	-25.967	9.614	-0.838	-2.460
卫生、社会保障和社会福利业	-0.929	-0.940	5.026	-36.704	8.828	-0.940	-2.363
文化、体育和娱乐业	-0.055	-0.616	6.442	-26.301	9.425	-0.618	-1.801
公共管理和社会组织	-0.985	-0.998	6.930	-22.224	9.586	-0.998	-2.733
平均	-0.428	-0.388	-0.978	-36.974	15.868	-4.874	-1.329

说明："#"表示非贸易商品或服务。

可贸易部门出口总量的变化由它们向上述两大地区出口的变化共同决定，前者是后两者的加权平均值。因此，在出口总量有所下降的 16 个部门中，既有碳密集度较高的部门（如电力、热力的生产和供应业，金属制品业及非金属矿物制品业等），但也有个别属于碳密集度较低的部门（如通信设备、计算机及其他电子设备制造业）。[①] 其中，由于电气、机械及器材制造业，金属制品业以及非金属矿物制品业等部门向美国和欧盟的出口下降幅度较大，且这些部门向上述地区的出口在其总出口中的比例较大，因而它们的出口总量下降幅度最为显著。同样的原因，其余 21 个出口总量有所上升的可贸易部门中，虽然大部分部门的碳密集度较低（农林牧渔业部门和大部分服务业部门），但也有个别部门的碳密集度较高（如石油和天然气

---

① 通信设备、计算机及其他电子设备制造业向其他地区的出口相当于其向美国和欧盟出口的 1.65 倍，而该部门向美国和欧盟出口的下降幅度相当于它们向其他地区出口增长幅度的 1.79 倍，因此其出口总量有所下降。

开采业）。总体来看，出口有所下降的主要是碳密集型部门，而出口有所上升的则多为相对较清洁的劳动和技术密集型部门。

由于碳关税使中国整体经济活动水平下降，抑制了国内需求，因而大多数部门产品的国内供给都有所下降。不过，也有少数几个部门的国内供给有所上升，其中既有相对清洁的服务业部门（如金融业）和技术密集型部门（如通信设备、计算机及其他电子设备制造业），也有碳密集型部门（如金属冶炼及压延加工业）。各部门总产出的变化是其出口和国内供给变化的加权平均值。大多数部门的国内供给都远远超过其出口，这意味着它们的总产出变化主要有国内供给变化。因为这个原因，大多数部门的总产出变化也表现为下降。同样，由于国内需求下降，中国对几乎所有进口品的需求也都有所下降，仅纺织品的进口略有上升。进一步分析表明，纺织业的进口品（约52%）主要作为中间投入用于纺织业自身的生产，因而其数量变化受纺织业产出的影响较大。由于纺织业的产出有所上升，纺织业的进口品也略有上升。

各部门的碳排放变化主要取决于其产出的变化，因而部门碳排放的相对下降幅度与其总产出相对下降幅度基本一致。不过，各部门的碳排放也受其他因素影响，包括生产要素对化石能源投入的替代以及能源结构的变化。如果在一个部门的生产过程中，生产要素对化石能源产生了较大的替代作用，或是能源结构得到较大程度的优化，则其碳排放的下降幅度将明显超过其总产出下降幅度。由于存在上述可能，我们可以看到绝大多数部门特别是部分服务业部门（如文化、体育和娱乐业）的碳排放下降幅度都要大于其总产出的下降幅度。甚至一些部门（如农林牧渔业、纺织业、化学工业）的碳排放在其总产出有所上升的情况下还略有下降。当然，也有一些部门，如金属矿采选业、仪器仪表及文化办公用机械制造业、批发和零售贸易业及租赁和商务服务业等的碳排放略有上升，因为这几个部门的总产出上升幅度较大。

需要说明的是，在其他征税标准和税率下美国和欧盟征收碳关税的部门影响与表15-7所显示的结果类似，只是程度不同。进一步地，在所有贸易伙伴都征收碳关税时，大多数部门的总出口、国内供给、总产出、进口及碳排放的变化方向与只有美国和欧盟征收碳关税时的变化方向一致。不过，在所有贸易伙伴都征收碳关税时，中国部门出口不会出现明显的地区特征，即不会出现向美国和欧盟的出口都下降而向其他地区的出口都上升的现象。

(四) 与以往研究的比较及敏感性分析

表 15 - 8 对基于 CGE 模型研究碳关税对中国影响的文献进行了小结。就碳关税对 GDP 的影响来看,在部分或所有发达国家按中国出口隐含碳系数征收碳关税的情形下,本章的结果明显低于 Mattoo 等 (2009) 及栾昊和杨军 (2014) 的研究结果。在所有贸易伙伴都按中国出口隐含碳系数征收碳关税的情形下,本章的结果低于 Hübler (2012) 的研究结果。在部分或所有发达国家按中国直接碳系数征收碳关税的情形下,本章的结果与袁嫣 (2013) 的研究结论比较接近,但明显低于 Lin 和 Li (2011)、Li 等 (2013)、黄凌云和李星 (2010) 以及林伯强和李爱军 (2012) 的研究结论。在所有贸易伙伴都按中国直接碳系数征收碳关税的情形下,如果换算成相同的税率,本章的结果将明显低于李继峰和张亚雄 (2012) 的研究结果。

表 15 - 8 基于 CGE 模型研究碳关税对中国影响的文献小结

文献	方法	研究时期(年)	碳关税设置			碳关税在报告期的影响(%)		
			征税地区	计税标准	税率	GDP	出口	碳排放
Mattoo 等 (2009)	M	2004—2020	IC	Cid	66	- 3.7	- 15.8	- 1.7
Lin 和 Li (2011)	M	2007	OECD	Cd	10—40	- 6.72— - 1.72		- 9.57— - 2.45
Dong 和 Whalley (2012)	M	2006	EU + US	Cd	6.8— 54.5	0.004— 0.033		0.101— 0.816
Hübler (2012)[a]	M	2004—2030	ALL	Cid	17.7— 28.3	- 21.7— - 16.8		- 5.0— - 4.2
Li 和 Zhang (2012)	M	2007	OECD	Cd	2.7			- 0.77
Li 等 (2013)	M	2007	OECD	Cd	13.6	- 2.62		- 2.76
黄凌云和李星 (2010)	M	2001	US	Cd	30—60	- 3.62— - 1.84		
林伯强和李爱军 (2010)	M	2007	OECD	Cd	10—50			- 1.545— - 0.319

续表

文献	方法	研究时期（年）	碳关税设置			碳关税在报告期的影响（%）		
			征税地区	计税标准	税率	GDP	出口	碳排放
林伯强和李爱军（2012）	M	2007	OECD	Cd	50	-2.62		-2.76
栾昊和杨军（2014）	M	2007—2020	US	Cid	30—60	-1.30—-0.69	-0.24—-0.13	-0.24—-0.13
Bao 等（2013）	S	2007—2030	EU + US	Cd	20—80			-0.04—-0.01
沈可挺和李钢（2010）[b]	S	2002	ALL	Cid	30—60		-6.95—-3.53	
李继峰和张亚雄（2012）	S	2007—2012	ALL	Cd	7.2	-0.12	-0.08	-0.45
袁嫣（2013）	S	2011	ALL	Cid	10—100	-0.23—-0.04		
本章	S	2007—2030	EU + US	Cid	20—80	-0.53—-0.24	-1.30—-0.76	-2.00—-0.96
本章	S	2007—2030	ALL	Cid	20—80	-1.54—-0.52	-4.93—-1.58	-8.56—-2.13
本章	S	2007—2030	EU + US	Cd	50	-0.03	-0.04	-1.27
本章	S	2007—2030	ALL	Cd	50	-0.19	-0.27	-2.01

注：（1）方法"M"是指多国 CGE 模型，方法"S"是指单国（中国）CGE 模型。（2）"征税地区"是指对进口品征收碳关税的地区。其中代号"EU"指欧盟，"US"指美国，"OECD"指经合组织国家，"IC"指发达国家，"ALL"指中国的所有贸易伙伴。（3）"Cd"表示中国出口直接碳系数；"Cid"表示中国出口隐含碳系数。（4）税率单位统一为"美元/tc"。（5）"a"表示根据原文献结果计算；"b"表示该文献所研究的出口仅限于工业品。（6）当然，本章只是就以往文献的部分结果进行了小结。例如，Mattoo 等（2009）及本章中碳关税既包括以中国出口品含碳量为标准的征收方式，也包括以进口国本国产品含碳量为基础的征收方式。又如，Dong 和 Whalley（2012）设置了美国征税、欧盟征税及美国和欧盟都征税等多种情景，本章仅取其在美国和欧盟同时征收碳关税情景下的结果。

就碳关税对出口总量的影响来看，在部分或所有发达国家按中国出口隐含碳系数征收碳关税的情形下，本章的结果也明显低于 Mattoo 等（2009），但明显高于栾昊和杨军（2014）的结论。在所有贸易伙伴都按中国出口隐含碳系数征收碳关税的情形下，本章的结论明显低于沈可挺和李钢（2010）的结果。在所有贸易伙伴都按中国直接碳系数征收碳关税的情形下，如果换算成相同的税率，本章的结论也将明显低于李继峰和张亚雄（2012）的研究结论。

就碳关税对碳排放总量的影响来看，在部分或所有发达国家按中国出口隐含碳系数征收碳关税的情形下，本章的结论比较接近 Mattoo 等（2009），但明显高于栾昊和杨军（2014）的结论。在所有贸易伙伴都按中国出口隐含碳系数征收碳关税的情形下，本章的结论仍明显低于 Hübler（2012）的结论。在部分或所有发达国家按中国直接碳系数征收碳关税的情形下，本章结论与 Lin 和 Li（2011）、Li 等（2013）以及林伯强和李爱军（2012）的结论方向一致，但相对较小。在所有贸易伙伴都按中国直接碳系数征收碳关税的情形下，如果换算成相同的税率，本章的结果可能仍将低于李继峰和张亚雄（2012）的研究结论。

总的来看，除 Dong 和 Whalley（2012）的研究以外，所有的研究都发现碳关税对中国的 GDP、出口和碳排放有负面影响，但由于方法、研究时期以及碳关税设置的不同，不同研究的结果具有较大的差异。

进一步地，我们还以美国和欧盟按中国出口隐含碳系数征税 50 美元/吨碳碳关税为例，对结果进行了敏感性分析。具体来说，我们首先将所有弹性（包括国内消耗和出口的转换弹性、要素和能源投入替代弹性、出口价格弹性、阿明顿弹性以及消费者偏好）取值都减少 10% 来模拟碳税的影响；然后将所有弹性取值都增加 10% 再模拟碳税的影响。图 15 - 2 显示了所有弹性系数取值改变后碳关税的影响与原弹性系数取值下碳关税影响的比值。容易发现，除进口外，碳关税对其他宏观经济变量特别是对 GDP 和出口的影响对弹性系数取值比较敏感。因此，我们评价碳关税的影响时，必须明确弹性系数取值带来的不确定性。

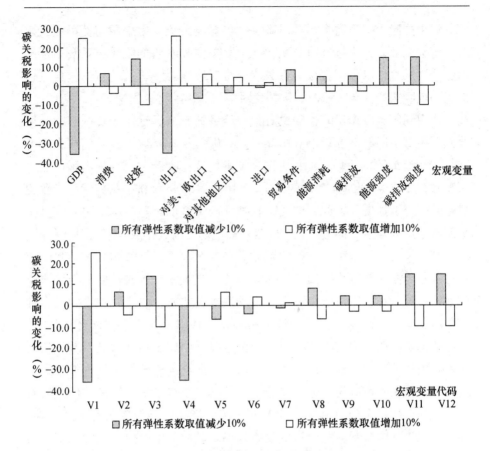

图15-2 美国和欧盟按中国出口隐含碳系数征税

50美元/吨碳碳关税影响的敏感性检验

注：宏观变量代码释义如下：V1表示GDP；V2表示消费；V3表示投资；V4表示出口；V5表示对美国和欧盟出口；V6表示对其他地区出口；V7表示进口；V8表示贸易条件；V9表示能源消耗；V10表示碳排放；V11表示能源强度；V12表示碳排放强度。

五 结论与政策讨论

基于动态CGE模型，本章模拟了2020—2030年不同征税标准下碳关税对中国经济和碳排放的影响。无论采用哪种征税标准，碳关税都会导致中国的经济总量、消费、投资、贸易量、能源消耗和碳排放的下降。不过，不同标准下碳关税的影响程度差异显著：在美国或欧盟开征碳关税的情况下，以中国隐含碳系数为标准时碳关税的影响最大，以中国与美国和欧盟的隐含碳系数差异为标准时影响次之，以美国和欧盟的隐含碳系数为标准时影响又次之，以中国直接碳系数为标准时影响最小。其他贸易伙伴也仿效美国或欧盟开征碳关税时，碳关税对中国的影响将急剧增大。

实现同等碳减排量时，碳税对中国经济的影响远远小于美国和欧盟征收碳关税对中国经济的影响。由此可见，碳关税不是成本有效的或合理的减缓"碳泄漏"的手段。如果中国为了避免被征收碳关税而使本国产品的碳系数在2020年时降至美国的水平，则中国承受的经济损失将远大于碳关税带来的经济损失。因此，即使面临被征碳关税的风险，中国也不宜过快地降低碳排放强度，而应按既定的目标渐进地提高碳排放效率。

鉴于碳关税是一种不合理的贸易壁垒且对中国经济冲击较大，中国应通过各种合法途径坚决抵制美国和欧盟征收碳关税，同时也要积极采取措施以应对美国和欧盟可能单方面采取的碳关税措施。首先，中国宜大力推进创新驱动发展战略，实现经济发展转型，特别是加大对节能环保技术、产品的研发和扶持力度，这有利于较快地降低中国出口隐含碳系数，从而缓解碳关税的影响。其次，中国可考虑适时出台碳税政策来推进低碳绿色发展，但碳税税率应先设定在较低水平，以避免步入过于激进的低碳发展进程。开征碳税不但有利于中国节能减碳、提高中国对碳关税的适应性，而且也能为中国抵制碳关税提供政治筹码。最后，中国应积极优化贸易结构，如果清洁型产品在出口中占较大份额，这会大大降低碳关税的影响。此外，实施碳排放交易制度也有利于中国提供碳排放效率以应对碳关税的影响。目前，中国已经在七个地区展开碳排放交易试点工作，应在此基础上尽快建立全国性的碳排放交易制度。

参考文献

[1] 东艳：《全球气候变化博弈中的碳边界调节措施研究》，《世界经济与政治》2010年第7期。

[2] 黄凌云、李星：《美国拟征收碳关税对我国经济的影响——基于 GTAP 模型的实证分析》，《国际贸易问题》2010年第11期。

[3] 李继峰、张亚雄：《基于 CGE 模型定量分析国际贸易绿色壁垒对我国经济的影响——以发达国家对我国出口品征收碳关税为例》，《国际贸易问题》2012年第5期。

[4] 林伯强、李爱军：《碳关税对发展中国家的影响》，《金融研究》2010 年第 12 期。

[5] 林伯强、李爱军：《碳关税的合理性何在?》，《经济研究》2012 年第 11 期。

[6] 栾昊、杨军：《美国征收碳关税对中国碳减排和经济的影响》，《中国人口·资源与环境》2014 年第 1 期。

[7] 潘辉：《碳关税对中国出口贸易的影响及应对策略》，《中国人口·资源与环境》2012 年第 2 期。

[8] 齐明珠：《我国 2010—2050 年劳动力供给与需求预测》，《人口研究》2010 年第 9 期。

[9] 曲如晓、吴洁：《论碳关税的福利效应》，《中国人口·资源与环境》2011 年第 4 期。

[10] Roland – Holst，D. 和 D. van der Mensbrugghe：《政策建模：CGE 模型的理论与实现》，李善同、段志刚、胡枫主译校，清华大学出版社 2009 年版。

[11] 沈可挺：《碳关税争端及其对中国制造业的影响》，《中国工业经济》2010 年第 1 期。

[12] 沈可挺、李钢：《碳关税对中国工业品出口的影响：基于可计算一般均衡模型的评估》，《财贸经济》2010 年第 1 期。

[13] 袁嫣：《基于 CGE 模型定量探析碳关税对我国经济的影响》，《国际贸易问题》2013 年第 2 期。

[14] 张晓光：《一般均衡的理论与实用模型》，中国人民大学出版社 2009 年版。

[15] 张友国：《经济发展方式变化对中国碳排放强度的影响》，《经济研究》2010 年第 4 期。

[16] 张友国：《中国贸易含碳量及其影响因素——基于（进口）非竞争型投入产出表的分析》，《经济学》（季刊）2010 年第 4 期。

[17] 张友国：《碳强度与总量约束的绩效比较：基于 CGE 模型的分析》，《世界经济》2013 年第 7 期。

[18] 郑玉歆、樊明太等：《中国 CGE 模型及政策分析》，社会科学文献出版社 1998 年版。

[19] Armington, P. , "A Theory of Demand for Products Distinguished by Place of Production". *IMF Staff Papers*, 1969, 16, pp. 159 – 178.

[20] Bao, Q. , Tang, L. , Zhang, Z. and Wang, S. , "Impacts of Border Carbon Adjustments on China's Sectoral Emissions: Simulations with a Dynamic Computable General Equilibrium Model". *China Economic Review*, 2013, 24, pp. 77 – 94.

[21] Bergman, L. , "CGE Modeling of Environmental Policy and Resource Management", In: Mler, K. G. , Vincent, J. C. （eds. ）, *Handbook of Environmental Economics Vol. 3*, Elesvier, 2005.

[22] Burniaux, J., Chateau, J. and Duval, R., "Is There A Case for Carbon – based Border Tax Adjustment? An Applied General Equilibrium Analysis". *Applied Economics*, 2013, 45 (16), pp. 2231 – 2240.

[23] De Cendra, J., "Can Emissions Trading Schemes be Coupled with Border Tax Adjustments? An Analysis Vis – à – vis WTO Law". *Review of European Community and International Environmental Law*, 2006, 15 (2), pp. 131 – 145.

[24] de Melo, J. and Robinson, S., "Product Differentiation and Foreign Trade in CGE Models of Small Economies". *Journal of International Economics*, 1989, 27, pp. 47 – 67.

[25] Dervis, K., De Melo, J. and Robinson, S., *General Equilibrium Models for Development Policy*. Cambridge: Cambridge University Press, 1982.

[26] Dixon, P. B. and Rimmer, M. T., *Dynamic General Equilibrium Modelling for Forecasting and Policy: A Practical Guide and Documentation of MONASH*, North – Holland Publishing Company, Amsterdam, 2002.

[27] Dong, Y. and Whalley, J., "How Large Are the Impacts of Carbon Motivated Border Tax Adjustments". *Climate Change Economics*, 2012, 3 (1).

[28] EIA, *Annual Energy Outlook* 2013. http://www.eia.gov/forecasts/aeo/.

[29] Hübler, M., "Carbon Tariffs on Chinese Exports: Emissions Reduction, Threat, or Farce?". *Energy Policy*, 2012, 50, pp. 315 – 327.

[30] IPCC, 2006 *IPCC Guidelines for National Greenhouse Gas Inventories*. Prepared by the National Greenhouse Gas Inventories Programme, Eggleston, H. S., Buendia, L., Miwa, K., Ngara, T. and Tanabe, K. (eds.), Published: IGES, Japan, 2006.

[31] Ismer, R. and Neuhoff, K., "Border Tax Adjustment: A Feasible Way to Support Stringent Emission Trading". *European Journal of Law and Economics*, 2007, 24 (2), pp. 137 – 164.

[32] Jung, H. S. and Thorbecke, E., "The Impact of Public Education Expenditure on Human Capital, Growth and Poverty in Tanzania and Zambia: A General Equilibrium Approach". *Journal of Policy Modeling*, 2003, 25, pp. 701 – 725.

[33] Li, A. and Zhang, A., "Will Carbon Motivated Border Tax Adjustments Function As A Threat?". *Energy Policy*, 2012, 63, pp. 81 – 90.

[34] Li, A., Zhang, A., Cai, H., Li, X. and Peng, S., "How Large Are the Impacts of Carbon – motivated Border Tax Adjustments on China and How to Mitigate Them". *Energy Policy*, 2013, 63, pp. 927 – 934.

[35] Lin, B. Q. and Li, A. J., "Impacts of Carbon Motivated Border Tax Adjustments on Competitiveness across Regions in China". *Energy*, 2011, 36, pp. 5111 – 5118.

[36] Mattoo, A., Subramanian, A., van der Mensbrugghe, D. and He, J., "Reconciling Climate Change and Trade Policy", Peterson Institute for International Economic Policy Working Paper 09 – 15, 2009.

[37] McKibbin, W. and Wilcoxen, P., "The Economic and Environmental Effects of Border Tax Adjustments for Climate Policy". *Brookings Trade Forum*, 2009, 2008 (2009), pp. 1 – 23.

[38] Medina, V. D. and Lazo, R. P., "A Legal View on Border Tax Adjustments and Climate Change: A Latin American Perspective". *Sustainable Development Law & Policy*, 2011, 11 (3), pp. 29 – 34, 43 – 45.

[39] Peterson, E. B. and Schleich, J., "Economic and Environmental Effects of Border Tax Adjustments". Working Paper Sustainability and Innovation No. S 1/2007, 2007.

[40] Wobst, P., *Structural Adjustment and Intersectoral Shifts in Tanzania: A Computable General Equilibrium Model*. International Food Policy Research Institute (IFPRI), Research Report 117, 2001.